德育新思维丛书

班主任基本功

——班级管理的基本技能

主　编：韩东才
副主编：李　季　王小棉　王　颖

暨南大学出版社
JINAN UNIVERSITY PRESS
中国·广州

图书在版编目（CIP）数据

班主任基本功：班级管理的基本技能/韩东才主编；李季，王小棉，王颖副主编．—广州：暨南大学出版社，2009.1（2022.7 重印）
（德育新思维丛书）
ISBN 978－7－81135－143－9

Ⅰ.①班…　Ⅱ.①韩…②李…③王…④王…　Ⅲ.①中小学—班级—学校管理　Ⅳ.①G632.41

中国版本图书馆 CIP 数据核字（2008）第 186029 号

班主任基本功：班级管理的基本技能
BANZHUREN JIBENGONG：BANJI GUANLI DE JIBEN JINENG
主　编　韩东才　副主编：李　季　王小棉　王　颖

出 版 人： 张晋升
责任编辑： 苏彩桃　林金平
责任校对： 张学颖　史学英
责任印制： 周一丹　郑玉婷

出版发行： 暨南大学出版社（511443）
电　　话： 总编室（8620）37332601
营销部（8620）37332680　37332681　37332682　37332683
传　　真：（8620）37332660（办公室）　37332684（营销部）
网　　址： http://www.jnupress.com
排　　版： 广州市天河星辰文化发展部照排中心
印　　刷： 湛江日报社印刷厂
开　　本： 787mm×960mm　1/16
印　　张： 20.5
字　　数： 390 千
版　　次： 2009 年 1 月第 1 版
印　　次： 2022 年 7 月第 12 次
印　　数： 32001—33500 册
定　　价： 45.00 元

目　录

第一章　今天怎样当班主任

——班主任角色规范与专业基本功

第二章　平常处见真功夫

——班级常规管理

第三章　将班会课进行到底

——主题班会设计、组织与实施

第四章　活动是成长的阶梯

——班级活动的设计与组织

第五章　搭建师生沟通的立交桥
——班主任工作中的人际沟通

第六章　让班级成为温暖的家
——班集体建设

第七章　一把钥匙开一把锁
——学生个别教育基本功

第八章　我的发展我自主
——班主任专业自我成长

第九章　走进学生的心灵世界

——个体与班级心理辅导

第十章　沉迷时的唤醒

——学生问题行为的干预与处理

第十一章　心理危机三级预警

——班级危机干预

第十二章　家长是教育资源

——家、校有效沟通

第十三章 人生的导师
——学生生涯规划指导

第十四章 从单枪匹马到八方支持
——班主任工作中的社会教育资源开发

第十五章 做个有智慧的班主任
——班主任专业能力评价

第一章　今天怎样当班主任

——班主任角色规范与专业基本功

当老师如果没有当班主任是一种缺失和不完美，这是因为不当班主任就难以全面接触和了解学生。不仅仅如此，更为重要的是，班主任工作和班主任的素质修养直接影响着学生的健康成长。

全国中小学约有450万个教学班，正、副班主任加起来至少有600万人以上。班级是中小学生学习与成长的直接场所，班主任是班级的组织者、管理者、指导者，是素质教育的重要实施者。班主任工作直接影响着中小学生的素质发展和成长。

班主任对中小学生素质的全面发展影响作用重大，是对中小学生学会生活、学会学习、学会做人和学会做事最具影响力的教育者和指导者。这是班主任的角色定位和角色规范所决定的。然而，在信息化、全球化、多元化的时代和儿童、青少年成长的环境日趋复杂化的今天，班主任要真正发挥促进学生身心健康成长的角色作用，就必须加强班主任专业基本功的修炼。

第一节　班主任的困扰与专业成长

一、教师“三大困扰”与班主任专业发展

（一）困扰之一：教师“职业倦怠”，班主任缺乏幸福感

教师职业被誉为“太阳底下最光辉的事业”，担负着教书育人、传播人类文化与文明、构筑社会未来的重任。然而，教师对自身职业的感受、体验与满意程度如何呢？2006年教师节媒体公布的调查数据显示，接近八成的老师有职业倦怠感。2007年教师节媒体公布的调查数据显示，六成老师缺乏幸福感。

作为班主任，您是否对教师这一高尚的职业也有职业倦怠感？您有没有当班主任的幸福感？

1. 教师的职业倦怠

德国波茨坦心理学教授乌韦·沙尔施密特对7 000名教师的问卷调查显示，

1/3 的教师有“蜡炬成灰”（burnout）症状，即慢性疲劳综合征，症状可以从持续疲劳、情感衰竭、对他人有恶意发展到个人行为能力的退化以及身心俱瘁。

教师慢性疲劳综合征又称教师的职业倦怠，是指从事教育教学工作的人由于长期持续疲劳和压力的积聚以及缺乏成就感和自我效能感而产生的疲惫、厌倦和挫败的情绪感受和心理状态。

教师的职业倦怠是一种消极的教育心态。这种消极心态通常表现为一种灰暗心理：对工作缺乏热情，厌倦、被动、倦怠、抑郁，充满压力感、疲惫感、挫败感，等等。教师“亚健康”常常是教师职业倦怠的产物。教师亚健康状态表现为工作不开心、感到生活没意义、对自己的生活状况不满意、有不愉快事情发生会长时间不开心、认为自己的工作得不到足够认可，等等。

从对班主任工作的态度看，几乎所有的教师都认为班主任工作十分重要，但 80% 以上的老师都不太愿意当班主任。主要原因就在于班主任工作的职业倦怠。

据我们对一线班主任的调查，他们不愿当班主任的主要原因是：

——学生的大事小事都是班主任的分内事。班主任工作任务重，心理压力大。

——班主任工作责任大，工作难度大。科任老师解决不了的问题都落到班主任头上；学生考试成绩不理想也归咎于班主任。

——班主任工作难以量化，工作量没上限，容易导致身心疲惫。

——班主任工作干好干坏都一样，缺乏竞争机制和激励机制。

——班主任工作不像学科教学那么受重视和容易出成绩。科任老师出成绩受奖励，好班主任却被要求继续奉献当好班主任。

——班主任工作效果显示度低，吃力不讨好，缺乏成就感和自我效能感。

——班主任工作付出多，报酬低，缺乏持久动力。

——班主任工作是人人都要做，但又没有专业技术和考核要求的一项“副业”，完成了评职称要求的年限，教师便没有了继续当班主任的动力。

职业倦怠是当前教师、班主任中存在的普遍现象。据调查，入职四至五年的教师职业倦怠现象最为突出。

职业倦怠对人的生活、工作和心理行为起着消极的和破坏性的作用。班主任职业倦怠所产生的消极作用是“双效”的，因为它不仅仅影响教育者本人，还通过教育者影响受教育者，使他们产生学习厌倦症。

2. 教师的幸福感

教师的幸福感是指教师对教育、教学和班级管理工作过程及成效是否满意的主观感受、体验与态度。

教师通常表现出三种职业形态："职业型"教师——把工作只当成一种赚钱的职业，以养家糊口，没有理想追求层面的自我实现；"事业型"教师——把工作当成事业，注重财富的积累，关注个人事业的发展；"发展型"教师——把工作当成使命，赋予工作更多的意义，以积极心态投入工作，从中发现乐趣，因创新、创造而感到幸福。

第一类教师是职业—生存型教师，为生计而工作；第二类教师是事业—忙碌型教师，为工作而忙碌；第三类教师是创新—发展型教师，在创新中求发展。从比例上看，大部分教师都属于职业—生存型，事业—忙碌型的教师次之，而创新—发展型教师只占小部分。但从幸福感程度看，正好相反，即创新—发展型教师幸福感最为明显，事业—忙碌型教师次之，而职业—生存型教师幸福感最低。

班主任的幸福指数一般以班主任对班级管理工作的满足感、成就感、效能感、快乐感、使命感等指标来衡量。

3. 班主任职业倦怠和幸福感缺乏的危害

班主任职业倦怠和幸福感缺乏的危害主要表现为：

第一，教师职业倦怠和幸福感缺乏心态影响教师工作热情性、积极性和创造精神的发挥。教育教学和班级管理是一项专业性和创造性很强的工作，教师职业倦怠和幸福感缺乏直接影响教育教学和班级管理行为的效能和效果。

第二，教师职业倦怠和幸福感缺乏心态影响教师的身心健康。据调查，中小学教师心理健康问题检出率为13%。教师心理健康问题的产生与教师职业倦怠和幸福感缺乏有密切的关系。中小学教师心理健康问题比较突出的表现是亚健康状态。教师亚健康状态通常有以下12种表现：每天工作超过10小时；工作不开心；感到生活没意义；对自己的生活状况不满意；有不愉快事情发生会长时间不开心；认为自己的工作得不到足够认可；没有体育锻炼；住房条件不好；每天睡眠少于6小时；节假日经常加班；对家庭不满；常接受超过自己能力的工作。

第三，教师职业倦怠和幸福感缺乏心态影响学生的身心健康。教师幸福感不仅能唤醒教师积极的愿望、信念、激情、进取精神和毅力，帮助教师增强对教育教学工作和生活的信心、成功感和快乐感，而且能够在教学过程中激发和培养学生的幸福感和自我效能感，让学生愉快、自信、热情地学习和完成学业，这是教师幸福感更为重要的意义。然而，教师职业倦怠和幸福感缺乏心态对学生的负面影响也是不容忽视的。教育心理学研究发现，学生80%的不良情绪来自身边的长者，主要是家长和教师的影响。教师恰当的教育行为对学生的心理健康起着积极的作用；不恰当的教育行为对学生的心理健康起着消极作用，甚至导致心理障碍。

因教师不恰当的教育行为而导致学生产生的心理问题和心理疾病，称作师源性心理障碍。这些心理问题包括自卑、退缩、厌学、紧张、焦虑、恐惧等，心理疾病包括学校恐怖症、神经症、反应性精神病等。

因教师采用不恰当的教育方法，直接或间接地对学生的心理造成伤害，甚至导致学生产生心理障碍的现象普遍存在。调查发现：不爱上学、害怕老师、在学校感到不快乐的小学生占近半数之多；有46.8%的学生承认在学校有自己害怕的老师，52.5%的学生在老师请他去办公室谈话时感到很紧张。

刚入学的小学生，约有80%对自己的学习能力极其自信，而当他们到16岁时，这一数据急剧降到18%。

44.39%的学生认为教师平时惩罚或变相惩罚学生；79.38%的学生认为教师讥笑学生的过失；79.02%的学生反映教师对能力不足的学生的进步没有给予赞扬。

对“中小学生在学校中最害怕什么”的问题，学生选择“教师批评或体罚”的比率（30.8%）位居第一，选择“经常或偶尔被教师惩罚”的比率约为30%。

学生被教师惩罚或变相惩罚主要包括：被教师罚站、罚跑、罚抄写课文或作业，放学后被罚留校，不让进教室听课，被教师讽刺、挖苦、责骂甚至打骂。

大部分教师都懂得教师职业倦怠和幸福感缺乏心态对教师身心健康及专业成长的影响，但是，却只有很少的人意识到教育者心态和行为对受教育者的影响作用。原因是：第一，大多数师源性心理障碍的表现是隐性的，而对学生的心理伤害却是长期的；第二，大部分致使学生产生心理障碍的教师，其主观愿望是良好的，因而其导致的不当行为不容易被意识到而难以纠正；第三，当前学校心理健康教育实际上无法消除或减轻学生的师源性心理障碍。

（二）困扰之二：“问题一族”问题多，学生越来越难教

儿童青少年在成长过程中有三个烦恼期：3岁前后幼儿第一逆反期，表现为不听话；9岁前后儿童的自我中心期，表现为玩游戏机、学习分心；13岁前后第二逆反期，表现为心理矛盾、心理闭锁、叛逆、学习分化等。此外，还存在以下几方面的突出问题：

“知行脱节”。我们设计了这样一个情境：十字路口红绿灯处，红灯亮了，但这时没有汽车通过。结果是：小学生遵守交通规则的比例是87.1%，中学生为61.2%，大学生只有28.6%。100%的中小学生懂得交通红绿灯规则，但不遵守这一交通规则的学生比例随年龄增长而提高。“知行脱节”——知而不行，或书本知识没有内化为观念、信念，这是青少年品德形成中最为普遍和突出的问题，是中国德育教育的第一弊端。

“信仰危机”。学校德育教育从小学到大学一直进行马克思主义和共产主义教育。马克思主义和共产主义有没有成为中小学生的信念和信仰呢？在我们的调查中，信仰马克思主义和共产主义的青少年学生的比例是2.1%；而信仰上帝和宗教的比例却达到11.5%。课堂上长期进行的主流价值观念教育还比不上校外非主流文化的影响，我们不得不反思如何加强信仰教育问题。新加坡前国家领导人李光耀先生指出，中国21世纪的成就取决于三个条件：一是下一代有没有信仰；二是有没有责任感；三是能否实现廉政。我们要正视“5+2≤0”现象，加强多元文化影响背景中的主流价值观念导向。

“价值迷失”。对“个人主义”、“自我中心”、“性自由”、“人人为自己，上帝为大家”、“金钱万能”等西方较流行的价值观念，中小学生认同的比例都在50%以上。而对“社会主义”、“集体主义”、“爱国主义”等主流价值观念认同的比例却呈现下降趋势。

“缺乏理想”。20世纪90年代以前，80%的学生为社会理想如“振兴中华”、“报效社会”而读书，90年代后，80%的学生为个人前途如“求出路”、“实现个人理想”而学习。社会性学习动机以及社会责任感明显下降。

“低龄犯罪”。2002年至2005年，广东省小学、初中、高中、技校、中专学生犯罪率持续增长，3年来各层次学生犯罪平均增长率依次为2.89%、3.6%、14.82%、17.93%、5.1%，2005年学生犯罪总人数达1 782.54万，年均增长率为4.23%。未成年人犯罪成为突出的社会问题。

“流动儿童”。流动儿童指户口不在居住地，或户口在本地而人在外地（外省、外地区、外县、外乡）居住连续时间在3个月及3个月以上的儿童。流动儿童通常是随父母移居到城市上学的进城务工就业农民的子女。我国流动人口规模已超过1亿，流动儿童有1 982万。据调查，广东的外来工子女25%随父母在当地生活，成为流动儿童。流动儿童最突出的问题一是教育公平问题，二是心理健康问题。流动儿童正处于接受教育和发育身体的关键时期，其保护和教育问题关系到儿童发展、公民素质发展、教育公平和社会和谐安定。流动儿童心理素质差，是由于家长与孩子相处时间少、沟通少，家庭教育相对薄弱，导致孩子在性格上较为敏感、脆弱、自卑。流动儿童辍学率较高，问题儿童较多。其中以“漂移心态”等心理问题最为突出。具体表现为：①弱势心理：胆怯、脆弱、自卑、无助感、缺乏自信；②戒备心理：敏感、情绪不稳、适应不良、缺乏安全；③嫉妒心理：不公平感、敌意、仇富、反社会心态；④“漂移心理”：缺乏心理归属感与城市认同感；⑤“围墙心理”：人际关系紧张、社会融入困难。因此，要加强流动儿童的心理健康教育，特别是自我保护与生存发展意识、社会适应与城市融入能力、豁达大方与积极开放心态、自主自立与自信自强人格等方面的教育。

“留守儿童”。留守儿童是指父母双方或一方从户籍地流动到其他地区，孩子留在户籍所在地，并因此不能和父母双方共同生活的 18 周岁以下的未成年人。2008 年 2 月 27 日，全国妇联发布报告显示，平均每四个农村儿童就有一个留守儿童。2005 年广东省一项调查显示：粤外来工子女 70% 留守家乡。留守儿童缺乏关爱，冲动、易怒、焦虑、自闭。70% 的留守儿童遇到不开心事情时选择独处，10% 找邻居朋友倾诉，20% 大发脾气。19.6% 的留守儿童觉得自己不如人，11.4% 觉得受歧视，9.5% 有过被遗弃的感觉，甚至有 1% 左右的留守儿童想离家出走或自杀。

留守儿童的常见心理问题有：①情绪人格障碍——孤独感、无助感、孤僻、冷漠、焦虑、缺乏安全感，表现为畏缩型人格，即内向、胆小、自卑、优柔寡断，或表现为攻击性人格，即自控力差、脾气暴躁、攻击性行为、嫉妒、易怒、叛逆等；②社会交往障碍——缺乏自信、心理闭锁、不愿或不敢与人交往、情感饥渴、随意交往或害怕社交等；③学习行为障碍——缺乏学习动力与信心，无心学习，自暴自弃。留守儿童的良好心理素质培养包括：安全与自我保护意识；生活自理与自立能力；学习自觉与自强意志；积极心态与心理调适能力；同情心与互助合作精神。

“单亲儿童”。随着当今社会离婚率的不断提高，单亲儿童的心理健康和教育问题越来越突出。缺乏完整的父母之爱，对于正处于社会性发展关键期的儿童青少年来说，会导致他们心理发展非正常化，出现一系列行为问题。一方面，单亲家长常因补偿心理而格外地娇惯、放纵孩子，从而使得孩子形成依赖性强、自私、任性、霸道等不良个性，产生焦虑、紧张、失落、自卑的不良情绪。另一方面，离异后的夫妻矛盾和怨恨常常发泄在孩子身上，令孩子有被抛弃感，导致性格孤单、不合群、懦弱、怪异和攻击性行为。

“网络沉迷”。所谓网络沉迷是指沉迷网络游戏达到“废寝忘食”的程度而无法自拔，故又称“废人族”。例如，高中生“废人族”的一天 24 小时是这样度过的。平时：7 点起床，9 点到校，16 点回家的同时打开电脑，玩游戏到 19 点，然后吃晚饭，20 点继续游戏，第二天凌晨因为洗澡中断一会儿，1 点继续游戏，3 点就寝（上网 9 小时）。双休日及假期：10 点起床的同时打开电脑，13 点吃饭，14 点继续上网一直到 19 点吃晚饭，20 点再开，第二天凌晨洗澡，1 点再开，早上 6 点睡觉（上网 17 小时）。“废人族”对网络游戏有着极强的依赖性。“废人族”大多在现实社会中不喜欢与人交流，对谈话感到厌烦。但是，从没发生过在网络里对聊天感到腻烦的事情。一旦沉迷网络，就会愈加感受到不同于现实社会的无限畅快。这种乐趣是在压抑、虚伪的现实社会中无法体会的，因为压抑久了便可以在虚拟网络中随心所欲地爆发出来。网络综合征诊断标准：①下网后总念念不忘网事；②总嫌上网的时间少而不满足；③无法控制上网时间；④一旦减少上网的时间就会焦躁不安；⑤一上网就能消散种种不愉快；⑥上网比上学做功课更重要；⑦为上网宁愿失去重要的人际交往和工作；⑧不惜支付巨额上网费；⑨对亲友掩盖频频上网的行为；⑩下网后有疏离、失落感。

“狂热追星”。中学生的追星行为是因为他们需要偶像。中学生正处于自我发现和自我确立的时期，他们需要一个模式来参照，要不然他们就很难完成自我确立的任务。偶像是他们的理想、自我的载体。中学生正处于好幻想的时期，当自己的很多想法无法实现时，就只好借助偶像崇拜来达到心理的平衡和补偿。另外一个原因就是借追星来摆脱孤独。中学生随着自我的萌发，他们开始关注内部世界，有许多事情他们都不再挂在嘴边上，而是藏在心里。他们不愿意把心事和家长说，更不愿意告诉老师。他们愿意和远处的人交流，享受着遥远的亲密感，不仅感到自由也觉得安全，精神上也可以有所寄托。中学生追星的理由有如下几点：①慕拜心理；②从众心理；③时尚心理。

“低龄恋爱”。中小学生异性交往过密和低龄恋爱现象普遍化。我们的调查显示，72.5%的青少年认同“性自由”。改革开放以来青少年性观念发生了巨大的转变：20世纪80年代以前为羞于言性时期，性为“黄毒说”；20世纪80年代为“追星”与模仿影视恋爱时期，性为“早恋说”；20世纪90年代为“专一异性朋友”时期，性为“交往过密说”；21世纪以来为“性自由”观念时期，性为“权利说”。

低龄恋爱反映了青春期情感审美的误区：网络爱情、从众型爱情、拥有型爱情荣辱观（“以有异性朋友为荣，以没有异性朋友为辱”）；中学生恋爱类型：帅男丑女型、患难夫妻型、单亲子女型。

青春期教育存在的难题有：师生、亲子性观念差异；校园“早恋”风；女生比男生主动；长假恐怖症；未婚妈妈；同性恋以及校外性问题。

青春期教育常用的干预模式有：生理卫生教育模式、性道德教育模式、生命教育模式、人格教育模式、审美教育模式、女生教育模式……

“心理脆弱”。听惯了肯定、表扬，受不了半点批评和委屈，更经不起任何困难、挫折和失败的打击。人们用“草莓族”来比喻当代儿童青少年的这种脆弱的心理特点——表面光鲜，内心苍白而软弱，又称AQ缺乏症，即逆境智商低——缺乏心理耐挫力和逆境自我超越能力。

（三）困扰之三："施受错位"，教育效果不甚理想

90%的老师说热爱学生，但他们教的学生90%说感受不到老师的爱。这是我们在成立广东中小学班主任讲师团对全省班主任进行全员培训之前，对班主任工作现状进行调查了解到的情况。

责任是班主任工作的基础，师爱是班主任工作的灵魂。

几乎所有的老师和班主任都认为，有责任感和爱心就一定能够做好班主任工作。我们收集的班主任教育故事中，几乎所有的班主任叙事讲述的都是如何用爱心转变或感化学生的故事。在广东省第一届班主任能力大赛中，我们收到近千篇班主任的教育叙事。其中有50%左右讲的都是班主任用爱心感化或转变学生的故事。

可是，为什么会有那么多的学生感受不到老师的教育之爱呢？

显然，不是教师缺乏师爱，而是老师热爱学生的态度、方式、方法等没有得到学生的心理认同。

可见，班主任仅仅有爱心是不够的。师爱的有效表达，需要方式、方法、态度、智慧和技能、技巧。不然，就会产生像"施受错位"这样的现象。

二、教师"三大形象"与班主任专业发展

（一）学生心目中的"好老师"——师表型教师

对一万名中小学生的问卷调查表明，51%以上的学生"心目中的好老师"是：①人生导游；②人生的导师；③道德范本；④追寻者、探究者；⑤付出爱心的人；⑥创造者；⑦梦想的鼓舞者；⑧绘画出未来的画家；⑨说故事的能手兼演员；⑩公正的评价者；⑪具有马克·吐温精神（幽默感）的人。

可见，学生"心目中的好老师"的形象是为人师表的师德型教师。因此，班主任的专业发展和角色行为的第一要求，就是教书育人、为人师表、师德高尚。

（二）学生"喜欢的老师"——智慧型教师

对一万名中小学生的问卷调查表明，51%以上的学生"心目中最不喜欢的老师"的形象是缺乏教育能力的教师：①破唱片（唠叨、重复）；②推销员；③狐狸性格；④管家婆（先生）；⑤分数万岁先生；⑥半瓶水先生；⑦扑克脸先生；⑧花拳绣腿先生（缺少真才实学）；⑨当铺老板先生（对学生批评多、肯定少）。从新课程文化倡导和摒弃的班级管理行为看，学生喜欢的班主任形象是智慧型老师，不喜欢的班主任形象是缺乏教育智慧的教师。

新课程文化倡导的班级管理行为：①善于讲笑话、幽默；②态度亲切、有笑容；③像朋友一样讨论、交流；④口头表达能力强、语言文明、耐心；⑤组织游戏；⑥讲解具体、细致、生动；⑦良好的示范；⑧公平；⑨感情投入；

⑩鼓励、表扬；⑪帮助；⑫做事认真。

新课程文化摒弃的班级管理行为：①不能平等、公正地对待每一位学生，偏袒好生，歧视差生；②随意批评同学，冤枉人；③知识贫乏，教学不认真，总有“我是老师”而高高在上的感觉；④教学方法陈旧，讲课死板，没新意，枯燥乏味；⑤发脾气、大声嚷嚷；⑥没有笑容、严肃、吹胡子瞪眼；⑦偏向；⑧唠叨；⑨门外站着监视；⑩不许说话、不理解人、太严厉；⑪高谈阔论；⑫动不动请家长来学校；⑬仪容不整。

（三）学生“最喜爱的老师”——魅力型教师

一项对九万多名学生的书信调查显示，“学生心目中最喜爱的老师”有12种品德，依次是：①友善的态度（亲和力）；②尊重课堂上的每一个人；③耐性；④兴趣广泛；⑤良好的仪表；⑥公正；⑦幽默感；⑧良好的品行；⑨对每个人的关注；⑩伸缩性（灵活有弹性）；⑪宽容；⑫有方法（教育智慧）。

北京某中学学生写的一首长诗《我们喜爱这样的老师》：

……

他（她）温柔和蔼
他（她）公平民主
他（她）是良师、诤友
他（她）幽默风趣，博闻强记
他（她）通达开明
他（她）时尚前卫/有气质/有风度
让我们享受到无比灿烂的生活
让我们感受到跳动的生命
让我们紧握时代的脉搏
让我们憧憬无限美好的未来
让我们珍惜身边的一点一滴
让我们感激生命里的每一天
让我们与快乐与感动同行
这就是我们喜爱的老师
这就是我们可爱的老师
这就是我们敬爱的老师

三、教师“三大缺失”与班主任专业发展

（一）“副业型班主任”——专业意识缺失与强化潜心育人意识

所有进入中小学当老师的人都是以具有某一学科专业知识人士的身份来到

学校，且一般从事相应的学科和专业的教育教学工作，甚至作为终身发展的方向。教师在中小学的身份一般也是以“教什么学科”相区分，而几乎没有一个教师是为了当班主任来学校的。

虽然年轻老师人人都要当三年以上的班主任——如果你要评职称的话，但学校并没有班主任学科，也没有班主任的专业理论和技能的要求，而绝大部分老师在入职前也没有接受过班主任专业方面的培训。

人人要做的事情但又不是学科和专业的工作，很自然就成为所有教师的一种副业。班主任是所有教师的临时性共同身份，但是，一种副业在一个以学科为主业，专业性很强的机构中，是很难受到重视和成为人们自觉的专业意识的。因此，班主任要自觉增强潜心育人的专业意识。

（二）“管束型班主任”——专业理论缺失与提升专业理论修养

班主任同时兼任科任老师，是学校教书育人的主要实践者。作为学科老师，他们有扎实的学科专业知识、理论和教学技能，但作为班主任，对班级管理和班集体建设所涉及的基础理论知识如教育心理学、发展心理学、行为心理学、班级管理学等缺乏了解，因而在班级管理实践中常常是采用简单管束的方法或凭经验开展班主任工作，往往达不到预期的效果。因此，班主任要努力提高自身在班级管理方面的理论修养。

（三）“爱心型班主任”——专业实践能力缺失与增强专业基本功

班级是个小社会，班级管理和班集体建设是一项复杂的、实践性很强的群体人际沟通、协调、激励的工作，爱心、热情、责任感是做好班主任工作的必不可少的前提条件，但光有爱心、热情和责任感还远远不够，要增强班主任工作的科学性、实效性，就必须切实提高班主任的专业实践能力，特别是专业基本功如班级常规管理技能、班级活动组织指导技能、班级人际关系协调技能的提升。

班主任专业化水平偏低，包括专业意识、专业理论知识与实践能力缺失，主要原因在于教师职业重理论学历、轻实践技能的职前职后的培训模式。职前教育的专业化程度低，是班主任专业发展的先天不足；而职后的专业化培训不够，则是班主任专业发展的一种后天失调。

因此，要着重加强教师职前（包括师范院校学生和非师范专业毕业从事教育事业的学生），以及职后（包括上岗前和在岗）的班主任专业意识、专业理论和专业能力培训，尤其是班主任基本技能，即基本功的培训。

第二节　班主任的角色规范

一、班主任的角色定位

2006年6月8日发布的《教育部关于进一步加强中小学班主任工作的意见》指出："班主任是班级管理与教育活动的教育者、组织者和指导者。中小学班主任是中小学教师队伍的重要组成部分，是班级工作的组织者、班集体建设的指导者、中小学生健康成长的引领者，是中小学思想道德教育的骨干，是沟通家长和社区的桥梁，是实施素质教育的重要力量。"文件明确规定了班主任的角色定位和基本规范。

（一）班主任的"成长导师"的角色定位

1. 班主任是班级工作的组织者

班主任担负着"班级常规管理"、"班干队伍组织"、"班级发展与诊断、计划与总结"、"班集体活动组织与指导"、"学生突发事件预防与应对"等的责任。

2. 班主任是班集体建设的指导者

班集体建设指导者的角色要求包括："学习班级"建设——班集体目标建设指导；"和谐班级"建设——班集体文化建设指导；"阳光班级"建设——班集体心理建设指导；"活力班级"建设——班集体团队建设指导；"文明班级"建设——班集体行为建设指导。

3. 班主任是学生健康成长的引领者

中小学学生健康成长包括生命安全与发展、身心和谐、品格健全和素质全面发展。因此，班主任要在品德教育、学习促进、生活指导、职业生涯指引、心理辅导、权利保护等方面成为学生健康成长的引领者。

（二）班主任的"教书育人"的角色定位

1. 班主任是中小学思想道德教育的骨干

育人为本，育德为先；全面发展，以德为重。德育是班级管理和班集体教育的重要内容，班级是德育的重要阵地，班主任是中小学思想道德教育的骨干，是学生健康成长的引路人。未成年人在成长过程中遇到一个真正的人生导师是一辈子的幸运。因为，学生只有首先学会了"做人"，才会"为人"，才能成为社会的人才。

2. 班主任是家庭、学校、社区教育的桥梁（沟通者）

班主任工作涉及学生成长的方方面面，班主任自然成为家庭、学校、社区教育沟通的重要桥梁。班主任是家庭和社区教育积极有效的参与者、指导者和合作者，在家庭、学校、社区教育以及三者的联系中具有不可替代的地位和作用。

3. 班主任是实施素质教育的重要力量

教师是学校素质教育的实施者，促进学生素质的全面发展是每一个教师的职责。与以学科知识教学为主要任务的科任教师相比，班主任对学生素质的全面发展担负着更重要和更全面的责任，班主任是实施素质教育的重要力量。素质教育要求促进学生素质全面发展，因而对班主任的素质要求也是全面的。“广东省中小学班主任能力建设计划”对名班主任培养的要求，就包括了“思想素质好，专业能力强，专业水平高，奉献精神强，育人效果好”等内容（《关于广东省中小学班主任能力建设计划实施的意见》，2006 年 2 月 23 日）。

（三）班主任的“良师益友”的角色定位

“良师益友”指作为教师本人在人格上对教书育人的自我要求。为师之道，敬业奉献，爱生如子，既是“经师”，又是“人师”，更是“益友”。“经师”和“人师”是人民教育家徐特立先生对教师的期望，“益友”是现代教师的角色要求。

“经师”，传统的教师职责是“传道、授业、解惑”，现代教师的角色任务是通过传授知识来培养人才。这就要求教师自觉地“静下心来教书”，并作为一种自我修养。

“人师”，以“师”与“范”——“学高为师，身正为范”自觉要求自己，以身作则，言传身教，终身学习，不断提升自己，努力成为学生的学识与品格的表率。这就要求教师认真“潜下心来育人”。

教师，特别是班主任是未成年人成长过程中的“重要他人”，尤其是少年时代，教师对学生的学习、生活、品格、情感、态度、价值观，乃至整个人生所起到的作用是“人生的桥”、“人生的路”和“共同成长的伙伴”。教师、班主任对学生健康发展的“成长导师”、“人生导师”和“共同成长的伙伴”的角色作用是任何人都难以替代的。

教师只有对事业充满教育爱才能敬业奉献，班主任只有对学生充满师爱才能爱生如子，真正成为学生健康成长的良师益友。

二、班主任的角色承担

班主任的角色定位和角色规范对班主任提出了相应的角色要求，同时针对当前班主任的专业意识、理论和能力缺失现状，班主任的专业角色要求班主任成为师德型班主任、民主型班主任、智慧型班主任、学习型班主任、研究型班主任、创新型班主任。

（一）师德型班主任

要求班主任师德品格高尚，为人师表、教书育人。教师要忠诚于人民教育事业，树立崇高的职业理想和坚定的职业信念，把全部精力和满腔热情献给教育事业，做爱岗敬业的模范。

班主任要关爱每一名学生，关心每一名学生的成长进步，以真情、真心和真诚教育来影响学生，努力成为学生的良师益友，成为学生健康成长的指导者和引路人。

师德是教师最重要的素质，是教师的第一智慧。潜心育人是一种为学而教的师德伦理。

高尚的师德，是对学生最生动、最具体、最深远的教育。班主任老师要自觉坚持社会主义核心价值观，带头实践社会主义荣辱观，不断加强师德修养，把个人理想、本职工作与祖国发展、人民幸福紧密联系在一起，树立高尚的道德情操和精神追求，甘为人梯，乐于奉献，静下心来教书，潜下心来育人，努力做受学生爱戴、让人民满意的教师。

（二）民主型班主任

有人说，他（她）在场学生能做好的是一个基本合格的班主任；他（她）在场而管不好学生的是一个失败的班主任；他（她）在场与不在场学生都一样能做好的，是一个优秀的班主任。

班主任管理班级通常有三种管理类型和方式："管束型"班主任与"控班式管理"；"管理型"班主任与"助手式管理"；"民主型"班主任与"主体式管理"。管理类型是每一个班主任的管理风格，而管理方式是每一个班主任的管理策略。前者是班主任个人魅力与个性的展现，后者是班主任个人能力与智慧的反映。

班主任的管理类型和方式，体现班主任的综合管理水平，影响班级管理的效果。"管束型"班主任与"控班式管理"，主要根据"班规"、"班约"等规章制度进行"硬性"管理；"管理型"班主任与"助手式管理"借助人际互动心理原则，通过发挥学生的助手作用进行有效的管理；"民主型"班主任与"主体式管理"通过发挥学生作为班级管理主体的作用和主动积极性来实现班级的自主管理。每一种班级管理类型和方式，针对不同的管理对象和在班级管理的不同阶段都有其特有的功能和作用，都是班主任工作不可或缺的。但从班级管理的本义看，从"管束型"的"控班式管理"到"管理型"的"助手式管理"，再到"民主型"的"主体式管理"，是现代班级管理发展的方向，也是班主任作为班级管理的组织者、教育者、指导者的管理智慧的体现。班级是学生的班级，学生是班级的主人，是班级的主体，班级管理的自主权应交还给学生，让学生自主管理和学会自主管理是班级管理的应有之义，也是素质教育对班主任工作的要求。

"民主型班级管理"的前提，是确立学生在班级管理中的主体地位，要求班主任在班级管理过程中尊重爱护学生，与学生平等沟通，提高学生自主管理意识从而养成自主管理习惯，指导学生学会自我管理，真正承担起自我管理的职责。

惠州市优秀班主任何汝玉老师实行"学生自主、班级民主"的管理模式，具体做法是班干部轮换制和人人负责制。"班干部轮换制"，是指在学期初通过学生自荐、民主选举和老师推荐的方式将选出的班干部分为四组，每月轮值一次，学生座位也相应每月换一次。这不仅仅是称呼上的改变，更是教育观念的改变。学生为主体站在前面，教师作指导站在侧面，教师在学生困难时给予指导、扶持，尽可能地把学生从"一切由老师做主"中解放出来，让学生的人格获得健康发展。"人人负责制"是指班级无小事，班级的事，事事有人做，方能时时无事；班级的人，人人有事做，就会处处有人。

（三）智慧型班主任

智慧是聪明、机智、能力、技能和技巧的代名词。班主任智慧是指班主任在工作实践和班级管理的各个环节表现出来的聪明、机智、能力、技能和技巧，并体现为班级管理的科学性、艺术性和有效性。班主任的教育智慧，一般通过教育理论基础的把握以及判断、分析与解决问题的能力和教育机智等方面体现出来。

智慧型班主任是指具有现代班级管理理念，充满教育机智和掌握班级管理专业技能的新型的班主任。首届广东省班主任能力大赛从"班主任叙事"、"情景答辩"、"班会课或班集体活动设计"、"才艺展示"四个环节考查班主任的专业水平、教育智慧及综合素质，展示智慧型班主任的风采。2008 年 11 月召开的优秀班主任专业能力大赛，删除了"才艺展示"环节，而"情景答辩环节"增加了班主任工作常识作为"必答题"，为的是更加全面地考查班主任的基本功。

"班主任叙事"环节是通过班主任讲述他们与班级和学生共同成长的教育故事来阐明某一教育原理或展示教育智慧。真情叙说，以事明理，以情感人是叙述者专业能力的体现。

案例

班主任叙事

——仁慈的忽视

对于学生，关注是一种责任，仁慈是一种力量。我们经常说对学生要有人性关怀，可是当你碰到一个沉默寡言、自我封闭、拒绝关怀的学生时，我们所需要的，也许更是一种智慧的关注，仁慈的“忽视”。

任健是我上一届的学生，男孩子，一米七几的个头，站在一群刚刚小学毕业升上初中的孩子中间，显得有些鹤立鸡群。于是，他理所当然地成为我眼中体育委员的不二人选。可是当我热情高涨地向全班宣布这个决定的时候，他却很不给面子地当场拒绝了，连个理由都没有！于是，我开始关注这个学生，他很安静，每天沉默得像个隐形人，我开始以为他是故意装帅耍酷，后来发现他的确是不爱说话，甚至是不愿抬眼看人，当你走近他时，他总会下意识地后退两步，总会和你保持一段距离，那是他给我的最初记忆。

知道他的故事是在一次家长会后，他的爷爷告诉我，任健的妈妈在他小学三年级的时候因为一次事故，半张脸被毁了容，后来就一直待在家里，没再出去工作。那事发生后，这孩子就变得沉默寡言，有些孤僻。他爷爷希望我能帮帮他。

我当时第一个念头就是要找来这个孩子，拍着他的肩膀告诉他我知道他小小心灵里所有的委屈和重负，告诉他卸下重负轻装上阵的人生会有多么美好。可是，他那双躲闪不定的眼睛和那总是冷冰冰拒人于千里之外的表情，似乎在告诉我，他不需要同情和安慰！他更需要的是尊重！尊重他的隐私、尊重他的情感、尊重他的行为方式。也许，把他作为一个普通的学生来看待，就是对他最大的保护！

于是我不动声色，甚至开始对他故意“忽视”，我允许他成绩不是很优秀，也允许他偶尔犯些小错误，他不喜欢别人提及他的家庭，我就选择回避，只要不是什么原则性的问题，我都不会让他感到太大的压力。不管他对我的态度如何，我会坚持每天绽放着三十度角的微笑，让他感受到生活的温暖，我希望他能在一个相对宽松的环境里忘记过去，像普通孩子一样，自由地成长。

由于我不去刻意打扰他，他便在自己那个蜗牛壳里过得坦然自在，偶尔也会伸出头来，探探外面的阳光和空气。他对人不再那么重重设防，开始交上一些朋友，最让我欣慰的是，他也开始对我微笑。

初二下学期的时候，学校要发展一批新团员。当大家都在积极申请时，他却犹豫不定。我知道，他害怕失败，这时候，若没有人去推一把，他自己铁定是会放弃的。可是，他一直都太习惯于被别人推着走了，如果他总是这样被人推着被动前行的话，那他将永远学不会独立行走。

“仁慈的忽视”，不等于“漠视”，不是听之任之、任其所为，借老子的话说，应该是“于无为处而有为”。

我选择了一个很平常的日子，用很不经意的口吻提醒他：“入团申请怎么还没交?”他的样子显得有些出乎意料，无所适从，哼哼哈哈了半天。我定定地看着他的眼睛，告诉他：世界上没有什么事情是绝对的，如果心里总是患得患失，害怕失败，那就什么都不要做了，如果有想法的话，就要学会为自己的想法努力争取，即便失败，也是一种体验。

天知道我有多期待他能主动递交这份申请，可是所有的期待都必须掩饰，我只能以姜太公的姿态等待着这条羞涩又被动的鱼儿来找我。我希望他能为自己主动争取一回。

等了整整一天，终于还是等来了，摊开那张信纸，当那一笔一画都工工整整的“入团申请书”的字迹映入眼帘时，我心头既有几分得意，更多的是漫涌的欣慰。要知道，对于这样一个孩子而言，能够主动地迈出这一步，有多么不容易！

我不是命运之神，不能操控一切，但作为一名班主任，我至少可以为他们的未来打点行装。对于学生的教育，既要用心良苦，也要似水无痕、润物无声。

今年教师节的时候，我收到任健的一封来信，他告诉我，在高中，他主动申请做了班上的体育委员，为的是弥补初中时那个遗憾。

（南海实验中学刘巍）

我给这篇故事作了点评，题目是“藏起一半爱”：

人们说，班主任工作只要有责任心和爱心就能做好。是的，责任心和爱心是做好班主任工作的前提，但是班主任工作不是有了责任心和爱心就能做好，班主任责任心和爱心的表达方式、态度、技巧等，都会影响甚至决定班主任教育行为的效果，而班主任表达责任心、爱心的教育行为方式、态度、技巧等的选择除了要考虑学生的道德认知水平、心理承受能力等因素外，还必须照顾学生的个性差异，做到“因人施爱”，就像《仁慈的忽视》中刘巍老师所做的那样，对一个性格内向、沉默寡言、在与人交往中被动和“下意识与人保持距离”的学生，不能用热情似火或直接要求的教育方式，而选择“故意忽视”或“漠不关心”的暗示性教育方式，更能收到实际效果。这是一种“藏起一半爱”的教育智慧。

“智慧的关注，仁慈的忽视”——对不同个性特点的学生采取相应的教育方式是本篇教育故事体现出来的教育智慧。

"因人施爱"是破解"施受错位"难题的一种教育智慧，是班主任工作应该遵循的心理原则。这项原则要求：

对开朗直率的学生——直来直去的公开式批评；

对倔强刚毅的学生——甜言蜜语的柔软式批评；

对自尊心强的学生——点到为止的点化式批评；

对温和顺从的学生——和风细雨的温和式批评；

对毛手毛脚的学生——警钟长鸣的提醒式批评；

对粗暴急躁的学生——避开锋芒的疏导式批评；

对沉默寡言的学生——避开指责的说理式批评；

对傲慢自负的学生——示败揭短的严肃式批评。

"情景答辩"环节"必答题"部分，如《教育部关于进一步加强中小学班主任工作的意见》中关于班主任的角色定位是什么？《中小学教师职业道德规范（2008 年修订）》新增了哪些具体内容？这些题目内容都是从事班主任工作的常识，目的是考查班主任工作的基本知识。

"情景答辩"环节"情景题"部分要求选手对教育情景作分析，指出问题关键所在，然后提出相应对策。从中考查选手的理论基本功、分析解决问题的能力与教育智慧。判断准确合理，分析丝丝入扣，策略充满技巧是答辩者理念与智慧、专业能力与基本功的展现。以下是一个"情景答辩"的例子。

情景：一位男生喜欢上班里一位女生，坚持每天送女生回家，然后再回自己家。几次后，女生不愿意其护送，但男生坚持当护花使者。女生找来另一男生帮忙支开护送的男生，于是第一个男生打了第二个男生，理由是保护自己喜欢的女孩。

问题：作为班主任，你如何看待和处理这一事件？

答辩思路：

①判断：是什么（判断问题性质）——青春期异性交往技巧及同性矛盾冲突。

②分析：为什么（我的观点）——青春期女生缺乏交往技巧；男生一相情愿的做法是不顾对方感受和缺乏对爱情相互尊重原则的认识；以"动作片"方式解决矛盾是情绪冲动的表现。

③对策：怎样做——策略、方法。

对女生进行明确以及婉转 say "No" 技巧指导；对男生采取"人际心理距离"情景教育措施。

具体做法是，把第一个男生请到校长室，班主任在场但故意不理睬男生，校长对男生表现得十分热情。男生觉得难受，忍不住大声说："你想怎么样就怎么样，不要让我这么难受好不好！"校长问："你为什么觉得难受呢？是班主任原来与你没有心理距离，现在不理睬你，你觉得心理距离一下子拉远了难受呢？还是我们原来不认识，本来有距离，但我的热情让你觉得这是人为拉近距离而使你难受呢？”男生明白了校长的用意，也知道了应该如何与那位女生相处了。

“人际心理距离”情景创设是本情景答辩中班主任表现出的教育智慧。

主题班会是班级教育的基本形式，是学生参与班级活动的有效途径。“班会课或班集体活动设计”环节主要考查班主任设计、组织主题班会来进行班级教育和促进师生共同成长的专业能力。一位班主任针对当前青少年学生沉迷于网络、学习成绩下降甚至荒废学业、成为网虫的现实情况，设计了一次班会课活动。设计思路：活动名称是“绿色网上行，走进E时代”，主要做法是，首先，根据班上学生上网比较多、上网时间比较长的实际情况，班主任指导学生设立PK台，通过指导班干部来组织学生积极进行“上网利与弊”的大辩论，提高学生对网络危害性的认识和对绿色健康上网的意义和必要性的理解。在此基础上，让学生制定具有相互约束和监督作用的《班级上网公约》和建立每一个学生的上网档案，进而开展班级“博客”和网页设计比赛，从认知、情感、态度、价值观和行为上，全方位、立体化地开展绿色健康网络教育，收到了良好的预期效果。

广东省从2006年开始，实施名班主任培养工程，以培养智慧型、专家型班主任为目标。2007年召开首届班主任能力大赛，主要也是评选智慧型班主任。在首批名班主任培养对象和首届班主任能力大赛获奖者身上，我们可以看到智慧型班主任的影子。而作为名班主任培养对象和班主任能力大赛获奖者，他们对成为智慧型班主任是如何认识的呢？

广东省名班主任培养对象，2007年度全国“双优”（优秀教师、优秀班主任）李娟老师对智慧型班主任的理解是，“教是为了不教，管是为了不管——这才是智慧型班主任的专业成长之路”；“女老师做班主任是最好的‘美容品’，做智慧型班主任最有幸福感”。

广东省名班主任培养对象，惠阳一中教导主任何汝玉老师做智慧型班主任的经验是，“与班级互动成长”和“与学生、家长、同事做朋友”。“与班级互动成长”的做法是：用理想引导学生，用精神激励学生，用真诚感化学生，用品格熏陶学生，用自信鼓舞学生，用知识哺育学生，用爱心理解学生，用智慧启迪学生。“与学生、家长、同事做朋友”的做法是，调动社会资源，让学生、家长、同事成为班级管理的参与者、志愿者和有力助手。

广东省首届班主任能力大赛五项全能大奖获得者刘巍老师对智慧型班主任的理解是：班级管理的“管”是一种技术，而“理”是一种艺术，需要用心去琢磨。只有当你用心去把它当成一种艺术时，才能化琐碎为简易，化麻烦为条理，才会有工作的成就感、愉悦感，才称得上是智慧型的班主任。

（四）学习型班主任

教师是知识的重要传播者和创造者。在新知识层出不穷、信息海量化的今天，要成为合格的教育者，就必须不断学习、不断充实自己。教师要树立终身学习的理念，努力学习新知识，拓宽知识视野，更新知识结构，不断提高教学质量，增强教书育人的本领。教师应该是一个终身学习的教育者、学习者。

阅读是终身学习的基本方式，是教师自我提升的有效方法。

根据2006年中国教育先锋网调查，中小学教师读书状况如下：

教师有时间读书吗？“没有时间读书”的占20%；“有足够时间读书”的占18%；“有时间，但没有用于读书”的占17%；“时间不多，偶尔会看一下，或者放假才有时间读书”的占7%。是否愿意读书不仅仅是时间的问题，而是教师是否想读书、是否有动力去读书的问题。50%的教师认为没有心情读书。

影响教师读书的因素：工作繁忙、压力大；没有读书的风气；学校没有读书的环境；浮躁；缺乏读书的“兴趣”、“习惯”和“乐趣”；缺乏理想、志向、求知欲；书太贵，好书太少；得不到鼓励。

30～50岁的教师读书最少。中小学教师读书面比学生窄。

“一本好书激励人的一生”，作为教师，我们今天读什么书？

第一类，生活智慧/实践智慧类：改变生活态度，如美国托马斯·弗里德曼著的《世界是平的》。

第二类，教育新理念类：改变教育态度，如美国加德纳著的《多元智能》。

第三类，专业类：提高教学水平，如加拿大范梅南著的《教学机智——教育智慧的意蕴》。

第四类，管理类：改变班级管理观，如美国彼得·圣吉著的《第五项修炼——学习型组织的艺术与实务》。

第五类，拓展类：扩宽知识视野，如法国卢梭著的《爱弥尔》。

养成快速阅读习惯：在有限的时间进行最大量和有效的阅读。

教师如何阅读？学会快速阅读，所谓快人一步，捷足先登。比尔·盖茨成功的秘诀：“所有的成功者都是阅读者，快速阅读是我获取信息、赢得成功的最大秘诀！”教师应掌握快速阅读技术。其中，从音化式阅读到眼脑直映式阅读和充分利用现代信息技术作为工具来提高阅读效率等，都是提高阅读速度和效果的有效方法。作为班主任，由于工作繁多，更要养成简洁的生活和工作习惯，包括阅读方式。人们常常消磨和浪费时间，班主任要养成迅速看完一本书的习惯。人们常常习惯于长篇大论，班主任要掌握用5分钟清楚表达自己学术观点的技巧。

（五）研究型班主任

教育科研是班主任专业成长的向导，是提高班主任专业能力的途径。班主任科研以班级和学生成长作为研究对象，班级研究是一种行动研究、自主研究、成长研究。班主任从事教育科研具有直接性、实践性和行动性的优势。行动研究和班级教育叙事是班主任主要的和最有效的研究方式。

要成为研究型班主任，首先要培养研究意识。对于班级研究来说，问题就是“课题”。班主任要善于发现班级存在和潜在的问题，作为引领班级健康发展的课题。其次，要提高研究能力，特别是具体操作能力。对于班级管理工作来说，行动就是研究。再次，要注重研究过程。班主任成长和班级发展，过程和经历比结果更有价值，学会做研究比取得研究成果更有意义。无论对于班级还是对于班主任本人，成长就是成果。成长是一种过程，而促进成长则是一种能力。

班级管理研究是研究班级和学生成长的过程。苏霍姆林斯基指出：“尽可能深入地了解每一个孩子的精神世界——这是教师和家长的首条金科玉律。”要成为一个研究型班主任，就要求班主任研究班级和学生，有针对性地指导班级和学生健康成长。

美国麻省理工学院的一项改革实验，为班级管理研究提供了一个很好的班级行动研究的个案。这项实验的做法如下：

把学生每6人分为一组，大家像平常一样写报告、考试。唯一不同的是考试的结果，全组6人的成绩将以其中得分最低者算。设计这一改革的教授以为学生会抱怨，怕别人拖累自己，没想到所有人的反应竟然都是担心自己拖累别人，为了不当害群之马，所有学生都一起念书，共同研究。当成绩差者需要补考时，全组的人会一起帮助他，表现出团结的精神。

实验激活了学生之间的互助关系，收到了意想不到的效果。

这项实验运用了心理学家荣格的一个著名“成功公式”：I（个别我）+We（团体我）=Fully I（完整的我）。

实验给我们的启示是：集体主义精神=个人+小组。以个人和小组的综合管理效应为管理目标，班主任可以从学习、卫生、礼仪、纪律等方面进行竞争、评比来激励和培育班级的集体主义和互助合作精神。

广东省名班主任培养对象陈愉老师应用“I+We”模式进行班级管理，开展“超级无敌最多fun（分）”——以“QQ升级模式”为蓝本进行评比活动和“奥运全能大比拼”——“个人+小组”竞赛活动，收到了很好的效果，有效地促进了班集体的形成。陈愉老师的做法得到了关注和肯定，媒体称其为具有时代精神和活力、深受学生喜爱的“麻辣老师”。

“麻辣老师”是在班级管理中常常“把威信捧在手上、把真诚写在脸上、把美丽穿在身上、把问题放在网上”的老师。他们时尚、活泼、幽默，喜欢与学生在网上沟通，具有亲和力，深受学生喜欢和爱戴。

（六）创新型班主任

创新型班主任，是指具有积极进取的意识、持续发展的理念、不断创新的精神等人格特点的班主任。他们在班级日常管理、班集体活动组织、主题班会设计、班级文化建设过程中，常常不满足于现状，积极破解难题，主动探索新问题，不断寻找提高班级管理的科学性、时代性、针对性和实效性的新出路和新方法。

以要求学生写日记为例。日记是班主任经常用作加强学生思想品德管理和提高学生写作水平能力的一种班级常规管理方式。“心灵日记”是学生自我教育的场所，是师生情感交流的渠道。

当前中小学生日记中普遍存在的两大现象：中学生写“灰色日记”、“言情日记”现象和小学生的“电报式日记”、“流水账式日记”现象。

针对中学生的“灰色日记”、“言情日记”现象，具有创新意识的班主任通过倡导学生抒写心灵日记来营造阳光班级，通过引导和激励学生坚持写“阳光日记”、“绿色日记”，不写“灰色日记”来培育学生的积极心态和开朗性格。

小学生的“电报式日记”或“流水账式日记”，指所写的日记常常是简单记录一个事件，然后凑够字数就算是日记了，或千篇一律地从头至尾记录一件事情的全过程，没有任何感受、体会和感悟。小学生由于缺乏生活经历和体验，写日记时往往不知道有什么东西可写，或无从下笔，或无话可写，或言之无物。

老师要求交600字的日记，两个小学生把周日父母带他们外出游玩的情况写下来。

学生A——

星期日

今天早上爸爸带我们全家去植物园，沿路上蝉声一直吱吱

吱吱吱……吱吱吱吱吱，叫个不停，感觉很舒服。(刚好600个字)

学生B——

星期日

今天和妈妈去爬山，到了山顶，妈妈说安静的山间会有回音喔。我和弟弟一起试着大叫——你好吗?

果然大约三秒之后就听到：

你好吗……你好吗?

一个字都没变，课本说的音波反射，我终于体会到了。真是有意义的一天。(刚好600个字)

针对学生写日记和作文无话可写的情况，深圳市南山区月亮湾小学陈碧芳老师创新日记写作方式，采取先增加学生生活感受和情感体验，然后再启发学生的写作方式，让学生从言之无物到有感而发。短短的七天，她发现学生的日记和学生都变了，日记从无话可写到滔滔不绝，畅所欲言。学生家长发现孩子改变了，从只会接受关心照顾到学会关心照顾别人，孩子似乎一下子长大了许多。

"鸡蛋"记载的成长足迹

为了让学生每天的日记有话可写，我布置学生每人随身携带一个生鸡蛋，每天24小时，随身带七天，比比谁的鸡蛋保管时间最长，每天给鸡蛋写日记。

当我一宣布这项作业，41张小嘴立刻议论开了，有的在担心，有的在猜测，有的以为自己听错了，有的愣住了……教室里一下子热闹非凡。

第二天，我进教室一看，哟！他们保管自己"伴侣"的方法还真是别出心裁：有的用面巾纸一层又一层地包着鸡蛋，有的用精美的小篮子给鸡蛋做了个

“家”，有的用一次性杯子装着，有的几乎时时刻刻地握着鸡蛋……在随后的几天里，这个小小的鸡蛋带来了许多意想不到的事情：学生给自己的鸡蛋起名字，用彩笔给鸡蛋“化妆”，研究什么样的鸡蛋可以孵出小鸡，讨论鸡蛋为什么颜色不同，世界上到底是先有鸡还是先有蛋，在其他班级孩子羡慕的眼光中毫不谦逊地炫耀手上的鸡蛋……每天放学前我在班里统计完好鸡蛋的数量时，是孩子们最激动的时刻，或喜或悲，或叫或跳。那一刻我觉得有一种无形的东西把我和他们紧紧地连在了一起，自己不是一个语文老师，而是他们的大姐姐，教室就像我们的家。

几乎每个学生的日记都变得语言更流畅、内容更具体了，就连题目都那么精彩，那么有个性：《念蛋蛋》、《可怜蛋》、《“祸”蛋》、《七天的伴侣》……

生活本来就是丰富多彩的，引导孩子们睁大了双眼去看，学生感到有东西可写了，有了表达的欲望，我借机引导他们注意语言的锤炼，课前几分钟动情地朗读他们日记里的优美词句，让孩子们感受用文字记载生活是一件多么美妙的事情。每天流淌在他们笔下的文字更加精彩，话语闪动着孩童的灵气：

“我把我的宝贝蛋蛋轻轻地放入小篮子里，看它‘躺’在我给它做的‘小床’里，多舒适呀！我仿佛看见从里面跑出来一只浑身毛茸茸的小鸡，正要往我的手上爬，多美的一幅画面啊！”

“一个鸡蛋本来只不过几毛钱。可是，由于这个活动它就摇身一变成了大元宝似的，我把它宝贝得不得了。”

“只听见‘啪’的一声，我还在幸灾乐祸地想又是哪个‘冒失鬼’的鸡蛋被打破了，没想到身边的同学都把目光投向我。我一看，哎呀！那个‘冒失鬼’竟然是我！我心里好难过呀！可怜我的鸡蛋就这样不明不白地‘壮烈牺牲’啦！”

第七天到了，只有六个鸡蛋被高高地举起，同时仰起的还有六张骄傲的脸蛋。多么不容易的六个“幸存者”啊！我相信孩子们从这次特殊的经历中，从自己细致的观察、反复的思考中，从每日的交谈中一定得到了许多意想不到的、值得深思的东西。那肯定不是仅仅靠我平日的教学就能给予他们的体验。不知道是哪一个孩子得到的最多呢？

于是，我把黑板让给了他们，让孩子们把自己现在最想说的话写给大家：

“有些事情看起来很简单，其实做起来不一定容易。”

“我的鸡蛋没有烂，这七天让我知道了要相信自己，因为人有无限的潜能。”

“同学们，生活中不能轻视每一件小事啊。”

“我想对大家说，不要小看一只鸡蛋，一个小动物。它们也是一个个小生命啊。”

“伟大的设想只有付诸行动，才有可能成为壮举。”

“我发现哪怕是一枚小小的鸡蛋，相处了几天之后，我竟然对它产生了感情。”

“为什么做这件事，虽然到了最后老师也没有对我们说，但现在我似乎有点明白了。”

学生的话让我想起在华盛顿大学里见过这样一句话：我听见了，我就忘记了；我看见了，我就记住了；我做过了，我就体验到了。

第八天，我请家长看过孩子写的《说说这七天》后，让他们给我和学生说说他们要说的话。对于孩子这几天做的事情，我相信他们也有不少的感慨。从家长们写给我的信和给孩子的寄语中，我得到了教学生涯中宝贵的教育经验：

“五年了，我的孩子第一次做这样特别的作业，他的兴趣是那么大，做作业根本不用我们管。晚上还把鸡蛋放在书桌上，看着它写日记。一个小小的鸡蛋竟然使他写日记变得那么投入，都是因为他对这件事情感兴趣，找到了可写的东西。”

“这些天，我看到儿子对鸡蛋没有了刚开始的那份耐心，只顾着自己去玩了，后来鸡蛋居然从桌子上滚下给摔烂了。于是我乘机告诉他做每一件事情都要有始有终，不能半途而废。这次的谈话我并没有对他长篇大论地讲道理，他也没有嫌我啰唆而是听得很认真，还对我说学习上更应该有毅力。”

“这短暂的时间里，一个小小的鸡蛋竟然让我的女儿亲身体会了做人做事最基本的道理。”

“我们都知道孩子是活泼好动的，而鸡蛋是容易破碎的，最不好做的事情就看孩子能不能做好。孩子亲自做了，亲身体验了，对他的成长是一种很大的帮助。”

仅仅是人们眼里的一枚小小的鸡蛋，引发了家长与老师之间一个发人深省的话题，七天的经历成就了一次深入浅出的体验教育。

我一直相信每一个儿童的心灵都是一个完整的世界，没有重复，各有特色，引导孩子体验生活，珍视每一个孩子对生活的体验，就能使孩子的心灵高尚起来。生硬的说教，孩子不仅容易忘记还难以真正接受。生活是最好的老师，生命的体验是最珍贵的，我愿意和他们一起以身体之，以心验之。

班级管理创新不是一种盲目地“摸着石头过河”的行为或简单的行动过程，而是一个经过“诊断—规划—行动—总结”的科学改进过程。诊断式地对问题进行分析、评估，找出特点、优势和不足，进而提出改进方案和规划，然后实施行动与验证方案，最后总结评估与解决问题。

对于班级管理创新而言，进行科学诊断，找出班级的特点和对班级发展进行准确的定位至关重要。

三、班主任专业素养

班主任专业发展是班主任成长的必由之路。班主任专业的成长过程实质是班主任专业素养提高和自我修炼的过程。班主任的专业素养主要包括班主任的专业意识素养、专业态度素养、专业知识素养和专业能力素养四个方面。

（一）爱与责任：班主任的专业意识素养

班主任的专业意识素养是班主任的班级管理理念、育人理想、师德信念的反映，是班主任教育爱、责任感、使命感的体现。班主任专业意识包括以爱育人意识、为人师表意识、教育保护意识、班级创新意识等。

1. 以爱育人——班主任的育人意识

班主任之爱是一种教育爱。教育爱是一种崇高的情怀，是一种博大的爱，伟大的爱。爱自己的孩子是一种情感，是一种责任；爱别人的孩子是一种情怀，是一种境界。教师爱的是别人的孩子，教师把别人的孩子当作自己的孩子一样地爱。

中山市体育路学校高挂着这样一句醒目的标语："您的孩子也是我们的孩子，您疼我们更爱！"所有走进校园看到这条朴实无华标语的家长无不为之动容——这就是教育爱的博大和伟大。

具有教育爱的老师，可以用自己的生命去保护学生。在2008年四川汶川特大地震中，那些用生命保护学生的英雄老师身上展现的正是这种博大的爱。

以教育爱为动力，班主任才能真正做到潜下心来育人。

以爱育人的价值和意义在于：爱是载体，用爱心感化、转化学生；爱是互动，以爱心唤醒学生的爱心；爱是目的，让人性充满爱，让社会充满爱，让世界充满爱。

2. 为人师表——班主任的师德意识

师德是调节教师与学生、教师与学校、教师与国家、教师与社会相互关系的基本行为准则，是人民教师的教育情感、态度与行为的基本规范。班主任要爱国守法，爱岗敬业，关爱学生，教书育人，为人师表，终身学习。教育部、中国教科文卫体工会全国委员会2008年新修订的《中小学教师职业道德规范》，是每一个班主任都应该遵守的基本规范。其内容如下：

一、爱国守法。热爱祖国，热爱人民，拥护中国共产党领导，拥护社会主义。全面贯彻国家教育方针，自觉遵守教育法律法规，依法履行教师职责权利。不得有违背党和国家方针政策的言行。

二、爱岗敬业。忠诚于人民教育事业，志存高远，勤恳敬业，甘为人梯，乐于奉献。对工作高度负责，认真备课上课，认真批改作业，认真辅导学生。

不得敷衍塞责。

三、关爱学生。关心爱护全体学生，尊重学生人格，平等公正对待学生。对学生严慈相济，做学生良师益友。保护学生安全，关心学生健康，维护学生权益。不讽刺、挖苦、歧视学生，不体罚或变相体罚学生。

四、教书育人。遵循教育规律，实施素质教育。循循善诱，诲人不倦，因材施教。培养学生良好品行，激发学生创新精神，促进学生全面发展。不以分数作为评价学生的唯一标准。

五、为人师表。坚守高尚情操，知荣明耻，严于律己，以身作则。衣着得体，语言规范，举止文明。关心集体，团结协作，尊重同事，尊重家长。作风正派，廉洁奉公。自觉抵制有偿家教，不利用职务之便谋取私利。

六、终身学习。崇尚科学精神，树立终身学习理念，拓宽知识视野，更新知识结构。潜心钻研业务，勇于探索创新，不断提高专业素养和教育教学水平。

"爱"与"责任"是师德规范永恒不变的主题。班主任老师不仅要有高度的事业心和责任感，要对教育、教学工作充满热爱，也要对每一个学生充满爱心。

3. 人文关怀——班主任的教育保护意识

班主任要保护学生安全，关心学生健康，维护学生权益，促进学生发展。

4. 不做拉磨驴——班主任的创新意识

班主任工作需要常规，但不能单调重复。班主任工作只有不断创新发展和变换形式，才能常做常新，永远保持生命活力。

（二）潜心育人：班主任的专业态度素养

班主任的育人态度决定他（她）的育人方式，育人方式决定育人效果。播撒阳光先要拥有太阳。班主任工作繁、杂、累，压力大，需要学会自我调适。师德是一种心态，积极心态是班主任幸福感的源泉。积极心态具有增力和建设性意义。积极心态是一种阳光心态，表现为主动、热情、自信、进取，充满幸福感、效能感、使命感。班主任要降低职业倦怠，增强信守师德的幸福感。班主任应保持六种积极心态：以事业心态对待职业、以快乐心态对待工作、以关爱心态对待学生、以幸福心态对待人生、以进取心态对待自己、以合作心态对待同事。

（三）以智育人：班主任的专业知识素养

班主任的角色规范要求班主任掌握相应的专业知识。教育部2006年8月31日发布的《全国中小学班主任培训计划》，从六个方面对中小学班主任提出班主任知识方面的内容要求：班主任工作基本规范，学生心理健康教育指导，班级活动设计与组织，班级管理，未成年人思想道德教育以及其他相关教育政策法规，对中小学班主任提出了班主任知识方面的内容要求，如《中共中央国务院关于进一步加强和改革未成年人思想道德建设的意见》、《未成年人教育保护法》、《世界儿童权利公约》等。

（四）以能育人：班主任的专业能力素养

班主任工作是一种专业性很强的工作，班主任的专业能力指从事班主任工作所必需的以及在班级教育和管理各个环节表现出来的教育管理智慧、技能和技巧，通常以专业基本功的形式表现出来。

一般来说，班主任的专业能力包括：班级常规管理能力；班会课与班集体活动设计、组织、实施与指导能力；班级人际、学校人际和家校人际沟通、协调能力；学生学习、生活、心理健康、生命成长指导和促进能力，等等。

第三节　班主任的专业基本技能

班主任的专业基本技能，是班主任工作的“真功夫”的体现。可以用“六大基本技能”和“十八般武艺”来概括。

一、班级常规管理基本技能

（1）了解、研究教育学生以及与学生有效沟通的技能。

如“从第一印象开始就让学生喜欢和接纳你的六步基本功”：

第一步：刻意收拾自己的形象——让学生喜欢你。

第二步：精心设计第一次讲话——让学生认识你。

第三步：有意记住学生的名字——让学生佩服你。

第四步：用心了解学生的特长——让学生亲近你。

第五步：潜心制定班级公约——让学生欣赏你。

第六步：坚持做事言行一致——让学生信任你。

（2）班干部的选拔与任用的技能。

（3）处理班级偶发事件的技能。

二、班会课和班级活动组织指导的基本技能

（1）班会课和班级活动设计的技能。

班会课和班级活动设计的基本原则、基本模式和主要方法。

（2）班会课和班级活动组织的技能。

科学确定活动内容，周密安排活动计划，有效指导活动实施。

(3) 班会课和班级活动指导的技能。

三、班集体建设基本技能

(1) 建立班集体共同愿景的技能。

(2) 营造和谐班集体文化的技能。

(3) 组织形成班集体的技能。

班集体是一个以学生为主体的社会心理共同体。不同年龄阶段的班集体有不同的特点：小学低年级的半自主型集体，即在教师的要求和部署下实施；小学高年级的准自主型集体，即在班主任引导下开展工作；中学阶段的自主型集体，以学生自治管理为主，培养学生的服务意识、责任意识、民主意识。

班集体发展与班主任班级管理遵循三个阶段：班主任引导管理阶段，重点引导学生如何发挥作用，指导班干部进行职责分工、制定规章制度等——帮扶阶段；班主任与学生共同管理阶段，班主任抓大放小，常规管理由学生干部负责——扶与放相结合；班主任放手让学生自我管理——学生自治管理阶段，班主任的主要工作是监督、检查和个别教育。

班集体建设的操作方法：制定班级奋斗目标；制订班级工作计划；选拔和培养班干部；完善班级的规章制度；设计班级活动方案。

四、学生品格教育的基本技能

(1) 促进学生良好的情感、态度与价值观的技能。

(2) 促进学生品德内化的技能。

(3) 促进学生良好行为习惯养成和品格发展的技能。

五、人际沟通协调的基本技能

(1) 与学生沟通与互动成长的技能。

(2) 与学生家长沟通及指导家庭教育的技能。

(3) 与科任教师沟通及社区资源整合的技能。

六、班级心理辅导的基本技能

(1) 应用心理学原理进行班级管理的技能。

应用多元智能理论、幸福心理学原理、期望心理效应、角色互换心理技术、理性—情绪技术、暗示与潜意识技术、健康心理活动技术、神经语法程序学(NLP)、心理图像技术等，能有效开展班级管理工作。

（2）运用心理技术开展班级辅导的技能。

心理危机干预、学习困难辅导、问题学生辅导等是班级心理辅导的基本内容。通过个别辅导、团体心理辅导，有利于促进不同层面学生素质的全面发展。

（3）积极心理原理在班级管理中的技能。

形成学生不断进取的阳光心态；营造健康向上的班级文化氛围；培养学生积极开朗的人格品质。

第二章　平常处见真功夫

——班级常规管理

第一节　班级需要怎样的常规

班级是学生成长的重要环境，是一个微型的社会，学生通过在班级的学习和交往活动，获得社会性的发展。班级常规是班级规范的有机组成部分，是对班级经常性活动的开展提出的要求，用于规范班级各项工作的有序运作。班级常规管理就是根据班级制定的规范对班级经常进行的、相对稳定的、集体认同的工作进行的管理。班级常规管理是学校管理的重要内容，班级常规管理的有效开展，有助于促进全班学生的健康成长和发展。

一、班级常规管理的意义

班级常规管理在班级管理中具有非常重要的意义，学生在学校的大部分时间是在班级中度过的，班级是他们学习、活动、交往的主要场所，常规管理对保证学生的学校生活正常开展尤为重要。

（一）培养学生的遵守规范意识

学生在学校学习和活动的过程也是他们逐步学习适应社会生活的过程。班级的常规管理为学生提供了日常学习和交往等活动的基本规范和行为指引，使学生的行为有章可循，有据可依。这对培养学生的规范意识、遵纪守法意识具有重要的意义。尤其是在当今法制社会中，社会生活对公民法制意识的要求进一步提高，中小学生遵纪守法意识的提高对规范他们的在校行为以及校外社会生活行为都很有意义。所以，班主任要重视在班级常规管理中有意识地培养学生的遵守规范的意识，为社会培养合格的公民。

（二）规范班级的行为，养成良好的行为习惯

俗话说："没有规矩不成方圆。"班级常规管理能够有效地促进学生集体意识和班级精神的形成，统一班级学生的思想和行动，形成良好的班级舆论，帮助学生养成良好的行为习惯。学生良好行为习惯的养成是一个渐进的过程，通过班级的常规管理，引导学生逐步从将规范作为外在的要求，对照约束自己的行为，到自觉按照规范的要求调整自己的行为，进而到将规范内化为对自我的要求，外化为自己的自觉行为，最终成为一种习惯，不论是否有外力的监控都自觉执行规范的要求。常规管理在促进学生良好行为习惯的养成中具有不可替代的作用。

（三）保证班级管理的有序运行

班级各项工作的有序运行需要制度的保障。班级常规管理能够为班级各种活动的有效开展提供制度的保证，为班级工作的正常运作和学生的有效发展提供有利的条件。

二、班级的常规管理有哪些方面

班级规范涉及学生班级生活的方方面面，而班级经常性的工作主要包括学习活动、日常纪律、环境卫生、班务档案等。因此，班级的常规管理主要就是针对这些经常性的工作来开展的。

（一）班级学习活动的常规管理

学习是学生最主要的活动，对班级学习活动的管理也是班级常规管理的主要内容。学习常规的内容包括对预习、听课、复习、作业、考试以及其他相关的学习活动的常规。切合学生实际的学习常规对提高学生学习质量具有积极的影响。有经验的班主任都很重视学习活动的常规管理，通过引导学生制定相关的学习规范，帮助学生养成良好的学习行为习惯，提高学习的效率，优化学习的效果。著名的优秀班主任魏书生在学生管理中非常重视通过引导学生建立班级的常规，通过科学有效的管理，达到促进学生发展的目的。

【学生学习制度】

1. 要有明确的学习目的，有刻苦的钻研、知难而进的学习精神。

2. 不偏科，不弃学，要有广泛的学习兴趣，不断扩充知识面。注意发展自己的特长爱好。

3. 学习认真，一丝不苟，实事求是，能虚心求教于别人，又热心帮助别人，有良好的学习品质。

4. 预习功课，并能够掌握教师的教学方法，熟悉“四遍八步读书法”等，能够记预习笔记。

5. 上课认真听讲，积极思维，勤动脑、动手，大胆质疑。认真记好学习笔记，不仅要掌握必要的文化知识，还要掌握解决问题的方法，提高自己的学习能力。

6. 课后要认真做好复习，学会使用工具书及参考资料，作业认真工整，按时完成，对作业中的错误要及时纠正。

7. 积极参加科技小发明、小制作、小论文等课外活动，积极参加各种学习竞赛及课外辅导，积极参加学校各种劳动和必要的社会活动。认真上好劳技实验课。

8. 勇于自学，既坚持课堂上在老师指导下的自学，又坚持自己计划中的自学，探索自己学习的过程与收获。学会自己管理自己，不断提高自己的自学能力。

9. 每名学生每个学期必须确定一个自己的座右铭，确定一个本班级学习的榜样和追赶的目标，以鞭策自己的学习。

10. 认真制订学习计划，不断总结学习经验，科学使用学习时间，不断提高自己的身心健康水平，形成良好的学习习惯。①

（二）班级纪律常规管理

班级各项活动的开展需要有良好的纪律做保障，所以规定班级开展各种活动的纪律也是班级常规管理的一个重要部分。班级纪律常规包括课堂纪律常规、考勤登记常规等，这些纪律常规是保证班级活动有序开展的重要条件。

【会场纪律】

1. 按时参加会议，以班为单位按指定地点就座。

2. 进入会场后，要保持会场肃静，提倡会前唱歌。

3. 开会期间，要尊重发言人，认真做好会议记录，不看书报，不随意说话，不打瞌睡，不做与会议无关的事情，不要随便进出会场。

4. 服从会议主持者的调动和指挥，对会议讲话人要有热情，有礼貌，认真听讲。

5. 会议结束时，严禁喧哗，要有秩序地退出会场。②

（三）班级卫生及环境的常规管理

班级是学生学习和活动的重要环境，对学生的发展具有潜移默化的作用。有经验的班主任都非常重视对班级环境的建设管理，力求为学生的成长营造良好的氛围。班级环境的常规管理主要包括班级卫生执勤的常规管理、班级卫生管理、班级环境布置、公物的管理、班级学生卫生习惯的养成管理等。

教室里要养花、养鱼，窗户上还要有窗帘，教室前面要有脸盆、毛巾、香皂等洗手用具，还要有暖壶、茶杯等饮水用具，有推子、剪子等理发用具，有纸篓，有痰盂，加在一起是八种公用的必备品，我们管它叫“八有”。

“八有”是逐渐增加的，七年前，我刚当校长时，只提倡班级“七有”，那

① 龚春燕等．魏书生教育教学艺术（第五卷）．桂林：漓江出版社，2005. 152

② 龚春燕等．魏书生教育教学艺术（第五卷）．桂林：漓江出版社，2005. 170

时，还没有养鱼这一项。

这八种备品有点像当家过日子用的用品，教室里有了这些，显得好看，显得不那么空旷，用起来也方便。

这几种备品，花钱不多，学校可以发。但我觉得，为了强化学生的集体观念，使学生有一种把班级当作家的观念，这些东西还是要求各个班自备比较好。

这些备品都可以鼓励学生献，献花、献鱼、献盆、献壶……也可以说借，毕业了再拿回去。这样，个人献给集体东西，他会更爱集体。

我体会到，培养学生的集体主义精神，最有效的办法，便是吸引他为集体出力，为集体流汗，为集体贡献出一些个人的东西，吸引他为集体倾注心血。倾注得多，感情自然会深起来……

从对一届又一届的学生观察中，我发现热爱集体、关心班级，对班级有深厚感情的学生，都是平时乐于为班级奉献、乐于为班级做事的学生。某些感情冷漠、薄情寡义，被同学称为“冷血动物”的学生，肯定是遇到集体的事想法逃避，遇到为集体奉献的机会也想法逃避的学生。使这样的学生感情升温的有效办法，就是千方百计吸引他，甚至是强迫他为集体做事，为集体负责任，为集体奉献。

“八有”都有具体保管人，管花的叫花长，负责鱼的叫鱼长，别的具体承包人就不叫长了。

负责窗帘的同学，窗帘脏了便由他去洗。

负责洗手用具的同学，要把脸盆刷好，毛巾洗净。

张海英同学负责饮水用具，他把暖壶、玻璃杯擦得晶莹透亮。学校要求每个班饮水杯不能是搪瓷杯和塑料杯，那些太结实，不容易打碎。每个班必须准备玻璃杯，作用和鱼缸一样，有利于约束同学们的行动……

有人问，像痰盂那样的用品都有人愿意承包吗？这就需要跟同学们商量承包工作量大的备品的利与弊，当同学们磨炼自己的欲望被点燃，燃烧得强烈的时候，便产生了以吃苦为荣的认识，于是许多同学争抢承包痰盂。这时便从中确定一位学习好、有毅力、心地坦诚的同学，这样他能一包到底，干得出色。工作过程中，他自己也更进一步受到磨炼，不怕脏，不怕苦，比以前更有毅力。他承包的成功也使同学们认识到：一个人为集体、为别人多吃苦，多磨炼自己，不仅有利于他人，而且有利于自己的成熟与进步。

八种备品的集体所有制、承包制，增强了同学们的集体观念，增强了班集体的吸引力。①

(四) 班级班务常规管理

班级班务常规管理是对学生参与班级事务的管理，如班级民主议事制度的落实、班级岗位责任制的落实、班级评先奖优规定的落实、班级活动开展的程序化管理以及班级档案资料的管理等。如魏书生老师引导班级学生设置并规定了班级的若干管理职位及相应的职责，将管理的责任落实到人，既有效地提高了班级管理的效果，又很好地培养了学生的岗位责任意识。这种成功的经验很值得学习和借鉴。

第一部分：岗位责任制（按空间范畴制定）

一、常务班长职责

1. 全面负责班级同学的德智体美劳各项活动的开展，在为同学的服务中提高自己的管理水平。

2. 及时传达学校及班主任对班级管理的要求，并组织同学将要求落到实处。

3. 班主任老师在校时，及时听取班主任对班级管理的意见，班主任不在校时，代行老师的职权。

4. 负责领导指挥班级成员开展工作。凡通过竞选产生的班长，有权根据工作的需要任免班委会成员。

5. 负责指挥值周班长、值日班长积极主动地开展工作。

6. 通过竞选产生的常务班长，当任期已满时负责组织下一任班长的选举。

二、团支书（略）

三、班委会委员（略）

四、值周班长（略）

五、值日班长（略）

六、科代表职责

1. 负责本学科老师委派的任务，例如，收发作业，收发试卷，准备课堂用的简单教具，协助老师做演示实验，帮助老师做分组实验的准备工作。

2. 及时搜集同学们对教师教学的意见和建议，并及时向老师反映。

3. 协助老师调查、了解分析本学科学习后进同学的困难、障碍，并尽力帮助其解决。

4. 更深地了解任课教师的意图，教学的风格、特点，及时向同学们介绍，

---

① 魏书生．班主任工作漫谈．桂林：漓江出版社，1995. 197

使同学们尽快适应老师的做法。

5. 负责记载本学期历次考试的成绩，并对成绩升降情况进行分析，对同学们进行指导，给老师当好参谋。

6. 负责本学科兴趣小组的工作，带动本学科学有所长的同学，使其长处发展更快。

七、备品承包责任制（略）

八、专项任务承包责任制（略）①

第二节　班级常规的制定

班级常规的制定是常规管理能够取得实效的重要前提。因此，班主任应该了解和掌握常规制定的程序和方法，使制定出来的常规能够在管理实践中发挥应有的作用。

一、制定班级常规的依据和程序

班级常规的制定应该有助于实现班级常规管理的科学化、制度化、程序化和效益最大化。因此，要求班主任指导学生共同制定班级常规，而不是包办代替；明确制定常规不是为了管理而管理，而是为了培养学生的法制意识、规范意识，发展自我教育和管理的能力，达到“管是为了不管”，最终实现“不管”的目标。

（一）制定班级常规的依据

制定班级常规的依据主要有三个方面：一是中小学学生行为规范；二是学校有关的规章制度；三是班级学生的具体实际。

中小学生守则、小学生日常行为规范、中学生日常行为规范是班主任指导学生制定班级常规的重要依据。《中小学生守则（修订）》和《中小学生行为规范（修订）》是教育部2004年3月修订后于2004年9月1日开始实施的，中小学生行为规范对学生的日常思想、品德、学习、生活、礼貌、纪律等提出了具体的要求，为学生行为的规范提供了重要的依据，所以，制定班级常规应该与这些要求相吻合。

学校的有关规定也是制定班级常规的重要依据。学校一般都会根据培养目

① 魏书生．班主任工作漫谈．桂林：漓江出版社，1995. 412～422

标制定对学生教育管理的基本要求，这些要求是基于学校的性质及培养目标而提出的，班级常规管理的目的是帮助学生形成良好的习惯，促进学生综合素质的提高，因而，班级常规的制定必须符合学校的基本要求。

此外，班级学生的实际情况也是制定班级常规不可忽视的因素。应该根据班级学生的年龄特点和年级特点以及班级学生具体的发展水平等实际情况，制定班级常规，才能使班级常规切合实际而得到有效的落实。

（二）制定班级常规的程序

班级常规一般要怎样制定才有利于具体的落实是很多班主任共同关心的，常规的制定如果是班主任一相情愿，那么这些规范可能会成为一纸空文，难以得到贯彻。所以，班主任要努力使班级常规的制定过程成为学生统一认识和认同班级目标的过程，成为教育和发展学生的过程。为达到这样的目标，班主任可以考虑将常规的制定根据“教师引导—学生讨论—修改确定—逐步完善”的步骤来展开。透过李镇西对学生制定班规的指导案例，可以帮助我们理解和掌握怎样制定常规能够使常规执行起来更有效。

从1987年9月乐山一中高九〇级一班进校开始，我尝试着一种崭新的班级管理模式：“法治”管理。具体操作步骤如下：

1. 引导思想：对三个问题的讨论

新生进校，我便向大家提出三个问题：第一，你们是否希望这个班最终成为一个好的集体？第二，若要让我们班成为好集体，需不需要每个人都克服自身的弱点？第三，为了保证同学们为集体的利益而克服自身的弱点，需不需要制定一个班规？

经过讨论，学生们对这三个问题都能作出肯定的回答。这也在教师的意料之中，因为我坚信，即使十分散漫的学生也真诚地希望自己能生活在一个班风良好的集体之中。而全班同学都“希望班集体好”，这正是“法治”管理赖以实行的最根本的思想基础。因此，这第一步引导虽然容易，但非常重要，不可忽视。

2. 统一认识：班规与《中学生守则》不尽相同

一说到班规，就有学生提出疑问：“国家已经制定了《中学生守则》、《中学生日常行为规范》，学校也有各种规章制度，我们再搞班规是否多余呢？”还有学生说：“在小学和初中，我们班也定过不少‘班规’之类的东西，但很少坚持执行。我们现在制定班规会不会也流于形式呢？”

我这样给大家解释：“《守则》、《规范》当然不错，但毕竟不可能具体针对一个班级的各种情况，而我们即将搞的班规，正是《守则》、《规范》中有关纪律要求的具体化。另外，《守则》等条令虽然对中学生提出了合理的规定，但这些条令本身并不带强制性，在执行过程中，人们一般认为这只是提倡，而非强迫，学生违反了《守则》、《规范》也无相应的惩罚措施，久而久之，本来合理的规章制度最终便成了一纸空文。因此，我们制定的班规不应仅仅是道德提倡，而应是行为强制，应具有法律般的约束力，使之真正切实可行。”

3. 确定原则：可行性、广泛性、互制性

班规当然不是法律，但它必须具有“法治”精神，比如上面所说的“是行为强制而非道德提倡”，其产生过程是自下而上由守法人自己制定等，都体现了“法治”精神。但这些还远远不够，在具体的班规内容上，其“法治”精神还应具体表现在三个方面：“可行性”、“广泛性”和“互制性”。

所谓“可行性”，含义有二：一是提的要求、规定应符合实际，便于监督检查，不能提一些虽然合理但难以做到的要求；二是不仅仅提出纪律要求，还应同时有相应的强制措施，明确“违反了又怎么办”。否则，班级法规很可能成为一纸空文，无所谓“可行性”。

所谓“广泛性”，是说班规应尽可能地包容班级一切可能出现的违纪情况，以后凡是班内出现了违纪现象，老师同学都可以从中找到相应的惩罚措施，做到有“法”可依。

所谓“互制性”，即“法规”既应体现出学生之间的互相制约，更应体现出师生之间的互相制约，特别是学生对班主任的合理制约。也就是说，班规不仅仅是对学生的管理，同时对班主任也具有责任监督、权力限制的作用（这点，是我主动让学生提出来的），而且应把这个监督权、限制权交给学生。

我要特别强调学生监督老师的意义。我让学生监督我，绝不是以“严于律己”的“高尚品德”来博取学生的“崇拜”，或“以身作则”使班规能够顺利实施，而是给学生树立一个观念：任何人都是有弱点的，因此任何人都需要制约。一切把班主任神圣化的认识都是危险的。正如“总统是靠不住的”，班主任同样是“靠不住”的。

4. 起草班规：让每一个人都成为“立法者”

学生的认识基本统一后，我又问学生：“这个班规，应由谁来起草？”大多数学生都说：“当然是李老师啦！”也有少数学生说：“由班干部！”竟没有一个人说：“应由我们自己！”

我又开始引导学生：“这个班不只是李老师的而是每一个同学的，这个班好也是每一个人的希望，制定班规同样是你们每一个人的意愿，那么，这个班规理所当然由班上每一个人起草。”我之所以要让学生自己定而不是由我拟个初稿交学生讨论，是因为我希望学生从一开始就意识到：班规是我自己制定的，而不是老师强加给我的。更重要的是，学生自己草拟班规，使他们一开始就不知不觉地进入了自我教育、自我管理的角色。

当每个学生都交上一份《高九〇级一班班规（草案）》后，我要求学生干部进行归纳、整理、加工，形成初稿，然后交给全班同学反复讨论、修改。由于大家都认识到班规正式形成后的权威性，所以大家讨论极为认真，他们根据“可行性、广泛性、互制性”的原则对初稿进行字斟句酌的推敲。

比如，对“惩罚办法”的确定，最开始有人提出罚款，但多数人不同意。又有人提出罚站、罚作业等，仍未得到多数同学的认可。经反复讨论，大多数同学决定根据不同情况、不同程度的违纪现象采用这几种惩罚办法：为同学们唱一支歌（适用于较轻的违纪）、做值日生（违反课堂纪律影响同学学习，以此来为集体服务，表达歉意）、扫教室（影响了环境卫生，自然应该用自己的劳动弥补过失）、跑步（主要适用于不认真锻炼身体或违反体育课纪律的同学）等。又如，对于迟到的惩罚，最初规定：“凡迟到一次，便当值日生一天。”但多数人觉得绝对不迟到难以做到，于是便改为“全学期迟到不超过6次，否则，超过一次便当一次值日生”。这看起来似乎放松了对学生的要求，但实际上避免了绝对化、“一刀切”，而使班规更符合实际，易于执行。这些都充分体现了班规的“可行性”。

整个班规包括“学习纪律”、“寝室纪律”、“清洁卫生”、“体育锻炼”、“值日生”、“班干部”、“班主任”、“其他”共8个部分40条，每一部分中又有若干具体细则，基本上覆盖了班级管理的各个方面、各个环节，这便充分体现了班规的“广泛性”。班规的每一条都写明了执行者，并对执“法”不严者也有明确的惩罚规定，如：“在教室里随地吐痰、扔纸屑等赃物者，一经发现，罚其扫教室。此项由生活班委监督执行。如生活班委监督执行不严，则罚其扫教室。”这就防止了班干部有“法”不依、执“法”不严。同时，在我的主动要求下，班规专门设了“班主任”一项，并对我有以下规定：“每月出现下列情况中任何一种，均罚款两元或罚扫教室一次：①对学生发火超过一次；②上课拖堂两分钟以上；③错批评同学一次；④用不文明语言侮辱同学的人格；⑤未经同学允许占用自习课上语文；⑥执行本班规不严。对班主任的惩罚，由班长执行，全班同学监督。”班规还特别规定：“全班同学每月以不记名形式对班主任工作投一次信任票，信任票未获半数，罚独自扫教室一次；连续两次未获半数，由班委向校长写投诉信。”这充分体现了班规的“互制性”。

5. 执行班规：“班规面前人人平等”

经过两周时间的反复讨论、修改，最后由全班同学以不记名投票方式通过了《高九〇级一班班规》。班规一旦正式生效，便成了班级“法律”。在它面前，班上任何人（包括班主任）既是守“法”者，又是执“法”人。不管是我，学生干部，还是普通学生，平时的班内管理，便是共同全力保证班规的严格执行。面对班规，人人都有权力，同时人人都没有特权。对班主任来说，维护班规的权威，便是维护自己的权威；对学生来说，维护班规的尊严，便是维护自己的尊严，而教师的权威和学生的尊严都已通过班规转化为集体的意志。

以后三年的事实证明，班规的产生的确推动了良好班风的形成。而从高九〇级一班开始，我每带一个班无不实行“法治”管理。①

李镇西老师指导学生制定班规的过程给了我们很好的启发：其一，是重视教师在学生制定班规中的引导作用，帮助学生明确制定班规的目的是为了大家有一个好的班级、好的集体，制定班规是大家共同的事情，每一个班级成员都应该共同关心。其二，引导学生共同讨论班规、修订班规，直至完善。这个过程实际是引导学生明确要有一个好的集体大家应该怎样做、应该承担怎样的责任的过程，是学生的认识不断深化并逐步走向统一的过程，也是学生对班规的认同并将这些要求逐渐内化为对自己的要求的过程。有了这样一个过程，班级常规管理就有了良好的基础，班级常规管理也就有了达到预期效果的可能。所以，制定班规重要的是引导学生参与，发挥学生的聪明才智，唤醒学生的自主意识，培养学生的自我教育和管理能力。

二、班级常规制定的方法和策略

一份有效可行的班级常规的制定，需要班主任在指导学生制定常规的过程中既讲科学又讲艺术。讲科学就是指要按照教育的规律引导学生开展相关的活动，讲艺术是指班主任应该有教育的智慧，善于将工作做到学生的心里，充分调动学生的积极性，发挥学生的主人翁精神，让学生真正将班级的发展与自己的成长紧密联系起来，关注班级的发展，为班级的发展贡献自己的聪明才智。

（一）关注班级常规的必要性和切实性

班级常规的制定要考虑常规的必要性和切实性，即应该对班级经常组织的活动和发生的事情进行必要的规范，使这些活动得以有序开展，并使班级对学生的行为管理有可以遵循的依据。因此，制定常规要将班级中各种可能发生的行为都尽量考虑到。例如魏书生老师指导学生制定的班级常规就充分考虑到班级方方面面的活动，形成了具有特色的班规班法，有按空间范畴制定的常规，其制定的原则是“班级的事，事事有人做；班级的人，人人有事做”。也有以时间为序来制定的，其制定的原则是“时时有事做，事事有人做”。有了这些

① 李镇西．做最好的老师．桂林：漓江出版社，2006．153～157

对学生行为的时间上、空间上的规范，班级的各项活动就能够更好地开展，学生的良好行为习惯也能够得到更好的培养。

第一部分岗位职责（按空间范畴制定）

（上文已有介绍，在此略）

第二部分

一、一日常规

1. 清晨入校，向校门口的值周师生问好，并虚心接受值周师生的检查指导。

2. 每节课（包括自习课）前三分钟要坐好，全身心投入课前一支歌的活动，唱歌时坐直，目视黑板中缝的中点，想象歌词描绘的画面。

3. 每节语文课前，积极地、全身心地投入口头作文的活动。说文时要解放自我，心无顾忌，声音洪亮，怎么想就怎么说。

4. 语文课一般要经过“定向、自学、讨论、答疑、自测、自结”六个步骤。

5. 每节课的课间时间按照学校规定，戴班标在走廊、操场活动，不违纪。积极参加“无声日”活动。

6. 第二节课下课后，除值日生外，都到操场活动，10 分钟后站队做课间操，做到快、静、齐，课间操必须按照学校规定着装，有事必须向体育委员递文 400 字的请假条。

7. 上午第四节课前，做眼保健操，要求放松、入静，全身心沉浸在保健操的音乐里，按摩穴位准确，节奏明快。

8. 中午放学路上，开展背一个单词的活动，不准边走边不停地看书。不背英语，背其他的学科知识点亦可，但绝不许边骑车边看书。

9. 在开展“独来独往”的活动期间，路上约束自己不与别人往来。

10. 中午两小时要求在家休息、午睡，不反对到学校来，到校来的同学需要安静自习，12：40～13：20 之间学校关校门，为保证愿上自习的同学达到目的，在此期间不许随意出入教室，更不许出入校门。

11. 下午第三节课为活动课，需要在完成男 5 000 米、女 3 000 米的跑步任务之后，再自由进行文体活动。

12. 临放学前，服从体育委员的指挥，认真做仰卧起坐和俯卧撑以磨炼意志，增强体质。

13. 每天写一篇日记，由老师和日记负责人布置题目，必须按时完成，无统一布置时可自由选题。

14. 按要求完成量化作业：政治 0.5 页，语文 1 页，数学 2 页，英语 2 页，物理1页，化学1页，生理0.5页，史地每周各3页。学习尖子可以不完成老师留的作业，而自选适合自己的题。语文作业均由每位同学根据自己的实际情况确定。

15. 黑板右侧每天要写一条新的格言，由值日班长选择并书写。

16. 报夹子上每天要按时夹上班级日报。班级日报要做到10点。(此处略，见下例)

17. 每天早晨要用5分钟时间规划一下当天共有多少项任务，按轻重缓急确定做事的顺序；每节课前先确定学习的目标及具体的任务。

18. 做事的时候要定向、定量、定时，开展自我竞赛，不断超越自我，增强效率感。

19. 晚间统计一下一天“三闲”的数量，即大致说了多少句闲话，做了多少闲事，闲思用了几个小时。定出明天减少一点“三闲”的具体措施。

二、一周常规（略）

三、每月常规（略）

四、学期常规（略）

五、学年常规（略）①

（二）强调班级常规的具体性和可操作性

班级常规的制定要强调具体可行，具有可操作性，便于在班级常规管理过程中对照执行。所以，班主任指导学生制定班级常规的过程要注意加强这些方面的指导，各项规定能够量化的尽可能量化，对于一些属于思想精神层面的规定也尽量将其外化为可以观测的行为，再加以量化，避免含糊不清，不以管理落实。魏书生老师的班级制定的关于班报的管理规定就很具可操作性，值得借鉴。

《班级日报》像一切新生事物一样，有一个逐渐走向成熟的过程，随着年龄的增长，日报比以前好得多了。到日报八周岁生日的时候，班规班法中关于《班级日报》的法规增加到了十条，这意味着日报比昨天更完善了。这十条规定是：

第一，日报的纸张需要长54厘米、宽39厘米，上面留出3厘米宽的白边为装订线，左、右、下分别留出1厘米的白边，使其看上去有整体美。

第二，写清办报的具体时间、办报单位、办报人姓名，以利于若干年后查找。

---

① 魏书生．班主任工作漫谈．桂林：漓江出版社．1995．422～428

第三，当天的日报必须在当天中午12：00前夹到报夹子上面，不能拖成晚报。

第四，日报须用碳素墨水或者彩笔誊写，以利于长期保存。

第五，直接反映本班同学生活的内容要占60%以上的版面，如班级新闻、学先进专栏、本班同学好的学习方法介绍、好人好事、警钟专栏等。

第六，必须设有《文章病院》专栏。

第七，必须对班级纪律、卫生、出席、课间操、眼保健操、练气功得分情况进行报道。

第八，为昨天的值日班长开辟一小块工作失误及补救的分析园地，及时分析工作失误的原因和制定补救的措施。

第九，每期报纸必须有图画点缀，黑白的可以，彩色的更好。

第十，日报每月订成合订本，由同学按学号轮流负责装订。

这些规定都是同学们在办报实践中发现不足，发现失误后提出来，经过同学们讨论后确定的。

刚开始，日报没有统一的尺寸要求，报纸积累一个月后，装订时大小不一，长短不齐，很不雅观，有的同学为充分利用版面，不仅上面不留装订线，连下面和左右也舍不得留空白，这样报纸的容量确实增加了，但总体看起来不美观，大家便作出了第一条规定。

有的同学办报只写日月，过了几年便不好找，也有的不写办报班级，甚至忙乱中忘了写自己的名字，针对这些失误，作了第二条规定。

……

日报是学生办的，免不了有错字、病句，为了及时指出这些错误，使办报的同学及时改正，每天的日报上都设立了一个《文章病院》专栏，今天的总编给昨天的日报挑毛病。有病栏目则大，无病栏目则小。对于毛病较多的同学，《文章病院》的“小医生们”还办了文字科、标点科、句子科、篇章结构科。这样既激发了他们给同学挑错的兴趣，又使对同学的批评富于幽默。①

这则规定对于学生班报的建设具有很好的指引作用，对班报工作的规定非常明确且具体可行，为学生提供了承担班报工作的具体指导，使班报工作的开展有序、有效。

（三）注意认真讨论和充分论证

正如李镇西老师对学生制定班规的指导原则中提出的“可行性、广泛性和

---

① 魏书生．班主任工作漫谈．桂林：漓江出版社，1995．163～165

互制性”，班级常规的制定要在班主任的指导下，根据一定的原则来制定，经过班级学生的认真讨论和充分论证，不断修改完善，并获得一致的通过，才能使班规的执行更有效。因为经过学生的认真讨论和充分论证，可以使班级常规的内容全面反映班级各方面活动的要求，减少漏洞，在执行过程中具有可操作性，避免出现随意性，促进班级真正实现“依法治班”。

第三节　班级常规管理的实施

班级常规的制定就是为了更好地规范班级的各项活动，而制定出来的常规要在实践中得到更好的落实，还需要班主任进一步的引导和教育。

一、注意常规制定过程与教育引导相结合

班级管理中应该强调将常规的制定过程与对学生的教育引导相结合。一方面，制定常规是为了引导和教育学生，规范学生的行为，培养学生良好的习惯；另一方面，教育引导学生，提高学生的思想认识，统一班级行动又为常规的落实提供良好的基础，使常规管理的实效性能够得到进一步的提高。所以，有经验的班主任都非常注意将规范的制定与教育引导有机结合起来。上面关于李镇西老师指导学生制定班规的例子中，李镇西老师对学生进行引导的一段话，可以使我们更好地理解规范的制定过程与教育引导过程相结合的重要性。

“我之所以要让学生自己定而不由我拟个初稿交学生讨论，是因为我希望学生从一开始就意识到：班规是我自己制定的，而不是老师强加给我的。更重要的是，学生自己草拟班规，使他们一开始就不知不觉地进入了自我教育、自我管理的角色。”①

当学生意识到制定规范不是为完成班主任布置的任务，而是班级每个人的需要，是班级发展的需要，那么，学生的自觉性和主动性才能发挥出来，班级常规管理的效果才能实现最大化。

在制定班级常规过程中教育引导学生，主要应该围绕以下几个问题来展开：一是为什么要制定常规，即应该明确制定常规的目的以及常规的作用；二是怎样制定常规，即提出制定常规的基本原则和具体要求；三是强化学生的主人翁意识，主动参与常规的制定，在常规制定过程中提高自我教育和自我管理的能力。

---

① 李镇西．做最好的老师．桂林：漓江出版社，2006．156

二、重视班级常规的建设和逐步完善

班级常规的制定实际上是一个逐渐完善的过程，因此应该注意指导学生在常规执行的过程中及时发现问题，及时修订和完善班规。班级刚组建阶段制定的常规在执行过程中难免会出现一些漏洞，需要及时补充修订；而随着班级的发展，常规管理过程中也可能发现原来制定的规范存在不恰当的地方，需要进行调整，所以，既要重视班级常规的建设，也应该重视班级常规的逐渐完善。

魏书生班上的班规班法，是全体学生共同讨论制定的，因此，每个学生都非常遵守班规。但有一些规章制度由于受当时的条件或思想的限制，不能完善，于是，同学们就提议修改，进行增删。

有一次，魏书生外出开会，一去就是半个多月，回来班上一看，值日班长原有的十条职责现在变成了十四条。班长告诉魏老师说："老师不在校这些天，我们发现班中有的事没人干，老师不是总告诉我们要科学管理班集体，应该做到事事有人做，人人有事做吗？经过讨论，就给值日班长增加了四条职责。"

老师在校时，总给学生出日记题目，老师不在校时，怎么办？大家就把这项任务落实给了值日班长了。这是第11条。

第12条写的是：值日班长要负责给全班同学打开水。原来班级打开水没有固定负责人，只是由具有雷锋精神的同学自觉拿暖水壶到水房去打开水，赶上大家都很忙时，就顾不上打开水。靠雷锋精神去打水，如果不是法治，人治就没有规律，于是，就把这项任务也落实给了值日班长。

第13条，负责提醒同学们开展路上记一个单词的活动。

第14条，要求值日班长督促检查同学们的座右铭。

这几件事，原来没有专人负责，学生觉察出管理的疏漏，于是将任务落实给了值日班长，这显然比没有人具体负责强多了。

后来，经过讨论，却发现这又违背了魏书生班级管理的另一个原则：一般同学能够做的事，班干部不做。值日班长，职责多到14条，容易顾此失彼，反倒不利于开展工作，于是又将这4条分别落实给了4位普通同学。就这样，经过学生一次又一次的修改，班规班法就比较完善了。①

班级常规的建设和完善应该调动学生的积极性，发挥学生的主体精神，鼓励学生注意在班级管理过程中发现问题，提出改进意见，进行补充修订或调整。学生的主动性和积极性一旦被激发出来，就会产生很多意想不到的效果。通过

① 龚春燕等. 魏书生教育教学艺术（第三卷）. 桂林：漓江出版社，2005. 132～133

下面这位班主任的介绍，可以发现学生在班级常规建设及改进方面蕴藏着无穷的创造力，引导得好，会给班级常规管理的有效执行带来极大的促进作用。

实践证明，只要给学生权利，他们就会表现出令人惊讶的创造力。

1. 新班委的新举措

实行“学生民主自治”后，大到制定班规，小到排值日，这些以前让我疲于奔命的事务，我都不再“染指”。新当选的班长便是那个找我“毛遂自荐”的学生。他“执政”后，首先主持制定了新的班规，在全班以最高票通过。它一改从前的“戒律式”，首先规定了学生应该享有的哪些权利，然后才是义务及赏罚措施。第二项措施是设立监察部，督导检查班干部的工作。第三项措施是设立了“意见箱”，由专人定期查看，及时反馈大家的意见。第四项措施是改变科代表的职责，由过去单纯的收发作业，变为师生之间的联络员，反馈学生对该科老师的意见和建议，同时负责组建学习小组，促进学生各科的学习。

2. 是“垂帘听政”还是“幕后顾问”

改革以后，我不再直接参与班级管理，但并不是说我这个班主任失去了存在的意义。我不时召开班干部会议，给他们出谋划策；有时找学生代表座谈，了解班级的动态。有人戏称我是“垂帘听政”，实际上我可不是“慈禧太后”，因为班干部不是我的傀儡，班里的一切事务均由学生自己拍板。我的建议仅供他们参考，绝不会强迫他们执行。我只做一个顾问，努力不使班长成为我的傀儡和传声筒。

每次上周会课，我完全退居台下，甚至不参加，由班长主持。周会课从此“改头换面”，由过去班主任“一言堂”变为如今的“学生论坛”，成为学生们“参政议政”的主阵地。学生的热情越来越高涨，很多富有创意的管理办法都是在周会课上产生的。

3. 学生要造老师的“反”

学生的热情一旦激发出来，便一发而不可收拾。他们开始重新审视每一位教师，从教师的仪表、教学态度到教学方法、教学过程。他们不满有的教师教法陈旧单调，不满有的教师敷衍了事，把全体同学的“倡议书”呈送教师“御览”，大有“限期整改”的架势。

更新鲜的还在后面。有学生提出搞一个教师排行榜，班长召开全班公决大会，居然全票通过。于是每月在板报栏公布教师排行榜，选出“最佳仪表教师”、“最佳教学能手”等。

一贯温良谦恭的“小绵羊”变成了觉醒的“猛狮”，教师至高无上的“权威”开始动摇。一些教师笑着对我说：“就冲学生这股认真劲，咱们以后可得多‘充电’，否则有一天会被学生‘下课’的。”

4. 学生的“名言”上了墙

有的学生提出，教室墙上的名人头像及一些名言流于形式，不如换成学生自己的“心声”。于是一夜之间教室墙上的名人全部“失踪”。班委会发出号召，征集“名言警句”。很快，学生们自己的“名言”上了墙，还“堂而皇之”写上大名。“名人名言”定期轮换，以使每个人都能过一过“名人”瘾。这一招还真灵，这些颇富哲理的“名言”在班上掀起小小的学习高潮。为了能“一语惊人”，以前不爱读书的学生，现在读书看报的热情也高涨了。

5. 不要老师监考

班长向全体学生征求意见——考试要不要老师监考？结果全票通过取消老师监考。与学校和各科老师沟通后，尊重学生的意见，在我班设立无人监考场。每个学生都是监考老师，互相监督。这样的考试不仅检查了学生的知识与能力，无疑，也考验了他们的诚信。①

三、强化常规执行情况定期与不定期的检查落实

班级常规管理是重在平时的学习、活动等班级生活过程的管理，是通过具体扎实的教育引导和训练逐步来促进学生规范意识和良好行为习惯的形成。所以，班级常规管理应该重视对常规执行情况的检查，通过将定期和不定期的检查结合进行，便于及时发现存在的问题，分析原因，制定改进的措施。同时，可以结合检查的结果开展必要的教育引导，巩固常规管理的效果。如魏书生指导学生制定的班级管理常规中就将定期检查也写进了班规，下面是他们的班规中有关检查常规落实情况的条款，这些对促进班规的落实发挥了重要作用。

一日常规

19. 晚间统计一下一天“三闲”的数量，即大致说了多少句闲话，做了多少闲事，闲思用了几个小时。制定出明天减少一点“三闲”的具体措施。

一周常规

13. 周六放学前，全班同学选举说闲话最多的同学，或比上星期有进步的同学，或选举有较明显违纪行为的同学，或选举促进同学们学习的同学。

每月常规

5. 每月最后一天，对照月初的计划，总结任务完成的情况。

学期常规

10. 每学期第八周、第十六周周二为各科量化作业检查日。届时，每位同

① 人民教育编辑部．新世纪班主任必读．北京：高等教育出版社，2005. 186～190

学把自己开学以来的各种作业全部准备好，先进行自检，写出自检报告，然后进行互检、抽检。

11. 期末放假前一天，将本学期各科量化作业全部分类、排序、编号，进行一次大检查，数量不足者须补上。合格者愿集中统一保管的可交班级统一保管。①

魏书生老师除了在班级常规中规定了一些检查的具体要求外，还通过班报通报每天班级做课间操、眼保健操、出勤、纪律、练气功、跑步、卫生评比等活动的情况，这实际上也起到了检查反馈常规执行情况，促进班级常规管理的有效实施的作用。

四、优化常规执行过程中奖惩手段的运用效果

班级常规的落实既要有制度的保证，也需要有激励手段的辅助。在常规管理中根据检查的情况及时采取一些奖惩手段，有助于强化检查的效果，优化管理的实效。所以，有经验的班主任都非常重视利用奖惩手段，促进常规管理的有效开展。如通过正面激励，树立执行常规的榜样，利用榜样的示范作用影响学生的行为。有的班主任对学生采取评每周的“礼貌之星”、“读书之星”、“纪律之星”，还有“岗位之星”等活动，激发学生执行常规的自觉性和积极性；有的班主任设计“学生成功储蓄箱”或“成长记录册”、“班级成长手册”等，将学生在执行常规中的点滴进步记录下来，也对学生良好习惯的形成发挥了积极的促进作用。

总之，班主任在班级常规管理工作中要使工作效果最优化，除了要具有常规管理的基本能力、基本策略外，还要有常规管理须长期抓、经常抓、反复抓的思想准备，只有长期坚持、持之以恒抓落实，才能最终达到目标。

① 魏书生．班主任工作漫谈．桂林：漓江出版社，1995. 422 ~ 428

第三章　将班会课进行到底

——主题班会设计、组织与实施

班会，习惯称班会课，是班级活动的重要形式，是班级教育主要途径和班级管理的有效手段。

从小学到中学，基本每周都有一次班会课，每次一学时，固定安排在课表中，主要用于学校和班主任对学生进行思想、道德、心理教育等。从小学到高中的12年间，每个学生都要接受400个学时以上的班会课，可见班会课在中小学教育中的重要地位。

好的班会课是学生学习、生活的加油站，对学生的健康成长有鼓舞、激励和引导作用。

第一节　主题班会的概念及意义

一、什么是主题班会

班会主要有三种类型：临时性班会、例行班会和主题班会。临时性班会一般因班级突发事件或特别社会时事而开展，例行班会主要解决班级常规工作问题。比较而言，主题班会以中心主题贯彻班会课全过程，结构完整、目的明确，重点在于提高全班同学的思想道德认识，是一种更高层次的班会形式。

不同的形式和类型标志着班会的内容和性质有不同的侧重，但班会“以主题为灵魂，以教育为目的，以学生为主体，以老师为指导”的基本原则是不变的。因此，我们通常把班会称为主题班会就是这个缘故。

主题班会是班级在班主任的指导下，围绕一个专题或针对一个问题而组织的班集体全体成员共同参加的教育活动。

二、主题班会的特征

（一）主题班会的思想性

主题班会首先要有主题，即要围绕一个专题或针对一个问题来设计和组织。主题是班会的灵魂，起着主导的作用。主题班会的主题不是泛泛而谈的主题，而是具有教育理念和教育意义的主题。因而，主题的实质是教育思想、理念的体现。

（二）主题班会的参与性

主题班会不仅仅是班主任的活动、学生的活动、班委会的活动，而且是班主任和全班学生这个班集体共同参与的活动。

（三）主题班会的主体性

学生是主题班会的主体——组织者、策划者、实施者、参与者、评价者；班主任是指导者、促进者，起着引领的作用。

（四）主题班会的教育性

班会可以有不同形式和内容，但目的都是让学生在班会这个“社会小课堂”中学习扮演各种人生角色，学会做人，学会成长，具有鲜明的教育性。教育性意味着主题班会是一种有目的、有计划、有准备的教育活动。

三、主题班会的意义

（一）主题班会是学生成长的驿站，具有促进学生素质全面发展的意义

主题班会是班主任指导班级围绕“促进每一个学生素质全面发展”这个中心来组织实施的，作为一种有目的、有计划、有准备的教育活动，其内容涵盖了思想、政治，情感、态度，理想、信念，人生观、价值观、世界观，道德、纪律、法律，学习、健康、劳动，人格、审美、青春期教育，集体主义、爱国主义、社会主义教育等各个方面的主题。全方位的教育活动，有利于促进学生个人的成长以及素质的全面发展。

主题班会通常围绕一个专题或针对班级中存在的一个问题来组织，它能有效地解决学生中一定时期存在的、带有普遍性的问题。学生是主题班会的主体和参与者，主题班会主题的生成、方案的形成、实施的过程等有利于促进学生认识问题和自主解决问题能力的发展，有利于学生自我教育能力的提升，是学生自我学习与自我发展的课堂。

主题班会是学生思想、情感交流、沟通与人际互动的平台，是学生分享快乐、分担痛苦的场所，也是学生展示个性、体验丰富人生的舞台，有利于促进学生人生的成长。

（二）主题班会是班级活动和班级教育的主要途径，具有促进班主任专业能力发展和提升班级管理智慧的意义

主题班会是班主任组织管理班级和控制班级教育活动的有效手段，是班主任协调班级人际关系和培养学生的民主参与及自我教育意识的重要载体，是班主任展现个人智慧才华和人格魅力的“用武之地”，因而也是促进班主任专业能力发展和专业成长的阶梯。

（三）主题班会是师生共同成长的平台

主题班会围绕一个专题来组织开展，这个过程是师生共同讨论和选择的过程；主题班会组织、实施的过程是师生共同参与、互动交流的过程；主题班会是班主任与学生相互了解、相互沟通、相互影响、相互教育的过程。这个过程，不仅是增进师生感情沟通的最好机会和方式，也是促进师生共同成长的平台。

第二节　主题班会的设计

主题班会设计是为实现主题班会目标所作的设想和计划。主题班会设计是主题班会组织、实施的前提。

一、主题班会设计的原则

主题班会设计要体现思想性和教育性、主体性和参与性、时代性和针对性、活动性和互动性四大原则。

（一）主题班会要明确体现思想性和教育性

针对中小学生崇拜偶像的普遍现象，如何设计一次具有教育意义的主题班会课？青少年有崇拜偶像的心理，不同时代的青少年有不同时代的偶像。2006年的“超女”，2007年的“快男”，成为风靡大江南北数以百万计中学生的新偶像。中国青少年崇拜电脑王子比尔·盖茨，而美国青少年则迷恋流行歌星布兰妮。偶像令人神往而产生积极向上精神，偶像有时也让人狂热而导致失去理性。一些学生甚至除了“超女”、“快男”类的选秀节目外，对什么都不感兴趣。如何根据当前中小学生崇拜偶像的现象和心理特点，设计一次具有教育意义的主题班会课或班集体活动，引导他们形成健康向上的偶像心理，在广东优秀班主任能力大赛上，一位班主任设计了《偶像——我崇拜，我学习，我超越》的主题班会。这一主题具有鲜明的教育理念，体现了班级教育的主流价值观念导向思想。偶像，让我们不由自主地去崇拜，也有许多值得我们去学习的地方。但是，盲目崇拜只能让我们沉迷、让我们停滞不前。因此，对偶像，我们要学会正确评价、学会有益选择和学会自觉超越。

（二）主题班会要充分体现主体性和参与性

学生是班会的主人和参与者。班会课不能只用例行班会形式，或只是由班主任“唱独角戏”，或只听班主任“一边倒”的见解，挫伤学生的自主参与性、民主精神和开放与创新思维。有的班主任在班会课中谈论的话题，往往只有一种声音，一种认识，不容许有不同见解和多元的看法。例如，对当前中小学生十分热衷的“星座”话题，不少班主任只从星座是迷信现象的角度来谈，没有深入了解青少年热衷“星座”的心理特点和需要，因而没有真正起到主题班会的教育作用。

（三）主题班会设计要自觉反映时代性和针对性

青少年是时代步伐的追随者，他们对时尚潮流具有“春江水暖鸭先知”的敏感，他们是流行文化的天生的弄潮儿。对于正处于社会化敏感时期的中小学生来说，班级是社会的缩影而非“孤岛”和世外桃源。因此，主题班会的主题、内容和形式设计必须具有时代精神，必须针对中小学生的关注点及其心灵的困扰，必须是中小学生感兴趣或热衷的话题，才会吸引中小学生积极参与，才会有旺盛的生命力。像关于“快男超女”、“偶像”、“追星”、“男女生交往”之类的主题，通常会很受青少年学生的欢迎。

（四）主题班会设计要重点体现活动性和互动性

主题班会的性质是主题性班会活动。活动是让青少年学生身心愉悦和焕发活力的有效形式，是激发中小学生热情与智慧的催化剂。互动是班会活动的内在要求，是班会活动成功的基本条件和有效体现。

二、主题班会设计的基本内容

主题班会设计的基本内容一般包括三个方面：一是班会主题的选定；二是主题班会活动方案的确定；三是主题班会计划的制订。

（一）主题班会主题的选定

主题是班会的灵魂，选择和确定一个学生喜欢而又具有时代意义和教育价值的主题是开好班会的前提和关键。主题的形成、选择和确定主要来源于以下几个方面：计划性系列主题——促进学生身心健康发展的需要及符合学校教育尤其是德育的要求；针对性现实主题——学生的学习、生活、交往等成长中的具体问题；时代性教育主题——传统节日、公民生活和社会时事等具有教育意义的内容。

主题形成与确定一般经历这样的过程：班主任充分发挥作为班级组织和指导者的作用，用心观察、深入了解和掌握学生的思想动态；调动和发挥学生主动性、积极性和主体精神，发动学生广泛拟题，充分酝酿，博采众长，集思广益；然后召集班干部最后确定主题。由学生探索生成和在学生生活中形成的主题，不仅具有生命力，更重要的是，它符合并真正体现了班会以学生为主体，师生共同参与的本义。

（二）主题班会教学（活动）方案的形成

1. 主题班会教学（活动）方案的基本格式

（1）教学（活动）主题——体现主题班会教学（活动）理念与内容的标题。

（2）教学（活动）目的——主题班会教学（活动）期望达到的目标。

（3）教学（活动）内容——主题班会教学（活动）过程内涵的组织结构。

（4）教学（活动）形式——主题班会教学（活动）内容的呈现方式。

（5）教学（活动）程序——主题班会教学（活动）过程整体安排，包括开头、进行、结尾、延伸，主持人串词及班主任小结等。

（6）教学（活动）准备——人员分工、材料准备、环境布置、设备准备等。

2. 教学（活动）程序设计

（1）主题班会开头的设计要给人新鲜感。活动开头的设计有下面几种形式：一是主持人直接导入式，二是录像引导式，三是表演式，四是谜语游戏式。无论是哪一种形式，开头都应该注意不要太生硬，要有新颖性，给人眼前一亮的感觉。

（2）主题班会过程设计要有高潮呈现。主题班会可以根据主题和内容的需要，设计程序时要有一到两个活动高潮，以激发学生的活动热情或深刻感悟，通过活动高潮产生最佳教育效果。活动高潮通常可以通过以情感人的情景叙事或音乐、图片等引发。

（3）主题班会结尾要自然和具有教育延伸意义。主题班会结尾要与主题各个环节形成一体，首尾相互呼应。切忌虎头蛇尾、草草收场，让人遗憾。活动的结尾可巧妙点题，给人心领神会之感，或提出意想不到的问题，让人去沉思，或留有意境，余音绕梁，耐人回味，或留下悬念，不断唤起学生探索的冲动。因此，即便主题活动结束了，但活动的意义依然在延伸。

案例

珍　惜

——叙事性主题班会

主题导入：班主任展示学生浪费粮食而小乞儿没有食物，学生不认真学习而贫困儿童渴望读书的图片。

看完几张图片后，学生的情绪会被调动起来。这个时候要让他们总结一下自己平时生活中忽略掉的拥有的东西。

分小组讨论3分钟左右，然后请代表发言，让他们说说自己拥有些什么，哪些是自己平时忽略掉的。（引导学生说出：时间、设备、粮食……）

看着这两类形成鲜明对比的图片，我们最大的感想是什么？

我们是否以前也有过很多类似的行为？

老师相信你们在今天以后都会懂得珍惜，不再浪费。

（然后老师适当地给予总结。）

老师引导：除了应该珍惜生活中的这些良好的环境以外，我们还应该珍惜亲情。

也许这个时候同学们会想，爸爸妈妈对我们好那是应该的啊，我们得到父母的爱是理所当然的，是这样的吗？

那么，我们来看两封信，一封是爸爸知道自己不久于人世时写给才4岁的小女儿的遗书。另一封是那个小女孩10年后写给在天国的爸爸的回信。（请两位感情丰富的男生、女生上来读给大家听。）

爸爸留给4岁女儿的一封信

给可爱的女儿：

再吃十次生日蛋糕，就可以找爸爸了。

爸爸和你玩了好多次捉迷藏，每次都一下子就被你找出来。不过这一次，爸爸决定躲好久好久。

你先不要找，等你十四岁（还要吃完十次蛋糕）的时候，再问妈咪，爸爸躲在哪里，好不好？

爸爸要躲这么久，你一定会想念爸爸，对不对？

不过，爸爸不能随便跑出来，不然就输了。

如果还是很想爸爸，爸爸就变魔法出现。因为是魔法，不是真的出现，所以不犯规，爸爸不算输。

爸爸的魔法是：趁你睡觉的时候，跑到你梦里玩游戏。

在你画图画爸爸的时候，不管好不好看，你觉得是爸爸，就是爸爸。

当你拿爸爸的照片看时，爸爸也在偷偷地看你……

要记得，爸爸一直都陪着你。

你已经是四岁的大姐姐了，爸爸要拜托你一件事，要你照顾和孝顺爷爷、奶奶和妈咪，看你是不是比爸爸以前做得好。有多好，妈咪会告诉你的。

爸爸猜想，我们这一次玩捉迷藏要玩这么久，爷爷、奶奶、妈咪有时候看不到爸爸，他们一定会偷哭。偷哭就是犯规、就是失败。他们偷哭，你就要逗他们笑，不然游戏输了以后，他们一定会哭得更厉害了。

好不好，宝贝？你们是同一国的，来比赛看你们厉害，还是爸爸厉害。

准备好了吗？比赛就要开始了。

爱玩的爸爸

十年后的女儿给爸爸的信

爱玩的爸爸：

你躲在哪里？

你不是说我吃过十次蛋糕后，就可以找到你的吗？

这十年来，我很听你的话，为了不犯规，害怕游戏输掉再也看不见你，我努力地照顾爷爷、奶奶、妈咪，他们哭，我逗他们笑。

爸爸，他们终于笑了！我赢了！游戏结束了，你该回来吧，对吗？

原来……不对的！

我期待爸爸你的回来，再和我玩捉迷藏的时候，妈妈却告诉我，我再也看不到你！

原来十年前的我已失去了你这个爱玩的爸爸……

爸爸，你为何忍心骗你最爱的女儿？

十年来，每吃一次蛋糕，我对你的思念就越深！对我们十年后的再会也就越期盼！

十年的累积实在令我输得更惨痛！

十年前，若你让我选择的话，

我宁愿爸爸不要骗我，你该相信你的女儿吧！

我会坚强，我会更努力逗爷爷、奶奶、妈咪笑。

又或……来骗我一辈子，和我玩一辈子的捉迷藏，让我赢回一辈子的你。

爸爸，十年后的今天我没有减轻失去你的遗憾，

虽然痛，但我会努力我的人生，不会辜负你的爱，

不会辜负你和我玩十年捉迷藏的苦心。

已长大的女儿

（读完信后，学生们的感情会被调动起来。这个时候，老师总结发言。）

同学们，绝不要等到和这个小女孩一样的情况才意识到爸爸妈妈对我们有多么重要，不要再任性地惹爸爸妈妈生气、失望、难过。

听了这么久，老师想，爸爸妈妈也有很多话要对我们说，现在请一个同学的妈妈来跟我们说说她要对我们说的话。

生命中有很多东西是值得珍惜的，珍惜现在的拥有就是珍惜一生的幸福。失去的，就不再拥有，千万不要等到失去了，才发觉它的珍贵，同学们，好好珍惜你现在拥有的一切！

家长发言，五分钟左右。

我们对现实生活中的一切，对我们拥有的学习和生活的环境，对爸爸妈妈、

老师同学，都应该抱有一颗感恩的心。

我们一定都听过这首《感恩的心》，让我们在最后，对我们所拥有的一切都感恩吧！

（放手语歌，同学们起立跟着做手语动作。）

（以下内容留作课后思考：情感的升华。）

你们现在手中都有一封成剑峰学长的来信，他是去年高三以优异成绩考入西安交大的优秀毕业生，他来信中有一段话，特别提醒大家懂得珍惜现在的幸福生活，我希望大家将这节班会课的感悟写下来，作为回信，告诉这个大哥哥我们懂得珍惜，懂得如何珍惜现在的幸福生活。

（三）主题班会系列化计划的制订

1. 来源于德育要求的主题班会活动内容计划

德育要求，包括个人与自然（社会、人生、集体、自己、他人）关系的行为规范等，都可以作为主题班会课的主题。

（1）人生态度系列——你是世界的唯一。其中包括人对自然的态度（关爱地球、保护环境）；对社会的态度（提倡法治、道德、人类友爱、世界和平）；对人生的态度（信仰、理想、目标等）；对生命的态度（生命意识、人生规划）；对自己的态度（悦纳自己、直面人生）；对他人的态度（真诚、善良、学会换位思考、己欲立而立人，己所不欲勿施于人）。

（2）心理健康系列——走出心理怪圈。

（3）学习方法：他山之石，可以攻玉。

（4）人际交往系列——男生如何看女生、女生如何看男生。

（5）感恩主题——感恩父母（父爱如山，母爱如溪）。

2. 时间计划系列：周程—学期—节令—学年—人生计划

3. 班集体建设系列：营造良好班风学风、学习型班级建设、我为班级骄傲

案例

“五个一点”：成功主题班会设计的体会

一、主题寻找“准”一点

1. “准一点”，即主题要根据学生的年龄和心理特点来拟定。

2. 一个选择准生确、有针对性的主题，会像号角一样，能激起学生的兴趣，振奋学生的情绪，达到预期的教育目的。

二、班会题目“小”一点

“小一点”指题目要小。当然，题目小并不是只抓琐碎而无典型意义的事，而是要小中见大，以微见著。小一点可以避免空洞、笼统、泛化的弊病，有利于学生理解、接受和参与。

三、班会内容“近”一点

“近一点”，是指主题班会的内容要贴近学生生活、学习状况，富于针对性。就是说，除了要注意学生的年龄、生理、心理特点外，特别要注意着眼于解决学生中的实际问题。

四、班会构思“巧”一点

“巧一点”，是指主题班会的活动形式要新颖、多样、有创造性。新颖、巧妙的构思才能使活动焕发出新意，激发学生的兴趣，尽可能把枯燥的说教变为学生的亲身体验。

“巧一点”，还包括必要时，班会课可采用现代电教手段，把学生带到德育教育基地和请专家、家长参与活动等形式。

五、班会的参与者“多”一点

所谓“多一点”，是指参加班会课的教育者和受教育者要多一点。

“多”一点，就是尽可能让所有学生在班会组织、运作过程中都有责可负，有事可做，让每位学生都觉得班会与自己有关。使主题班会从设计到召开的整个过程，成为学生自我教育的过程。

第三节 主题班会的组织与实施

一、主题班会的组织与实施过程

（一）动员、组织学生参与

班会课是以学生为主体的活动课，班主任要注意指导学生设计参与空间大、能吸引众多学生参与的活动环节。调动学生的参与意识，使学生在亲身参与活动的过程中受到感染触动，感悟道理，受到教育。

教育家陶行知先生说过：“真教育是心心相印的活动，唯独从心里发出来的，才能打到心的深处。”只有充分发挥学生的主体作用，使学生真正成为班会课的参与者、组织者、支持者和受惠者，班会课才能成为“真教育”。只有让班会课成为学生自主组织和积极参加的班级活动，才能发挥班会课的教育功能，才能激发学生在班会课中的创意，促进学生健康成长。

（二）素材的准备与加工

主题班会素材的准备与加工有重要意义，是主题班会取得成功的重要前提。

主题班会素材的准备，关键是平时要注意收集积累与班会主题相关的视频音乐、图片、格言、名人名言、伟人故事、经典故事、新闻等，加上学生的周记材料。这样，才能做到厚积薄发，需要时能信手拈来、得心应手、运用自如。

主题班会素材的加工、整理有“四要原则”：让素材的故事情节更感人；使素材给人鲜活的美感；让素材能留下想象的空间；给素材赋予画龙点睛的生命主题。

案例

班会课实施体会

有空间，齐参与。班会充满真情实感：欢乐与笑声常在，感动与眼泪偶有。让学生在情感体验、触动中受到教育。

善点题，真教育。开主题班会，目的很明确：教育学生。班会课切忌为活动而活动，为展示而展示，为表演而表演，而忽略班会的教育功能。班主任要注意指导主持人在各个活动环节点题，而且班主任在最后也要发挥点题教育的作用。对学生就该教育主题提出具体的要求。主题班会结束时，班主任应作简要总结和评价。班主任总结发言要中心突出，富有鼓舞性和号召力或提出具体的要求。在评价时，既要总结成绩，教育学生不断深化对所受教育的认识，又要找出不足，引导学生查找原因，知道下一次活动该怎么改进。也引导学生感谢为班会付出努力的同学和老师，并珍惜所受的教育。

有反馈，扩收获。一个主题的教育工作不能随一节班会课的结束而结束。班会结束后，班主任要及时总结成功经验，吸取教训，为下次班会积累经验。同时，也要了解班会的作用与效果。对班会中提出来的要求，通过个别谈话、周记反馈等方式，引导学生制定出具体有效的措施，在今后的学习生活中坚持执行。只有这样，才能使学生在班会活动中受到的教育在日常学习生活中得以巩固、内化，从而充分发挥班会课的德育功能。

（广东省班主任讲师团成员　谢月红）

（三）主持人的选拔与训练

主持人开场要有新意，能吸引人，要设计出内容及形式多样的开场艺术。主持人的主持要有艺术性：善于营造与调动现场情绪和气氛；具有互动与交流技巧；具有组织、沟通技巧；语言流畅，有节奏感和感染力。

二、主题班会实施过程存在的问题及解决办法

（一）主题班会实施过程存在的几个问题

（1）班会缺乏主题。班主任事先没准备，上台“信天游”，天南海北，东

拉西扯，敷衍了事。

(2) 班会成为班主任的“一言堂”。班主任在班会课中演“独角戏”，没有体现学生主体的参与性和互动性。

(3) 班会课挪作他用。班会课经常被班主任老师用作补课等其他用途，不能做到专课专用。

(4) 将“常规班会”等同于“主题班会”。每周的班会成了总结班级情况的常规班会。

(5) 主题班会的形式单调，缺少新意和创新，学生缺乏参与兴趣和热情。

学生是班会的主体，他们的共同参与是班会生存发展的关键。中小学生对“班会课”持什么态度和有什么样的看法呢？

案例

班会课：“审判”学生的法庭？

作为中小学每周必有的一门课程，班会课被定位为“思想德育教学”（原文如此，笔者注）的重要阵地。相信任何一个上过学的人都不会对此感到陌生。

然而，记者调查采访发现，如今各学校开展的班会课却日渐偏离设置这一课程的初衷。近日，记者在深圳市南学校采访时，意外地听到了几名学生对班会课的“控诉”。他们认为，班会课大多是老师的“一言堂”，不是对学生“说教”就是“批评”，这让他们十分反感。更有学生直言：“一味地说教和批评我们，就会使课室成为审判学生的‘法庭’。”

被浪费的40分钟？

“我们班主任一到班会课总是黑着脸进来，先是按惯例总结上周情况，表扬个别表现好的，接着就是大面积地点名批评，尤其是成绩和纪律不好的同学，肯定要受到一通‘狂轰滥炸’，这个过程大概要持续25～30分钟，搞得人很沮丧……再就是‘半语重心长半威胁’地强调大家本周务必要怎样怎样，否则就请家长，诸如此类。”该校初一学生吴倩等几名学生向记者抱怨，她们认为这样的班会课对学生没有意义。

“一味地说教和批评我们，就会使课室成为审判学生的‘法庭’，老师扮演高高在上的权威角色，学生则成为被动接收的容器！我们都是有自尊的，每个错误的发生也可能有其背后的原因，不事先问明白，就当众点名批评人，不是让大家备受挫折就是让正处于青春期的我们产生更强的逆反心理，这样的教育有意义吗？后果恐怕会演变成一种恶性循环，所以有时我们都觉得班会课真是白白浪费了40分钟的上课时间！”一名学生向记者表示。

随后，记者在采访调查中发现，吴倩等学生对班会课的厌烦感并非个案，除了“批判会”形式的说教班会，许多班会课均以传达校领导指示为主要内容，主题单一、形式单调，沉闷得让人昏昏欲睡。

老师很随意 学校不重视

班会课为何会让学生有厌倦感？

“相对其他课程来说，部分老师对班会课的确随意些。”福田区某小学班主任郑老师承认，由于班会课不存在固定的课本、不需考试、不需担心学生的分数和成绩，是一种相对软性的课程，因此老师对该课的教学内容随意性要大些。

“一方面，每周确实有很多班务和校园通知要公布，而班会只有一节课，因此这个课时常常会被老师简单地上成‘班级事务处理课’，总结上周的情况，布置本周工作，有时甚至是想到什么说什么；另一方面，老师的工作，尤其是班主任的日常事务很多，有时精力确实有限，不可能每次都花很多时间想一些新颖的形式或主题来组织班会，包括我自己有几次很忙的时候，都只是说两句，然后叫同学们自习。”郑老师坦言。

事实上，除了部分老师的随意，一些学校本身也对班会课不重视。记者在进行问卷调查时，一名五年级男生就表示，他每周一下午都被安排去学校管乐队排练，这学期就根本没上过班会课。

“如果是主课，学校怎么会允许，甚至要求学生利用这门课的时间去参加各类艺术校队或课外兴趣小组训练呢？”初一女生黄昀谈到班会课时，语气中充满了“无所谓”的态度。

组织权应“下放”给学生

“课改和倡导素质教育之后，班会是德育教育最重要的阵地之一，其实班会课搞得好，对老师教学和学生发展有极大的好处！”担任大队辅导工作十几年之久的深圳市螺岭外国语实验学校德育处付兴民主任肯定地说。

他分析，如今的孩子大多是独生子女，心理较脆弱，自尊心特别强，但同时也有不受压抑、阳光、敢说敢做、渴望被重视和参与欲望强等特点。

所以应把班会课定位为“以活动课为主，以学生全员参与，自我教育和提升为目的，辅导员和班主任只是对班会的主题导向起到把关和审核的作用”。

“班主任绝不能搞‘一言堂’，去年学校有两个老师对班会课准备得十分充分，查阅了大量资料，制作了精美的课件，但我们依然打了‘不及格’，原因就是这个课里没有学生的参与，听不见学生的声音！”付兴民表示，将班会的选题权、组织权“下放”给学生，一是能锻炼他们的策划组织、搜索处理信息、分析解决问题的能力和提高口才等综合素质；二是揉入了情感和品德，学生在体验中才能深刻体会到做人的道理；三是由学生自己做主的班会会受到他们发自内心的喜爱，进而使班会进入一种良性循环，学校此时就“坐享其成”了。

对于部分学校忽视班会课的现象，付兴民建议一些老师和校领导要改变观点，要相信孩子已有批评和认识自我的能力。同时，别忽视学生的感觉，一味地批评，从心理学上说，人也容易麻木，而一味地自说自顾，学生就会感觉“你忽视我”，他也会反过来“忽视你”，并从此对你的话爱理不理。“德育教育应该在轻松的环境中进行，让学生自己体验哪里对哪里不对，让他们内心的孤独感和压力得以释放，他们其实需要诉说，这是深层次的心理需求。”

记者调查

逾六成学生认为课程应该保留。

班会课对学生有多大的吸引力？他们对自己的班会课究竟抱有什么态度？

4月29日~30日，记者利用学生上下学时间，分别在福田、罗湖等8所中、小学校门口随机对118名学生（其中55名小学生，63名中学生）进行了问卷调查。

时间：中午11：00~14：30；下午17：00~19：00。

地点：深圳市南园小学、荔园小学、上步小学，以及深圳市实验学校初中部、市外国语学校、福田中学、岗厦中学、皇岗中学。

问题1：平时你们是怎样上班会课的？

□大部分时间改为上自习课，写作业

□主要听老师讲思想德育方面的内容或者下达一些通知

□经常变成补课时间

□其他

结果分析

本题中，选择“听老师讲德育内容或下达通知”选项的学生最多，比例超过66%；分别有15.3%和8.5%的学生选择了“改为自习课”和“补课”；另有一成左右的学生选择“其他”，表示他们的班会课内容较丰富。

问题2：班会课给你留下的印象是什么？

□活泼、形式多样、内容丰富

□比较闷，基本以说教为主

□无所谓，没什么特别的感觉

结果分析

不足四成学生认为“班会课较有意思，形式活泼多样，常有小品、辩论之类的活动展开”；四成学生感觉“班会课十分沉闷严肃，主要是老师传达学校精神，然后对台下同学进行批评教育”；剩下两成左右学生“对班会课没有什么特别的感觉，台下学生该干什么还干什么，比较散漫，思想容易走神”，其中个别学生还表示本学期开学以来就没上过班会课，因为要去校管乐队排练或被选去参加“培优课”训练。

问题3：如果班会课取消，你觉得可以吗？

□不能取消

□可以取消

□我觉得可以减少上班会课的次数

结果分析

31%的学生，尤其是高年级中学生认为“可以将可有可无的班会课取消”，以便利用此时段写作业，减轻沉重的学习任务；但63.5%的学生认为“不能取消”，除了部分认为“能了解一些课外知识，在讨论中吸取他人想法，锻炼表达能力”外，相当一部分学生认为“虽然不喜欢现在的班会，但也不该取消，并希望学校能组织得好些”；另有6名学生认为可以减少班会课的次数。

我在现场

他们这样开班会

在了解了大量的“常规”班会后，8日下午，记者在深圳市螺岭外国语实验学校五（7）班听了一堂主题为“快乐e时代”的“另类”班会课，并记录下其中的精彩片段：

场景1

小品剧《可怜天下父母心》

“子然，你给我过来！你这是写作文吗？怎么写着写着来了个‘7456’？”

“老妈，这可是时下最流行的e时代语言，7456就是‘气死我了’。”

“少贫嘴，以后不准你上网了，这可不是什么好东西，你看你强强哥哥就是因为老上网，结果没考上重点中学！”

“哼！才不是呢！对面的杨聪哥哥成绩那么好，这次得了征文大赛一等奖，题目就叫“网络丰富了我”，不信我们去他家瞧瞧！”

……

解说：这是一个完全由该班10余名同学自编自导自演的10分钟短剧，共分3幕，除第一幕交代背景外，第二、三幕分别从正反两方面，通过“因网络而增长知识”的杨聪哥哥和“因网瘾逃学去网吧”的强强哥哥讲述了网络是把“双刃剑”的特性，引导大家正确上网。

场景2

相声《戏说网名》

胖子孙：最近干吗呢？

瘦子张：上网呗！

胖子孙：有网名吗？

瘦子张：e时代没网名混不下去啊！瞧！新名片儿都改了。

胖子孙：嘿！10多个啊！

……

解说："胖子孙"和"瘦子张"是该班班会课培养出的"喜剧巨星"，几乎每次班会两个小男生都会积极报名"演出"，现在已可以在短时间内创作出令人捧腹的段子。此次班会，两人收集全班网名，让观者见识了"传说飞狗"、"拿破仑·波拿马"、"K歌时代"、"傻兮兮"等众多古怪网名的由来和起名人的"庐山真面目"，增进了同学之间的相互认识和了解。

场景3

模拟法庭《一场网络语言引发的纠纷》

书记员："五七法庭"案件现在开庭，全体起立……

审判长：2006年××月原告对被告使用网络语言辱骂一案现在开庭！

带原告、被告上庭（两"当事人"在两"法警"陪同下入场）。请原告辩护律师陈述事实。

原告辩护律师：我当事人于……

（在双方"辩护律师"激辩数回合，双方"证人"出庭作证和"陪审团"讨论之后，"被告"被要求立即向原告道歉，并被责成清理100天网络垃圾语言。）

解说："五七法庭"是该班固定的品牌班会栏目，此次法庭模拟的内容由该班QQ群上的真实故事改编，法庭中的辩护律师、审判长等角色都是经过同学们竞争"上岗"得来的，据说还要"考执照"。

互动实录

我们需要什么样的班会课

讨论1：按照你的理解，什么是班会课？描述一下你上得最多的班会课的情景。

大多数学生对"什么是班会课"都一脸茫然，"上得最多的班会课形式"大致有三种：一周班级事务总结（包括学习、思想、纪律）；传达上级通知；对固定话题讨论。其中前两者都由老师一人唱"独角戏"。

"常常变成'批评会'"

林同学（小学四年级）：我们上班会课很吵，吵得有时都听不清老师在说什么。一般是老师先强调一下学校规章制度，通报一下学校新贴出的通知；接着是表扬和批评班上同学一周的表现，有时还让我们自己发言，指出来谁表现好谁表现不好，这时被批评的同学头垂得很低。之后如果还剩时间，就改成自习课了。

陈同学（初二）：班会课常常变成“批评会”，就是老师站在讲台上，从上课第一秒开始就拿着尺子，一直狂训我们，比如说这一周谁又迟到了，谁的成绩下降了，就这样一直唠叨到下课，同学们就一直低着头听老师进行“思想教育”，觉得压抑极了！

“沉闷得有人打瞌睡”

刘同学（初三）：我们班会课比较闷，老师先是传达学校会议的精神，然后布置班级相关工作，一般她在上面讲时，有些同学却在下面写作业，有些甚至直接睡觉。

张雨晴（五年级）：我们开班会当天中午，广播会通知班会的主题内容，老师就提醒大家去查相关的资料。开班会时，就讲解一下从网上下载的资料，有时也放录像带，然后叫同学们逐个上台发言，由于形式单调、时间仓促，有些同学没说两句就跑下来了，有些则根本不知道说什么，久而久之就没意思了。

讨论 2：你心中的好班会是什么样的？

“少些说教，老师以朋友身份到台下来”

何彦瑾（五年级）：最好是先利用前半节课讨论学校布置的话题，后半节课则搞大家喜欢参与的活动。比如成语接力、传话游戏等，这样可以增进同学之间的友情，培养互相合作的能力。或者老师讲精彩的哲理故事，让我们在思考中学到做人做事的道理，这比直白的说教要亲切很多。同时，希望开班会时，老师也能加入到我们的讨论中来，和我们交流想法，不要总是我们在下面听。

陈同学（初二）：班会不能总是由老师一个人一直主持！老师应该走下讲台与我们平等交流，把主动权交给我们。而且老师不要过多干涉，应该利用这个时间多听听我们的意见、心声和想法，班会课应该是学生和老师共同参与的，不能只是老师说教，有时甚至我们也可以给老师提提意见。

“让学生成为课程的‘主角’”

孙同学（初二）：本来平时学习就很紧张，谁愿意在班会上挨批？谁会喜欢“说教式”班会？我觉得在没有学校布置的任务时，班会应该形式更活泼，内容更丰富，不要太压抑，尤其是应该把空间留给我们自己交流。

李雪（高二）：班会主题要贴近我们，围绕我们的行为、思想、学习生活才有可能引起共鸣。比如高一刚进校时，大家都有个不适应期，比如学习困难、交往困难，等等，这时开展有针对性的主题班会，大家有需求，能不乐于接受吗？其实，老师定班会主题的方法很简单的，能否引起学生共鸣，把引出主题的具体事例讲出来，大多数人会心点头，就 OK，反应冷淡就是脱离实际呗！

记者手记

班会决非鸡肋!

鸡肋者,“食之无味,弃之可惜”也。对部分学校的调查显示,班会课正尴尬地扮演着这样的角色。

上台东拉西扯的无准备班会,教师总设计、总代理的包办式班会,训斥式班会和应付式班会等,都不仅背离了班会课“以德育教育为中心、学生为主体、活动为载体”的原则,也会延缓班级发展,有时甚至让教师在教授其他课程时也更劳心劳力。对学生进行思想教育的高地正逐步沦陷。

“聪明的老师自己轻松。”这是付兴民主任做了10多年德育工作及大队辅导工作后的感受。

聪明的学校又何尝不是?事实上,班会课是德育的主阵地之一,实际上也是一种省时高效的教育形式。它围绕有特点的主题对学生进行思想、品德、心理教育,与其他场合、其他形式的德育教育相比,更能促进正确的班集体舆论的形成,推进学生自我教育、自我管理;实现学生之间更广泛的思想交流,达到碰撞后的相融,较好地利用学生的从众心理。同时还有利于学生口头表达能力、思辨能力、组织能力的提高以及创造性思维的发展等,具有更高的教育效率。

“凶的老师带班只能在一段时间镇住学生,等她一走,过不了多久班级就会乱;会沟通的老师则不管她走不走,班级都能稳速前进,所以名师是‘攻心’的。”这是付兴民观察多年的经验之谈。

(2006年5月10日《南方日报》网络版。编辑:冯怡驹)

班会是班级工作的重要组成部分,是班级教育和班集体活动的一项不可或缺的内容。在信息多元化和新课程改革的背景下,班会课不仅不能取消;相反,需要不断加强和改进。因此,如何“将班会进行到底”是班级管理和班级教育一个值得深入探讨的话题。

(二)主题班会组织实施需要处理的几个关系

1. 班会课还是班会活动——班会课与班会活动的关系

班会课还是班会活动?这是班会的形式问题。

班会有三种形式:“班会”——班级会议形式;“班会课”——班级上课形式;“班会活动”——班级活动形式。从性质上说,班会活动应该是班会的最主要的形式,班会活动更能够体现班会的主体性、参与性和互动性原则和要求,但不少班主任在实践中常常把班会上成班会课。单纯的班会课往往很容易变成“一言堂”式的说理课或时事报告会。

一般来说,班会既是“课”,也是“活动”,它具备所有“课”的特点,但

“活动性”是它的基色和主调。

作为“课”，班主任在实施主题班会时须遵循课堂教学规范，充分发挥教师的主导作用，凸显学生的主体地位。作为活动，要充分体现学生的参与性，但又不能演变为一种课堂表演。

那么，班会是“课”还是“活动”？什么时候是“课”，什么时候是“活动”？

判断与选择的基本原则是，班会的形式取决于班会主题和内容的需要。

2. “教师版”还是“学生版”主题班会——班主任主导与学生主体的关系

班会是班主任组织、指导下师生共同参与的班级活动形式。班主任是班会活动的组织者、指导者，角色是导演，在班会中起主导作用；学生是班会活动的主体和参与者。

班主任在主题班会中的主导作用，不是包办和替代，而是协助和指引。主导是教育性的体现。主导者不能作旁观者，而要有“主导”行为，包括参与“课”的设计，在“课”上适时地进行总结、提炼等。“教师版主题班会”指由班主任包办代替的“一言堂”式的主题班会；“学生版主题班会”指班主任袖手旁观的“放羊式”的主题班会。这两种都不是真正意义上的主题班会。

不同年级学生的主题班会，班主任组织、指导的程度和主导作用大小可以不同。一般是班主任对低年级主题班会的组织、指导的程度和主导作用大于高年级的主题班会。从完全由班主任设计、组织到班主任协助学生设计、组织，再到指导学生自主设计、组织主题班会是班主任“主导”行为和作用在不同年级主题班会的体现和演进。

3. 班主任组织能力与资源整合的关系

成功的班会课，不仅取决于班主任通今博古的学识修养、生动活泼的语言能力、明察秋毫的敏锐观察力和机智灵活的随机应变能力，同时还取决于班主任协调、整合资源的能力，如利用各种媒体资源的能力，调动科任老师发挥其智慧的能力，利用家长、社会资源和学校领导资源的能力，等等。

三、主题班会案例

主题班会“感悟亲情”

第一篇：亲情感言

1. 主持人宣布：下面进入第一篇：亲情感言

2. 主持人介绍可呈同学、可现同学出场

可呈同学、可现同学配乐朗诵《亲情感言》（作者：隋修德）

从呱呱坠地到蹒跚学步，
我们在父母的呵护下快乐地生活；
从幼儿园到小学，
我们在父母的教育下健康地成长。
如今，我们刚刚踏入中学的门槛，
逆反的个性却像气球一样膨胀。
爸爸的训导被看成啰唆，
妈妈的关爱被说成理所当然。
还总怪父母不理解我们，
还总说新时代的青少年就应该这样。
也许，我们忘了反哺的乌鸦，
也许，我们忘了跪乳的羔羊，
如果是这样，
就请重温一下我们成长的过程，
如果是这样，
就请回头看看我们度过的幸福时光。

3. 杨馨和妈妈配乐朗诵：《妈妈，您辛苦了！》（作者：隋修德）

女儿：月儿明，风儿静，树叶遮窗明，每当听到这熟悉的旋律，我就回到了童年的光景。

妈妈：从十月怀胎，到一朝分娩，妈妈经历了无数次的阵痛，你是妈妈身上掉下的肉啊！看见你，我就像在暗夜看到了黎明。

女儿：寒来暑往，您的爱伴我一天天成长。从幼儿园到小学，从小学到初中，妈妈，您陪我度过了多少雨和风。

妈妈：是啊，不知不觉，妈妈老了，光润的脸上多了几道岁月的峥嵘，你的顽皮写在一去不复返的日子里成了妈妈永远欣赏不够的风景。

女儿：妈妈，您辛苦了，每当我看到您憔悴的面容，我不知道该如何安抚您疲惫的心，我不知道该如何报答您泰山般的情。

妈妈：傻孩子，妈妈的付出，不是为了报答，母爱是女人与生俱来的天性。妈妈只希望你早日成人，成为一只翱翔的雄鹰。

女儿：放心吧，妈妈，女儿已经长大，长成了您梦中一只飘飞的风筝，我会在万里长空尽情地飞舞，把您的笑声洒满苍穹！

4. 主持人：下面请欣赏初一（16）班全体同学的亲情感言

亲情感言（1），主持人朗读感言，同学们报以热烈的掌声。

亲情感言（2），主持人朗读感言，同学们报以热烈的掌声。

5. 曾嘉同学朗诵前奏诗《母子情深》

沿着你的枝叶，
我生命之藤缓缓攀升。
静听和风吹过，
有祥和的鸟鸣和弦一般动听。
啊，母亲！
你给了我如花般的生命，
我是你放飞的一只风筝。
不管我飞出多远，
那长长的思念，
永远系在你的手中。

6. 主持人：请大家欣赏音乐诗剧《母爱》

母爱——刘霆背着母亲上大学的故事

刘霆，男，21 岁，浙江林学院艺术设计（052）班学生。

刘霆 13 岁那年，母亲不幸患上尿毒症，父亲不得已离家另谋生路。面对艰难境遇，刘霆自强自立，在照顾母亲的同时勤奋学习，取得优异成绩。2005 年，刘霆以优异的成绩考上了浙江林学院。

缺钱治病的无望和拖累儿子的内疚，一度使刘霆母亲失去活下去的信心。刘霆考虑再三，经浙江林学院同意，毅然带着母亲来上大学，一边求学深造，一边悉心照顾母亲。“母亲给予我生命，我有责任延续母亲的生命。”

刘霆的事迹经媒体披露后，在学校和社会上引起了很大反响，人们纷纷给予援助。为感恩、回报社会，刘霆将母亲治病剩下的 5 万元捐献出来，在浙江林学院设立了首个全国高校大学生“爱心奖励基金”，用于奖励、资助那些家境贫困并同样富有爱心、孝心和感恩之心的大学生。

7. 请几位同学上台谈观后感

第二篇：亲情倾诉

1. “亲情倾诉”开篇

主持人：下面进入第二篇：“亲情倾诉”。

2. 主持人介绍于园园同学上场

深情讲述《爸爸、妈妈请听我说》（于园园）。

亲爱的爸爸、妈妈：

憋了好长时间才敢给你们写这封信，希望你们看完后不要生气，这可都是女儿的心里话呀！

在上初中以前，你们是我心目中最尊敬、最亲爱的老爸、老妈，但那毕竟是过去了。

现在的你们让我感到陌生，你们给我的感觉就是——最熟悉的陌生人。

如果我没有猜错的话，现在你们心里所关注的已经不是我的健康、我的快乐了，而是我的考试成绩，我说的对吧？上初中后，由于一下子增加了很多科目，无论我怎么努力，成绩总是不尽如人意，不再像小学那样名列前茅了。每次成绩单一发下来，妈妈，您的表情就像要把我吃掉一样，爸爸也是一副恨铁不成钢的样子。我知道，此时的我在你们的眼里，就是一个不求上进、丢父母面子的女孩。你们从来没有帮我分析考差的原因，你们也从不听我的分析，因为爸爸你不会相信我，妈妈你说不定会甩我一个巴掌，因为你们只信奉“棍棒底下出成绩”的“至理名言”。

爸爸、妈妈，也许你们从来没有想过你们对我的态度是否正确，就更别提反省了。有几次，我都伤透了心……

寒假的一天早上，我正在做地理作业，有一道题我想了半天也没有想出来，便去找地理书，我刚把书柜打开，爸爸您就怒气冲冲地向我走来，对我吼道：“不好好做作业，在这瞎翻什么？”我吓了一跳，这是我第一次看您这么凶。好半天，我才反应过来，边找书边说：“有道地理题不会做，所以找书来看看。”

“老师没讲过吗？上课干吗去了？真是白学了！”这次您的声音更大了，震得我的耳朵好疼好疼。

我委屈地说：“我现在不知道怎么做，翻书看一下记住了不就行了嘛。”这时我终于找到地理书了，我刚把地理书抽出来，您又大声地说：“也不知道你一天到晚在想些什么！”说完后竟一脚踹在书柜门上，柜门反弹回来，正好撞在我的额头上。我摸着撞得肿起的额头，看着你怒气冲冲的背影，眼泪不争气地流了下来，滴落在书上，字，变得模糊了，爸爸的背影，变得模糊了……

我不喜欢哭，喜欢笑，因为我认为哭是懦弱的表现。可是，我还是一次又一次成了懦弱的俘虏。

一天中午吃饭时，因为我嫌妈妈盛的饭太多了，便去厨房把饭扒出一些。一出厨房门，妈妈您就冲着我大吼一声：“不吃就滚出去！滚出去！”

我呆住了！妈妈，我做错了什么？我的眼泪刷地流了下来。妈妈又吼道：“哭什么哭？考试成绩那么差还有脸哭？”原来，您在对昨天发下来的数学成绩耿耿于怀啊！

爸爸、妈妈，还记得小时候，我就是你们的掌上明珠。你们给我讲故事，给我穿上漂亮的衣服，拍下好多好看的照片。上小学了，我的成绩在班上数一数二，你们给了我一个又一个奖励，给了我一个又一个灿烂的笑容。那时的我，是多么快乐、幸福啊。那时的我觉得，爸爸妈妈就是世界上最疼爱我、我最尊敬的人了。

可是，现在你们为什么只关心我的成绩，却不关心我的感受呢？难道我想考差吗？难道我想丢你们的面子吗？多少次，我看着窗外发呆，因为我的精神无法集中学习；多少次，我躲在被窝里哭泣，恨上苍为什么不给我一个优秀的分数；多少次，我在问自己，爸爸、妈妈，我们还能回到欢声笑语的从前吗？

但不管你们对我怎样，我都是你们的女儿，你们都是我的爸爸妈妈，女儿永远爱着你们！

祝爸爸妈妈身体健康，工作顺利！

女儿：园园

2007 年 4 月 22 日

讲述完毕，主持人请上园园妈妈，对其即兴采访。

3. 主持人从亲情感言的照片引出甘宁博的故事

甘宁博同学深情诉说“照片背后的故事”。

深情讲述《照片背后的故事》（甘宁搏）。

亲爱的爸爸妈妈：

你们好！你们去北京有一段时间了，近来身体好吗？

如果不是因为班上搞“感悟亲情”的活动，我从来没有想到过给你们写信。既然老师要求写，我就把心里话说出来吧。

上个星期，当老师要求大家交一张亲子照片时，我竟然找不到一张！其他同学都把照片交上去了，当班主任说全班只剩我一个人没交时，我心里就像打翻了五味瓶，难受极了。找不到照片，这意味着什么？意味着我和你们除了有一些小时候照的照片留在老家外，在我们来到广东的 8 年多时间里，我和你们竟然没有合影过一张照片！

这究竟是为什么？

从小，你们就对我要求很严格，特别是妈妈，经常说我这里做得不对，那里做得不对，而脾气倔强的我偏不听你们的教导，你们叫我向东，我偏偏向西，专门跟你们作对。在这样的情况下，没有合影，就不足为奇了。这么多年来，我除了和爸爸能说上几句话外，对妈妈，我就像跟您有仇似的，根本不想和您说话，甚至连正眼都不想看您一眼。因为我一回到家，您就要唠叨我，我就和您顶嘴。在家里，我总觉得很烦躁。也许因为每天都很烦躁，去到学校如果有同学不小心惹到我，我就想和他们打架。上课也不太专心，成绩时好时坏。如果遇到老师批评我，我就更加烦躁不安，很想和别人吵架。

当我看到本班的几个男同学住校时，我马上也申请住校，这样就可以不用每天看你们的脸色了。妈妈知道了，怕我管不住自己，开始时不同意，我就狠狠地说："如果我和你们住在一起，我会学得更坏！"由于我的威胁，妈妈你去向班主任了解情况，消除疑虑后，同意我住校。当然，你们同意我住校的另一个原因是爸爸要到北京做生意，我住校后，妈妈就可以放心地和爸爸去北京了。

办理住校的那天，你们送我到学校，等到你们离开时，看着你们远去的背影，我突然有一种解脱：我终于自由了，我终于可以不用听妈妈的唠叨了！

可是过了一段时间后，我发现我错了。在你们去北京的几天后，我竟不由自主地想念你们了。想起你们送我去住宿时，你们如何吃力地把我的生活用具搬到五楼，妈妈还帮我铺床，整理东西，累得汗流满面。你们临走前，又对我叮嘱了很久，才依依不舍地离开。想到你们为我忙前忙后，对我放心不下，我却以那样的态度对你们，儿子心里真不是滋味，难道我以前对你们的态度错了吗？

爸爸妈妈，现在我觉得是我错了。因为我的倔脾气，我一直不想承认自己的错误。以前一直说恨你们，但是现在我想说我想你们，我爱你们。因为我发现，离开了你们的唠叨和批评，我发现自己心里空落落的，就像一只断了线的风筝，不知该飞向哪里。

爸爸妈妈，我现在在学校表现还不错，班主任还表扬了我。儿子现在开始懂事了，希望爸爸妈妈不要担心我，安心工作。

祝爸爸妈妈身体健康，开开心心！

儿子：甘宁博

2007 年 4 月 25 日

采访甘宁博：是不是非常想念爸爸妈妈？现在想不想见妈妈？

主持人请出甘宁博妈妈；

采访甘妈妈；

请甘宁博为妈妈献花；

采访区妇联主席陶文青：如何营造和谐的家庭氛围？

第三篇：亲情关注

1. "亲情关注"开场曲

2. 采访：严浩家长、乔晔家长

话题一：如何建立平等的父子关系？

话题二：怎样跟孩子交朋友？

3. 采访：曾嘉和他的爸爸妈妈

话题一：如何培养孩子学习的自觉性？

话题二：如何提高在孩子心目中的信任度？

话题三：如何看待和处理基础与特长的关系？

4. 采访：区文联主席何清

话题：如何营造和谐、健康的家庭文化？

5. 孩子感言《给父母的一封信》，曾嘉、杨靖朗诵同学们给父母的一封信（内容节选）

（1）在溺爱中长大的我，现在已经上初中了。妈妈，能否放开你时常牵着我的手，让我独自去尝试我想做的事？——李炜婷

（2）亲爱的妈妈，您很普通，也许在很多方面比不过别人的妈妈，但在我眼中您始终是最棒的。您的手大而粗糙，布满老茧，但在我眼中是最美的，因为透过您的手，我看到您做家务时的劳累。您的眼睛红而肿大，眼圈很黑，但在我眼里是最清澈的，因为透过您的眼睛我看到您做兼职时的辛苦。您的博学和智慧令我敬佩，无论我问你什么问题，您都能旁征博引，使我茅塞顿开。您的关爱让我感受到母爱的伟大，让我学会了严格要求自己和独立生活的能力。我爱您，妈妈！希望下辈子还做您的女儿，让我好好照顾您！——朱丹宁

（3）爸爸妈妈，在我住校后，你们老担心我在学校吃不好、住不惯。你们太小看儿子了。就拿吃来说吧，学校的菜式多样，营养也很丰富，我饿的时候，吃饭时真的是狼吞虎咽呢。你们最关心我是否有热水洗澡，因为我一提到那天没有热水时，你们就很担心我在大冷天洗冷水澡会感冒。爸爸妈妈，这种担心，我知道是由于你们太爱我的缘故。但是，在以后的人生中，难道不会遇到更多的“冷水澡”问题吗？相信你们的儿子吧，我是一个越挫越勇的人。爸爸妈妈，对你们的关爱，我要说声“谢谢”，但请你们不用太担心我了。——曾帆富

（4）爸爸妈妈，家中一些明显的变化让我感到疑惑：爸爸原本沉稳的脚步声变得越来越小了，以往激烈的争辩声很少听见了，电视声也开得很小了，家里安静得只听见我刷刷的写字声和琅琅的读书声。为什么大家要这样做？一次，我无意中知道了原因。那天晚上，家里来了爸爸的很多老同学。老同学多年不见，自然会海阔天空地大声聊天。可过了不久，你们的说话声变得很小了。我出来喝水时，听到爸爸说：“我女儿功课多，每天晚睡早起，为了不打扰她学习，咱们老同学出去找个地方，接着聊……”听到这里，我才恍然大悟，原来父母所做的一切牺牲都是为了给我一个安静的学习环境啊。——林夏茹

（5）妈妈，从我懂事以来，家务您全包了。有时我想帮帮您，您却说我只会越帮越忙，叫我只学习就行了。可是，妈妈，政治老师说：“每个人都要培养自信心，能处理好自己生活中的问题，尝试独立解决问题，从而克服依赖心理。”但是，妈妈，您却不给我这样的机会。妈妈，每个家长都望子成龙，望女成凤，可您知道吗，真正的“龙”和“凤”不仅仅要学习成绩好，日常生活中

的独立生活能力和社会经验也很重要啊！妈妈，请您给我一个学习独立生活能力的锻炼机会吧！——林燕亲

(6) 在做了老师的“爱心天平”调查表之后，我深有感触。在一天内，你们为我付出的时间比我为你们付出的时间多得多。那么一年下来呢？恐怕是难以计算的。

从小到大，你们为我付出了许许多多，无论是生活的点点滴滴还是一些重大的事情。但是这个学期我住校后，和你们之间的交流、沟通越来越少了。每次当你们提出要和我去散步时，我总是以作业多作为理由推脱。现在静下心来仔细想想，又有什么比亲情更为重要呢？

从现在开始，我一定要多与你们交流、沟通，说说心里话。我相信，你们一定会面带微笑地耐心倾听，就像从前你们耐心地、不厌其烦地给我讲故事一样。——杨靖

(7) 当我做错事时，你们毫不留情地批评我；当我不肯自己一个人睡觉时，你们毫不手软地举起了衣架；当下起倾盆大雨时，你们让我一个人冒雨上学……因为这样，我曾记恨你们，认为你们已经不爱我了。可直到别人夸我懂事、独立时，当我获得一张又一张奖状时，我才深刻地体会到了你们的良苦用心。在此，我由衷地说一声：“爸爸妈妈，谢谢你们！”——曾嘉

(8) 爸爸，因为您赌博上瘾，家里失去了欢乐，邻居们不得安宁，亲戚也为您担心。爸爸，天上是不会掉“馅饼”的，赌博怎么可能生财呢？家里人盼望您戒赌，亲戚盼望您戒赌，邻居盼望您戒赌，下决心戒赌吧，请您不要辜负大家对您的一片好心。——朱凤丹

(9) 成长是甜甜的，又是酸酸的。十五年来，我经历过失败，遭受过挫折，感受过失落，感到过伤心。是谁，在我背后默默地支持我？是谁，在我迫切需要时帮助我？是谁，孜孜不倦地向我传授人生的道理？是你们，我最挚爱的父亲母亲！——孙斯婵

(10) 爸爸妈妈，你们给了我生命，把我带到这多姿多彩的世界；给了我爱，让我在健康的环境里快乐地成长；教给我对待困难的方法，让我自信地面对挫折……千言万语，汇成一句话：我爱你们！——杨馨

第四篇：亲情互动

1. “亲情互动”开场音乐

2. 主持人宣布“亲情互动”开始

3. 亲情游戏一：摸手辨母

柔和的音乐中，主持人介绍游戏规则

随机请出 5 名男生，蒙眼。

请出五名男生的妈妈站成一排，然后，每个男生依次摸手，辨明是自己的妈妈后，拥抱妈妈。摸对的有奖。

依次进行。

主持人请出颁奖嘉宾：惠州市教育局德育科科长毛少琼，即兴采访毛科长。

4. 亲情游戏二：写出爸爸的生日和鞋子的号码，写对的有奖

5. 亲情游戏三：我帮妈妈做家务

(1) 主持人：介绍王孟芝帮妈妈做家务的事迹。

(2) 做菜比赛。

做菜比赛——凉拌黄瓜。

请出5位学生参加。

准备：菜板、菜刀、黄瓜、盘子、盐、味精、生抽、醋、白糖、辣椒酱、筷子等五份。

时间：5分钟。

请黄锡兴校长上台品尝，逐一点评，评出一名优胜者，并为优胜者颁奖。

第五篇：我爱我家

我爱我家

请大家一起合唱：《让爱住我家》

主持人宣布：主题班会到此结束。

主题延伸——"感悟亲情"主题班会结束后，家长写信表达"父母感言"

老师、同学们，初一（16）班将举行"感悟亲情"的主题班会，家长非常支持这次活动，主动写了自家孩子的表现交了上来。从家长的来稿可以看到，在父母的心中，什么样的孩子是最让父母感到欣慰的。

王孟芝妈妈的来稿：

孩子在小学四年级暑假时，我因为太忙，他对我说："妈妈，你们太辛苦了，我不用上学，以后做饭、擦地的事我来做吧。"我问："你行吗？"他说："我能行！"从那时起，他就帮我做起了家务。邻居看了，都说他是一个很懂事的小孩。

上中学了，在老师的教育下，越来越懂事了。除去上学的时间，星期六、星期日都是他做饭、擦地，甚至一家人的衣服都是他帮忙洗。他还对我和他爸爸说："父母的勤劳、善良、宽容是对儿子最有用的影响。父母的优秀品行是留给儿子最好的遗产。"听了儿子的一番话，我和他爸爸都不敢相信是他说的，因为儿子才上初一啊，有多少人家的孩子这个时候还在衣来伸手、饭来张口啊，可他，一个男孩子，却包揽了家里的大部分家务，而且还有这样的见解，怎能不让我们做父母的感动呢？

魏佩婷妈妈的来信：

婷婷出生在一个大家庭里，家里有爷爷、奶奶、大伯、大娘、父母的疼爱，有堂哥、堂姐的喜爱，家里人以为她会变得很娇气，但是她从小就很听话，很多事都不用父母操心。

婷婷从不乱花零用钱，每年的红包钱总会存起来。第一次出去逛街，她给自己买了一个小挂饰，却给我和她爸爸分别买了一份礼物。我和她爸爸看着懂事的女儿，都欣慰地笑了。

记得去年的母亲节那天晚上，我在房间备课，女儿突然端来一盆热水，要帮我洗脚。我忙说："不用啦！"她却笑着说："妈，坐下嘛！您整天站在讲台上，上了一天的课，很累的，回家后还要照顾我和爸爸，已经够辛苦了。你还常说自己睡不好、腰老痛，让我帮你洗洗、揉揉，有助睡眠哦。"说完，把我的脚放进盆里，认真地搓起来。看着她认真的样子，我的眼睛湿润了。洗好脚后，又帮我擦干脚，叫我早些休息。她还常常叫他爸爸少抽烟、少喝酒，叫爸爸开车小心……

有这么一个懂事的女儿，做父母的再苦再累算得了什么？

（策划：何汝玉、刘巧玲；编导：隋修德；主持：隋修德、刘巧玲）

第四章　活动是成长的阶梯

——班级活动的设计与组织

在以班级授课制为基本模式的现代学校中，班级是一个基层单位，承载着育人的功能。班级活动是班主任组织、培养、教育学生集体，并通过学生集体教育影响学生个体的一种有效的教育手段，也是学生集体进行自我教育的一种重要方法。学生每天都在班级中学习、生活、活动，班级是对学生产生直接影响的团体，班级活动则成为学生在校学习生活的重要组成部分，也是班主任的重要工作之一，不再是可有可无的东西。

第一节　班级活动概述

一、班级活动的含义及意义

（一）班级活动的含义

班级活动是一个班全体成员参加的集体教育活动。广义的班级活动是指在教育者的组织和领导下，为实现社会主义的教育方针和培养目标，完成学校的教育工作计划，组织班集体全体成员参加的一切教育活动。它包括班级的教学活动、思想品德教育活动、课余活动、劳动活动等。狭义的班级活动则是指在班主任的组织和领导下，或在班主任的指导下由学生自己组织的为实现班级教育目标而举行的各种教育活动。

为了充分体现班级活动在促进学生素质全面发展中的作用，班主任必须把握班级活动的特点：

1. 综合性

知识可以从书本中学到，技能可以在训练中熟悉和掌握，而在团体中相互团结与协作则是一个过程，是在不断学习、感受、探索和熏陶的过程中逐渐形成的。无论班级活动的形式、内容如何变化，它们的目的是一致的，即为了加强班集体建设，促进学生德、智、体、美、劳全面发展，培养他们的创造精神和独立工作能力，使他们成为社会有用人才。所以，任何一次班级活动对学生素质的培养而言都是综合性的。

2. 全体性

班级活动的全体性主要体现在以下几个方面：班级活动的目标面向全体学生；班级活动的组织面向全体学生；班级活动的评价面向全体学生。班级活动在目标、组织、评价上的这些特点也就决定了班级活动对学生素质的培养要面向全体。全体成员共同参与了，发展了，班级活动才可谓成功。

3. 阶段性

人的成长是一个持续不断的发展过程，在总的发展过程中，不同年龄阶段表现出不同的特征。年青一代身心发展的阶段性势必要求我们必须对不同年龄阶段的学生制定不同的教育目标，组织不同的教育内容和采取不同的教育教学方法。素质教育是一个纵向的系统工程。中小学生素质培养的过程显现出渐进的、连续的状态。实施素质教育必须要有整体观念，防止把不同阶段、不同学年段割裂开来。这就要求班级活动在内容安排上前后衔接，浑然一体，既有连续性，又有阶段性。

（二）班级活动的意义

班级活动作为学校教育活动的重要组成部分，涉及学生学习和生活的各个方面，对于学生的发展、班集体的建设具有重要意义。心理学的常识告诉我们，人的感受和体验主要产生于人的活动。同样，人的心理状态的变化和改善也只能在活动中实现。那种空洞的、与学生内在世界无关的说教，不可能对学生的心理健康产生有效的影响。因而，心理辅导必须将主要的精力放在组织和引导学生活动方面。在活动中，学生的感受和体验必然产生和表现出来。在这样的基础上，通过师生之间和学生之间的沟通、分享，学生心理便可能得到调节和影响，从而实现转变和改善。活动组织越成功，学生感受与体验越真实充分，心理辅导的作用也就越明显。

1. 班级活动有助于加强班集体建设

一个良好的班集体建设要通过多种活动来实现，在不同的班级活动中，学生能不断明确并实现班级的奋斗目标。组织得当的班级活动，能产生凝聚力，起到促进班级学生团结的作用。班级活动也是师生共同活动的过程，它能加深师生彼此间的相互了解，成为联系师生关系的一条纽带。好的班级活动，能触及学生的灵魂，为他们的成长注入营养，使他们在饥渴的时候得到甘露，给学生留下深刻的记忆，终生不忘。

2. 班级活动有助于提高学生的能力

一个完整的班级活动，从设计到实施都要发动学生参与。若班集体比较成熟，则学生可以在班级活动中“唱主角”，这使学生的创造能力、组织能力、活动能力都得到极大的发挥。因为在活动时不仅要看、要听、要想，而且要说、要做。参观、调查、文娱、体育、科技等活动，都要身体力行。即使是准备一次班级活动的发言，也要认真构思，收集资料。这样，经过一次次班级活动的锻炼，学生将走向成熟。另外，丰富多彩的班级活动，有助于同学们增进交往、加强合作，提高人际交往的能力，这对学生有着积极的导向作用，而良好的人际关系又有助于形成一个有凝聚力的、坚强的班集体。

3. 班级活动有助于发展学生的个性

班级活动相对自由的活动内容和方式，为学生个性的发展提供了良好的机会。学生的个性品质、兴趣、才能在活动中能得到充分的表现，同时也在活动中得到巩固、调整和发展，使学生更好地了解自己。擅长美术的同学可在布置活动场所时大显身手，爱好文娱的同学可在联欢会上纵情歌舞，喜欢争论的同学可在演讲、辩论活动中磨炼口才。班级活动是个导向，班级活动提供机会，提供舞台，鼓励同学们各展其才，引导同学们形成良好的个性。

二、班级活动的基本类型与设计原则

（一）班级活动的基本类型

班级活动按照不同的分类标准可以分成许多不同的类型。在一项“学生喜欢什么样的班级活动”的调查中发现，学生们更喜欢带有主体性、时代性、趣味性、非功利性的班级活动。从这个角度出发，学生们喜欢的班级活动类型如下：

1. 主题型

班级活动中班主任最经常组织的主题型班级活动就是主题班会。主题班会主要是根据班级学生的年龄特点和成长中的实际问题，拟订一个大家感兴趣的主题，经过充分的准备而实施的。与一般性班会相比，它具有较强的针对性。它可以是国内外形势报告，可以是对本班学生的思想品德进行的阶段性小结，可以是举行节日纪念的庆祝活动，可以是关于道德、纪律、民主和法治等问题的学习讨论和辩论，也可以是组织学生谈谈自己的远大理想与追求。

“关注经济，关注未来”主题班会方案设计

上海市第十中学高二（4）班班主任喻英老师组织班级学生召开了一个名为“关注经济，关注未来”的主题班会，目的在于引导学生了解经济，了解经济与社会和人民生活的密切关系；关注经济，将经济建设的未来与自身的未来联系起来。事先请同学们带着问题进行研究性学习：“经济与人民生活水平的密切关系”、“个人对整个社会经济发展应作的贡献与应尽的义务”、“如何正确致富以提高个人经济收入”、“学生应如何认识经济生活”。主题班会实际上是研究性学习成果的展示。所以，安排了这样一些内容与形式：

1. 小品《我们一家子》，通过对一个普通家庭经济状况变迁的反映，折射整个社会经济的发展，突出经济建设的重要性之一——改善人民生活水平。

2. 电脑幻灯片演示《税收》，说明社会经济的发展不仅依靠国家政策的正确引导，还需要公民自身的努力，依法纳税是公民应尽的义务，要确立正确的税收理念。

3. 小品《所谓致富》，揭露盲目致富的弊端，同时，作为新时代的青年，更应有正确的投资理财观念。

4. 电脑幻灯片演示《房价走势与社会经济》，揭示房价与人民生活密切相关，已受到越来越多人的关注，青年学生也应了解房价与整个经济社会发展的密切关系。

5. 小品《保险》，反映人民生活水平提高以后，将目光投向了保险。

6. 电脑幻灯片演示《关于人民币升值的问题》，通过此问题的讨论，表明现代青年目光要放远，不仅关注国内经济，而且要了解国际经济形势。

7. 朗诵《经济腾飞》，歌颂祖国经济发展给人民带来了幸福的生活，为祖国的发展而欢呼。

8. 合唱《我们和未来有约》，表达心声：伴随着经济建设的向前发展，我们在成长，我们携手共进，我们击掌相约。

（吴明乾主编：《班主任对班级活动的设计与组织》）

2. 知识型

青少年正处于长身体长知识的阶段，具有较强的求知欲，单纯的课本知识既不能满足他们的需求也不利于他们的全面成长，因此，作为课堂教学补充和扩展的知识型活动就成了班级活动的一个重要类型。知识型活动的内容安排以培养对基础学科的兴趣、扩展并运用学科知识、加强技能和智能训练为主，进行良好的道德品质、行为习惯、心理素质的培养，学习方法的指导，等等。各项活动都要体现知识性与趣味性相结合，使班级活动成为开阔学生知识视野、提高学生智力水平、发展学生能力特长的摇篮。

步步为“赢”

一、教学目的和要求：通过设计一个竞赛节目的形式，引导学生逐步认识中学生良好的学习习惯有哪些，针对目前班级中存在的不良学习习惯，学会如何培养良好的学习习惯。

二、教学方法：小组竞赛

三、教具：抽奖盒，奖品

四、教学过程：

1. 说明游戏规则

步步为“赢”有哪几步呢？“为”什么呢？“赢”什么呢？

游戏规则：

（1）以组为单位，每组请出一个代表来统计答案和记分。

（2）游戏分为三轮，以累积分最高为胜出。

（3）胜出组将派出一名代表从抽奖箱中抽奖。

2. 游戏过程：

（1）第一轮：良好学习习惯大比拼（每组抢答“中学生良好的学习习惯”有哪些，一个正确答案记一分）。

（2）第二轮：日常学习习惯大检查（每组抢答“目前，我们班存在的不良学习习惯”有哪些，一个合理答案记两分）。

（早读，交作业，抄作业，课间时间、午间时间的利用，自修课……）

（3）第三轮：脑力激荡（每组抢答“结合我们班的实际，我们应该如何做才能培养良好的学习习惯”，一个答案记四分）。

3. 自助餐：

（1）良好的学习习惯有哪些：

有明确的学习目标；在每个学期初给自己制订一个学习计划；重要考试之前有一个复习计划；用画线的方法在书上标出重点、难点及疑点；即使没有人督促你学习，也能做到自觉地学习；遇到不懂的知识，设法弄懂它；多请教老师和多与同学讨论；假如你考了一个不理想的成绩，要有下次考好的决心。

（2）在学习中养成良好的学习习惯：

A. 从阅读、书写技能开始

B. 从掌握学习方法着手

C. 养成良好的学习习惯

D. 建立“问题集”和“错题集”

4. 颁发奖品：

一等奖：其他三组同学给予一分钟的掌声

二等奖：大笑三声

三等奖：开心地笑

（广东教育学院袁苑红实习教案）

3. 交流型

青少年处于人生观、世界观逐渐成熟的特殊阶段，他们对于人生、社会、未来有自己独立的看法，他们乐于表达自己的观点，他们渴望理解，他们喜欢与师长、同龄人朋友交流、探讨各种人生问题。因此，交流型活动已成为班主任开展思想教育活动的常用形式。交流的手段一般有语言交流和文字交流两种。语言交流类的活动有：主题演讲，辩论，信息发布，与同龄人的座谈讨论，与老师、父母、社会先进人士对话，等等；文字交流类的活动有：与知名人士、校友通信，轮流记班级日记，利用周记与老师谈心，等等。

爱情？友情？
——你说我说

一、设计理念

由于环境因素和学业性质等原因，普通高中生异性交往显得频繁，存在的问题更突出。中学生如何树立正确的异性交往观念，掌握适当的异性交往技巧，使他们的身心健康发展，成为当前教育刻不容缓的问题。因为青春期是儿童向成人过渡的中间阶段，男女青年在心理各方面发生很大变化。他们对性的意识，由不自觉到自觉；性的对象由同性转为异性；对性的兴趣由反感到爱慕再到初恋，这几乎是每个人必经的历程。但是在这个青春期中，青年人的情绪变动不定，容易变化，如果不注意及时引导，某些人可能滋长不健康的性心理，陷入感情困扰。比如，有的学生常将友谊误认为是爱情，导致心理的困扰，或者因为没有处理好感情与理智的问题，而使他们陷入早恋的异性关系中，影响其学习效率和心理的平衡。本活动正是针对这一问题，从了解自己、分辨友爱、坦荡往来三个角度引导学生正确面对和处理自己的情绪困扰，把握好友谊与爱情的界限，从而端正学生的思想，树立正确的异性交往观念。

二、活动目的

1. 帮助学生了解自己的性心理，学会分辨爱情和友情，树立健康的异性交往观念。

2. 引导学生认识和掌握适当的异性交往技巧，学会在异性交往中保护自己。

三、活动形式

游戏体验、辩论会、讨论分享、总结。

四、活动准备

1. 多媒体电脑、投影仪、麦克风、纸、笔。

2. 学生分两组：反方和正方。

五、活动对象

高中二年级学生。

六、活动时间

1 课时。

七、活动过程

（一）反应游戏

例子：当叫到0，学号尾数是9的同学全部要站起来，叫到9，学号尾数是8的同学全部要站起来，以此类推。

（二）唇枪舌剑

辩题：对异性的喜欢是爱吗？

正方：对异性的喜欢是爱。

反方：对异性的喜欢不是爱。

（三）规则

第一轮：双方一辩手阐述我方观点。（1分钟）

第二轮：二辩手围绕辩题具体论证，也可对一辩的阐述进行补充。（2分钟）

第三轮：自由辩论时间，由反方三辩开始，全体成员均可发表意见。（4分钟）

第四轮：四辩手进行总结。（2分钟）

（四）分享

1. 通过刚刚的辩论大家认为喜欢与爱可以等同吗？

2. 通过刚刚的辩论大家对爱情与友情有什么新的认识？

3. 大家认为爱情与友情有什么区别？

（五）总结

老师结合学生的讨论，进行总结：发展与异性同学交往的友谊是可以的，这有助于自身的心理成熟。但是，如果交往中没有把握好言谈举止的分寸，或没能正确认识、分辨对方的态度，则容易造成误解，将友谊误认为爱情。虽然友谊与爱情有共同的地方，如好感和给予，但它们也有明确的区别：第一，爱情以异性间的性爱为基础，是建立在男女双方间的一种崇高纯洁的情感；第二，爱情的目的和归宿是两性的结合，组成家庭；第三，爱情是专一的、排他的，只能在一对男女之间形成特殊的感情。友情则不具备这些特点。当然，在一定条件下，友情和爱情也可以互相转化。所以，在与异性交往时，学生们必须把握好交往的尺度，否则就可能陷入不明确的异性关系中，影响双方的心理健康。

4. 娱乐型

青少年学生朝气蓬勃，活泼好动，兴趣广泛，爱唱爱跳，因此一些文娱表演、游戏竞赛等兼而有之的娱乐型活动深受学生的欢迎。有些主题教育活动为了取得寓教于乐的效果也常采用娱乐型的活动形式。比如，通过组织演唱会、艺术品欣赏等活动，培养学生健康的审美情趣，形成高雅的情操，发展学生对艺术的爱好与特长；通过开展田径、球类、棋类等体育竞赛活动，使学生养成自觉锻炼的习惯，不断增强体质。

欢快的十分钟

（小型、多样的体育比赛）

［活动目的］

1. 通过活动，鼓励学生积极锻炼身体，认识到体育的重要性，自觉地、认真地锻炼，增强身体素质。

2. 通过活动，以具体的内容引导学生开展有意义的课间10分钟活动。

［活动准备］

1. 根据“小型、多样”的原则，确定比赛的项目，如踢毽子、跳长绳、举哑铃、立定跳远、立定摸高、拔河、引体向上等。这些项目简便易行，活动场地小，具有较大的可行性。

2. 把比赛的项目预先告诉全班，并根据每个项目只比“10分钟”的特点，规定每组每个同学均要参加，但只能报一项。每个项目每组限报三人（跳长绳类的集体项目除外）。

3. 根据比赛项目，准备必要的比赛器材，如毽子、长绳、哑铃。

［活动过程］

1. 由体育委员召集。简述活动意义及具体做法。宣布裁判组名单。

2. 做准备活动。

3. 进行比赛（比赛时一般先进行个人项目，再进行集体项目）。

4. 裁判长宣布比赛结果，发奖。

5. 实践型

实践型活动是学生接触社会、观察了解社会、增长知识、增长才干的有效途径。通过实践型活动可以沟通学校、社会、家庭之间的联系，把学校教育同社会教育紧密结合起来，进而提高学生的社会实践能力。

实践型活动可通过组织学生参观访问、实地考察、写调查报告以及参加公益劳动和社会服务等活动，了解社会，增强热爱劳动人民的感情和社会责任感。

某高三（5）班在今年元旦，开展了一次奇特、新颖的活动，在元旦的零点时分他们去慰问还战斗在一线的工人，该活动被称为“零点行动”。他们带着对工人阶级的崇敬之情，手捧鲜花，来到钢花飞溅的车间，送上他们亲手制作的贺年卡，在工人师傅的面前搞了一个宣誓仪式，并和工人师傅一起聆听了新年的钟声。这样的活动至今仍是已毕业或已跨入高等学府的原高三（5）班学生们的美谈。

（二）班级活动的设计原则

1. 教育性原则

开展班级活动，不仅是为了活跃学生的学习生活，更重要的还是寓教育于这些活动中，让学生在活动中提高思想道德水平、开发智力、提高实际操作能力、增强审美情趣、强身健体，等等。因此，就活动的教育意义而言，不能片面地理解为单一的思想教育，成功的班级活动应发挥教育的综合功能。班级活动的出发点不仅仅是基于一种社会的需求，还要基于学生的成长需要。活动的目标是满足学生的成长需要，促进学生健康地成长，让丰富多彩的活动成为学生的一种人生经历。

2. 整体性原则

整体性是指班级活动的内容、活动的全过程、活动的教育力量都要成为一个系统，用整体的教育思想指导整体的教育活动，达到教育目标的整体性。教育的整体性，并不是简单的拼凑，而是通过班级活动的组织和设计，进行有机的组合，要围绕活动的主题，从不同的侧面加以反映。教育力量的整体性，使班级活动由封闭转为开放，家庭、社会教育力量的介入，能有效地提高教育的效果。

3. 针对性原则

针对性原则指班级活动的设计与组织，一要依据学生的年龄特点、身心发展及知识水平来安排。同一内容活动，在各个年龄阶段都可以进行，但具体的层次和方法要有所区别。二要针对班级里实际存在的问题。活动总是有目的的，越是能针对班级里现实存在的问题开展活动，效果就越好。三要针对社会上对学生有影响的现象开展班级活动。对于社会上富有积极意义的“热点”现象，可以通过活动引入班级，促进班级的发展和每个成员的成长，像汶川大地震中一方有难、八方支援的现象；对于消极的或比较复杂的社会现象，则要通过活动，引导学生认清现象的实质，分清是非，自觉抵制消极影响，如学生迷恋网吧等现象。一般而言，班级活动的针对性越强，收效越大。

4. 可操作性原则

班级活动要在学校教育中占有一席之地，有一个重要的、不可忽视的因素，那就是班级活动的设计要具有很好的可行性，即要有可操作性，并且容易操作。

班级活动是以班级为单位进行的，因此，第一，要注意活动的规模。一般而言，每天进行的班级日常活动，要求短、小、实。“短”，即时间短，一般以三五分钟为宜；“小”，即解决小问题；“实”，即解决问题要实际，一次集中解决一个问题，不要面面俱到。第二，要注意活动的频率。一学期里，班级的主题活动不能过多，也不能没有，主要根据班级建设的具体情况，以不影响学生的正常作息和课堂教学为前提。第三，活动要准备充分。为了使班级活动顺利而有效地开展，应做好充分的准备工作，应预计可能发生的问题及想好预防的办法和应急措施，这样，操作起来才能有条不紊。

第二节　开展班级活动的形式与途径

一、形式

（一）活动内容决定活动形式

什么样的活动能够最有效地引起学生的真实感受和体验？一般来说，活动的主题和内容越是能够贴近学生实际，越是能够真实地反映他们当前生活中所关注的问题，学生的反应就越积极，活动所产生的效果就越好。那些在学生生活中最为重要的问题，那些对于他们心理状态的影响最为深刻长久的事情，最应当成为班级活动的内容。根据学生生活和发展的逻辑选择、安排和专门设计活动，班级活动的内容就不会是高高在上的说教，而是自己生活中曾经发生过的熟悉的事件或正在经历的体验，曾经感受的困惑或正在提出的疑问……这样，班级活动的效果便可以得到保证。

（二）学生心理发展特点决定活动形式

学生在不同的年龄段有不同的心理发展特点，也就会产生不同的群体特征。著名美国心理学家马斯洛的人类需要层次理论指出，人类有五种基本需要，依次为生理需要、安全需要、归属与爱的需要、尊重需要和自我实现需要。在各种需要逐次获得满足的历程中，个人的天赋潜能才能得以发挥，自我理想与抱负才能终获实现。因此，从了解学生的年龄特征、成长需要着手班级活动的规划，尊重个体在活动中的发展，才能真正促进学生的发展。

（三）班主任自身条件决定活动形式

每一位班主任都有自己的专业和特长，这是开展班级活动最有利的条件。从专业能力角度来看，班主任不同于科任教师的是要对班集体进行建设与管理，要组织开展丰富多彩的班集体活动，因此，其组织策划能力、研究能力、学习能力、协调沟通能力、创新能力等都会影响班级活动的成效。而将班主任自身所学的专业知识、特长与专业能力相结合则能更好地保证班级活动的效果。

二、途径

（一）班、队会

班级活动同少先队工作的宗旨是并行不悖的。从某种意义上说，班级活动还拓宽和加深了少先队的活动领域，提高了少先队工作的科学性和有效性。事实上，少先队组织的许多活动也越来越突出和丰富了班级活动的内容。

由班主任主持的班会是非常重要的班级活动。因为班主任最了解学生，对学生的心理需要和年龄特点最有发言权，因此可利用班会的形式，开展良性的班级活动，维护和促进学生心理健康，提高学生学习生活的质量。这样一来，班会课的层次提高了，改变了过去班会课被有些班主任用来布置任务或开批评会，教师和学生都收获颇大。

（二）课内、外活动

课堂教学是学校的中心工作，在教学过程中开展班级活动，有时间和空间上的优势，可以使班级活动在学校里得到全方位的开展。第二课堂活动是课堂教学以外学生的主要活动领域，是学生生动活泼地、主动地表现自我的场所，对培养学生的健康心理具有重大作用。德育活动、艺术活动、体育活动、科技活动中，除了培养学生与该活动相适应的品德素质、审美素质、身体素质、科学文化素质以外，还可以培养学生的兴趣、特长、良好个性、主动精神、交往能力、自我教育能力等，使他们的潜能得到充分的发挥。

（三）团体辅导

团体辅导又称小组辅导，是以团体为对象，运用适当的辅导策略或方法，通过团体成员的互动，促使个体在人际交往中认识自我、探讨自我、接纳自我，调整和改善与他人的关系，学习新的态度与行为方式，增进适应能力，以预防或解决问题并激发个体潜能的助人过程。

人生活在不同的团体里，团体成员在共同的活动中彼此交往，相互作用，因此会产生一系列的社会心理现象，如团体气氛、人际关系、暗示、模仿、从众现象等，这些心理现象会对人的心理与行为产生深刻的影响。而团体心理辅导将在此起到不可低估的作用。借助团体心理辅导的方式开展班级活动可以帮助个人成长。通过团体学习与互动，促进个人的身心发展，提高学习技能，获得正确的信息，从而了解自己、接受自己、实现自己。

第三节　班级活动的组织与实施

良好的班级活动的组织是形成班集体凝聚力的重要条件。班级活动的类型多种多样，形式也各不相同。但是，一般而言，班主任在对班级活动进行组织与实施时都要从以下几方面考虑：

一、活动选题

（一）依据学生的实际情况，从学生群体中选题

适当地开展班级活动是学生所关注的、所需要的和所追求的，通过开展班级活动可以帮助他们解决具体矛盾和问题。要把握他们的思想热点和盲点，对症下药。例如，针对高一学生“上课不发言”、“自习课吃零食、聊天”、“生活作风懒散”等一系列坏习惯，可以开展“告别坏习惯”的主题班会。又如，针对高三学生学习主动性、积极性不高，可以开展“莫让年华付水流”的主题班会。

（二）依据学校的中心任务，从学校环境中选题

班级活动是学校教育工作的重要组成部分，从学生每天学习、生活的学校环境中寻找切合实际的主题，可使班级活动更有针对性与实效性。例如，针对“校庆”周年纪念，开展以“设计未来母校”为主题的班级活动，激发学生热爱母校的思想感情。但是，如果仅是因为“受命”于学校任务而召开班级活动，则往往是走过场，很难达到教育的目的。

（三）依据社会对学生的影响，从生活实际中选题

人出生之后，就从一个单纯是“自然实体”的人变为“自然实体”与“社会实体”复合的人。社会环境对一个人的影响是非常重要的。从社会生活实际中寻求开展班级活动的主题，可更积极地促进青少年社会化的成熟。例如，随着我国改革开放，综合国力的迅速提高，可以开展以“古城新风”为主题的班级活动，让同学了解改革开放的成果；又如，让学生参观高新技术开发区，开展“风景这边独好”的班级活动，使学生做好投身于社会主义建设的思想准备。总之，班主任要善于掌握社会大环境的变化，及时借助各种班级活动，对学生开展教育工作。

二、活动前的准备

为了确保活动的顺利进行，必须要在活动前做周密考虑。

（一）拟订活动计划

选题确定后，班主任应和班委会共同制订活动计划。这样做，一可保证活动的顺利进行，二可为班级工作积累宝贵的经验。

班级活动计划一般主要包括：活动目标、活动地点、活动时间、活动对象、活动的内容与形式、活动准备和具体分工、活动实施过程、活动注意事项、活动总结与反思。

1. 活动目标

班主任在组织班级活动时，应先明确活动的具体目标，使学生明确开展该活动所要达到的目标。活动目标明确，是制订活动计划和评价活动的依据。每一项活动都有具体明确的活动目标，但不要按照“认知”、“情感”、“操作”等心理学的分类标准来划分活动目标，而应围绕对学生现状的分析、对活动的理解做综合的、学生发展意义上的目标表达。

2. 活动时间、地点、对象

班级活动的开展，时间、地点、对象是其基本构成要素。班级活动一般以班级或小组为单位，应根据班级学生特点、知识水平、学校总体安排及教学日历等确定时间、地点和对象构成。

3. 活动的内容与形式

班主任无论组织什么活动，都应该根据活动内容选择那些最能达到活动目标的活动形式，以收到最佳的活动效果。选择理想的班级活动形式的依据主要有三点：一是活动内容；二是本班学生的年龄特点和其他实际情况；三是班主任自身的特长和优势。

4. 活动准备与具体分工

为确保活动的顺利进行，对开展活动的场地、所用器材及工具设备必须要做周密考虑。班级活动中的人员分工，一般情况下主要由班委负责，班主任协调。

5. 活动实施过程与注意事项

在活动过程的每一步实施中，都要有目的、规划与预测，预测可能出现的问题及解决方法，并指明注意事项，以引起学生注意。特别是具有探险性的活动，应做好一切应急准备，确保活动的安全。

6. 活动总结与反思

反思是很好的发展方式，班级活动开展完以后，绝不意味着结束，对活动的反思、总结是我们必须要做的，通过反思我们的活动，可以使活动的教育效果得以加强，使以后的活动得以优化，活动的拓展也可以使教育得以延续和深化。

制订班级活动计划时还应重点考虑以下三方面内容：

（1）活动名称。活动要有个响亮、新鲜的名称来反映活动的主题，使同学们在听到活动名称的时候，就产生好奇感，精神振奋、意气风发地参加活动。好的活动名称有以下特点：具有鲜明的时代色彩；具有较强的感染力；简洁、准确、上口、易记。

（2）活动的主持人。活动的主持人最好由班干部轮流担任，也可以由全班同学轮流担任。让每个同学都担任主持人，都受到主持班级活动的锻炼，这符合素质教育“面向全体学生”的指导思想。但由于学生水平参差不齐，班级活动难度不一，为此，可根据活动的难易程度来确定主持人的人选。

（3）全班同学的参与度。在制订活动计划时，要考虑每个同学担任的角色。一定要避免少数人“忙”、大多数人“看”的局面，尽可能地安排和发动全班同学参加活动。

（二）落实组织分工

班级活动的准备工作除一般的内容选择，落实活动实施过程及人员安排，确定活动时间、地点，准备活动场地和活动器材之外，还应具体明确总负责人、宣传负责人、对外联系负责人、组织发言（或节目）负责人、布置会场负责人、活动主持人等。如果是一些实践活动，如小制作、体育竞赛、社会调查、外出露营等，还应该在活动前对学生进行有关知识、技能辅导和培训，以利于班级活动的顺利开展。

一般来说，班级活动中的人员分工主要由班委会负责，班主任进行协调和必要的指导。对活动过程怎样导入，怎样形成高潮，怎样在高潮中结束，特别是活动时间短怎么办，活动进程延长又怎么办等问题，班主任应有考虑，做必要的指点。班主任尤其要注意主持人、发言同学的挑选以及指导会场的布置。选择善于控制班级气氛，能用语言调动其他学生参与活动的积极性的学生作为主持人。主持人的串词要朴实自然，衔接紧密，紧扣主题。发言同学的发言稿要有启发性、感染力，以引导更多同学投入到活动过程中来。

在活动的准备过程中，班主任要多听取同学，特别是学生干部的建议与意见，并注意接纳和改正。

在落实组织准备工作中，要特别注意处理好三个问题：一是针对班级存在的问题开展的活动，要注意与“问题”有关的同学的活动“角色”，要选择适合的“角色”让他们承担，以突出活动主题，发挥教育作用；二是综艺式班级活动，在有限的空间、很短的时间内进行，总体设计、节目安排不要脱离现实，不要生搬硬套那种大舞台、大场面的表现形式；三是要发动和安排全体同学积极参与到活动中来，不要有被遗忘的角落；四是充分试用活动中的设备，尽量避免出现设备失灵的现象。

（三）布置活动场地

活动场地布置的基本原则是适合活动主题，创造良好的环境氛围，有助于班级活动的有效开展。具体如下：

1. 场地色彩

有的活动庄严、肃穆，会场就要整洁、质朴；有的活动欢快、活泼，会场就要美观、大方。

2. 物体摆放

黑板可以写上简洁、醒目的主题词，或者将事先写好的横幅、字帖贴到黑板上。有多媒体的教室可利用多媒体教学设施。桌椅可根据需要，摆成“□□□”形、“‖‖”形、“——”形、“U”形，有时还可搬到室外，以扩大空间。而灯光、必要的装饰物等其他辅助设施，都应以服务于活动主题进行设计。

3. 音乐播放

为了创造气氛，有时在活动前、活动中、活动结束时需放些音乐，与活动主题和谐即可，否则会适得其反，破坏应有的气氛。

三、实施活动

经过精心准备，一个班级活动可以说已经到了“万事俱备，只欠东风”的阶段。但是，班主任切不可认为有了充分准备就可以放心了，因为这是班级活动的关键部分，直接决定着班级活动的成功与否。为了使班级活动在实施中取得较好的效果，班主任除了严格按照计划步骤实施外，还应特别注意以下几个问题：

（一）调动学生精神状态

活动实施时，全班同学全身心投入是关键，因此，活动实施的前一两天，班上要创造一种准备积极投入活动的态势，准备工作要抓紧进行，舆论工具发出具有鼓动性的、号召力的信息，班级骨干和每个成员都表现出积极的姿态。班主任、班干部更要以积极的姿态来带动、影响全班同学。

（二）亲临活动第一线

班主任一定要自始至终地坐镇活动现场，不能以任何理由缺席。班主任亲自参与活动，表明对这次活动的重视，对学生也是一种鼓舞。不过，班主任只能作为普通参与者出现，不能干预主持人的权利，不能随意改变活动的主题、进程，不能随便插话打断学生讨论或发言，不能在活动中途发表评论。班主任发言，必须以一般参与者的身份并获得主持人的准许。如活动跑题，班主任只能通过主持人以建议的方式加以引导。班主任在学生心目中的地位特殊，其言行举止稍有不慎，就会对学生的心理产生影响，从而干扰活动的正常进行。

（三）慎重处理偶发事件

班级活动实施过程中，并非每一个环节都能完全按照班主任和班委会制订的计划步骤进行，常有始料不及的偶然事件发生。如发言人的言行过激而引发学生的激烈争论、表演者或主持人出现了失误、晚上突然出现停电、音响失灵、突然有人不舒服，等等，都需要班主任冷静、处变不惊，发挥教育机智，妥善处理。切不可大惊小怪，怨天尤人，给学生情绪带来不良影响。总之，班主任处理事件应及时、彻底，以确保活动的顺利进行，实现预期的目标。

（四）重视主持人的临场发挥

班级活动实施，要求主持人全身心投入，精神振作。其情感、语言、动作，要足以感染和带动全班每一个同学。主持人在活动中就是带头人，是指挥者。为了使班级活动达到预期目标，班主任事先一定要让主持人心中有数，并根据主持人的情况，适当地帮助他认真细致地进行准备。更重要的是，班主任要鼓励主持人大胆主持，并学会临场应变，用自己的机智和勇气，调动全班同学的情绪。一旦出现问题，班主任应注意观察，及时救场，以保证整个活动的效果。

（五）坚持活动过程有效引导

首先，要充分调动和发挥学生干部与骨干分子的积极性、创造性，把他们推到主人翁的地位，让他们自己当家做主、自己组织。班主任担任参谋、辅导员，给学生一些有益的指导，帮助他们取得成功。其次，注意让每一个学生的个性充分展现出来，让学生在活动中人人有岗位，个个有任务，人人有角色，个个有贡献。只有全体学生都进入了角色，才是活动的最佳状态。要注意协助学生机动灵活地安排活动顺序，把握活动进程。再次，要充分发挥班主任的主导作用，并注意引导与要求每个学生紧紧围绕活动主题，用自己的语言来表达自己内心的细微情感，对活动全过程都要仔细观察，并一一记录在案，以便从中发现教育的有利契机并及时地进行教育。

四、活动总结与反思

活动究竟开展得怎么样，收获有多大，缺点是什么，问题存在的原因有哪些，都得通过总结才能清楚。因此，班主任必须重视对班级活动的总结与反思。

班级活动的总结与反思主要从以下三方面进行：

（一）班级活动方案的总结与反思

班级活动结束后，应该对此次活动的方案进行总结与反思，主要包括活动的主题选择是否合理；主题提炼是否得当；活动时间的安排如何；人员挑选落实得如何；活动过程中是否对方案进行了调整，如何进行了调整，原因是什么；活动中是否还有情况是预设时没有考虑到的；活动的过程设计是否恰当，活动规划的撰写是否通俗，有没有表达歧义的地方，等等。

（二）班级活动过程的总结与反思

对班级活动过程的总结与反思，主要包括：反思过程进展是否按预设顺利进行，如果没有，原因是什么；活动中存在哪些困难，针对这些困难，以后该如何进行调整；有哪些活动在实际上根本就不可能开展，哪些是需要改进的，等等。

（三）班级活动效果的总结与反思

班级活动都需要达到一定的预期目标，在活动结束后，必须对活动效果予以评价。同时，在活动中还可能产生意想不到的效果，有正面的，有负面的，这些都需要我们认真地总结和反思，以便在以后的班级活动中改进。

我们也“实话实说”

（小学四年级班级活动）

一、活动背景

在“我爱我班”活动进行的一次问卷调查中，“你最烦恼的事是什么”这一问题的答案出乎意料，令教师非常担心。在学生的日常生活中，人际关系问题异常突出。很多学生不知道怎样与人相处，怎样才能很好地解决自己和他人之间的矛盾。经常因为只站在自己的角度考虑问题而忽略对方的感受，从而引起矛盾，却又不知如何解决。久而久之，竟成为学生心中挥之不去的困扰，让他们神思不宁，妨碍了正常的学习和生活。

二、活动目标

1. 帮助学生处理相互之间因误解和缺乏沟通产生的问题。

2. 帮助学生解除与父母之间的误会。

3. 对学生进行心理健康教育，使学生拥有健全的人格，帮助学生理解并掌握与他人和睦相处的好方法。

教师和学生一起设计了一次以家长参与、教师引导、学生讨论交流为主要形式的班级活动，让学生倾吐自己的心声，通过沟通交流找出解决问题的方法，进行自我教育。

三、活动准备

1. 问卷调查，了解学生中存在的问题。(问卷题目：你的烦恼是什么?)

2. 与家长沟通，引起家长的重视。由学生邀请家长参加班级活动，并准备发言。

3. 教师查阅《实话实说》节目的相关资料及场景设计，师生共同布置好演播室现场的环境。

4. 教师学习“积极聆听”的方法及形式。

四、活动步骤

1. 宣布活动开始。

2. 播放以学生为主角的录像片，引出讨论的话题：如何在交往中与他们相处？怎样处理同学之间的问题？

3. 讨论问题出现的原因和解决问题的方法。

4. 说出心中的烦恼，大家“实话实说”表达自己的不同看法。

5. 学生和家长发言，当场交流，解除误会。

6. 宣布活动结束。

五、活动反思

1. 从内容和形式考虑，选择适合学生的内容，这样才能具有教育的实效性。因此，活动的开展要做到问题来自学生，又将问题还给学生，让学生自己动脑筋想办法来解决。在解决问题的过程中，学生一方面提高了分辨是非的能力，另一方面也提高了认识，增强了解决问题的实际能力。

2. 在活动过程中，教师采取积极聆听的办法，引导学生敞开心扉，自己发现问题，通过思考、讨论、探索，找到解决问题的方法。学生是问题的主体，也应该作为解决问题的主要力量。

3. 在活动中将家长请入课堂，使家庭力量与学校力量相结合，取得了更好的教育效果，融洽了家长和学生的关系，对家庭教育起到了指导的作用。

（王一军、李伟平主编：《班级活动设计与组织实施》）

第五章　搭建师生沟通的立交桥

——班主任工作中的人际沟通

班主任承担着班级组织管理和教育学生的任务，师生间直接的人际沟通是班主任工作的基本形式。班主任要与学生个体或集体进行谈话，讨论问题，听取意见，分享感受……在这个过程中，班主任的每一句话，甚至教师对学生的一个眼神、一个微笑，都直接或间接地传达了某种教育信息。同时，人际沟通不仅仅是班主任实施教育的工具，它本身就具有教育性。通过良好的沟通，班主任与学生双方相互作用、相互影响，构成了双方之间的精神交流，在精神的沟通和理解中达到传播知识、交流思想、沟通感情的目的，师生都获得心智的启迪、精神的感染。

班主任与学生沟通的效果直接决定教育活动的效果。沟通能力因而成为班主任工作的重要基本功。

第一节　班主任有效人际沟通的基本素质

班主任与学生的人际沟通是与人的交往，是教师的精神整体与学生的精神整体之间发生相互作用的过程。因此，班主任实施有效人际沟通不仅仅是沟通技巧的问题，也需要班主任个人整体素质水平的提升。苏霍姆林斯基曾明确指出："一个好教师意味着什么？首先意味着他是这样的人：他热爱孩子，感到跟孩子交往是一种乐趣，相信每个孩子都能成为一个好人，善于跟他们交朋友，关心孩子的快乐和悲伤，理解孩子的心灵，时刻都不能忘记自己也曾经是个孩子。"因此，班主任应当重视自己人际沟通基本素质的培养和沟通能力的提高。这也是成为一个好教师所必须具备的首要条件。

【体验学习】

邀请一个同事或朋友，选一个主题跟他谈话，在谈话过程中变换自己内心对他的定位，尝试变换把对方想象成谈判的对手和朋友，然后请他谈谈和你谈话的感受。你会发现当你自己内心对对方的定位不同的时候，他所接收到的信息、他内心的感受也就不同。

一、树立现代教育理念和有效沟通的信念

在班主任与学生沟通的过程中，教师处于主导地位。教师的教育理念和沟通信念直接支配着教师的教育行为。不论班主任自己是否意识到，他如何看待学生，如何看待自己，如何看待自己与学生的关系，都会直接影响他对学生的沟通态度，并进而影响沟通的效果。班主任要实现与学生有效的沟通，必须树立与时代精神相通的现代教育理念，对学生的成长与发展有坚定的教育信念，并以此作为自己专业行为的基本理性支点。有关的教育观念有许多方面，这里着重分析班主任应具备的现代学生观、现代师生关系观和有效沟通的信念。

（一）现代学生观

学生是我们的教育对象，也是直接沟通的对象，我们关于学生的信念直接影响着我们对学生的定位，继而影响我们对学生的态度。

1. 学生是鲜活的生命个体

学生是活生生的人，具有生命性。特别是基础教育的对象，是处在人生童年、少年或青年时期的学生。这是人生最集中的一段学习时期，对于每个人来说是十分宝贵但自己却并不知晓其价值的时期。因此，教育在这一阶段的作用特别重大，不只影响学生发展的这一阶段，而且有可能对其一生产生作用。因此，班主任应该意识到，他与学生的沟通是和一个弱小生命的对话，他要热爱和尊重生命，同时注意自己沟通言行的恰当性，避免伤害弱小的生命。

2. 学生具有巨大的发展可能性

传统教育对中小学生的看法较多强调的是他们缺乏知识、能力和经验的一面，即主要看到的是学生现在的状态，而不是他的潜在状态、内在的积极性和发展的可能性。新的学生观把学生看作虽有不足和幼稚，却是充满旺盛的生命力和潜力，具有多方面的发展需要和发展可能性的人。只有具备了这样的学生观，教师才会对学生的成长和发展有坚定的信念和信心，在与学生的沟通中才会更多的信任和鼓励学生。

3. 学生是不可替代的学习主体

传统教育把学生发展的过程主要看作是把人类已有的文化和道德知识传递给学生的过程，忽视了学生作为学习主体的作用。其实，儿童的心灵不是一个需要填充的容器，而是一颗需要点燃的火种。新的学生观把学生看作是具有主观能动性，有可能积极、主动参与教育活动的人；是学习活动中不可替代的主体。只有具备了这样的学生观，教师才不会把教育仅作为一个灌输的过程，而会尊重学生，更多倾听学生的表达，与学生平等沟通。

4. 学生有个别差异

正确的学生观还应该包括对学生个别性和差异性的尊重。把每一个学生看成一个独特的个体，承认学生有不同的特征和禀赋，了解与接纳不同年龄阶段学生的心理特点，尊重每个学生的尊严和价值，并有信心使每个学生都得到发展。具备了这样的学生观，班主任在沟通中就会以开放的态度接受这种差异，不带个人偏见，对学生一视同仁，并注意根据学生的个别差异和年龄特征选择有效的沟通方式。

在学校教育中，一些班主任并不否认他们所面对的学生是人而不是物，但由于受传统教育观念的束缚，他们更多的是把学生当作接受知识的容器，习惯于采取简单的灌输方式，上下沟通、单向沟通，实际上并没有真正意识到教育对象的生命性，没有把学生看作是一个有心理活动、有个性特征、与教师一样有着平等人格的活生生的人，并没有把学校生活看作是师生生命活动的一个部分、一个阶段，没有意识到自己与学生的沟通是一种生命的对话，因而，没有用“心”去沟通，所以也就不可能有良好的沟通效果。

（二）现代师生关系观

关于师生关系的观念对班主任在沟通中的态度和行为方式也会有很大的影响。在教育活动中，教师是教育者，学生是受教育者，因此人们常常容易把学生定位为一个被动接受的角色，而忽视了他们接受教育也是一个主动成长的过程，加上中国传统的“师道尊严”观念的影响，因此许多教师习惯于居高临下地说教和灌输。随着信息社会的到来，各种电子媒体与语言文字一起成为教育媒体，学生接受信息、获取知识的渠道多样化，教师在知识方面的优势逐渐丧失，教师的角色更多地从经师到人师；随着社会民主化进程的推进，学生的主体意识、民主意识也逐渐加强，教师的地位更多地从主宰到主演再到主导。班主任应意识到这种教师角色地位的变化给师生关系带来的影响，教师已经更多地成为学生学习活动的组织者和参与者，而不是知识的传授者；教师也更多地在学生人格成长方面成为他们的良师益友，而不仅仅是社会道德规范的传播者。教师发挥作用已不能仅靠权力，而更多地要靠教师的人格魅力和良好的师生关系。从现实情况看，学生所期望的也正是一种师生之间平等沟通、亦师亦友的新型师生关系。因此，班主任要认识到现代教育中教师地位、角色和师生关系的模式已经发生了根本性的变化，改变传统的教育模式，像对待成人一样给学生以尊重，变居高临下为平等沟通；更多地和他们对话，变单向沟通为双向沟通；给学生更多表达的机会，变训导、教导为聆听、讨论。

（三）有效沟通的信念

要实现与学生的有效沟通，班主任还需要觉察自己关于沟通的有关信念是否正确，因为它也会影响教师对学生的沟通态度，继而影响沟通的效果。请反思以下问题：

（1）您是否非常关注沟通的有效性？在学校教育实践中，一些班主任感到自己已经说了许多该说的话，讲了许多该讲的道理，但学生还是不听，这就是低效甚至无效的沟通。其实，无论班主任所讲的话多么正确，但是如果不能让学生接受、信服，就不可能产生真正意义的教育。可见，教育的有效性不仅在于教育内容的正确性，更在于教育沟通的有效性。没有有效的沟通，就没有教育。**因此，从某种意义上说，有效比有道理更重要。**当沟通无效时，我们需要更多地去考虑选择怎样的沟通方式和方法更为有效，而不要只是强调“我已经沟通了”。

（2）您是否注意考虑学生的不同个性特点，并根据沟通对象的情况采取不同的沟通方式？在学校教育实践中，一些班主任会习惯性地选择自己常用的沟通方式和方法，而当沟通无效时，往往认为是学生的问题，缺少对自己的反思。其实，**没有两个人是一样的。**这是一个很重要的信念。许多人承认这一点，却不能以此引导自己的思维。如果这一信念能成为我们的思维模式，面对沟通无效，我们思考的问题会是：沟通无效的原因是什么？沟通对象有什么特点？反思自己原有的沟通方式并选择更有效的沟通方式和方法，而不会只是抱怨学生。

（3）您是否能够以尊重平等的态度和学生对话，给对方以空间，不强加于人？在学校教育活动中，教师是教育者，学生是受教育者，但是如前所述，学生是一个具有个性的生命个体，因此，**一个人不能控制另外一个人，**这个有效的信念同样适用。事实上，当老师能够以尊重平等的态度和学生对话，与学生讨论问题，不把自己的观点强加于人，这种态度使学生愿意和你讨论问题，接受你的影响。那种不给对方空间，强加于人的态度会让学生产生反感和抵触情绪，即使明知教师的意见是正确的，也不愿意接受。

（4）您是否能够根据学生的反馈信息及时觉察并调整自己的沟通方式？沟通是一个双向的活动，需要根据对方的反馈信息及时进行调整，才能保证沟通的顺畅和有效，因此需要树立一个信念：**沟通的效果取决于对方的回应。**这里所产生的沟通的影响是以改变对方的行为为目的，一个沟通者对另一个沟通者的心理作用。沟通效果的测量就是以这种作用达到的程度为标准。因此，在教育活动中，师生沟通的效果不取决于教师说了什么，说了多少，而取决于学生听了什么，接受了多少。有的班主任也许是缺乏双向沟通的意识，也许是过于主观，缺乏对学生的尊重，也可能是缺乏觉察能力，常常在沟通过程中只顺着自己的思路一直讲，不能及时根据学生的反馈信息及时觉察并且调整自己的沟通方式，因而沟通不顺畅或效果不好。

（5）您是否能够在沟通效果不理想时，及时根据沟通进行的状况和效果反馈信息灵活选择或改变方式方法，而不是僵化死板，固执不变？一些班主任在与学生沟通无效时感到无奈，一个很重要的原因是他们头脑中的“没有办法”的框框使得他们很少去尝试新的办法。突破困境的办法是树立一个有效的信念：**凡事必有至少三个解决办法、办法总比困难多。重复旧的做法，只会得到旧的结果**。事实上，当我们说“没有办法”的时候，我们的大脑也就停止了工作，我们就真的没有办法了。而当我们相信凡事必有至少三个解决办法、办法总比困难多的时候，我们的大脑会不断去寻找办法，我们的聪明才智就会发挥出来，我们常常会有新的突破。因此，树立有效的信念，能帮助我们灵活选择、有效尝试。

二、提升自我意识水平和自我觉察能力

沟通是一种相互关系和双边活动，是一个双向作用的动态过程。个体在这个过程中需要去感知、理解对方所传递的信息，也需要表达自己的意见、感受。而自己的表现一方面是由个人的意志来决定；另一方面，又受到对方的影响，被对方所规定。因此，个体为了取得自己同对方的协调就必须不断地自我认知，不断修正对自身的看法，同时，又必须不断地了解和认知对方对自己的看法，以便修正自己的表现。总之，双边的沟通能否顺畅、有效，既有赖于个体对于对方所传达的信息能否准确把握，也有赖于个体对自己的沟通行为能否根据具体的情境和反馈信息进行及时而恰当的调整。自我意识的调节机制也就存在于这种不断修正、不断协调的相互作用之中。可见，班主任在沟通过程中要做到知己知彼，才能有效把握沟通的过程。这需要班主任有较高的觉察能力，包括觉察自己和觉察对方的能力。因此，我们需要提升自我意识水平和自我觉察的能力。

（一）觉察自己沟通态度背后的教育信念

随着教育改革的不断发展，特别是基础教育新课程的逐步推进，许多现代教育观念逐渐得到传播，老师们也耳熟能详。但是，在现实的学校教育工作中，教师话语中表述的教育观点与实际的教育行为却常常出现分离现象，许多班主任已经学习过现代教育理论，但其具体的教育行为却仍然带有传统教育的色彩，甚至会出现违反师德体罚学生等不恰当的教育行为，并在事后后悔不已。这是为什么呢？

心理学关于情绪的研究以及人们日常的生活经验都表明：人的情绪并非由客观事物直接引起，而是与人的认知系统对事情的评价结果有关。例如，面对学生公开提出不同意见，师道尊严观念很强的教师可能会感到自己的权威受到

挑战而大为恼火，而具有民主平等理念的教师则觉得是一件很正常的事，因而能心平气和地与学生对话。不同的信念系统对同一件事情会做出不同的解释与评价，从而会引起不同的情绪反应，并对之后的行为反应产生具有动力性和指导性的作用。可见，支配人们行为的是个体在自己生活经历中逐渐形成的个人信念系统。

信念是关于事情应该是怎样的看法。例如，我们一般认为，学生应该尊师守纪，子女应该孝顺父母。人们在生活环境中接受不同的影响，在自己的成长历程中逐步形成对事情的不同看法和观念，而当个体不仅知道这种观念，而且接受并相信事情就应该是这样时，它就成为个体的信念。

个体对于事情的信念许多是在潜意识状态，往往并不一定被个体很清楚地意识到，但是个体的态度与行为一定会受到其支配。个体的反应，不论是情感反应，还是行为反应，都与其信念系统有关。每个教师都当过学生，都受过教育，都有过学校生活的经历，有自己的老师，因此在他们系统地学习教育学、心理学的理论知识以前，他们对于知识是什么，教育、教学是怎么一回事，学校、老师是干什么的，师生关系是怎么样的等问题，实际上已经有了感受。这种感受以及在此基础上逐渐形成的直觉对教师的教育行为有着深刻的影响和支配作用。虽然教师自己可能未曾意识到它是什么，或只是模糊地意识到，难以用言语表达出来，甚至仅仅是教师习惯、自然的活动所蕴涵着的东西，但教师会据此进行判断，做出决策，采取行动。教师这种隐性的教育观念，是教师解释教育现象，规范自己的教育实践，解决自己的教育问题的一个内隐的解释性框架，它作为一个信念系统直接支配着教师的教育行为，不仅决定其做什么，而且决定其怎么做。所以我们需要提高自我觉察的能力，了解在我们的教育行为背后的信念系统，以便可以进行及时和有效的调整。

由于受中国文化和传统师生关系的影响，我们在自己的成长过程和教师生涯中，形成了许多影响我们今天教育行为的有局限性的甚至是无效的教育信念。例如，许多人认为学生就应该听话，学校中的老师对学生不听话经常不能接受，很生气。然而，多听话就意味着自己少思考，而独立思考能力是创新型人才的重要心理特征，缺乏独立思考习惯怎么可能成为创新型人才呢？如果我们对自己所拥有的这些信念不能有所觉察，也就难以进行调整。

反思一下，在下述的情境中，你通常会有怎样的心态和行为模式？

（1）当你对学生提出教育要求的时候，你是期待学生对你的意见没有异议，还是希望他们能够说出自己的真实想法，即使这些想法跟你的想法不一样？

（2）当学生顶撞你的时候，你会觉得很难接受，感到自己的权威受到挑战，忍不住大发雷霆，训斥学生，还是可以比较敏锐地觉察学生情绪化语言背后的原因，并可以保持比较平和的心态，给予听取他真实意见的时间和空间？

（3）当有学生违反了校规班规的时候，你首先想到的是什么？心态怎样？你会怎样做？

如前所述，信念常常处在潜意识状态，因此，如果个体缺乏自我觉察的敏感性，一般情况下就难以觉察。班主任要提高自我觉察的敏感性，首先要有“把自己的言行活动作为研究对象”的明确意识。然而，目前不少人尚缺乏这种自我反思意识，他们在教育活动中受到挫折时，就埋怨、指责学生，从不去检讨自身方面的原因，思考如何才能做得更好。而缺乏反思意识，就谈不上自我觉察的敏感性。其次，班主任在把自己作为研究对象的过程中要注意关注自己，特别是关注自己的情绪反应。个体的情绪是其信念系统对客观刺激做出反应的结果，是外部刺激与个体信念、价值观相吻合或相冲突的反映。因此，个体的一些隐性的信念和价值观往往会通过其情绪状态反映出来。前述教师对学生公开提出不同意见大发雷霆，训斥学生，就暴露出其内隐的权威主义的师生关系观。所以，情绪往往是内隐观念表达的信号。教师对于自己在教育活动中的情绪反应要敏锐，要多问自己“我何以如此？”这种反思有可能触动和揭示教师内隐的教育观念，促使教师自我意识的增强和自我觉察敏感性的提高。

（二）觉察自己的状态和情绪

语言是人际沟通最重要的工具，但这并不意味着言语沟通是人类沟通的唯一形式。非言语形式的沟通与言语沟通一样都是人类交往、沟通的形式，在交往中都具有传达某种思想、意义、情感等多方面的功能。非言语沟通的工具是非言语符号系统，包括眼神、面部表情、手势、身体姿势、空间距离，以及没有固定语义的发声，如哭声、笑声、呻吟、叹息及各种叫声等。

非言语信息常常比言语信息更可靠。人对言语信息的操纵一般总是自觉的，这就带来了掩饰的可能。而许多人往往不能意识到自己的表情动作和身体姿势，非言语信息往往在不知不觉中就传递给了对方。因此，当言语沟通和非言语沟通所传达的信息有矛盾时，人们会听其言、观其行，而且一般倾向于相信非言语沟通所传递的信息。一些班主任与学生进行沟通的时候，内心有些情绪，虽然他们控制自己的言辞，但是学生还是能觉察他的负面情绪并且直接影响了沟通的效果。可见，班主任能及时觉察自己的情绪状态，并且加以调整，或者在有负面情绪的时候不与学生进行沟通，都是非常重要的。

情绪是内心的感受经由身体表现出来的状态。例如，我们在愤怒的时候会面部通红、怒目圆睁、血冲上脑门、双拳紧握；我们在紧张的时候会大汗淋漓、双手发抖。情绪在潜意识的表层，但是我们如果有觉察能力，情绪能较快地进入我们的意识层面，而当它进入意识层面，就可以被较好地调控。

（三）觉察对方的反应

学生的反应包括言语的和非言语的反应。班主任在和学生沟通的过程中要全面关注学生的言语信息与非言语信息，特别是非言语的信息。这需要通过观察与倾听，包括观察学生的目光、表情、身体语言、衣着、步态、情绪等，倾听话语中的关键词、声调、节奏，多方面收集信息；还需要注意学生的言语信息与非言语信息之间的差异或矛盾，综合判断，互相印证，捕捉表层信息背后的深层信息，如学生的个性特点、信念系统与思维模式等。

班主任要及时把对学生的观察了解所获得的信息和对自己沟通行为进行监控得到的信息综合、比较，从而判断沟通的效果以及学生接受和理解信息的程度，并及时调整下一步的沟通行为。

在学校教育中，一些班主任的社会认知能力和自我意识的水平较低，特别是在传统教育观念的影响下，忽视甚至无视学生的反馈信息，缺乏观察、了解、理解学生的意识和能力，也缺乏根据学生反馈信息及时调整自我行为的意识和能力。因此，在沟通过程中只注意根据自己的意图讲解，缺少让学生反馈的机会，使沟通缺乏双向性，因而也就缺乏实效性，甚至使学生产生逆反心理，使沟通低效甚至无效。

要想提高自己的沟通效能，班主任要注意强化了解、观察学生的意识。学生是一个有心理活动和个性特征的活生生的人。而且，由于“代沟”的存在，生活于儿童世界的孩子的想法，常常使成人世界的人们感到意外。班主任不要想当然地认为自己的想法就是学生的想法，应当重视了解学生的想法，给他们表达的机会。有时，由于各种原因，学生不会或不能清晰地表达自己的想法，或者掩饰自己的真实想法，班主任应当注意观察，善于察言观色，抓住学生在各种非言语沟通中无意识地传达的许多真实的、有价值的信息，准确地把握学生的心理状态，并及时从学生的表情、情绪反应中反观自己沟通言行的恰当性，根据沟通进行情况及时调整自己的沟通行为，使个体的反应恰到好处，保证沟通活动顺利进行和富有成效。

【呼吸练习方法】

有些人觉察能力比较弱，提升的办法是练习呼吸。成年人的呼吸一般是较浅的胸式呼吸，可练习腹部呼吸，即吸气的时候一直吸至腹部，腹部隆起，呼气的时候呼至腹部瘪下去。学习运用腹式呼吸，经常注意自己的呼吸，可以提升自己与身体感受的连接能力，通过注意身体的感受进而提升对自己情绪的觉察能力。

第二节　掌握与学生个别沟通的技巧

班主任经常要对学生进行个别教育，因此，个别沟通成为班主任重要的基本功。掌握个别沟通的技巧也是与学生集体进行沟通的能力基础。

在现实的学校教育中，班主任在沟通中享受着话语的主导权和优先权，居于话语权的核心。因此许多班主任习惯于进行上下沟通和单向沟通。这表现在教师较多采用以下的话语模式：①“教诲式”或“教导式”。班主任对学生循循善诱，语重心长地讲授道理，劝诫人生。这种话语模式常常表现出温和、诚挚、热心，最容易受到推崇、褒扬，但有时会由于教师的诚挚而消解了学生必要的质疑、反思。②规范式。班主任对学生进行道德宣讲，以理服人。这种话语模式的关键词是“应该”、“你们应该如此”。③命令式。这种模式是班主任显在的权力表达，它往往不容商量，必须贯彻执行，常用的关键词是“必须”、“要”、“你们必须如此”。④惩罚式。这种模式通常以祈使句或“不……就……”、“……否则……”的句式表达。

以上四种模式，表面上看来相去甚远，它们的差别更多地表现在形式上和程度上，而实质上，它们从属于同一种教师权力观，表达的是同一种类型的教师话语权。贯穿这四种模式的是作为说者的教师的优越感，他们具有知识、道德、社会要求的优先权，他们考虑的只是以何种方式（启发的或是灌输的）让学生接受自己的意图，作为听者的学生所能做的就只是充分地理解教师的意图，吸收消化、贯彻执行，而不是去质疑、争议，更不能反对。虽然教师也会在话语进行中体察学生的反应来调整自己的话语，但教师所调节的更多的只是话语的方式、说话的方法，而不是改变说者的意志本身。

班主任要与学生进行平等、双向的沟通，建立价值平等的对话性关系。所谓“对话”，是指师生基于相互尊重、信任和平等的立场，通过言谈和倾听而进行双向沟通的方式。平等的对话具有非强制性，无拘无束，能够促进学生的主动性、创造性和民主精神以及社会知觉、交往技能和自我意识的发展，对学生学会理解、尊重同伴，平等地接纳他人，包容差异，克服以自我为中心等有着非常重要的意义。班主任在教育学生，特别是讲解道德原理和道德规范时，应该尽可能地使用“对话法”，以平等的对话者的态度参与到学生的世界中，多当听者，不断地倾听学生的声音，了解和理解学生的意愿，实现师生间的沟通与融洽。这需要班主任掌握以下技巧：

1. 创设良好沟通氛围的技巧

有效的沟通要先建立和谐关系，创造良好氛围。营造和谐气氛可以采用

“先跟后带”的技巧，即先配合对方，创造和谐气氛，建立接受与信任的关系，让对方愿意听你讲，然后才说出自己的意思，带领他去你想去的方向。所谓先配合对方，是指进入学生的价值参照体系，从对方的信念、价值观角度看事情，找出从这个角度看到的正面意义，对对方话语中可以接受的部分给予肯定（肯定对方的感受，肯定对方的正面动机，肯定对方可以肯定的观点，从对方的角度肯定，等等），然后才说出自己的意思（避免使用“但是”和“不过”这两个词）。同时，除非对方邀请，否则不首先提出自己的看法或批判。

“先跟后带”还包括在声调语气和身体语言方面的配合。要注意对方声调之高低、快慢及声音大小，并且与之配合。如果学生怒气冲冲地说话，班主任回应时的最初几个字用同样高的声调，然后渐渐把声调调低、调慢及调软，这样就把学生带回平静的状态。要观察对方面部表情、说话态度及身体语言的变化，并且考虑对方内心状态有怎样的改变；配合对方的坐立姿势，若为一般性质的谈话，每当对方的眼睛接触自己的眼神，给对方一个点头（表示“我明白”的意思）和笑容。

创设了良好的沟通氛围，就为后续沟通的有效进行提供了条件。

2. 倾听的技巧

倾听与言说是人们言语沟通中的两种基本行为。美国语言学家保尔、兰金等人认为，人们日常生活中言语实践的使用情况是：听占45%，说占30%，读占16%，写占9%。[①] 也就是说，人们有近一半的时间是在听。倾听作为一种沟通行为，是对对方态度、情感的反应。听人说话，这本身就向对方发出了一种表示尊重、接纳的信息，它是言语沟通的基本前提。

在教育谈话中，教师要通过倾听来了解学生的思想状况、学生对教师谈话接受或拒斥的反应，以便确定下一步的谈话内容及相关的教育措施。在日常交流中，教师还要通过倾听了解学生认知、情感等方面的需要及其生活状况、理想抱负，据此调整自己的言行，进一步融洽师生关系，并从中了解学生情绪与心理变化、发展的信息，对学生进行有针对性的教育，确保学生的身心健康。可见，班主任能否有效倾听决定了他是否能准确地了解学生的问题所在，他对学生的教育是否有针对性，从而也就直接影响师生双向交流能否达到以及沟通是否有效。

倾听既是一种言语沟通行为，也是一种心理活动。它是对听觉信息的接收、识别、编码和贮存，是一种心智加工过程。班主任在沟通中要做到：

---

① 田良臣．试论教师倾听的类型与技巧．现代中小学教育，2000（5）

（1）用心倾听。班主任首先要用集中注意力的耳朵和饱含关切的心去倾听，给别人以尊重的态度和友好的感情。要整体地、全面地倾听，学生讲话的内容和个人的情绪都应受到关注。其次，班主任要边听边思考。在口语交际时，话语常具有简略性、情境性，同时语音语调也表达了丰富的言语信息。因此，教师要边听边对所获得的信息进行准确分析，筛选对自己有价值的材料，丢弃那些无关的或关联不大的材料，以减轻听话的记忆负担。再次，班主任要根据话语内容进行推测、判断，并对不同的话语内容进行归类、组合，从而能抓住说话人的话语中心，推断真意，即透过话语表面的含义，了解其内在的真实含义；从一些表面上微不足道的谈话细节、语气与手势中，发现对方的立场、目的、主观愿望等有价值的信息。有时，由于各种原因，学生在教师面前的口语表达多是委婉、曲折而隐晦的，教师要善于从话语层次、手势体态、情绪流露中去捕捉信息，善于听潜台词、弦外之音和隐含的意义，真正听懂对方表达的话语意图。最后，班主任要耐心听，特别是对于所谓“差生”，不应表现出厌恶、不耐烦等情绪，不要随便打断对方的讲话。

（2）巧妙引导。说话是说者与听者双方的事，成功的沟通有赖于双方积极的参与。因此，听者有责任也有必要帮助对方坦率、清楚地表达自己的思想和情感。在言语沟通过程中，倾听者作为交际的一方，可以也应当发出一些言语或非言语的信息，对说话者提供反馈信息，引导对方继续表达。在教育谈话中，班主任要善于运用一些倾听用语，表明教师作为倾听者的态度，诱导学生大胆、深入地表达自己的意思。第一种是“唔”，通常表达“我在听呢，请继续说吧”的意思。第二种是“对”、“是”、“是啊”等，表示“你说得对，往下说吧”的意思。第三种是“哦”、“真的啊”、“还有这事儿”等，表示“原来是这样，我还不知道呢，你请说吧”的意思。还可以通过非言语的信息，如借助一定的体态语，包括点头、目光注视、眼神、面部表情及前倾姿势等，对说话人传递“我正在倾听”的信息。

班主任在听的过程中，把听到的话原封不动地或稍作变化地重复一遍，也是一种有效的引导。在对方进行情绪性表达、宣泄时，这种方法特别有效。如当学生说出自己的情感时，教师可以以“你的意思是不是……”开始，用相似或相近的话语把学生的中心话语重述一遍，这样，学生的感情得到了充分抒发，他会感到教师在听，也听到了他心中要说的话。当学生没有说出或说清自己的情感时，教师可以用“听起来你说的是……”开始，运用恰当的话语引导对方把情感表达出来。当教师不能判断自己的理解是否准确时，可以以尝试性、探索性的语气，用“……是不是这样”、“能不能再举些例子说明你的感受”等句式引导对方更深入具体地表达。

倾听过程中的引导在客观上不打断说话者的话语，而是鼓励他往下说，形式上简单，内容上不提供新信息，看来好像听者在说话，但它仍然是倾听的一个组成部分。这与一些班主任在学生才说了几句话，就马上大段大段地开始教育是完全不同的。

总之，班主任在与学生的言语沟通中，要强化倾听的意识，明确认识到学生的言语表达受自己倾听态度和倾听反应的影响，学会运用倾听时的反应技巧，鼓励、引导学生大胆表达。

【倾听练习】

找一个同事或朋友一起练习，分别扮演说者和听者，说者先讲述一件事情，听者在听的过程中内心变化不同的状态，一种是专注倾听的状态，另一种是心不在焉、东张西望的状态，结束后让说者谈谈自己的感受。然后交换角色再做一次。

3. 表达的技巧

在班主任与学生的沟通中，教师的表达是决定沟通效果的关键环节。影响班主任表达效果的因素很多，包括前述教师的教育观念和沟通态度等方面。从沟通技巧的角度看，教师的言语表达最重要的是要亲切自然，简洁易懂，针对性强，启发性大，表达方式委婉而有分寸，言语刺激讲究时效并恰到好处。

在学校教育中，一些班主任的言语表达只停留在空洞的说教和劝诫上，如“学生应该遵守纪律，以学习为重”、“青年人应该志向远大”，或者是简单的判断和评价，如“我认为那是错的”、“你太骄傲自大了”，甚至是贴标签，如“你在班上是表现最差的学生”，等等。这些都不可能获得好的沟通效果。

其实，沟通中的语言并非只是知识、思想的载体，它和情感密不可分。语言的情感性决定了言语沟通过程不是接受式的，而是感应式的。因此，班主任在言语沟通过程中必须渗透真实的情感体验，且表达要讲究技巧，才能提高沟通的有效性。

(1) 感性回应。在沟通中，当我们身心放松的时候，听到对方的话语时自己内心会有某种感觉，或有一些联想，觉察并说出自己的感觉或联想，这种表达会让人感到亲切自然，愿意继续沟通。

比较下面两组对话，读出来，然后注意一下听了以后不同的感受。

对话一：

老师：你叫什么名字？

学生：刘杨。

老师：你是哪个班的学生？

学生：四年级（1）班。

老师：你们班班长是谁？

……

对话二：

老师：你叫什么名字？

学生：刘杨。

老师：听起来像是你爸爸姓刘，妈妈姓杨？

学生：老师你猜对了。

老师：你是哪个班的学生？

学生：四年级（1）班。

老师：我听很多老师说你们班班风不错。你们班班长是谁？

……

两段对话，对话一听起来干巴巴的，甚至像审问；对话二则感觉亲切多了。

（2）真诚表达。不仅要表达社会一般的道德标准和风俗习惯以及自己作为教师角色的规范，而且要同时表达自己作为“人”的真实的感受，即班主任应以“真正的我”出现，没有防御式的伪装，不把自己藏在专业角色的后面，不戴假面具，不是在扮演角色或像完成例行公事一样，而是表里一致、真实可信地投身于与学生的交往之中。这既是师生平等沟通关系的体现，也是教师真诚态度的表现。班主任如果只是一般地讲道理，常常只能是苍白无力的说教和灌输；如果碍于自己的身份而不愿表达自己的真实感受，也难以换来学生敞开心扉的沟通。

请看下面的例子：

老师正在教室里巡视，要学生坐好。一个学生对他说：“你是不是怕今天早上校长会来检查我们？”不同的老师可能有不同的回答：①“今天老师会以平常的态度来上课”；②“我应该不会紧张，他们只是一群人而已”；③“有点紧张是很自然的事”；④“我紧张是因为我不相信你们能表现得和平常一样”；⑤“不必替我担心，只要注意你自己的态度就好了”；⑥“是的，老师有点紧张，希望你们好好表现，帮我这个忙”。

在上面六个回答中，①和②表现出教师想掩饰自己真实的紧张心情。③和④都承认了自己的真实心情，但③只是说明了一般人都会有的情况，并没有直接表达自己的心情。④则对学生有一定的伤害。⑤也伤害了学生。最好的表达是⑥，既坦然承认了自己真实的紧张心情，又对学生有积极的期望。这会拉近师生的心理距离，也能激励学生有更好的表现。

4. 提问的技巧

在班主任与学生的沟通中，教师通常处于引发谈话或讨论的位置，因此，通过直接提问题来引导学生表达是非常必要的，这样能使学生根据教师的要求，理清思路，表达所感、所想。而提问技巧的使用，将有助于提高引导的效果。

(1) 多用“什么”、“怎么样”，少用“为什么”。在提问中，常用的疑问词有“什么”、“怎么样”、“为什么”。在人际交流、协商、教师指导和有纪律约束等场合，当事情没有向人们期望的方向发展时，我们就会情不自禁地问：为什么？你为什么这样做？你为什么迟到了？你为什么管不住班上的学生？你为什么恼火？等等。

当用“为什么”提问时，总是涉及当事人的动机，或分析他的行为意图，而有时学生对自己的行为动机并不清楚，或难以马上清晰地表达出来，就会出现沉默。而且，在“为什么”这种问题的后面，往往带有很强的道德谴责语气，如“天哪，为什么你会这样做？”毫无疑问，这样的语气会激起被问人的犯罪感，对方会因此而拒绝回答，或因有这种感受而感到窘迫。

当以“怎么样”和“什么”提问时，给人的感觉是想要了解更多的情况，获得更多的信息。因此，如果以这种中性的方式进行提问，就消除了对被问人潜在的威胁，学生比较乐意回答。在学校里，有时会出现学生违纪的情况，这时，教师使用正确的提问方式显得尤其重要。有的教师解决这一类问题时，不断地提出“为什么”，结果因为质问不当，双方进入对峙状态，谈话难以继续下去，最后以沟通失败告终。善于运用提问方式的班主任，带着对问题的好奇，用“发生什么事情啦”而不用“为什么”来询问事情的起因，引导学生说出事情的经过和想法、感受，从而把情况了解得更加清楚，也能使老师和学生双方都能有较平静的心态，气氛平和，言行不会出格，既顾及了双方的面子，又能使学生容易接受教师的意见。

【提问方式的反思与练习】

我们反思一下自己采用“为什么”进行提问的情况。首先，可以检查一下自己是否经常用“为什么”来提问，并且看看当自己采用其他方式提问时，会发生什么变化；其次，试着用“什么”或“怎么样”作替换来进行提问，同时努力掌握具有相同效果的其他表达方式。

(2) 把提问句改为陈述句。有时，班主任的问句并不是表达一种询问，而只是一个要求，如：“你想去吃饭吗？”其意思可能是：“我想出去吃饭，并且想让你同我一道去。”或者是强调某种语气，如：“你怎么能那样做？”在上述两种情况下，把提问句改为陈述句，效果会更好。

一些班主任习惯以提问的方式来表达他们的要求，认为以建议的方式说话比使用祈使句显得更礼貌一些，能够使说话人避免承担把自己的意思强加在他人身上的责任。但有时效果并不一定很好。比如：“请你停止说话，好吗？”这句话很可能导致对方回答“不”，而老师的本意是想说：“我要求你停止说话。”如果采用直率的表达方式，如“请不要讲话”则能够消除对方推诿的可能。

班主任在处理学生的违纪事件时，不可避免地要直接表达自己的真实感情，但这样做的时候，使用陈述的方式比提问的方式要好。例如：“你做这件事让我很生气！”这是一个对情感比较真实的表达，这比“你怎么敢那样做”效果要好。后者实际上是一个质问。在师生沟通中，最应该避免的是暗示性批评和威胁式的提问或表述，这种说法表达的是一个必须服从的命令，而不是一个需要。在教师的质问下，学生常有一种被惩罚的感受，即使不会被惩罚，学生也常常会因为这种感受而感到很窘迫。这时，学生的自我防御机制容易被激起，而使他拒绝教师的帮助。

5. 提供反馈（批评）的技巧

在教育活动中，班主任常常需要对学生提供反馈信息，包括批评意见，帮助学生改进。

班主任首先要明确提供反馈的目的。我们给学生们提供反馈甚至批评，是为了使接受方获益，而不是为了出气，更不是算过去的老账。因此，要让学生明白他们做了什么，是怎样做的，对他人有哪些影响，需要哪些改进；要关注他们可争取实现的目标；要与未来行动相关联。

班主任提供反馈时要注意：①及时反馈；②针对行为本身而非针对人，关注可以改变的行为而非内在个体稳定的特性（请比较“你没有为自己订立一个目标”和“你真没出息”的区别）；③着眼于未来而不是过去，不是去证明他有什么不好，而是去找出他如何能够做得更好的办法。

班主任提供和接受反馈时要注意以下几个方面：

（1）提供反馈的技巧。①提供正面信息，肯定对方你可以肯定的地方。②所提供的信息是通过观察，而不是通过推测（请比较“我看到大家都去搞卫生时你悄悄走开了”和“你肯定是想偷懒”的区别），包括正面和负面的观察结果。③对于结果不是作出评估、判断，而是进行描述，描述要具体精确，而不要笼统；用描述的字词，不用批评的字词（请比较“这次考试10道题你错了5道”和“你这次考试一塌糊涂”的区别）。④语言简洁，并尽可能简短，制定清晰、有效的改善目标，并找出教师能帮助他的地方。⑤与学生交流不同观点，先让学生提出他们的看法。⑥要求学生复述所听到的内容，确保其听到正、负两方面的反馈意见。⑦反馈意见以鼓励的方式提出，可运用反馈“三明治”的策略：先提出正面反馈，再提出有建设性的负面反馈，以正面反馈结束。

（2）接受反馈的态度和听取反馈意见时的技巧。班主任也有机会听取学生的意见，听取反馈意见的态度和技巧也非常重要：①主动积极地倾听，向说者表示你的重视。②明确理解说者的意思，如果不明确和不理解，可提问题进行核对。③不试图为自己辩护，只需回答“谢谢你，我知道你的意思”（因为其实是由你决定哪些反馈信息可以接受，哪些可以摒弃）。

（3）提供负面反馈信息时的语言技巧。班主任在与学生的个别谈话中，有可能提供负面的反馈信息，批评学生。怎样在实施批评的同时又能保持良好的沟通氛围，用“我信息”代替“你信息”是一个有效的技巧。“我信息”指说者自己的感受，“你信息”则是说者对对方的一种认识、评价或判断。当学生有令教师不满意的行为时，教师直接批评、指责学生，如“你很笨”、“你很懒”等，就是提供“你信息”。在教育过程中，这种对学生负面的评价或判断往往令学生感到窘迫，难以接受，甚至产生逆反心理。教师如果通过“我信息”，即表达自己的情感来代替直接的指责，如“我对你的行为感到生气”、“我对你的行为感到很失望”等，更容易使学生接受，不会产生对抗心理，同时学生常常会因为对教师情感的感应而对自己的行为感到内疚，产生改变的动机。显然，用师生平等交流感情的形式表达反馈比用判断和评价的形式来表达更容易使对方接受批评。这主要有两个原因。首先，一个人对另一个人的评价和判断是个人的推测和猜想，它可能符合实际情况，也可能并不符合实际情况，而个人自己的情感是自己确实知道的，并不用猜想，也不会弄错，表达“我信息”就避免了因对别人的直接评价或判断不符合实际而造成对方的反感；其次，当表达对别人的评价时，是在说一些有关别人的事情，而当诉说自己的感情时，则是在表露自己的事情，不会刺激别人的防御机制，因此较容易被接受。班主任应善于利用“我信息”来提供负面的反馈信息，表达自己的态度、观点，通过明确而友善的沟通来教育学生。

6. 处理学生情绪的技巧

班主任在与学生沟通的过程中，要关注学生的情绪状态，如果学生处在比较激动的情绪状态，很难接受班主任的意见，那么班主任要先处理学生的情绪，让学生的情绪平静下来，再继续沟通。

（1）快速处理学生情绪的技巧。当学生表现出有情绪但暂时没有足够的时间进行处理时，可以首先说：“我看到（听到）……我觉得你内心有些情绪，是不是?”不管他如何回答，再说：“现在，我做些什么能够使你感觉舒服一点?”不论他怎样回答，尽快回到该谈的事情上。

运用这个技巧的目的不是化解对方的情绪，说这两句话是使他认识自己的情绪状态，并且感到你接受他，从而防止学生的情绪对当下的事情或环境造成障碍。

（2）EQ型处理学生情绪的技巧。在班主任与学生沟通的过程中，当学生处于愤怒、激动、悲伤等情绪状态时，如果不先处理情绪，谈话将难以进行下去。EQ型处理他人情绪的技巧是一个可以参考的模式，它分为四个步骤：

第一步，接受。所谓接受指的是，我注意到你有情绪，我接受有情绪的你。我们可以说一些话去表示这份接受，如："看到你这样悲伤，一定有不幸的事情发生了，可以告诉我吗?""我感觉到你很生气，可以和我说说是什么事吗?""你脸上的表情告诉我，这件事对你的打击一定很大，告诉我你的感受，好吗?"

第二步，分享。要引导学生，先分享他的感觉和感受，然后分享有关事情的细节。关键是引导对方说出几句描述内心情绪的话，然后才把注意力放在事情上。如果对方回应上面"接受"部分说的话，说出事情的内容、始末、谁对谁错等，我们可以用下面的话把他引导回来，让他先分享感受："原来是这些事让你这样不高兴！来，先告诉我你内心的感觉怎样。""哦，怪不得你这样反应！你心里现在觉得怎样?"

当引导学生说出内心的感受时，个体需要去觉察，情绪便进入意识层面；而用文字描述内心的感受，亦即是经过左脑对文字的处理，个体便与自己的感觉重新联结；当左右脑达到一致时，情绪便会慢慢消解。学生说出一番关于自己内心感受的话后，我们观察他的声调和表情渐转温和，便可以引导他说出事情的内容和对事情的看法了。如果先让学生说出事情的内容而不先化解他的情绪，学生很容易越说越激动或越愤怒、越悲伤，情况会变得更难处理。

第三步，设范。一些学生往往一时冲动，造成破坏性的后果，但事后仍不能从中吸取教训，因此需要引导学生去了解怎样的行为最符合他们的利益。"范"是框架，设范是设立正确行为的范畴，让学生明白怎样做才符合他的最佳利益。要把可以接受的（如深层的需要）和不可以接受的（如行为）分开，先说出事情中可以接受的部分，再引导学生注意事情中并不能真正满足自己需要的、没有效果或者有害的做法，也就是我们一般说的不应该做的部分。我们可以再多说一句话去表示对对方情绪的理解，然后指出学生一些不适当的行为，再说出不适当的理由，例如："我明白了，换成我也会生气。可是你这么一言不发就走了，其他人不知道是什么原因，不知道他们伤害了你，还会认为你没有礼貌呢!"

第四步，策划。当学生已经知道了正确行为的范畴，我们可以接着引导他思考更有效或者预防事情再次发生的方法，使他在将来类似情况出现时能更好地应对。我们可以说："如果重来一次，你可以想到其他的处理方法吗"、"下次出现同样情况，你会怎样做得更好，使效果更理想"、"避免同样不如意的情况出现，你可以做些什么预防工作"等。

第三节　提高与班集体互动沟通的能力

在学校教育中，班主任对班级全体学生负有教育的责任，因此经常要面向班级，要与学生集体进行沟通，例如，班会课上，班主任向全班同学讲话等。

班主任与班级学生集体沟通的传统方式多为单向沟通。在单向沟通中，班主任讲，学生听，教师只管使用语言、表情姿势等沟通方式向学生讲述问题，灌输观念，提出要求，而没有让学生表达他们的看法和要求，学生被动地接受信息输入。这种沟通的一方以对方的信息作为自己反应的根据，而另一方却主要根据自己的计划而并非根据对方的信息作出反应的沟通方式，传递的信息量大，但缺乏反馈，不易判断学生的接受程度，难以有针对性，而且完全不顾及学生的沟通需要，容易造成气氛单调、沉闷，学生容易疲倦，缺乏兴趣，难以保证沟通效果。

以现代学生观和现代师生关系观为指导，班主任与班级学生集体的沟通应更多地采用双向沟通和多向沟通。

双向沟通是指沟通过程中信息发送者与信息接收者的地位不断变换，发出信息与接收信息，然后作出反馈，再发出信息，如此往返多次。在双向沟通中，沟通双方都针对对方的信息作出反应，但同时又都受自己原有计划的调节。在班主任工作中，双向沟通能使教师及时得到反馈信息，了解学生的态度及对问题的理解程度，从而及时调整自己下一步发出的信息；而学生则能通过及时提出问题和发表意见，增进对问题的理解和知识的掌握，并能在一定程度上克服被动性，气氛较为活跃。双向沟通还能增进师生的相互了解，改善师生关系。但双向沟通仍然忽视了学生相互交往的需要，缺乏学生之间的沟通。

多向沟通是一种师生双向沟通与生生双向沟通相结合的沟通网络。讨论是这种沟通模式的典型体现。多向沟通模式充分发挥教师与学生的主体性，建立起平等的师生关系，教师在充分了解学生的心理状况和思想态度的基础上引导并参与学生的活动，学生在教师的引导下主动发表意见，进行探讨，并在多向沟通中倾听和整合不同的观点，学会选择，学会学习，学会交往，也学会合作。从理论上说，多向沟通模式的效果最好，但实施起来需要具备相应的条件，包括：教师要精心设计和巧妙引导；学生要经过一定时期的训练，有较高的纪律性与自控水平，等等。

在人际沟通中，每一位参加者都是积极的主体。在成人沟通中，许多人会注意到这种特点。但在教育活动中，由于各种原因，或者是由于班主任是班级活动的领导者和管理者，师生地位的不平等性，或者是受师道尊严、强调灌输等传统教育观念的影响，班主任容易忽视学生作为沟通伙伴的主体性和积极性，往往习惯性地选择居高临下的沟通方式。虽然在我们现实的教育实际中，班主任也经常让学生发言，鼓励学生发言，把话语权转让给学生，使教师与学生不断转换说者—听者关系。但作为听者的教师常常并非是一个真诚的聆听者，而是时刻担任着评价者、审度者的角色，作为说者的学生由于担心其话语随时可能招致批评，受教师的潜在控制，也不可能成为一个“全心全意”的说者。因此，班主任在与学生群体进行双向沟通和多向沟通时，同样需要明确自己的教育理念和角色定位，否则，即使是双向沟通和多向沟通也不一定能达到理想的效果。

有效地与学生集体进行双向沟通和多向沟通，班主任需要学习一些技巧，提升与学生集体沟通的能力。

1. 与学生建立关系，拉近心理距离

实现有效沟通的前提，是双方心理上的相互接受。因此，班主任与学生集体沟通要做的第一件事情，就是要和学生建立心理上的联系，让学生接受自己。

教师站在学生面前时，首先要在最初的几秒钟用眼睛环视全班同学，与每一位同学的眼神接触，这是和每一个学生打招呼，提醒学生进入状态。教师有亲和力的脸部表情非常重要。

【建立关系技巧训练】

面对镜子，从镜子反观自己的脸部表情，记忆有亲和力表情的脸部感觉。

在同事和朋友面前练习，根据他们的反馈调整自己的脸部表情和身体语言，并记忆最合适状态的身体感觉。

教师的开场白要注意拉近心理距离。例如，可以从称赞班上同学的精神面貌开始，可以从老师进教室之前观察到的一些细节开始，也可以从老师今天的心情开始……总之，可以比较感性、具体，同时要自然。当然，最重要的是要比较正面。好的开始是成功的一半，当学生愿意听你讲话的时候，接受你影响的可能性就比较大了。如果班主任一上来就批评训斥，学生感到沮丧或者抵触，接受和吸收你后面讲话的效果就常常会打折扣。

2. 演讲表达清晰、简洁、有条理

班主任的演讲表达要清晰、简洁、有条理，使学生易于吸收，记忆深刻。有些班主任的表达不清晰，比较啰唆，学生不得要领，从而影响了沟通的效果。表达的清晰来源于思维的清晰，包括概念的准确使用，逻辑关系的简洁描述，以及条理清楚，等等。班主任要提高自己演讲表达的水平，平时要注意训练自己的思维。

【快速组织思维的“三三法”】

选择一个话题，用几分钟时间在头脑中快速进行内容组织，可把要讲的内容分成三个部分，如“建立轮值班长制度”这一话题，可以讲三个方面：意义、形式、方法。然后每一个方面可以讲三点，如此细分下去，形成一个三三结构的讲话内容框架或提纲。当然，许多问题可能并不止三个方面，可能是四个方面、五个方面。重要的是训练自己用很短的时间把要讲的内容组织得清晰和有条理。以下话题可以是训练的参考：

三段时间：过去、现在、未来

三个位置：校外、校内、本班

三个原因：家庭、学校、社会

三个条件：师资、设备、生源

三个方法：面谈、电话、写信

三个特点、三项建议、三种措施……

3. 鼓励接受与适度挑战相结合，调动学生参与

双向沟通与多向沟通需要学生的共同参与，如果学生不敢或不愿意参与，沟通就无法进行下去。因此老师要注意调动学生参与的积极性和主动性。首先要注意的是鼓励和接受学生。具体来说是要肯定学生：学生发表的意见完全正确，我们肯定他的正确意见；学生发表的意见部分正确，我们肯定他那部分正确的意见；学生的意见不正确或者不恰当，我们肯定他积极参与发表意见的态度。一些学生的意见和态度可能不太正确，班主任可以用提问题的技巧推动他们反思自己的观点或态度，如自己是否看问题太片面？是否没有设身处地考虑别人的感受？自己的观点是否符合主流价值观？并思考别人的不同意见。班主任对学生的挑战要适度，尽可能不直接批评，也不宜以仲裁者的身份对学生的意见进行对错的评判，这会让部分学生担心因说错话被老师评判而害怕或不愿意发表意见。

4. 灵活控场

在双向沟通和多向沟通中，由于学生的参与，班主任控制整个场面的能力就显得非常重要。有时候，学生可能因为讨论有兴趣的话题而难以停下来，也可能因意见不同而激烈争论，面对这种比较混乱的场面，一些班主任习惯用语言提示让大家静下来，如果提示没有效果就可能变成批评、训斥。

其实，维持秩序可以有很多的办法，并非只是语言提示或者训斥。心理学家研究表明，引起无意注意的刺激物往往具有一些特点，包括刺激强度大，如巨大的声响、强烈的光线、新异的刺激、活动变化的刺激等。教师可以利用这个规律来引起学生的注意，从而使分散的、多中心的场面转变为一个中心的场面，使学生把注意力集中到教师身上。如老师可以先设定规则，告诉学生自己的提示方式，如铃声或手势，当学生听到或看到提示的时候，大家就要停下讨论，听老师讲话。

有的时候学生参与的热情使得他们注意不到老师设定的提示，班主任可以边举起一只手边说“听到我说话的举手”，并不断地重复这一句话，当所有学生都举起手的时候，所有学生的注意力就回到了老师身上。这个技巧之所以有效，是因为当学生热烈讨论的时候，充斥在教室里的是听觉的刺激，这时老师如果只是用语言提示，常常只会被淹没在学生的声音之中。当老师举起手说“听到我说话的举手”时，一部分注意到老师的学生就会举起手，这时提示的声音刺激就变成了视觉刺激；看到有学生举手，其他没有听见老师提示的学生会感到奇怪，因此会停下来看看发生什么事情，这就有可能听到老师的提示，并举起自己的手；班主任还可以从中发现还有哪些学生没有听到老师的提示，走到他的面前提示他，直至全体同学都听到老师的提示，恢复安静。

灵活控场的技巧还有很多，只要我们善于学习和思考，可以发现很多有效的控场办法，从而既可以保护学生参与的积极性，又能有效控制现场的秩序。那种只会使用批评、训斥去控制现场的方式也许可以使学生恢复安静，但同时也使学生丧失了参与的兴趣和心情。

沟通是一门艺术。有效的沟通要考虑具体沟通对象的特点和具体情境，灵活处理。班主任沟通能力的提高需要勤于学习、勇于实践、善于总结，才能逐步达到炉火纯青的艺术境界。

第六章　让班级成为温暖的家

——班集体建设

第一节　班集体的基本特征

在学校中，并不是什么班级都能让老师和学生喜欢。有的班级让老师头疼，有的班级让学生厌烦，有的班级让学生感到温暖，有的班级让外班学生非常羡慕……这些都是学校常见的现象。那么，怎样的班级才是老师和学生喜欢的班级？怎样的班级才能够吸引人？

一、班级不是班集体，但班级有可能发展成为班集体

班级与班集体并不是一回事，两者既有联系又有区别。班级是学校根据培养目标的要求和教育管理的需要，按照一定的条件将学生组合而成的基层单位。在班级建立之初，学生除了年龄及知识程度相同或相近之外，彼此之间互不了解，既没有感情基础，也不产生互动作用。随着班主任一系列的教育管理工作的进行和学生之间的相互接触，班级很快就成为一个接触性群体，并逐步成为有组织的群体。在这个基础之上，班级学生通过共同的活动，不断发展成员之间的关系，最终达到群体发展的高级阶段，形成班集体。所以，班集体是在班级的基础上，在班级教育管理目标的引导下，通过以班主任为核心的班级教育管理者以及班级全体学生的共同努力，逐渐建立和发展起来的具备集体特征的组织，是班级发展的高级阶段。

二、班集体的基本特征

（一）共同的愿景——给学生无限的憧憬

共同的愿景是班级能够逐渐发展成为班集体的基础，而明确的目标是班级得以不断发展的条件和动力。共同的愿景使班级成员对班级未来的发展有着美好的憧憬，并在心中形成一幅班级发展的蓝图，吸引着班级成员关注，同时也吸引着每个班级成员为实现班级发展的蓝图而共同发奋努力。在为班级发展而共同努力的过程中，明确的目标发挥着重要的引导和激励作用。由于有共同愿

景的基础，班级发展的目标容易得到学生的普遍认同，并且随着对班级目标认识的逐渐明确和不断深化，目标在班级发展中的作用得到进一步的提升，成为引导班级发展和促进学生成长的重要驱动力。

（二）健全的组织机构——赋予每个人对集体的责任

健全的组织、坚强的核心是班集体的重要特征，也是班集体各项工作有序开展的重要保障。随着班级的组成和逐渐发展，班级管理机构的逐步建立，班干部在开展工作的过程中发挥核心作用，团结起班级成员的力量，带领班级朝着发展的目标前进，使班级形成强大的吸引力，成为班级成员共同的温暖家园，也使班级成员都愿意为班集体的不断发展承担自己的责任，贡献自己的聪明才智，付出自己的努力。

（三）有效的集体规范——让班级生活更有序

班集体规范的制度和班级管理机制是班级管理正常运行的保障，也是班集体的重要特征。班级规范是班级成员行为的共同准则，能够为班级成员提供行为模式和评判标准，有助于调控班级成员的言行。班级管理机制是指班级建立的开展班级各项工作的程序和要求。班级规范的制度及有效管理机制的建立，能够使班级集体生活有序地开展，并取得预期的效果。

（四）良好的人际关系——让学生感受家的温暖

班级人际关系包括师生关系、同学关系以及小群体之间的关系等。良好的人际关系和心理氛围表现为班级师生之间、同学之间真诚相待、互相信任、互相关心、团结互助、善于合作，在班级的学习和活动中心情舒畅。良好的人际关系和和谐的心理氛围，使学生对班级的认同感和归属感得到强化，把班级当成自己的家，让每个人都能感受到家的温暖，并自觉将自己的发展与班级的发展联系在一起，使班级的凝聚力更强，发展的内驱力更足，工作的绩效更高。

（五）优良的班风和传统——让学生为班级自豪

正确的舆论以及良好的班风和传统是班集体最重要的特征。正确的班集舆论，是指班集体中占优势和为多数班级成员所赞同的正确言论和意见，对班级成员的思想行为起着重要的影响和调控作用。班风是班级在长期发展过程中形成的相对稳定的具有班级特色的精神风貌、行为作风，是班级成员道德风尚及精神面貌的综合表现。班级优良的班风和传统，让班级成员为班集体感到自豪，并愿意自觉维护班集体的利益和良好形象。

第二节　班集体在学生发展中的作用

一、发展学生的社会性，培养学生对社会生活的适应能力

教育社会学认为，班级是一个微型社会。即是说，班级存在一定的组织结构，履行学校的社会职能，班级集体的共同愿景、发展目标、组织结构、角色分配、人际互动，等等，都是社会关系的缩影和投射，深刻地影响着学生社会化的发展。

首先，班集体为学生参与社会性的实践活动创造条件和机会。班级是学生最主要的学习、交往和其他各种活动的环境，班级组织机构和人际关系是社会组织及社会关系的反映，班级情境中的活动和师生关系、同学关系的处理，实际是为学生参与社会生活和处理社会关系提供了学习和实践的平台及机会。其次，班集体为学生选择职业、扮演社会角色及发展相应能力奠定基础。班集体各种活动的开展，为学生提供了多种实践的机会，在活动中学生往往被归属于不同的群体，分别扮演不同的角色，承担不同的任务，受到不同的期待，得到不同的体验，这些对学生社会性的发展都产生积极的影响。实践中经常可以发现，长期担任班干部的学生在班级生活中普遍具有较强的成功感，积极组织和参与集体活动，并且要求别人服从自己的权威意志。担任班干部的经历对提高他们的组织能力、协调能力具有很大的影响，也为他们今后的社会实践和生活奠定了一定的基础。

二、发展学生的个性，培养学生的特殊才能

班集体的学习、交往及活动的经历和体验是学生个性发展的重要资源。一方面，班集体能够提供学生个性发展的有利条件。另一方面，班集体为学生特殊才能的发展提供有利条件。在班级活动中经常得到重视、受到关注、赢得肯定和欣赏的学生，往往有积极的体验，形成积极进取的个性，反之则可能会形成消极的个性。关注班级每一位学生的成长，为他们提供展现才能、发挥作用的机会和条件，让每一位学生都在班集体中找到自己发挥作用的舞台，使他们的个性在班级的各种活动过程中得到更好的发展是成功的班主任共同的经验。

昆明金康园实验小学取消班主任制，推行指导员制、班干部轮换制。学生干部的选拔可以不拘一格，学习成绩好不是唯一的标准，任何学生都有权利担任班干部。选拔主要通过学生自荐、民主选举和老师推荐的方式实现。自我推

荐可以增强学生的自信心和勇气；民主选举则培养学生的平等、民主和公平意识；老师推荐的方式主要针对那些性格内向、有自卑感或者不适应新环境的学生。

各班设有一个“常务班长”，负责配合新上任的班干部适应工作。兰西在四年级的时候当过常务班长，她说：“老师不在课堂的时候我来负责同学们的学习，有时给他们上课，主要是科技自然类的；有时给他们布置作业。期末的时候，我经常采用答题竞赛的形式帮助同学复习。”升入五年级的兰西身兼多职：校长助理、宣传委员、推普委员。她说：“我一年级时特别腼腆，现在开朗多了，也学会了容忍。”①

金康园实验小学的成功经验给了我们很好的启示，在教育管理班级的过程中，关注每一位学生的成长，重视发挥每一位学生的作用，提供各种机会让每一位学生参与班级的教育管理活动，对学生个性的发展具有重要的意义。

三、保障学生身心的安全和健康发展

班集体可以说是教育化的微型社会。班级健全的规章制度、和谐的人际关系以及各种有利的环境和条件，都为学生身心的安全和健康发展提供了重要的保障。同时，班级教育管理者的责任感、专业素养，以及对班级学生的关注，都能够及时预测、发现和干预危害学生身心发展的不良因素，为学生提供有利的成长环境和条件，保证学生身心的健康发展。

第三节　班集体建设路在何方

怎样建设班集体是每个刚接手班级的班主任最关心，也是思考得最多的一个问题。在学校中，班级是学生成长的主要环境，班级对学生个体的发展具有直接的制约作用。班级建设应该从哪里开始？遵循怎样的思路？选择怎样的策略？这些问题的解决都是至关紧要的。

一、选好发展方向，做好发展规划

教育实践中成功的班主任在建设班集体的过程中都是胸有成竹的，每走一步都清楚自己为什么要这样做，这样做要达到什么目的，对班级发展有什么作用。这实际就是对班级发展有明确的方向、有周密的计划、有具体的措施。

---

① 赖华强．班主任工作案例教程，广州：暨南大学出版社，2004. 108

（一）背景的分析

背景的分析，主要是对影响班级发展的内外部因素进行分析，把握这些情况，是制定班级发展规划的前提和基础。

首先，要分析影响班级发展的内部因素。其中包括班级总体精神面貌，如学生身心发展的总体水平和心理倾向，学生个体的性格和能力特点，班级在学生心理和行为上的影响力，班级规范对个体的调节作用等；另外，还要分析班主任及任课教师等的特点及其在学生中的威信和影响力，以及他们与学生的关系，以便于发挥教师集体的优势，扬长避短，实现整体优化。

其次，要分析影响班级发展的外部因素。其中包括学校环境、家庭环境和社会环境等，如学校方面的校风、教风，师生的精神面貌，学校的教学设备，学校环境的绿化、美化、净化等对班级的影响；学生家庭方面的如家长的素质及其对班级工作的配合和支持程度；另外，还要分析社区的环境，如社区人口状况、文化素质、道德风貌、治安状况等对学生的影响。

（二）目标的确立

确立班级发展目标是要在对班级进行背景分析的基础上，为班级确定发展的方向。确立班级发展目标既要考虑社会发展的要求，也要考虑学校的具体培养目标和班级各方面的实际情况，并遵循整体性、针对性和可测性的原则来制定。

整体性原则，要求确定班级发展目标必须把班级整体目标与部分目标，班级目标、小组目标与个体目标协调成整合一致的目标体系。而且，班级的长期目标、中期目标与近期目标也必须整合一致。尽可能对目标进行具体的分解，以便有计划、有步骤地进行班级管理，最终达成总的目标。针对性原则，要求确定班级发展目标必须抓住班级在具体发展阶段的关键问题，在具体分析研究的基础上分阶段设置目标，使目标既有针对性又切实可行，从而增强班级管理的实效。可测性原则，要求确定班级发展目标不但要切实可行，而且要可以测量，以便在教育管理过程中对照目标检查评价目标实现的情况，使目标实施能落到实处，逐步实现。如学生的各种素质发展指标、班级发展的指标（包括学生的出勤率、成绩的合格率、优秀率、体育锻炼达标率）等都应该尽量量化。

（三）内容的确定

班级教育内容的确定，实际上就是将班级发展目标具体落实到班级的各项活动中去，保证教育管理功能的发挥和效果的实现。教育管理内容的确定应该反映社会发展的要求，符合学生身心发展的规律，力求达到它们之间的和谐统一。具体地说，一是要进行社会公德、行为规范、遵纪守法等方面的教育，提高学生的认识水平，培养正确的班级舆论；二是要进行交往教育，使学生掌握人际交往的准则和技巧，培养班级良好的人际关系和相应的心理气氛，增强班级的凝聚力，强化班级对学生个体行为的同化力和感染力；三是要对学生进行集体主义教育，帮助学生认同班级目标，培养学生自觉归属于集体的意识；四是要对学生进行自我意识、自主精神的教育，培养学生自我教育和自我控制的能力。通过在班级开展各种教育活动，促进班集体的形成和发展。

（四）方法的比较

教育管理方法是否科学对促进班集体的发展有重要的制约作用，方法得当则事半功倍，方法不当则事倍功半。说服教育、情境感染、情感沟通、心理疏导、规范制约、舆论调节、实践锻炼等都是被实践证明的有效可行的方法。但是，由于每一种方法都有其适用的范围和局限性，在具体运用过程中受到各种因素的制约，因此，在选择使用教育管理方法时，要注意对各种方法进行比较，选出最佳的方法。

一是要考虑到具体任务的特点和内容的要求。如培养正确的班级舆论，可以更多地采用说服教育、座谈讨论、事件分析、辩论会等方法；培养班级良好的人际关系，则可以选择采用心理移位、角色体验、组织协作活动等，让学生在活动中感受集体的温暖和团结的力量，达到培养集体意识、集体归属感的目的。二是要考虑班级学生的具体实际。在学生发展的不同年龄阶段，在不同的班级发展阶段，学生的年龄特点、认识水平、自主程度、兴趣爱好也各不相同，因而，培养班集体所采用的方法也应有所不同。如学生整体的认识水平、自主性程度较高、自觉性较强，则可相应选择以学生为主的活动方法。三是要考虑具体教育管理方法的特点及适用范围等因素。如规范制约、舆论调节等方法比较适合于各方面发展得较好、学生认识水平较高的班级，而对于正气不足的班级则难以奏效。此外，还要考虑班级教育管理者自身的条件及具体教育管理环境等条件的制约，尽可能扬长避短，优化教育管理方法的功能。

（五）形式的选择

选择采用什么形式进行班级教育管理活动，主要是要考虑所采用的形式是否有利于激发学生的热情、调动学生的主动性和积极性，有助于教育管理任务的完成和目标的实现。为了提高班级教育管理的效率，优化教育管理的效果，在教育管理过程中要重视把集体教育和个别教育有机地结合起来，把班级的教育管理与学生的自我教育管理结合起来，更好地实现班级的目标。同时，注意考虑具体采用的形式对教育管理过程中其他因素有什么积极或消极影响，通过分析、比较，确定合适的教育管理形式，使班级教育管理活动有序开展。

上述五个方面的工作目的是要为班级发展作出一个切实可行的规划，保证班级的发展有明确的方向和可行的计划，从而增强班级培养工作的自觉性，减少盲目性。

二、抓好建设重点，优化发展策略

班集体的建设应该强调根据班级发展的实际，抓住各个阶段发展的重点和关键，使班级的发展得到优化的效果。

（一）班级精神与集体意识的培养

集体意识是班级发展成为班集体的标志，培养学生的集体意识是建设优秀班集体的基础。集体意识表现为学生对班集体目标和规范的认同，将自己自觉归属于班集体，对班集体的活动自觉参与，对班集体形象的自觉维护。学生的班集体意识对于班级任务的完成、发展目标的实现、学生良好行为习惯的形成以及班级凝聚力的增强等都具有重要的作用。培养班级精神和集体意识，首先应该注意提高学生的认识水平，统一学生的思想。可以通过组织学习、讨论、座谈等活动，就班级发生的事情引导学生进行分析，明辨是非，提高学生的判断能力，使班级问题的解决能够取得学生广泛的认同。其次，注意培养学生的自主精神，使学生成为班级的主人。在班级管理中充分尊重学生的主体人格，信任学生，鼓励学生积极“参政议政”。再次，培养学生的全局观念，引导学生正确处理个人与集体的关系，引导学生关心集体，关心同学，团结协作，共同发展。

（二）规章制度的建立与完善

建立和完善班级的规章制度，既是为学生提供参与班级活动及处理班级事务的基本准则，也是为学生提供基本的行为模式和评价自己及他人的基本标准，使班级学生的言行有章可循、有据可依。这是发展学生民主法制意识，培养学生遵纪守法习惯的重要手段，也是提高班级教育管理工作效率，优化班级教育管理效果的重要策略。

一般而言，班级规章制度包括学习制度、卫生轮值制度、考勤登记制度、课堂纪律制度、评先奖优制度、民主议事制度以及各种岗位责任制。制定班规首先应该引导学生认识建立班规的必要性。有经验的教师往往重视引导学生在班级组成初期就参与制定班规，使班规的制定过程成为学生认识的提高过程和对班规的认同过程。班规的制定应该强调“从学生中来，到学生中去”，通过全班学生的认真讨论修改，并经过班会表决通过，公布执行。经过这样的程序制定出来的班规，能够代表学生的观点，反映学生的思想，对引导和协调学生的言行能发挥更好的作用。其次，班级规章制度的建立应该体现全面性、可行性和可操作性，即班规的制定应该全面关注学生的学习和生活，考虑为学生各方面的行为提供参照模式和评价标准，对学生扮演的角色及承担的职责作出明确的规定。班规的表述应该尽可能具体、明确、可操作性强，便于监督执行。如魏书生引导学生制定的“一日常规”、“一周常规”、“每月常规”、“学期常规”、“学年常规”以及各种岗位的职责等，让学生明确在规定的时间内应该做什么，应该怎样做，减少了学生行动的盲目性。再次，应该注意定期检查评比规章制度的落实情况，通过定期的检查、评比、奖惩活动，促进学生正确行为习惯的形成。

下面这则案例就是魏书生老师通过班级的检查评选活动，培养学生遵守自习课纪律的良好习惯，这种“民主选举”的方式值得我们学习借鉴。

星期六，快放学了，负责选举本周闲话最多的人的滕育新同学问大家：“同学们请注意，大家表决一下，本周说话大王有没有必要选？”

倘若本周自习纪律很好，大家就会异口同声地说：“不选了！”倘若自习说话的同学较多，大家也会异口同声地说：“选！”同学们意见有分歧时，经民主表决，很快便有了结果。

“那么，就按照大多数人的意见办：选举。请大家准备好一张微型选票，在10秒钟内把人名写好。”

不到一分钟，收票完毕。

统计票数到公布票数，仅用了80秒……主持人一声令下：“报票。”数票第一人便大声报告：“王海鹏24票。”第二人报告：“李健9票。”第三人报告：“×××3票。”……

滕育新说：“请10票以上的同学到前面把自己的名字和票数写在黑板上，然后照老规矩写说明书。选举完毕！”

为什么10票以上的同学要批评，要写说明书（每票100字，24票就是2 400字），超过10票，说明有10个人以上认为这个同学闲话多，那显然就该按照具体措施减少闲话了。

9票以下（含9票）不批评，不惩罚，以后能改吗？能。票数超过了5，同学们就很着急，就已经敲响了警钟，该注意了。8年前，我经常外出，一出省就是半个多月，回来以后，看同学们办的日报，看到一期邓明同学办的，那上面刊登了一条消息：“老师不在校的这个星期，班级选举闲话能手，我得了9票，感到很惭愧，在老师回来之前，我一定抓紧做实事，控制‘三闲’，把票数减至5以下。”他果然实现了自己的诺言，第二次选举，他只得了两票。他的学习效率明显提高了，后来以优异成绩考进了国家重点大学。

有的同学得了20多票，受到很大的震动，下决心改变自己，咬紧牙关，埋头写一星期作业，选举时，竟然一票没有，他的努力得到同学们的肯定，他竟然激动得热泪盈眶。[①]

（三）组织机构的建立与班级核心力量的培养

合理的班级组织机构的建立和班级核心力量的培养，是班级各项工作高效、有序开展的重要条件，也是培养班集体的重要策略。

班级组织机构可以根据班级发展的实际情况和完成具体任务的需要来建立。例如，下面这个案例中的班主任，在学生班级刚组建的阶段，不是急于建立一般的组织机构，设置班级的管理岗位，而是引导学生认识班级需要什么岗位、自己适合什么岗位、在学生经过一段时间实践体验的基础上，才确定设置什么岗位，并明确岗位的相应责任。这样设置的班级管理机构更加切合学生的实际，也更能让学生通过承担相应的工作得到锻炼成长。

小岗位培养责任心

新入学的一年级学生，才离开以做游戏为主要生活内容的幼儿园，开始进入正规的学校学习，马上对他们进行责任意识的培养是否可行？怎样培养？新接一年级班以后，我思考了很久，决定从担任小岗位的工作入手，培养学生的责任意识。

设置铺垫：小岗位从值日生开始。

开学不久，我感到班中有很多学生表现出强烈的参与班级管理的意愿。当时我没有急着为学生设置不同的小岗位，而是从组织学生开展值日生的工作开始。我把全班36个学生分成了9组，让每个学生都明确自己所要承担的工作，并让他们在组内轮流担任值日队长。由于每个人都有机会当队长，而且值日生工作对于他们来说又非常新鲜，所以学生的积极性很高。一个月后，每个学生对于值日生工作以及值日队长的工作都有了自己的体验和感受。

进入角色：第一次选择。

有了学生对于岗位工作的初步认识后，结合品德与社会课“争做班级小主人”的学习内容，我设计了一堂专题教育课，在班级里开展了一个“寻找小岗位”的活动。让学生在专题课上畅所欲言，把自己在值日生工作中的感受真实地表达出来，在交流的基础上达成共识，使学生们懂得要做好一个岗位的工作并不是一件非常容易的事情，必须明白这个岗位的要求，然后要想办法尽力做好。根据人人有岗位的原则以及班级管理的实际需要，我组织学生讨论确定了20个小岗位，并让学生根据自己的兴趣和特长选择自己喜欢的小岗位。考虑到学生的年龄特点，而且小岗位的工作刚开始尝试，所以我没有规定每个岗位的

① 魏书生．班主任工作漫谈．桂林：漓江出版社，1995. 238 ~ 240

具体职责，只是让学生在寻找小岗位的过程中，按照“寻找小岗位”的活动表(见下表)，思考如何做好小岗位的工作。

寻找小岗位　　班级＿＿＿＿＿　　姓名＿＿＿＿＿

你愿意和老师一起管理好我们的乐乐班吗？那就赶快找找班级里的小岗位吧！

广播操领队	室内领操员	室内操管理员
换旗员	行为规范示范员	图书管理员
植物管理员	课前检查员	节能员
小报童	公物管理员	推普员
发报员	书写员	卫生员
值日安排员	值日管理员	语文课代表
数学课代表	电脑课代表	

我找的小岗位是：＿＿＿＿＿＿＿＿＿＿＿＿＿＿＿

要把这个岗位做好，应该：＿＿＿＿＿＿＿＿＿＿＿＿

我可能会遇到的困难是：＿＿＿＿＿＿＿＿＿＿＿＿＿

我的解决办法是：＿＿＿＿＿＿＿＿＿＿＿＿＿＿＿＿

我邀请学生家长共同参与选择小岗位活动，一方面可以指导学生选择，另一方面让学生和家长一起设想工作中可能遇到的困难以及解决的方法。由于在选择岗位时学生有了一定的思考，所以他们都非常慎重地选择了属于自己的第一个小岗位。

随后，在上面活动的基础上，根据学生的实践体验，指导学生开展“强化正面体验：第二次选择”、“激励持久力：‘岗位明星’评选”、“延伸实践平台：寻找家庭小岗位”等活动，形成班级合理的管理机构，明确相应的职责，培养学生的责任心……①

班干部是班级重要的核心力量，班干部的选拔和培养对班集体的形成和发展具有重要的影响和作用。班主任可以在班级组建初期，组织学生进行自荐，然后再由同学们进行选举。这样选出的干部一般来说在同学中会有较高的威信，他们也会比较珍惜这种锻炼的机会，尽心尽责地为同学服务。同时，尽可能创设各种机会让更多的学生能够在班级中找到自己发挥作用的位置，使学生人人意识到自己是班集体中不可缺少的一员。这既有利于充分调动班级学生的积极性，激发他们的潜能，使他们有展现自己才能的舞台，让他们在实践中得到锻

① 章琪琪．思想理论教育．新德育下半月·行动，2006（6）

炼，也有利于他们在为班集体服务中增强集体意识、归属感和责任感。

培养学生干部应该注意帮助他们树立多层次的角色意识。班干部既是班级的管理者，又是被管理者，应该学会处理好与同学的关系，树立服务意识和奉献精神，明确为班级和同学服务是每个班干部的义务和责任，利用各种机会在服务班级和同学中促进自己的发展。另外，班主任应该注意防止出现班干部成为某些学生的专利的情况，尽可能让更多的学生有机会担任班干部，有机会为班级和同学服务。轮流当“值日班长”、“值日班主任”等都是值得借鉴的形式。

（四）班级文化的建设及正确舆论的引导

班级文化是影响班级成员的价值期待、思想观念、思维模式、行为方式形成的文化环境与心理氛围，属于学校文化的重要组成部分。具体地说，班级文化就是班级成员（包括学生和教师）在班级发展和生活过程中逐渐形成、积淀、凝聚的，为班级成员普遍认同的一整套理想信念、价值取向、伦理道德、思维模式、情感态度、审美情操、行为方式和学习方法的共同心理趋向及其物化表现形式。班级文化是学生个体人格发展的土壤，也是学生人格发展的营养源泉。健康的班级文化能够对学生健全人格的形成和发展产生积极的作用，使学生在班级正确的价值取向、健全的规章制度、良好的人际关系和心理氛围影响下，学会负责、学会关心、学会遵纪守法、学会合作协调。所以，班级文化建设是影响班集体发展的重要力量。

建设班级文化首先应该注意有目的、有计划地按照教育方针和学校具体培养目标的要求，设计思想教育的活动体系，引导学生逐步确立正确的人生观、价值观、道德观，培养学生的集体意识、集体荣誉感和责任感，为班级文化的发展打下良好的思想基础。其次，应该注重班级正确舆论环境的培育，发挥制度的调控作用，通过引导学生开展讨论、座谈等活动，明确建立规章制度的意义和执行规章制度的必要性，营造鼓励学生自觉执行规章制度，形成“依法治班”意识和“守法光荣”舆论的氛围，促进学生正确行为习惯的形成。再次，强调赋予班级物质环境的文化内涵，发挥其对班级学生的陶冶作用。如有的班主任在班级环境建设上通过“种植古诗树，漫步诗林”、“建设图书角，徜徉书海”、“创设诵读园，诵读经典”等活动，将班级建设成为一个具有浓郁书香气的环境，引导学生感受读书的乐趣，分享读书的收获，很好地促进了学生读书习惯的形成。

营造书香世界，感悟阅读情怀

读书要有氛围，班级里应当洋溢着浓郁的书香气息，这样才有利于调动学生阅读的积极性，让班级成为一个读书世界的熏陶场和磁性场。

1. 种植古诗树，漫步诗林

古诗永远是我国传统文化的精粹，它所反映出来的是作者的眼睛和心灵，给后人以美的熏陶和启迪。当风雪漫天之时，雪莱却在《西风颂》中唱道："冬天来了，春天还会远吗?"苏轼漂泊异乡，在月圆之夜思念家乡和亲人写下了"但愿人长久，千里共婵娟"的千古名句；杜甫面对只能引起许多人一怀愁绪的山雪和江船，却写下了如诗如画的诗："窗含西岭千秋雪，门泊东吴万里船。"而这一切无一不是对学生进行教育和文化熏陶的好素材。

我让学生根据各自喜爱的诗人分组，分别在教室的墙上种下自己的"古诗树"。同学们自由组合，分工合作，有的搜集资料，有的制作大树，有的剪苹果，有的负责把打印好的古诗贴在苹果上……通过努力教室俨然成了一片古诗的绿色森林。看着自己辛勤种植的古诗林，学生更会用心品读这其中的内容，自由地漫步在绿意盎然的古诗林中。

2. 建设图书角，徜徉书海

"书犹药也，善读之可以医愚。"我在班级成立了图书角，让它成为博览群书的阵地。在建设图书角之初，我让同学们每人带3至5本自己的藏书到班级图书角和同学们交换阅读。同学们带来的书籍丰富，有梅子涵、杨红缨、曹文轩等优秀作家创作的学生喜爱的儿童读物，还有《史记》、《假如给我三天光明》、《上下五千年》等励志明理的读物。我还组织了图书管理小组，制定了图书管理借阅条例，大家一起给图书编号，每位同学自制一张个性借书卡。这样各司其职，自主管理，每天中午都安排半小时的阅读课，学生可以自由、安静地借书、读书。在这样的氛围中学生感受到了读书的快乐。

3. 创设诵读园，诵读经典

经典是具有生命力的作品，小学生目前不可能读懂其内涵和价值，但是随着年龄的增长，生活经验和知识经验的丰富，我们种下的种子就会萌芽、开花、结果。最有效的途径就是诵读，利用每天的晨会课，我就选择《弟子规》、《论语》、《三字经》等古典名作或摘抄一两句名人名言，和同学们一起诵读、交流，让学生在琅琅诵读声中净化心灵，快乐成长。

班级是学生成长的土壤，通过这些阅读活动的开展，我欣喜地看到书香班级开始真正成为学生的精神乐园，学生们的精神已经不断提升，我和学生们共同享受阅读的快乐，一起快乐地成长。①

---

① 关奇霞. 享受阅读快乐成长——书香班级文化建设的实践探索. 吉林教育，2007（9）

（五）班级人际关系的优化

良好的班级人际关系和和谐的班级心理氛围对班集体的形成和发展具有非常重要的意义，对学生个体的健康成长也有深刻的影响，因此，班级教育管理过程中要通过培养良好的人际关系，形成轻松、愉快、和谐的心理氛围，为班集体的形成和发展以及学生个体的健康成长创造良好的环境。

首先应该创设有利于班级人际交往的活动情境，引导班级成员的交往活动，帮助学生学会协调人际关系，并引导学生学会真诚待人、互相帮助、互相支持、团结协作，正确处理好竞争与合作的关系，使班级形成“人人为集体，集体为人人”的良好道德氛围。如当同学间出现矛盾时，学会角色换位，站在对方的立场上思考问题，便于问题更好地解决。其次，注意培养学生共同的兴趣和爱好，使学生之间有更多的沟通交流，增强班集体对学生的吸引力和影响力。再次，引导学生正确对待班级中的非正式群体，创造条件让积极型的非正式群体更好地发挥作用，同时因势利导，教育和引导中间型、消极型的非正式群体向积极方面转化，推动班级整体的进步。下面的例子可以给我们在教育和引导班级非正式群体，优化班级的人际关系方面提供借鉴。

刚接班，就听到同学反映，我们班有四位“女将”，人称“四大金刚”。这不仅因为她们个个都是班里的“头”，中队主席，语文、数学、外语三门主课的课代表全包了，而且是因为她们四个人“亲密无间”。我问同学们为什么不向她们提意见，几位女同学瞪大了眼睛说，她们手中掌握着大权，个个凶得不得了，谁提意见谁就没好日子过。我简直无法相信这是事实。疑惑，成了强大的动力，促使我对她们的表现进行细心的观察。

一天、两天、一周、两周……时间在不断地流逝，我对她们的情况也有了比较详尽的了解。事实证明，同学们反映的情况基本上是属实的。“四大金刚”确有长处：对班里工作敢管、敢抓，做事泼辣、果断、有点子；但是她们也确实有许多弱点：圈子太小，以身作则不够，听不得不同意见。尤其是语文课代表，外语默写常常不能及时完成，全靠其他三个人在早读上“帮”她堂而皇之地过关。我感到，她们虽然都是班干部，但实际上又是一个有威无信的非正式群体。

怎么解决这一问题？全盘否定，不行！因为她们在班级管理中是做了不少工作的，而且发挥着实际的作用；全盘肯定，当然也不行，因为她们在工作中又确实加进了许多私欲。我思索了许久，感到唯一的办法是对这一特殊的非正式群体加以优化，使之成为班集体真正的核心。

根据这一思考，我针对这一问题连砍了三斧头。

第一斧，抓住默写作弊的事实在班里公开批评了她们。

第二斧，另派一名同学协助语文课代表的工作。

第三斧，分别找了这四位同学谈话，肯定了她们的成绩，说明批评她们的原因，指出搞小圈子的危害。

三斧头在班里引起了很大的震动。大部分同学说，先抓班干部的风气抓得对，这样我们心服口服。也有一部分同学在那里主观地猜测，说“四大金刚”要被撤职了。“四大金刚”的心理压力当然很大，有点威信扫地的感觉。

趁着大家都在思索这一问题的那股劲，我对四位同学逐一进行了家访。一进家门，她们的反应几乎都很紧张，大概心想，老师来告状了。然而，我在整个家访过程中只是出乎她们意料地做了两件事。一是在她们家长面前称赞她们的能力；二是征求她们对班里工作的意见，请她们谈谈怎样发展同学的友谊，怎样建设好我们这个班集体。看着老师真诚的目光，她们绷紧的脸松弛了下来，阻塞的思绪像闸门一样被打开。她们不但积极谈建议，而且对自身建设也提出了许多改进的措施。

从此，她们的心胸似乎开阔了许多。自我批评使她们巩固了友谊，增强了带领全班前进的自觉性。在此基础上，她们还组织了一次关于搞好班级人际关系的主题班会，我也趁这个机会向同学们介绍了处理人际关系应当遵循的一些原则和基本方法。班里原有的一些小群体都开始扩大友谊圈子的活动，与班集体的目标靠得更紧了。

一个团结向上、充满活力的班集体逐渐形成了，成功的喜讯也不断传来。不少同学在市、区、校的各项竞赛中获奖；十名同学光荣地加入了共青团；三十几位同学获得了象征班级组织成功的“金苹果奖”……“四大金刚”中，一位成了区优秀队干部，两位加入了共青团，四名同学都以优异的成绩，获得了“金苹果秘密行动”友谊群体特别奖。同学们都高兴地说，现在我们的“四大金刚”不再是泥金刚，而是铁金刚了。①

（六）良好班风的形成与优良传统的发展

良好班风的形成与优良传统的发展是班级形成良好班集体的重要条件，培养班级的良好班风应该从班级刚组成就开始有意识地进行培养，使学生一开始就感觉到自己的班级与众不同，有自己班级的优良特质，并在此基础上逐步巩固，形成班级的风格。著名优秀班主任李镇西老师在这方面的经验很值得我们学习。

我在接任每一届班主任之前，都要给全班同学写一封信，并且设法在开学

---

① 新时期中学班主任工作的理论与实践研究课题组．中学班主任工作100例．北京：教育科学出版，1997. 226～228

前寄到每一位新生手中。我的目的在于唤起孩子们对新老师、新集体的憧憬和希望。这是新集体诞生不可缺少的前奏和序曲。在八七级初一班的新生信中，我写道："亲爱的同学，首先我祝贺你被录取到郭老（郭沫若）的母校——乐山一中学习……你现在一定渴望一个新的班集体吧？同学，你在《中国青年报》、《北京音乐报》、《乐山报》上读过'未来班'的事迹吗？你听说过'未来班'还有自己的班歌、班徽、班旗吗？我想，你一定希望自己也能生活在'未来班'这样温暖的大家庭中吧！告诉你，当你接到这封信时，你就已经是'未来班'的第二批成员了。'未来班'的班歌将由你唱下去，'未来班'的班旗将由你继续扛下去，新的'未来班'将会因为有了你而更加温暖！看！迎接你的将是充实而富有魅力的集体啊！作为班主任和你的朋友，我真诚地欢迎你……在新学期开学之前，请允许我对你提出三点要求：①请想一想，你有什么特长或能力，在到新班集体的第一周内为大家做一件什么好事？②请准备一套运动服（男生蓝色，女生红色），便于班上搞活动服装统一。③请买一只口琴，我们班将建立'口琴乐团'……同学，读到这封信，你一定在心里猜测：这位班主任是男的，还是女的？是年老的，还是年轻的？……就像我急于想了解你一样。不过别急，快开学了，以后我们会朝夕相处，结下深厚情谊的，让我们在报名那一天相见吧！"

新生报名那天，他们看到黑板上方写的一句话："让人们因我的存在而感到幸福。"我对大家说："这个班不仅仅是一个教学单位，而且是一个大家庭。每个同学都应该尽量做到使自己的同学、使整个集体因为有了我而感到温暖。要使集体有了荣誉后都能激动地说：'这都是因为我们班有×××！'"新来乍到的学生对这些道理不一定都理解，但班主任应该一开始就提出这个要求，引导他们思考自己对新集体的责任。同时，班主任第一天就应当尽量挖掘新集体中体现这种责任感的事例，让学生获得切身的感受。

发新教材的时候，我发现一本音乐书的封面破烂不堪。我当然可以把它退回图书室换一本好的，也可以动员某位学生要这本书，但我决定把这本书变成集体主义教育的"教材"。我当即拿起这本书，问全班同学："谁愿意要这本破书呀？"果然如我所料，不少学生举起了手。我把书交给了最先举手的×××同学，同时表扬道："看我们这个新班有这么好的同学，大家感到温暖吗？"

这天放学，需要打扫教室卫生。本来我也可以随时指派几个学生，但我还是有意问全班同学："谁愿意为集体第一次扫地呀？"又是举起的小手如林。于是，我与潘××、彭××、吴×等同学一起把教室打扫得干干净净。

这两件小事似乎微不足道，却教育了全班同学。在这一天的日记中，同学们纷纷写道："开学第一天，就有这么多同学做好事。这个班真好！"这些新生还互不相识，正因为互不相识，同学们自然把这几位做好事的同学所表现出来的品质看作是新集体的可爱之处。三年后毕业时，该班已是一个被《中国青年报》、《少年文史报》报道过的优秀集体，不少同学在抒发对班集体留恋之情时都回忆起三年前进初中时难忘的“第一天”。①

（七）班级自我教育管理能力的培养

班级自我教育管理能力的提高和强化，有助于促进班集体和学生个体优质发展的良性循环，所以，提高班级自我教育管理能力是班主任工作的一个重点。

班集体建设过程中首先应该注意激发学生自我发展完善及自我管理的意识，这是学生素质不断发展提高的基础和动力，也是班集体发展的重要条件。不少优秀的班主任引导学生通过日记、周记、班级日报、黑板报等形式，或对班级建设提出合理化的建议，或评价自己的行为表现，并及时作出相应的调整，这些都是值得借鉴的经验。

其次，注重培养班集体自我教育管理的调控力。一方面可以通过开展专题活动，帮助学生在活动过程中提高自我教育管理调控力。如组织学生开展“无批评周”、“治病救人周”、“民主生活会”、“讨论会”、“辩论会”等主题活动，对强化学生的自我教育管理意识，提高学生参与班级教育管理的能力，以及对提高学生认识水平、是非判断能力和自我反省能力等都具有很好的作用。另一方面注意将对学生自我教育管理调控力的提高贯穿于班级各种日常生活中，帮助班级学生养成经常自我反省的习惯。如有的班主任组织学生开展“班级形象设计”、“我给自己找差距”、“理想的自我形象”的班级活动，引导学生正确认识、评价自我，调整自我的发展方向。

再次，应该建立和完善班级的自我教育管理机制。一方面，建立相关的制度来保障班级自我教育管理活动的有效开展。如有的班主任组织学生建立“民主议事制度”、“民主生活会制度”等，定期组织班级学生讨论制定和完善班级的发展计划或具体活动计划，为学生提供民主议事、自主治班的途径，强化学生的自我教育管理的意识。另一方面，通过建立一定的检查监督和自我检查监督制度，引导学生开展批评和自我批评的活动，鼓励学生自我反省和总结提高。此外，还可以通过建立班级的激励机制、建设班级论坛等途径，加强班级的信息交流和反馈，为学生提供学习和借鉴的经验，引导学生感受战胜自我、超越自我的快乐。

---

① 新时期中学班主任工作的理论与实践研究课题组．中学班主任工作100例．北京：教育科学出版社，1997. 122 ~ 124

第七章　一把钥匙开一把锁

——学生个别教育基本功

个别教育，是指班主任通过个别接触的形式，对特定的对象所进行的教育。集体是由个体组成的，个体直接影响集体的形成、巩固和发展。集体教育与个别教育是紧密联系的。班主任在教育集体时，实际上也就是教育学生个人；而在对个别学生进行教育时，也是为了更好地培养集体。但两者又是有区别的。个别教育不是面向集体，而是面向个别，它是教师根据学生个人的需要、问题和特点而单独进行的教育。

第一节　个别教育——班级中不可替代的教育

一个班由几十个学生组成，由于这些学生先天素质不同，家庭背景不同，尤其是后天的社会实践活动以及所受教育的影响不同，因此，无论是思想观念、行为习惯，还是兴趣爱好、个人特长以及学习方法、学习成绩，学生都存在差异。正如苏霍姆林斯基所言，“有 300 名学生就会有 300 种不同的兴趣和爱好”。班主任根据不同学生的实际，有针对性地做好个别教育工作，对学生发展、班级管理等具有重要意义。

一、个别教育是促进班集体健康发展的必要形式

在班主任工作中，集体教育通常解决的是学生的共性问题。但班集体的构成基础是个体，集体教育的目标最终需要落实到学生个体身上，只有对学生个体发生了实际影响力的教育才能说达到了目标。而且，通过个别教育在学生个体身上形成的素质，最终会或直接或间接地影响到集体。因此，个别教育是促进班集体健康发展的必要形式。

二、个别教育有利于青少年一代健康成长

在现实生活中，每一个学生都是一个特殊的个体，在他们身上，既有共性，又有巨大差异，它不以人的意志为转移。正如俗话所说：“人心不同，各如其面。”面对这些差异，任何整齐划一的做法都是注定要失败的。我们只有承认学

生个体差异，把学生的个别差异作为教育展开的前提，才能促进青少年一代健康发展。

三、个别教育体现现代教育对个性的尊重

在实际的班级教育工作中，我国中小学普遍存在一刀切、一律化的做法，致使学生个性较难得到充分自由的发展。现代教育越来越重视学生的主体性，尊重每一个公民受教育的权利。联合国教科文组织指出："虽然一个人是集体的一员，但是现代教育学却重视个人，注意一个人的能力、他的心理结构以及他的兴趣、动机和需要。"《国际教育组织关于教师职业道德的宣言》中明确提到：教育工作者应该"认识到每个学生的特殊性、特点和特殊的需求"。我国《中小学教师职业道德规范》也提到：教师应该"循循善诱，诲人不倦，因材施教"。这说明，现代教育越来越重视尊重学生的个体差异，尊重差异才是真正的尊重学生。班主任应该把尊重学生的个体差异作为工作宗旨之一，针对学生的个性特点以及成长中的独特问题实施个别教育。

第二节　没有完全相同的树叶
——学生个体差异解读

班主任做好个别教育工作的一个重要前提是了解学生的个体差异。

个别差异（individual differences）又称个性差异、个体差异，通常指个体在内在身心结构和外在行为习惯上所表现出来的相对稳定而又不同于他人的个性特征。在生理方面，个性差异主要表现为性别、年龄、身高、体质、体能、感知觉以及种族等方面的差异；在心理方面，个性差异主要表现为知识结构、智力类型、兴趣、爱好、动机、情感意志等方面的差异。个性差异表现在质和量两个方面：质的差异指心理生理特点的不同及行为方式的不同，量的差异指发展速度的快慢和发展水平的高低。

一、学生的智力差异

智力指人们在获得知识和运用知识解决实际问题时所必备的心理条件和特征。智力主要包括观察力、记忆力、思维能力、想象能力与实践活动能力。智力差异的表现形式多种多样，对其所进行的考察有着不同的角度和不同的层面。

（一）不同个体在智力发展的速度和水平上有差异

首先，不同个体在智力发展速度上是有差异的。有的人年纪轻轻，就表现

出非凡的才能，被誉为神童，例如莫扎特四岁开始作曲，十岁写歌剧《简单的伪装》；有的人在小时候表现平常，并不引人注目，而到了中年甚至老年时，却获得了巨大的成就，一鸣惊人，例如爱因斯坦三岁多才开始学讲话，父母甚至因为担心他的智力有问题而请过医生。可见，人的智力发展速度是不一样的，有的早慧，有的大器晚成。

其次，不同个体在智力水平上是有差异的。正常人群的智力呈正态分布，但在人群中每个个体的智力又有较大的差异。如在成年人的智商中，有1%的人拥有140以上的高智商，3%的人则是智商在70以下的低能儿。

（二）不同个体的智力结构不同

1983年美国哈佛大学心理学家加德纳（H. Gardner）教授在《智力的结构》一书中提出了一个多元智力理论。他把智力定义为："智力是一种能力，这种能力可以解决现实问题、产生新问题，并能在该人的社交和文化中创造一些有意义的事情或者提供有价值的服务。"他认为人的智力主要有八种，每一个人的侧重点不一样。这八种智力是：

（1）逻辑—数理智力。这种智力主要是指运算和推理的能力，表现为对事物之间的类比、对比、因果、逻辑等各种关系的敏感性以及通过数理运算和逻辑推理等进行思维的能力。这种智力在侦探、律师、工程师、科学家和数学家身上有比较突出的表现。

（2）语言智力。这种智力主要是指听、说、读、写的能力，表现为个人能够顺利而高效地利用语言描述事件、表达思想并与人交流的能力。这种智力在记者、编辑、作家、演讲家和政治领袖等人身上有比较突出的表现。

（3）空间智力。这种智力主要是指感受、辨别、记忆、改变物体的空间关系并借此表达思想和情感的能力，表现为对线条、形状、结构、色彩和空间关系的敏感性以及通过平面图形和立体造型将它们表现出来的能力。这种智力在画家、雕刻家、建筑师、航海家、博物学家和军事战略家身上有比较突出的表现。

（4）音乐智力。这种智力主要是指感受、辨别、记忆、改变和表达音乐的能力，表现为个人对音乐包括节奏、音调、音色和旋律的敏感性以及通过作曲、演奏和歌唱等表达音乐的能力。这种智力在作曲家、指挥家、歌唱家、演奏家、乐器制造者和乐器调音师身上有比较突出的表现。

（5）身体运动智力。这种智力主要是指运用四肢和躯干的能力，表现为能够较好地控制自己的身体、对事件能够作出恰当的身体反应以及善于利用身体语言来表达自己的思想和情感的能力。这种智力在运动员、舞蹈家、外科医生、赛车手和发明家身上有比较突出的表现。

（6）人际关系智力。这种智力主要是指与人相处和交往的能力，表现为觉察、体验他人情绪、情感和意图并据此作出适宜反应的能力。这种智力在教师、律师、推销员、公关人员、谈话节目主持人、管理者和政治家等人身上有比较突出的表现。

（7）内省智力。这种智力主要是指认识、洞察和反省自身的能力，表现为能够正确地意识和评价自身的情绪、动机、欲望、个性、意志，并在正确的自我意识和自我评价的基础上形成自尊、自律和自制的能力。这种智力在哲学家、小说家、律师等人身上有比较突出的表现。

（8）自然智力。自然智力是指观察自然界的各种形态，对物体进行辨认和分类，能够洞察自然或人造系统的能力。

根据加德纳的多元智力理论，作为个体，每个人都同时拥有相对独立的八种智力。这八种智力在个体身上的不同组合使得每一个人的智力都有独特的表现方式和特点。如有的中小学生抽象逻辑思维较之具体形象思维占优势，他们的数学能力极强，但绘画能力却很差。而另一些中小学生则相反。各人聪明的方面表现不一。如钱钟书是世人皆知的学贯中西的大家，他 1929 年报考清华大学，国文、英文两科满分，但数学只有 15 分。周舟，一个弱智孩子，人们称他为“白痴天才”，天才说的是他的音乐智能，他可以指挥乐队，白痴说的是他的其他智能。央视著名主持人崔永元在自传当中写道：“对我来说，数学是疮疤，数学是泪痕，数学是老寒腿，数学是类风湿，数学是股骨头坏死……”正是由于人具有不同的智力结构，“每个人都是天才，每个人都是笨蛋”这句话是有一定道理的。

（三）智力的性别差异

男性和女性的智力水平总体上是大致相同的，但男性分布的离散度大，即极聪明的和极笨的都比女性多，而女性大多集中在中间部分。另外，男女的智力结构优势也不同，一般来说，女性在语言表达、数的识记、机械记忆、听觉反应、手工技巧和审美等方面显示出优势；而男性则在空间关系、图形知觉、逻辑演绎、数学推理、机械操作、视觉反应等方面具有优异的表现。

二、学生的学习方式差异

学习方式是由参与学习过程的诸多活动方式综合而成的，其差异主要体现在以下几个方面：

（一）认知风格的差异

认知风格，又叫认知方式，它是指个体在知觉、思维、推理、理解、解决问题和记忆等认知活动中加工和组织信息时所显示出来的独特的、稳定的风格。

不同学生具有不同的认知风格，例如，有些学生爱听教师讲解，有些学生喜欢自己独立思考问题，有些学生喜欢与别人热烈讨论问题。目前研究较多的认知风格主要有场独立型和场依存型、冲动型和沉思型、具体型和抽象型等。这些认知风格的个体差异成为因材施教必须考虑的心理变量。

（1）场独立型和场依存型。从个体在认知加工中对客观环境提供线索的依赖程度看，个体的认知风格可以区分为场独立型（field - independence）和场依存型（field - dependence）两种。具有场独立方式的人，对客观事物作判断时，常常利用自己内部的参照，不易受外来因素的影响和干扰；在认知方面独立于他们的周围背景，倾向于在更抽象的和分析的水平上加工，独立对事物作出判断。具有场依存方式的人，对物体的知觉倾向于以外部参照作为信息加工的依据。他们的态度和自我知觉更易受周围的人们，特别是权威人士的影响和干扰，善于察言观色，注意并记忆言语信息中的社会内容。有关研究还表明，场独立性和场依存性与学生的学习倾向和特点有关系。一般来说，在学科兴趣方面，场独立型者较倾向于喜欢自然科学，而场依存型者则喜欢社会科学；在学习策略上，场独立型者往往能独立自觉学习，其学习由内在动机支配；场依存型者则易受暗示，学习欠主动，其学习由外在动机支配；在教学偏好上，场独立型者偏好结构不严密的教学，场依存型者则偏好结构严密的教学。可见，场独立型与场依存型本身没有高下之分，只是个人认识环境的方式不同。

（2）冲动型和沉思型。根据学生对问题作出反应的速度，可以把学生区分为冲动型（impulsive style）和沉思型（reflective style）。冲动与沉思涉及个体在很不确定的情境下对自己解答的正确性进行思考的程度。错误率和反应时间反映出这方面的个体差异。冲动型者解决问题速度快，但容易出现错误。而沉思型者则相反，速度慢，但错误少。阅读领域的研究表明沉思型学生更善于鉴别文章的前后矛盾之处，而冲动型学生更擅长快速浏览文章。两种认知风格各有优缺点，并无好坏高下之分。

（3）具体型和抽象型。根据个体在进行信息加工时所采用概念水平的高低，可以把认知风格区分为具体型和抽象型。一个抽象型风格的学生，能够看到某个问题或论点的众多方面，可以避免刻板印象，能够容忍情境的模糊度并进行抽象程度较高的思考。而具体型风格的学生则能比较深入地分析某一具体观点或情境，但要向他们提供尽可能多的有关信息，否则很容易造成偏见。这一领域的有关研究表明，抽象型学生在非结构化教学方法（如归纳法或发现法）下会表现得更好，而具体型学生在结构化教学方法（如演绎法和讲解法）下成绩更好。

（二）感知觉通道的偏爱差异

人们接受和加工信息、进行学习，要借助不同的感觉器官。由于个人身心特点的差异，不同的人对不同的感觉器官和感知觉通道有不同的偏爱。有些人喜欢通过视觉的方式接受信息，也有些人喜欢通过听觉了解外在世界，还有些人习惯通过动手（或身体运动）来探索外部世界。从感知觉角度看，学习者主要有视觉型、听觉型、动觉型三种。

（1）视觉型。视觉型学习者善于通过看（阅读、观察、看图表等）来学习并获得最佳学习效果。喜欢通过图片、图表、录像、影片等各种视觉刺激手段接受信息、表达信息。他们通过观察所学到的，往往比从交谈、聆听或是实际习作中所学到的东西还要多。这种类型的学习者喜欢阅读，而且能够比较容易地从书本上吸收知识。他们一般都很自信，而且具有很强的自制力，学习有自主性和计划性，有时还具有创造性。但由于过于认真而缺乏一定的表现力，举止呆板，书呆子气很重，有自负倾向。

（2）听觉型。听觉型学习者善于通过接受听觉刺激进行学习。喜欢通过讲授、讨论、听磁带录音等口头语言的方式接受信息。这种类型的学生上课一般都能认真听讲，能够按时完成老师布置的作业，但是他们的劣势在于过多地注意原有的知识，有时可能会影响他们潜力的充分发挥。

（3）动觉型。动觉型学习者喜欢通过双手和整个身体运动进行学习，如通过做笔记、在课本画划线、亲自动手操作等来学习。他们不喜欢老师整堂课的讲解和板书，也不擅长言语表达。他们往往在体育、自然、课外活动等需要他们动手操作、实验的学科中表现得较为突出。这类学习者往往比其他学习者有着更大的发展潜力。这种学习类型的学生做事一般都比较守信，而且一旦集中于某事，就会做出很好的成绩。但是由于他们的情绪不稳定，忽冷忽热，虽精力旺盛，但由于热衷于太多的事项，最后往往精力分散而一事无成。

除上述三类典型的学习者外还有混合型，即学习者同时具备了视觉型、听觉型与动觉型的多重特征。但是，一般来说，大多数的学习者在学习时都明显地体现出偏于用某种或某几种感知觉通道进行信息加工。

三、学生的个性特征差异

人的个性就是在一个人身上经常地、稳定地表现出来的个性心理特征和品质倾向的总和。

个性差异包括个性倾向和个性心理特征两个方面。前者包括需要、动机、抱负、理想、信念等；后者包括气质、性格等。限于篇幅，我们主要了解学生的气质差异。

在心理学上，“气质”这一概念与我们平常说的“禀性”、“脾气”相似。在日常生活中，有的人总是活泼好动，有的人却总是安静沉稳。心理学上把这种人在情绪和活动中发生的强度、速度等方面所表现的特点，称作气质，把气质的分类，叫做气质类型。

传统上，把气质划分为四种类型：

(1) 多血质。其神经特点是：感受性低，耐受性较高；不随意反应性强；具有可塑性和外倾性；情绪兴奋性高，反应速度快而灵活。他们活泼好动，善于交际，思维敏捷；注意力容易转移，兴趣容易变换，容易外露，体验不深刻。

(2) 胆汁质。其神经特点是：感受性低，耐受性高；不随意反应性强，外倾性明显；情绪兴奋性高，控制力弱；反应快但不灵活。他们坦率热情，精力旺盛；容易冲动，脾气暴躁；思维敏捷，但准确性差；情感外露，但持续时间不长。

(3) 黏液质。其神经特点是：感受性低，耐受性高；不随意的反应性和情绪兴奋性均低；内倾性明显，外部表现少；反应速度慢，具有稳定性。他们稳重、安静，善于忍耐；情绪不易外露；注意力稳定而不容易转移，外部动作少而缓慢。

(4) 抑郁质。其神经特点是：感受性高，耐受性低；不随意的反应性低；情绪兴奋性高而体验深，反应速度慢；具有刻板性，不灵活。他们孤僻、多愁善感、动作迟缓，精神体验深刻。

上述四种气质类型的划分更多的只是一种理论抽象，生活中很少见到某种典型的气质类型的人，大多具有混合的特征。

要了解学生的气质类型，可以通过日常生活中对学生的观察，或他人的评价，根据学生平日在情绪和动作等方面所表现的特点来作出判断，还可参考一些气质表的测量结果。我国山西省教科所张拓基、陈会昌编制的气质自陈量表使用简便，测查比较全面，是国内使用较广的气质测量工具。

班主任不仅应了解学生的气质类型，更要对气质类型有正确的认识。首先，气质是没有好坏之分的。各种气质类型都有其优点和缺点，各种气质类型的人都有可能在事业上取得成就。据分析，俄国四位著名文学家就是四种不同气质类型的代表：普希金属胆汁质，赫尔岑属多血质，克雷洛夫属黏液质，果戈理属抑郁质。气质本身是不能预测成就大小的。其次，每一种气质类型都存在易于向某些积极的或消极的性格品质发展的可能性。比如，“胆汁质”的学生容易形成勇敢、爽朗、有进取心等品质，但也容易养成粗心、粗暴等缺点；“多血质”的学生容易形成活泼、机敏、有同情心、爱交际等品质，但也容易养成轻浮、不踏实、感情不真挚等缺点；“黏液质”的学生容易形成稳重、坚毅、实干等品质，但也容易变得冷淡、固执而拖拉；“抑郁质”的学生容易形成细心、守纪律、富于想象力等品质，但也容易出现多疑、怯懦、孤僻和缺乏自信等弱点。第三，找到适合学生气质特点的最佳教育形式和方法，能把工作做得更加顺利而有效。比如，对于“胆汁质”的学生不要轻易地去激怒他们，要设法培养他们的自制力；对于“多血质”的学生，要求他们养成扎实、专一、克服困难的精神并防止懈怠与见异思迁；对于“黏液质”的学生，要更加耐心，要容许他们有考虑问题与作出反应的足够时间；对于“抑郁质”的学生，要更多地关怀、体贴他们，切忌在公开场合指责他们，要根据他们的接受能力适当地降低或调整要求，鼓励他们勇敢前进。

第三节　走进学生独特的世界——个别教育的策略

学生中的个别差异是一种客观现实，我们在教育活动中要做的不是漠视、扼杀这种差异，也不是抹平这种差异，而是要针对这种差异安排我们的教育教学活动，让不同的学生在教育教学中得到最大的发展。

一、个别教育的原则

（一）人道性原则

个别教育的人道性原则，主要是指在进行个别教育过程中教师应以学生的健康发展为本，肯定学生的主体地位和独立价值；尊重学生的人格、尊严和权利，追求人的全面发展与自我完善。

人道性原则是人道主义精神在个别教育中的具体运用和体现。人道主义就其本义来讲，首先是一种道德伦理原则，它是针对非人道、非人性而言的。人道主义坚持以“人”作为研究问题的出发点和归宿，它要求承认人的主体性地位，肯定个体的独立价值；它尊重人的权利，维护人的尊严，保障人的自由，追求人的全面发展与自我完善。班主任在个别教育过程中，面对的是一个个年龄尚小、学识尚浅、自控力尚弱的学生，教师只有把学生当“人”看，而不是当成任大人摆布的工具，真正的教育才可能产生。

贯彻人道性原则应该注意以下几点：

（1）满足学生作为人的正常而合理的需要。对于未成年的学生来说，他们和成年人的区别不仅在生理特征上，而且在思维方式、价值观念、行为取向等方面。孩子不是成人的“缩小版”，教师要允许学生“活在自己的年龄里”，按照“学生的年龄”去对待他。如果我们把孩子同成年人一样看待，一味地按照成人世界的标准来要求他们，拿我们的思想当作他们的思想，那么，教育就已经偏离了“把学生当人看”的人道精神。

阿莫纳什维利在《孩子们，祝你们一路平安！》中提到一个名叫拉里的小女孩，她从不大声嚷嚷，安静得让人一点声音都听不到；她总是附和别人的意见，按部就班地完成别人布置的任务。阿莫纳什维利发现问题在于家长的思想和教育方法，所以他先去和家长沟通。

“你干吗不让你的女儿顽皮？”他问拉里的父亲。这位父亲瞪大了双眼。

“您会顽皮吗？”阿莫纳什维利接着又问。

“不会。我干吗要顽皮？”拉里的父亲更是万分诧异。阿莫纳什维利尝试着向这位父亲解释：如果一个儿童顽皮，那表明他的智力、体力和精神的力量正在勃发和发展。顽皮是童年的智慧，家长应该懂得、理解这种智慧，并促进其发展。最后，阿莫纳什维利建议道：“今天你就跟你的女儿一起学着顽皮。”于是，当拉里的母亲打开家门时，看到了令人惊异的一幕：拉里和父亲坐在用椅子拼成的“轮船”上，扯着嗓门“呜——呜——呜”地长鸣“汽笛”呢！“轮船”不停地剧烈摇晃着，因为海上突然刮起了“风暴”。“马上给我把椅子放回原处！这成什么体统！”拉里的妈妈大声命令。“哈哈——”回答她的是父女俩畅快的笑声。当阿莫纳什维利与拉里的父亲一起唤醒她的顽皮时，拉里变了，不再是那个任人摆布的木偶，而是变成了一个乐观、开朗的女孩。

在阿莫纳什维利看来，一个孩子不会顽皮，这就意味着他丧失了某种东西，如果他内在的某种重要的东西在童年没有得到显露和发展，那么在今后，任何力量都不能唤醒这沉睡的东西。阿莫纳什维利给我们上了生动的一课，那就是，我们做教师的，不要总以成人的思维和视角来看待和教育孩子，要尊重学生的人格、尊严和权利，满足学生的正常而合理的需要。教育不应背离儿童的天性和快乐。

(2) 尊重学生的人格和尊严。人道主义是一种把人本身作为最高价值的思想体系，“它所关注的是把人当作人而不要当作非人”。具体到班主任的个别教育实践中，就是要求班主任要以人的方式来教育学生。一方面要确立师生人格平等的观念，对学生施以人道的关怀，实现师生之间的平等对话与交流。另一方面，教师要肯定学生个体存在的独立价值，尊重学生的人格尊严，保护他作为社会平等一员所应该享有的一切基本的人权。即便是那些犯了错误需要惩罚的学生，我们也必须意识到这是对人的惩罚，惩罚的方式必须是合乎人性的。

英国皮亚丹博物馆收藏了两幅画——一幅是人体骨骼图，一幅是血液循环图。这是当年一名小学生约翰·麦克劳德的作品。这个孩子有一颗特强的好奇心，老想看看狗的内脏是怎样的。有一天，他终于偷偷宰杀了一条狗。而这条狗恰恰是校长的宠物，校长知道了，决定给他以惩罚，罚他画两幅画。这就是博物馆收藏的这两幅画。麦克劳德后来成了一位有名的解剖学家，并最终因他发现胰岛素在治疗糖尿病中的作用而走上了诺贝尔的领奖台。

尊重学生的人格和尊严并不意味着放任学生，不等于放松要求。尊重必须与严格要求相结合、相统一，即使是惩罚也要讲究方式方法，任何侮辱学生人格尊严的言行都将使教育沦为“非人”的力量，其最终结果是危害学生的身心健康。

（3）保护儿童的权利。我们生活的世界是一个由成人主宰的世界。虽然爱护儿童是一种普遍的人类文化价值，但是，在相当长的时间里，儿童除了作为“问题”受到关注之外，他们的权利几乎被遗忘了。随着人权意识的增强，人们日益认识到保护儿童权利不仅是社会文明进步的标志，也是现代教育的立足点，是社会得以和谐发展的基本保证。因此，班主任在进行个别教育时，应把保护儿童的权利当作衡量自己教育行为人道与否的伦理底线，在选择教育内容、方式和方法时切实保障儿童的权益。

保护儿童的权利首先要了解儿童权利。1989 年 11 月 20 日联合国通过了《儿童权利公约》，该《公约》是在联合国主持下历时 10 年所制定的一项具有较大影响力的保护儿童权益的国家文书，其宗旨在于最大限度地保护儿童权益。1990 年 8 月 29 日，我国签署了该《公约》。

《儿童权利公约》内容非常广泛，由序言、实质性条款、程序性条款和最后条款等四部分组成，共 54 条，实质性条款 41 条，其中提到的儿童权利多达几十种，如受教育权、健康权、受父母照料权、娱乐权、闲暇权、隐私权、表达权，等等。最基本的权利可以概括为四种：生存权——每个儿童都有其固有的生命权和健康权；发展权——充分发展其全部体能和智能的权利；受保护权——不受危害自身发展影响的、被保护的权利；参与权——参与家庭、文化和社会生活的权利。

教师除了自觉遵守联合国《儿童权利公约》外，还应严格遵守《教育法》、《未成年人保护法》等重要法律。依法执教是保护儿童权利的重要举措。

（二）因材施教原则

所谓因材施教原则是指要针对学生的个别差异和特点，实施不同的教育。每个学生心理的个别差异既是教育的结果，也是教育的一种条件。只有针对学生的不同特点采取不同的教育措施，才能取得好的教育效果。早在春秋时期，我国伟大的教育家孔子就提出了因材施教的教育原则。

《论语》里，记载着这么一则故事：

子路问：“听到了道理就马上要行动吗？”

孔子说："有父兄在，如何能不请示父兄马上行动呢？"

冉有说："听到了道理就马上要行动吗？"

孔子说："听到了就马上行动。"

公西华问孔子说："仲由问：'听到了道理就马上要行动吗'，您说'有父兄在'；冉求问：'听到了道理就马上要行动吗'，您却说'听到了就马上行动'。这使我迷惑，所以大胆地问问为何回答不同。"

孔子说："冉求做事畏缩不前，所以要鼓励他大胆前进一步；而子路勇武过人，所以不能让他冒进。"

因材施教是中国教育的优良传统，也是个别教育的一项重要原则。班主任在班级管理中若能针对学生的不同特点，采取不同的教育方法和管理方法，就能发挥学生的最大潜力，并在班级管理上取得事半功倍的效果。但如果无视学生的个别差异，用模式化、一律化的方式教育学生，不仅达不到预设的教育效果，还有可能阻碍学生的发展。广东佛山市南海区罗村中心小学杨年辉老师的经历就能生动地说明这一道理：

我很多次都曾为这样的做法而沾沾自喜。因为这样曾让好几个学生像变了一个人似的，将以往的懦弱胆小、拘谨约束一扫而空，敢举手了，敢读书了，敢对人大声说话了。

方法简单而有点残忍，最适于男教师用：将胆小者逼上去，让他（她）大声地讲话，一次，两次，三次……流泪了不管，稍有进步鼓励，不会讲就引导，总之让他（她）一次性地挑战自己的极限，挑战成功全班同学鼓掌肯定。我当时的看法是，所谓的胆小，只是自己的心态罢了，一次性地突破它，也就认识到，所谓别人的嘲笑、蔑视、看不起，只不过是纸老虎而已，自己鼓起勇气奋力一吹，它就倒了，从此之后，个性的世界海阔天空。这样的情况下，好几个学生都变了样，如小枫，以前上课是不敢在课堂上公开发言的，我似乎是一次性地将他一辈子的眼泪都逼出来了，他倒也争气，以后就不怕了，学习积极性也提高了不少。

可这种方法碰到这个人就碰壁了。

这是一个女孩，因过度内向，从不敢当众大声说话，让她读书，你的耳朵要贴到她的嘴边才能听得到。一直以来，她都无法做到让自己随心地展现出来，她非常在意别人的看法，这种在意已经成了一种病态，如大热天，她要穿长袖衣服，担心别人看到自己并不长的手毛；自己的朋友跟别人聊天，她就以为这人背叛她了，自己再无真心朋友了。她每天、每节课甚至每分钟都过得很苦，上课担心老师叫到自己，课后担心别人窥视自己的内心，担心朋友的话语是否针对自己，这种种担心，让她走路都难以抬头，做动作都羞于施展，结果，她跟我说（在作文本上），活着太痛苦了，是不是死了什么痛苦都没了！

老天，她已经有了很严重的自杀倾向。

我曾向专家咨询做法，曾让她的家长去找心理医生，曾多次找她谈话，但都无法将她从自己的灰暗世界里拯救出来。

于是，在一节课上，我决定用我的老法子将她的胆量逼出来。我用开火车读书的形式，逐步将矛头指向她，让她有足够的心理准备。没轮到她，就已见她坐立不安，到她了，她的任务是读一行文字。

第一次，她读得杳无声息。我当然不放过，请她再读，这次她的声量倒是提高了0.01分贝，可在大家听来，还是老样。我说，这节课离下课还有半节课，我跟你耗上了，读不过关就不下课。

于是，她一次次地读，我一次次地鼓励，引导，范读，同学们也知道她生性如此，也知道我不会食言，也都很有耐性地等待，并给每一次微小的进步以鼓掌。

眼看她的泪水一次次地流下，眼看着她翻书时，手都颤抖了，我还是不放弃。因为放弃就等于给她的信心以雪崩似的溃败。

结果，下课了，我只能无可奈何地放弃。她的音量最多提高了两分贝。但我还是放下了话，说以后还要让她来读书的。

谁知，几天后她的一篇作文，让我震撼了。她说她活得太苦了，一听说上语文课她就担心得几乎喘不过气来。

我开始检讨自己的做法，是否太急于求成了？这么多学生，什么个体的都有。我似乎在追求共性的同时，忽视了个体的差异性。或许，成长需要时间，或许快乐不需要共性。每个人都有自己选择生存方式的权利，都有自己个性成长的空间，我急于求成，将这种权利灭杀了，将这种空间封闭了。

于是，我坦然了，跟她说，你可以不读书，你可以不举手，你可以选择让自己舒服的方式来学习，我只是让你知道，我关心你的学习，但我不会再强迫你。

（杨年辉）

杨年辉老师的文章会引起很多老师的共鸣。的确，我们面对的每一个学生的实际情况是不同的，作为班主任，应针对每个学生的不同特点，采取不同的教育方式，让学生在良好的学习环境中学习成长。

贯彻因材施教原则的基本要求是：

（1）深入了解学生的个性特点和内心世界。了解学生是教育好学生的前提和基础。班主任对学生的知识水平、接受能力、学习风气、学习态度和每个学生的兴趣、爱好、知识储备、智力水平以及思想、身体等方面的特点，都要充分了解，以便从实际出发，有针对性地教育。

(2) 根据学生的个性特点有的放矢地进行教育。每个学生都有自己的性格特点，班主任应针对学生的个性特点，提出不同的要求，分别设计不同个性特点学生成才的最优方案。如果自始至终都用同一种模式进行管理，把同一种方法加在每个人的身上，那将是一种适得其反的教育，班级的管理也就不能达到预期的效果。

(3) 扬其所长，因势利导。寸有所长，尺有所短。每个学生身上都存在优点和缺点。班主任顺着学生的特点，把学生的积极性和志趣引导到正确的方向上来，才能取得良好的教育效果。

(三) 平等原则

平等原则，是指在个别教育过程中，一方面要建立平等的师生关系，另一方面要求班主任对每一个学生平等相待。前者主要指班主任与学生群体的平等，后者主要指班主任与学生个体的平等。

教育平等是一个极其古老，也是非常现实的命题。中国古代教育家孔子提出过“有教无类”的观点。当今教育的健康发展需要平等也为了平等，通过教育实现人的无差异平等是教育的重要目的，平等已成为当今教育发展的主流。

贯彻平等原则的基本要求是：

(1) 建立“对话式”的师生交流方式。这里的“对话”不是我们平常意义上的说话，而是指主体双方从各自的理解出发，以语言为中介进行平等的交流，以促进主体双方相互理解和合作的一种交往活动。对话关系不仅表现为一种言语交流，更重要地体现为师生双方在对话中将内心感情世界面向彼此敞开和接纳，是双方共同在场、相互吸引、相互包含的关系，对话更多的是指双方的相互接纳，共同分享。“对话式”的师生交流方式具有以下特征：①平等性。它是指师生双方在对话过程中的地位是平等的，双方都有表达自己思想的权利和机会，没有权威，只有各自不同的声音。②开放性。它是指师生双方在对话过程中各自敞开真实的自我，把“我”的思想、“我”的感受用适当的方式传给对方，以使对方理解“我”的思想，达到彼此间的心理沟通。哲学家马丁·布伯说过，真正的对话是“从一个开放心灵者看到另一个开放心灵者的话语”。③理解性。对话重视对话者之间的理解，通过理解达到双方观点上的一致，并以理解作为进一步对话的基础。“对话式”师生关系的建立要求教师完成角色的转变，由传统的拥有至高无上权威的“社会代表者”转变为新课程所定义的“平等中的首席”。不要把学生看成是年幼无知的人，用自己的权威迫使学生接受规训。在日常交往中，要制造一种平等、轻松、愉快的氛围，给学生表白的机会，允许学生的申辩与反驳。只有这样，学生才愿意打开心灵的窗户，与老师坦诚交流。师生间的真正意义上的平等才有保障。

（2）要面向全体学生。这里强调的是机会均等的问题，班主任要有计划地安排与每个学生个别接触，一对一地进行沟通交往。不仅要照顾到“后进生”和“优等生”，而且要关注“中等生”，使个别教育成为每一个学生都能享有的权利和机会。河北省唐山市唐马路小学一名五年级学生写了一篇《假如我是一个差生》的作文，文章写道：

我是一名中等生。老师把关注的目光都投给了差生，希望的眼神又全停留在三好生身上，我们这些中等生真的很寂寞。有时候，我会有个傻傻的想法：每当我坐在孤独寂寞的角落里望着老师给差生耐心地讲题时，我真嫉妒他们！假如我也可以坐在老师旁边，老师能单独给我讲讲什么，哪怕是轻轻地问一声：“你哪儿不会？”那时我一定会感到我是世界上最幸福的人……

这位学生所反映的中等生被冷落因而出现情感饥渴的问题在现实中还是相当普遍的，这些学生大多有明显的失落感和不公平感，他们渴望得到老师的关注和关怀，他们对公平的诉求应引起班主任的重视。

（3）要公正地对待每个学生。平等，并不是指名义上的或形式上的平等，不仅仅是给每一个学生以平等的机会，还要让所有的学生都得到公正的教育。所谓公正，是指公平正直，合情合理，没有偏私。教育是一个特别需要公正的领域，因为受教育者是一个家庭、一个社区、一个民族、一个国家未来的希望所在。把公正丢失在受教育者心间，所带来的后果便是不公正现象的严重蔓延和越来越多的人对社会的失望和报复！古人说，“公则四通八达，私则一偏向隅”。班主任在个别教育过程中，对学生要一视同仁，不分性别，不分家庭背景，不分成绩优劣，不分干部学生，是非面前人人平等。“公信”靠“公心”赢得，公正地对待学生的班主任才能得到学生的拥护和尊敬。

二、个别教育的方法

（一）谈话法

这是教师使用最多也是最方便的方法，即班主任用语言对学生晓之以理、动之以情，提高学生的思想认识，帮他们分析学习、交往等方面的现状及其原因和解决问题的方法。师生之间的个别谈话是师生面对面的思想交流，也是双方直接的情感碰撞。对可塑性极强的学生来说，一次成功的谈话会给学生留下深刻的印象，会真切触动学生的情感脉搏，给学生以启发、鼓励。反之，也可以使学生消沉、迷惑，甚至一蹶不振。班主任与学生个别谈话要取得良好的效果，应符合以下基本要求：

（1）时机要恰当。人在不同的环境，不同的气氛中，会产生不同的心境。

因此，选择好谈话的时机，才能取得最佳的效果。以下情形是最佳的谈话时机：①学生有进步时。这时学生渴望被肯定，班主任在谈话时肯定并鼓励他们，学生往往能敞开心扉，接受老师的教育。②学生有异常时。一般来说，学生的情绪、态度、行为与平时有异时，往往预示着一些不平常的事会发生，此时班主任及时与学生谈话，能很好地帮助学生处理成长中的问题。③学生有困难时。学生在生活、学习和家庭等方面遇到困难或意外时，教师如能及时找学生谈话，了解情况，帮助解决困难，哪怕是帮助做一件事，学生都会感激不已，甚至终生难忘。

（2）环境要适宜。谈话场合影响人的心理情绪，对语言交谈有诱发作用和暗示作用。恰当地选择、驾驭和利用环境，是谈话成功的重要保证。谈话场合可以在办公室、教室、走廊、操场、饭厅、回家的路上等，班主任面对不同的学生或处理不同的事情，要注意选择对谈话有利或适宜的环境。如教师单独地对学生进行批评和告诫，会使学生感到教师爱护自己，给自己面子，从而会较好地接受教师的教导。教师在宿舍里与学生无拘无束地交谈，会使师生间的感情融洽。与一个腼腆学生的个别谈话，就不宜在有很多教师的办公室里进行。

（3）态度要真诚。在进行个别谈话时，班主任真诚的态度不仅有利于消除学生的紧张和顾虑，而且可以避免产生不必要的隔阂和对立情绪。同时，也会使学生感到教师对他的关怀与爱护，从内心萌发和增强对教师的尊敬和信赖。真诚的态度往往是由亲切自然的表情、诚恳温和的言语、良好而稳定的情绪等要素综合而成的。

（二）契约法

有些学生的问题不是认识问题，而是意志或行为习惯问题。在这种情况下，即使老师经常情真意切地讲道理，换来的也往往是“虚心接受，坚决不改”的结果。这时，班主任还可以通过契约法来帮助学生克服不良行为。

契约就是双方经过谈判，共同同意的一种对双方均有约束力的约定。它可以是口头的，也可以是书面的。

我国心理学者曾经成功地用这种方法对一个小学生的作业潦草行为进行矫正。这个小学生写的字东倒西歪，字的大小不一，行与行不分，笔顺不规范，作业和测验经常因此被扣分。另外，这个小学生的生活习惯也过于随便，如书本皱褶，文具凌乱等。对他进行多次规劝和告诫都不管用。但是，有一次，老师发现，当他知道认真做作业后可以获得一本自己爱看的书时，他下工夫仔细做作业，字迹比平常清楚了许多。研究者决定用契约法对他进行纠正。

他们给这个小学生提出的要求是，每天仔细、认真地做作业，认真书写，字迹端正清楚，成绩有进步，同时生活习惯要有所改进。给他的奖励是一种

“代币”，这是用硬纸做成的小圆纸片，上面写有 1、2、5、10 等点值。做到了某种行为，就奖给相应的分值，用分值可以换他喜欢的食品、活动，如对照字帖练 100 字，笔顺正确，可以得 8 分；数学作业字迹清楚，没有扣分，得 3 分；作文、周记每篇 500 字以上，字迹工整，可以得 15 分；整理书包，可以得 2 分。如果某些行为违犯了契约上的规定，则会被扣分。

在契约中对得到的奖励分的用处有明确规定，例如，得 7 分可吃爱吃的食物或看电视动画片 15 分钟；得 40 分可选爱看的一本书；得 500 分可买一套新的运动服；得 1 000 分可和爸爸一起去露营或长途旅行。

经过两个月的训练，这个小学生的语文成绩提高了，做作业花的时间多了，作业潦草行为大为改观，其他行为如卫生习惯、爱劳动、生活作息等也有明显进步。

使用契约法时，班主任要注意几点：

（1）契约必须由协议双方共同制定。而且，应是学生自愿签订契约，千万不能勉强学生。

（2）奖惩的内容必须是双方都能接受的。奖励应就学生本人特别想要的结果提出，这样才有行为的动力；而惩罚必须是学生最不想得到的和最不愿接受的，这样才有约束力。

（3）契约的执行必须坚持到底，执行契约要不折不扣，客观公正。在契约执行过程中，班主任要严格监督，对学生做的情况进行及时的评价；发现契约有需要改进的地方，要在师生双方同意的情况下及时修改契约。

（三）家访法

班主任工作中有一项重要的内容，就是要走访每一个学生的家庭。学生的个性形成与家庭的关系最为密切，通过家访并结合学生在校内的表现，班主任才能对学生有一个较全面和正确的认识，才能有的放矢，因材施教。同时，通过家访还可以促进学校与社会、班主任与家长之间的沟通和了解，动员社会力量关心和支持教育工作。

家访有三种基本形式：普访、随访和定访。普访是对学生家庭普遍访问一次，班主任初接新班或开学初多采用这种形式。它能很快沟通师生感情，了解学生基本情况，为班务工作打下基础。随访是发现问题随时家访，它有助于及时解决问题，使学生稳定发展。定访是班主任与家长的定期联系，它适用于重点教育对象。

家访要取得效果，班主任要注意以下事项：

（1）要有准备。家访要与其他工作一样，有明确的目的，不能流于形式，为了家访而家访。因此，每次家访前，班主任首先要认真细致地思考此次家访要达到什么目的，如何达到这个目的。其次，家访前，班主任一方面要对家访学生的在校表现、各科学习、兴趣爱好、习惯、优缺点等了如指掌，以便家访时能信手拈来，提高家访的实效；另一方面，要了解一些学生家庭的情况，如学生父母的职业、受教育程度等，以便找到谈话的切入点和共商的基础。

（2）对家长要尊重。家访绝不是为了向家长转移教育任务，而是为了和家长取得联系，针对学生的不同性格和特点，共同寻求最合理的、最科学的方法，使学生健康成长。因此，班主任在家访时必须尊重家长，虚心听取家长的意见。不要居高临下地对家长教育孩子的方法指指点点，更不可一味把学生的问题归罪于家长。班主任尊重家长才能让家长感受到教师的良苦用心，从而从内心接纳班主任，并为家校合作奠定良好基础。

（3）对学生要多鼓励。教育学生时，以鼓励为主能激发学生的自尊心和自信心，也体现了教育者对学生的尊重。所以，在家访中，班主任对学生要多鼓励少指责，在肯定学生的基础上指出学生的问题。特别是那些有多种缺点且学习成绩差的学生，因其本身就有一种畏惧、羞愧、自责的心理，他们希望得到老师的鼓励和关怀，而不是指责。如果在这种情况下，老师不去肯定他平时的优点，而是一味指责他的缺点和错误，向家长“告状”，无疑是雪上加霜，这会使学生产生逆反心理，使师生的感情产生裂痕，不但会影响家访效果，还会影响以后的教育和转化工作。所以，班主任要把他们身上的闪光点向家长汇报，使家长体会到老师对自己的孩子做到了客观和公正，使学生感觉到老师对自己真心实意的关心、爱护。在此基础上，指出学生存在的缺点和不足就更容易被学生接受和认同。

（四）在线互动

进入21世纪，数字化、网络化、信息化改变了人们的生产、生活方式和思维方式，互联网凭借其时效快、方便、经济等特点，迅速成为人了解世界、掌握信息的主要渠道之一，越来越多的人习惯从“网上”获取信息。“上网”已成为人们日常生活的一部分。受这种潮流冲击，校园网民日益增多，甚至已发展成为规模庞大的“网上大军”。网络是今天的我们无法回避的虚拟现实，班主任应把网络作为个别教育的阵地。如利用e-mail、QQ做学生的思想工作，并加强与家长的沟通。

（五）学生成长导师制

学生成长导师制是以一对一的方式，由导师根据学生学习、生活等方面的需求，给予学生个别指导，以提升学生的一种方法。

导师可由班主任或科任教师担任，具体职责为思想引导、学业辅导、生活指导、心理疏导。导师根据自身特长及受导学生不同时期的特点，或与之面对面谈心，或借助电子邮箱、周记、书信、手机短信、活动、QQ 等各种载体与受导学生进行交流。近年来，“学生成长导师制”不断被尝试性地应用于学校教育。

第八章　我的发展我自主

——班主任专业自我成长

第一节　班主任自主发展的原动力

一、阻碍班主任自主发展的原因

（一）班主任职业特点

班主任职业最大的特点是千条线，一根针。班主任既要对学生进行思想政治和道德教育，又要对学生的身心健康进行保护和引导；既要教育、指导学生参加学校规定的各种劳动和体育锻炼，又要教育学生努力完成学习任务；既要进行班级日常管理，又要协调好科任教师的工作；既要关心学生的课外生活，又要做好家长和社会的工作，等等。而班主任本身既是学科教师，又是班级管理者，在承担相应的学科教学的同时，其他所有的学生工作还需由班主任来完成；学校各部门的工作，既多又杂，而且通常是齐头并进，但最终都是由班主任来贯彻执行的。还有一个关键点就是，学生出成绩一般是科任教师的功劳，而学生出问题则往往就是班主任的责任了。总之，班主任工作时间长、负担重、责任大，日复一日，工作更显机械、沉闷、无奈，甚至身心疲倦，不堪重负。这或许就是很多老师不愿做班主任的主要原因。

（二）自身的认识问题

除了班主任职业本身的特点以外，阻碍班主任发展的一个重要因素是班主任自身的思维习惯。人的行动是由思维主导的，什么样的思维决定了什么样的行动。现在的中小学教师在大学学的都是学科知识，有关班级管理和心理方面的知识和能力训练很少，因而教师很自然地把学科当作自己的专业，而班主任工作只是自己的一份兼职，随时可以推掉不做。在纷繁复杂的重压下，没有多少教师在思想上把班主任工作当作一门事业去学习、钻研、践行。大多数责任感强的班主任也只能称得上“职业型班主任”，“根据班级情况，根据工作要求，完成班级工作任务”，没有意识到要自我发展。因此，搞学科教研的教师很多，但搞班主任工作研究的却很少。

（三）学校的评价制度

不容否认，质量是生命线，学校对班主任的考核通常是以学习成绩和纪律表现作为标杆，而很少真正从学生和教师作为“人”的发展角度去评价。学生个体千差万别，而学校各职能部门的制度要求千人一面，那么，具有个性的学生和同一性纪律之间的冲突就不可避免了。事实上，学校的教育并不是万能的，并不是所有的学生都能在老师的教化下变好，然而，班主任却要因此而受牵连，甚至为学生的行为后果买单。学生出了问题，就责怪班主任，甚至有处分班主任的现象。学校无视班主任成长的过程，对班主任因专业知识欠缺造成的过失，没有宽容之心，没有心理和行为上的救助，加上班级的学习成绩不仅与班风学风有关，而且与科任教师的教学有关，但在评价班主任时，这些都算在班主任的头上。学校希望班主任凡事要全身心付出，不能容忍你有漏洞，不能容忍你犯错误，不能容忍你不出成绩。由于学生的错误、自身专业知识的匮乏以及科任老师的某些因素，班主任本来就不多的一点自尊心和成就感一次次遭到打击和销蚀。身心疲惫的班主任的工作热情也就逐渐消退，又谈何自我发展呢？

（四）社会对班主任的定位

教师职业，社会赋予了它神圣的光环：“教师是人类灵魂的工程师”、“教师是太阳底下最光辉的职业”。特别是班主任，绝对应该是学为人师，行为示范，甚至不食人间烟火。班主任性格要好，最好能包容一切，关爱所有的学生，才能要全面。可实际情况是，班主任是凡人，也有不足与过错。要求过高，超自身状态，超外部环境的要求，带来的可能是班主任的心理失衡。班主任工作时间长、负荷重、责任大、报酬低，甚至有些班主任得到的更多的是挫败感。因而班主任缺乏工作热情，没有自我发展的原动力。

二、班主任寻求自主发展的动力

（一）班主任自我的需求——班主任需要更精彩的人生

选择了教师这一职业，就选择了奉献。对于老师而言，可以这样安慰自己：对于管理者而言，不能因为教师的职业特点就要求教师只讲奉献，这不公平；不能因为教师的职业特点就要求老师要燃烧自己，照亮学生，这不道德；不能因为教师的职业特点，就不把老师的发展放在首位，这不科学。我们要有更长远的目光，更人文的精神，要让班主任的人生更精彩！如果不把教师的发展放在首位，不让教师享受教育的幸福，享受成长的幸福，享受自主发展的快乐，同时享受追求理想的成功，教师问题就会成为教育改革的瓶颈，成为整个教育系统中最难突破和改造的部分。以人为本的最终目的就是发展人。没有教师的主动发展，就很难有学生的主动发展；没有教师的教育创造，就很难有学生的创造精神。

（二）学生的需要——学生需要高素质的老师

学校教育提倡以人为本，就是要以学生和老师的发展为本。最终目的还是为了学生的发展。因为学校是为社会培养人才的地方，只有教师的素质提高了，才能真正使学生受益，为社会作出更大的贡献。学校的目的是培养学生，也是培养教师。一所好学校不仅能培养出优秀的社会建设者，也应该能够产生杰出的教育大师。因此，教师发展是前提、是关键，正如清华大学原校长梅贻琦先生的一句名言“大学者，非大楼也，大师之谓也”，道出了教师在学校发展中的核心地位。它告诉我们：教师素质的高低直接影响到学校教学质量的好坏，教师发展了，学校才能实现真正的腾飞。苏霍姆林斯基说过，“真正的教育是自我教育”。最好的发展是主动发展。因此，就班主任的发展而言，我们希望通过让班主任的自主发展带动学生的主动发展，以班主任的全面发展带动学生的全面发展。

（三）国家的需要——提高班主任素质迫在眉睫

1. 班主任自主发展是时代的要求

班主任是班级工作的组织者、班集体建设的指导者、中小学生健康教育的引领者，是中小学思想道德教育的骨干，是沟通家长和社区的桥梁，是实施素质教育的重要力量。因此，对班主任的培训工作刻不容缓。以人为本的最终目的就是发展人。如果不把班主任的自主发展放在校本培训工作的首要位置，校本培训问题就会成为教育改革的瓶颈。所以2006年6月，教育部下发了《关于进一步加强中小学班主任工作的意见》，文件要求各级教育部门应将中小学班主任培训纳入教师的全员培训计划，学校也应制订班主任培训计划，有组织地开展岗前和岗位培训，提高班主任的政治素质、业务素质、心理素质和工作及研究能力。2006年8月，教育部又下发了《教育部办公厅关于启动实施全国中小学班主任培训计划的通知》（教育厅〔203号〕06），对班主任工作进一步提出具体要求。可见，班主任的发展是时代的要求。

2. 班主任自主发展研究任重而道远

现在，全国大约有1 500万教师，他们目前面临的一个重大课题是改变教育方式，由管理型向服务型转变，新课程改革要求班主任角色由经验型向科研型转变，由适应型向创造型转变，由封闭型向开放型转变，由权威型向民主型转变，由关注短期发展型向关注终身发展型转变。众多班主任虽然敬业爱岗，乐于奉献，热爱和关心学生，具备班主任工作的基本素养和发展潜能，但在知识水平、教育观念、管理能力、管理策略等方面，班主任素质的结构与新课改对现代班主任的要求还存在一定的差距。新课改的理念还有待内化为班主任的自觉行为，个别班主任的观念还比较陈旧，道德修养还有待进一步提高，班主任的工作方法还有待创新，专业能力还有待进一步自主修炼，同行之间的交流还有待加强，自我反思的意识和能力有待提高，团队科研意识有待进一步强化，处理问题学生的工作艺术有待升华。这些都是我们每个班主任应该思考的问题。

三、魏书生的自主发展原动力

在中国教育界，提起魏书生，大多数人耳熟能详，都说魏书生是中国教育界的传奇人物，他没有经过正规师资教育，学历也只是中学，但他的成功在中国教育界早已形成“魏书生效应”。魏书生成功的秘诀在哪里？他的教育智慧又在哪里？带着这些问题，2008 年 3 月，我走进了他在盘锦市的办公室，面对面地采访了他。

我的问题：魏老师，您是一位自主成长起来的教育家，是中国最成功的班主任，不管是成功之前还是成名之后，你每天都自主、快乐、孜孜不倦地享受着工作中的快乐，请问您工作中的原动力是什么？

魏书生：我不敢不服从党的安排，于是就去教书，去了，我才发现我适合教书。当时那个形势，阶级斗争，人跟人斗得那么苦，而在学生这片天地里，这个课堂上，就没有这种人与人之间的角斗，而多了一种真诚和善良，所以就喜欢这个专业了。后来，也是学生的鼓舞，使得我越来越愿意思考人活着怎样才能幸福快乐这个问题。这个问题吧，在这个职业里比较容易（方便）思考。在宇宙空间弄出一个地球来，转来转去转出那么多人。这么多人活着干啥呢？还是快乐一点到地球上来吧。那么，这些人怎么才能快乐呢？我就愿意思考这件事。怎么才能让大家同时得到快乐？于是我就愿意看坎帕尼拉，太阳城啊；看理想国啊，柏拉图。于是也愿意看马克思，思考这些。这个职业很适合思考这些。我也愿意看佛陀、孔夫子、苏格拉底、耶稣。实际上他们都是老师，跟我们是同行，他们思考的也是这个问题。人的生老病死是自己不能左右的。生死问题自己永远说了不算的，就得看得开，想得通，放得下。那么病的问题呢？随着人类社会的进步，有些是能解决的，老的问题是不可能抗拒的。佛陀说的人生八苦啊，其中求不得之苦、别离之苦、怨恨之苦是经过打开心结之后能够解决得了的，那么，把生死忘记。让咱们来，咱们就来，让咱们走，咱们就走吧。其实，大伙没来之前，都不愿意上这地球来。因为报到第一天，大家不都是哭着、喊着来的吗？来了，才发现挺好的。天蓝、水清、花艳，绝大部分人都是善良的，又不想走了。不想走，也不行啊，总占着地方，后来的人就没地方待啊。既然这些说了不算，那么咱们就得看得开啊！想通了，让咱们来，咱们就来，让咱们走，咱们就走。那么，高高兴兴的就是这段时间，咱们说了算的。这部分时间，大部分事咱们说了也不算。空间上不算，时间上也不算：空间上安排谁家就谁家，想上省长家，一般都去不了，只能安排老百姓家待着。时间就把咱们安排在社会主义初级阶段呢！如果可以随便挑，随便活在哪个阶段，活在高级阶段就好多了。多了不用，再过500年，到这个地球上生活就比现在幸福多了。生在这个阶段，就得活在当下，我愿意思考这些问题。这些事情想通了，打开一些心结，真的能使人活得快乐，就有很多原动力。其实，对大的问题思考就是一个动力。

对自身问题的思考也是一个动力啊！说了不算的就得想通。你赶上挨批判呢，你就得挨批判。那么什么是说了不算的？挨批判，坐在那里，身体自己说了算。白天挨批判，晚上锻炼身体；白天挨批判，晚上还可以看马克思、列宁选集啊。这自己说了算。所以把说了不算的放下，说了算的捡起。于是你在挨批判的时候，照样锻炼、看书、这也是一种生存的动力。

我总觉得人先得把自己看小，就容易产生动力，也容易满怀感恩之心对待这个地球。因为不管怎么说，咱们真是苍茫宇宙中一颗极小极小的星球上的一个极小的生物。不管你做出多大的成绩，当总统，当首相，成为牛顿、爱因斯坦那样伟大的科学家也只是苍茫宇宙中的一颗极小星球上的一个生物，把这点想通了，就不会使自己活得很累。有点名、有点利或者失去一点名利就苦恼，都是不必要的。如果有幸当个球长，再弄个太阳系主任干干，也一点都不值得骄傲。因为这也是苍茫宇宙中一个很小很小星系上的一个小头。在苍茫宇宙中，太阳系不算什么。首先把自己看小，就骄傲不起来。宇宙之间稍微有点不顺当就能把咱们这个极小的星球弄碎了，但宇宙空间那么多星球就没把它灭了，还让它一年一年地转着，所以咱们就要满怀感恩之心。满怀感恩之心，因为你特别渺小啊！你就得找到那短暂而渺小生存的意义。抓紧时间做事，品尝做事的快乐。

接下来，动力就是感受快乐。而感受快乐，我的观念一直是这样：快乐是一个多层次、多角度的选择题。那么，像咱们这样的普通人，只能把工作、学习当作享受。咱们这个行业天天都在学习，那么多好的老师的经验，我们往这儿一坐，你想，经验全都学来了，多舒服。天天在工作之中，天天在责任之中，能够帮助学生，这是最持久的原动力。因为你做每件事都感受到舒服，享受到快乐，你说这个动力多便宜。我更多的原动力还是过程本身。如果我们能把这种过程的本身传递给更多的人，感受学习、工作尽责，那助人的享受，是从根本上改变一个人，也是从根本上给人快乐幸福。有时候忘了这个根本，把结果当享受，有时候也不强化过程的引导，这就使人们过多地强调努力学习考上大学，当科学家，当政治家，出名啊，这是一种本末倒置的教育。要回归本源，还是要感受过程，感受学习、工作本身。实际上，咱们研究的佛陀、孔子、苏格拉底、耶稣等，都没有太好的结果，但他们还在做着，宣传着，推广着他们自己的思想。是吧！佛陀为了从事教育事业，抛弃了王子的地位；孔夫子为了这个讲学的事业，历尽艰辛，他要是一心在官场，还能混得好一点；马克思也是为了事业，使自己生活得非常窘迫和艰难。这都是真事。但是我相信他们仍然是快乐的，从内心深处感到快乐。孔夫子安贫乐道，乐在其中。马克思最大的幸福就是为人类服务，他感到快乐，尽管那么穷困。而天晴日朗的现代社会，一般来说，学习工作尽责，不会再有前人那种很苦的结果，一般会有好的结果，这是我的动力。

采访魏书生后，我似乎感触到了他的心灵，感悟出他成功的真正原因。我认为他是这样的人：

第一，魏书生是个通达之人。为什么有的人会有远大的理想抱负，持久的人生目标，源源不断的动力，那是因为他们进入了一定的精神境界。人一旦进入那种境界就超越了自身，进入了永恒。所谓通达之人，就是明白自己生命意义的人，就是明白自己人生终极目标的人，也就是能准确定位自己人生的人。魏书生就是这样的一个人。6 年间，他主动提出申请当老师 150 多次。即使后来校长安排他做教导主任，他也一再要求让他继续当班主任兼教语文。后来他做了校长，把自己定位成一位大班主任。他做了局长后，还要到学校任教。从这几件事可以知道，魏书生一直都把自己定位在教师这个岗位上。他明白自己的人生意义就是为教育作贡献。

通达是把生命看透，但不看破。我觉得魏书生就是这样的人。他有着良好的习惯，他总能发现生活的美好。他胸怀宽广，宽容过去，宽容他人。他很会利用他身边的现有资源把事情做成而不是消极等待。牢牢树立为学生服务的思想是魏书生育人的另外一大特点。

通达之人就是明白自己人生真谛之人，就是清楚自己的这一生如何度过才有意义的人。

第二，魏书生是个探究之人。万事万物都有其运行的规律。在教育教学中，魏书生正是明白了教育的真谛，把握了育人的规律的人，所以他工作才轻松而富有成效。用魏书生自己的话说：“我一靠民主，二靠科学。民主是让学生主动去做，而科学的管理使学习形成习惯。”

他认为教育上的民主是帮助学生成为学习的主人，让学生产生主动学习的想法，再给予学生方法指导，包括阅读方法、写作方法；学生掌握了方法后，接下来是一系列的自检、互检、师检的检查系统，以便对学生的学习情况进行监督，最后让学生成为学习的主人。

他说，学生们在学习能力的发挥上无法划一，学生们学习的出发点不同，目标也不尽相同。因此，找到学生的起点，让不同层次的学生在自己的出发点上循序渐进，再持之以恒地学习是很重要的。尤其是对那些学习较为落后的学生，更要找出他们的起点。这是魏书生的探究精神。

第三，魏书生是个知行合一之人。为什么魏书生老师的讲座深受一线班主任们的喜欢？在中国，比他会说的专家肯定有，比他会写的专家也肯定有。但是很多专家说的是别人成功的故事，总结的是别人成功的道理，而魏书生讲述的恰恰是自己成功的方法，传播的是自己在实践中总结出来的理论，践行的是自己信奉的教育理念，演绎的是自己成功的故事。

其实，中国教育界不缺理论，也不缺理论家，缺的是能把自己的理论付诸实践做成事的实干家、改革家。魏书生身上体现了知行合一的教育理念。

如今，在我们的现实生活和工作中，职业倦怠对班主任的身心健康以及班主任的专业化成长具有重要的影响。原因很多，有社会、学校的因素，也有班主任个体的因素。其中之一就是，并非每个班主任都确立了自己的人生终极目标，或者说并不是每一个人都明白人生的真谛是什么！角色的冲突和角色的模糊仍然是阻碍我们进一步发展的根本原因。因为，如果让好多老师重新选择，他们绝对不会选择教师这一行，更不愿意选择担任班主任。如果有更好的机会，他们会随时选择另一种职业。这就造成了班主任身心不一的矛盾冲突，老师表面做的和心里想的似乎总是不一致，甚至很多老师所说的和所做的也不一致。很多时候我们心里所想的与内心深处真正渴望的目的也不一样，并且矛盾重重。

在这种情况下，我们的身心如何能合一？很多时候我们是被动地工作，我们的自由度很低、自主权很小。我们所有的教育教学活动并不都是按照教育的规律在进行。比如说，当受到工作压力时，当我们面对上级种种检查、评比时，为了维护自己的尊严，坦白说，有时就是为了保住自己的饭碗，我们的内心开始浮躁，我们的做法开始违背教育规律，我们也就陷入了急功近利的工作状态中。

综上所述，从魏书生自主成长的历程来看，我们不难得出这样的结论，魏书生是一位通达之人、探究之人，也是一位知行合一之人。这就是魏书生自主发展的原动力和他成功的秘诀。

第二节　班主任自主发展的途径

2008 年 9 月 27 日首届“全国中学班主任主题班会现场观摩及展评活动”

在南海举行，展示了来自广东、上海、北京、安徽、山东、河北、黑龙江、江苏等省市班主任的20节班会课。其中最令人瞩目和最让评委折服的是来自佛山市南海区九江中学贾高见老师“超越自我”的主题班会课。南京师范大学赵凯博士说：“我在全国各地听过不少的班会课，评过不少班会课，95分是我给的最高的一次，但这次我来到佛山，听了九江中学贾高见的班会课后，我毫不犹豫地给了100分。他这节课太真了，太完美了，我找不到扣分的地方。”

2008年10月15日，佛山市第二届中小学班主任专业能力大赛中，贾高见老师凭借出类拔萃的班主任专业知识，胜人一筹的临场应变能力，过五关斩六将，最终获得高中组的冠军。并获班会课（班集体活动）设计“最佳策划奖”，获教育故事叙述“最富智慧奖”。能力比赛有三个环节，即班会课（班集体活动）设计、教育故事叙述、情景答辩，主要综合考查班主任的专业能力和工作技巧，考察班主任的表达、应变、处理突发事件的能力，充分展示班主任的综合素质。

贾高见是谁？他是佛山市南海区九江中学一名普通的历史教师，才工作三年的班主任。他的班会课为什么能获得如此高的评价，他的班主任能力是如何练就的？老师们都在追问。于是我们就跟随着贾老师的脚步，走进了九江中学。原来九江中学是一所教育积淀深厚，富有现代办学特色的南海区属重点高中，位于儒林之乡九江镇，是为纪念康有为的恩师清代岭南名儒朱九江先生而兴建的。她有七十五年的办学历史，是康有为拜师求学的地方。百年儒风，辉煌相续。现在她是首批通过的全国示范性高中，是南海区班主任培训先进单位，是全国班主任专业化和现代班集体建设研究试验基地。他们研究的课题“班主任自主成长校本研究”是目前广东省唯一一个研究班主任成长的重点课题和唯一的基地。他们为班主任的发展搭建自主成长平台，锻造班主任自主发展四大基本功。贾高见老师就是在这样的土壤里成长起来的。

一、专家引领，让自己的发展搭上成长的快车道

牛顿说过：“如果说我比别人看得更远些，那是因为我站在了巨人的肩上。”班主任的成长为什么就不能站在专家的肩膀上前行呢？既然我们自己都是老师，也是班主任，在教育学生的成长中，我们总是要求学生学会主动学习，学会查资料，主动请教老师。为什么我们自己的成长就不主动寻求帮助呢？在走进九江中学的班主任培训班时，就发现班主任们也同样寻求专家的引领。在请专家引领方面，他们坚持请班主任的偶像专家来引领。比如，魏书生、任小艾等教育专家是班主任的偶像。但请知名专家到学校来引领班主任工作并不是一件容易的事。真人请不来，他们就利用专家们的讲课录像、录音、发言稿、

出版的书籍等资源进行班主任培训工作。例如，他们第一次校本培训的材料就选用了2005年浙江省桐乡市全国班主任论坛魏书生和任小艾的录像。在培训过程中，他们认为关键是要内化专家观点，提升班主任自身素质。他们说，目前，在班主任培训过程中，这样的现象很普遍：专家们的讲座都很精彩，班主任们听得也很来劲，但专家走后，能留下的东西并不多。个中的原因在于我们自己没有把专家的观点内化、提升。因此，班主任的培训不能单看专家讲了多少，更重要的是班主任内化了多少，提升了多少。他们采取这样的方法：第一，利用多媒体技术，以专题为单位，分解专家的讲话内容；第二，观看专家讲座，主动和同伴讨论交流，把交流后的心得体会写在自己的博客上和其他同行继续交流。在整个专家引领过程中，“听”、“看”专家讲座是前提，讨论、交流是内化过程，提升班主任的素质是他们需要的结果。

贾高见老师的成功就源于他自己主动寻求了专家的帮助。专家的引领让他搭上了成长的快车道。其中魏书生就是他自己主动寻求引领的专家。下面是他追随魏书生的一个案例：

我和大家一样，对魏老师佩服得五体投地，但是，毫不讳言地说，魏老师带给我的不只是“解放”的曙光，更有失败的痛和迷惘——第一次接触到魏老师，听到魏老师的“自主管理”的时候，我无法用语言表述我的震撼和兴奋，好像黑夜中摸索的行者看到了光亮就在眼前，当时最大的冲动就是马上实践“人人有事做、事事有人做”的自主管理策略。年轻人什么都缺，就是不缺冲动。几天后我在班里开始实行自主管理策略，我骄傲的期待换来的是无以言表的困惑和迷惘：“人人有事做”的后果却是“事事没人做”，“自主管理”的班级好像成为“无人管理”的班级，莫大的讽刺。

师从名门却出师不利，这很明显不是魏老师所传授的自主管理的结果。苦闷、迷惘，巨大的挫败感冲击年轻的心灵，突然想到齐白石先生对他的学生说的一句话：学我者生，似我者死。很显然我只学到了很表层的东西，没有学习到魏老师的思想精髓。摔倒并不可悲，可悲的是摔倒了还不知道自己是怎么摔倒的。那么，我的工作到底存在什么问题呢？魏老师的思想精髓应该是什么呢？

困惑、迷惘之后，我做了两件事情：①下载魏老师的更多视频，仔细地看，认真分析，争取找到他自主管理的精髓在哪里，仅靠一点皮毛就想打胜仗的可能性为零；②和同事、同学一起分析珠三角地区我们这类学校学生的心理状态和性格特点：南方人和北方人是有区别的，南方的学生和北方的学生肯定也会是有很大区别的，魏老师的自主管理方式在北方很畅销，直接迁移到南方却不一定行得通。

……

最后，他总结了：

到底怎么做才可能让我们的学生积极参与班务，实现自主管理的目标呢？就个人而言，我从以下几个步骤进行：第一步，“管”是为了“不管”，但是“不管”之前要有更到位的“管”。第二步，唤醒自主意识，激发全局观念。第三步，在“事事有人做”的基础上，引导学生“把事做正确”。第四步，绝对的权力等于绝对的腐败，加强监督，保证自主管理健康运转。第五步，“淡出”的班主任是班级发展方向的掌舵手和学生心理健康的护航手。

……

上面是我自己做班主任的思考和做法，我最想说的是：跟着大师的脚步，走自己的路。学习必不可少，学习可以给我们引导、启发，却永远代替不了我们自己的思考和行动，千里之行，始于足下，做一个更加优秀的班主任，从每天的学习、思考开始。

专家引领，让自己的发展搭上成长的快车道，是九江中学班主任培训中要求每一位班主任修炼的基本功之一。贾高见老师正是搭乘了这辆快车才取得神速的进步。

二、团队科研，让自己的专业成长不再孤独

在这个讲求合作、崇尚团队精神的时代，一个人要想取得优异的成绩，必须依靠团队的力量。只有把个人的追求跟集体的事业融为一体，他才不会感到孤独。南海九江中学的班主任校本培训，是通过团队科研，来推进整个班主任队伍的自主发展。

首先，学校成立德育科研核心小组，让一部分人先动起来。在班主任校本培训之初，他们并不强求所有班主任参加，而是先成立德育科研核心小组，其成员都是班主任中的佼佼者。他们不仅思想活跃，而且学习愿望强烈，真正起到了示范、带动作用。其次，学校选定若干试验班级，让班主任在行动中研究。他们把德育核心小组分为思想工作、学法指导、自主管理、健身健心等项目组，按照不同的研究方向，成员们选择试验班级，把学习和研究成果落实到班级管理中，然后制成课件，通过系列主题班会实现资源共享。他们的阶段性总结和试验论文，经过整理汇总，成为德育校本教材，被更多班主任借鉴和学习。第三，学校制定了培训管理制度，让团队科研有章可循，保证其持续和谐发展。团队科研既需要合作精神，更需要切实有效的管理。为此，他们严格核心小组管理，制定工作考核办法，规定工作考核要点，跟踪实验过程，同时要求各项目组完善试验方案，及时进行总结，上交研究论文。

陈熹老师是在团队科研中自主成长起来的一个典范。

【陈熹档案】

陈熹，2004 年华南师范大学毕业，2006 年第一次做班主任，2007 年第一次带毕业班，3 年教龄、2 年班主任经历的青年教师以本科率 69.5% 的高考佳绩位居平行班第一，让众多经验丰富、阅历深厚的骨干教师大跌眼镜；他撰写的学法指导论文《学生成长的快车道——师生共科研》在知名杂志《广东教育》2008 年第 9 期发表。

这样一个快速成长的青年教师，他的成长经历是怎样的呢？让我们一起走进他的天地。以下是笔者对他的一次访谈实录：

笔者：接班时毫无班主任经历，如何让学生相信你，愿意跟你一起拼搏高三呢？

陈：一开始也是忐忑不安。回想在高二分班并接手高二（6）班时，年轻人所特有的热情和缺乏经验的不安夹杂在我的脑海里：如何让 59 名同学健康快乐地成长？如何让 59 名学生家长望子成龙、望女成凤的梦想得以实现？如何让学生学得开心，家长放心？……带着诸多担忧与困惑，我参加了学校的德育科研小组，并动员学生一起积极参与研究，共同探索快乐高效学习之路。师生科研之路开始了……

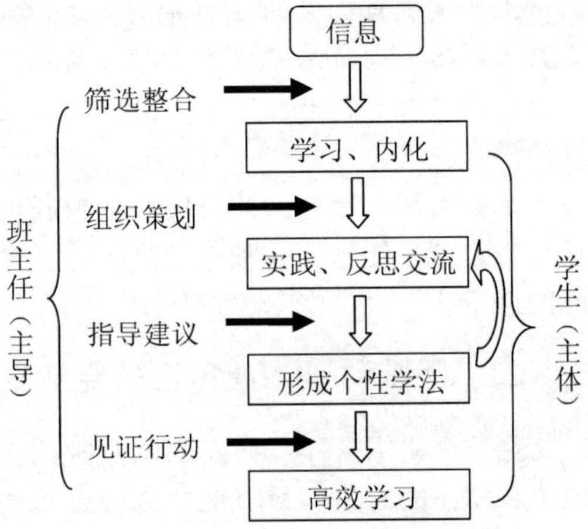

师生科研活动流程图

（注：信息内容包括教育工作者对自主学习的研究成果、名师指导建议、高考状元经验、师兄师姐优秀学习方法等，这些内容主要从网络中获得。）

笔者：也就是说参与校本培训让毫无班主任工作经历的你有信心、有勇气接受高三班主任工作，是吧？

陈：嗯，可以这么说，校本培训是年轻班主任成长的摇篮。校本培训中的德育科研让我们年轻班主任走上科学管理班级的道路，大大提高了工作效率。显著的工作效果更让我们感觉到校本培训的必要性和实效性。

笔者：那具体来说，你是怎么开展课题研究的呢？

陈：根据自选的研究课题——自主学习，我们设计了一个活动流程（见上图）。流程体现了师生科研中班主任的主导地位，同时也充分发挥了学生的主体作用，实现主导与主体的最佳结合。

班主任在师生科研中发挥主导作用，首先根据班级同学的实际情况，对网络中繁杂的学习方法或者经验进行筛选整合，使之适合本班学生，然后将筛选整合后的信息提供给学生学习、内化并指导自身学习实践活动。接着班主任组织策划主题班会等活动，在活动中，学生把自己的实践心得、经验与同学交流讨论，通过总结反思，并在班主任的指导建议下形成真正适合自己的个性学习方法，再反过来进一步指导自己学习活动，最后实现自主、快乐、高效学习。在整个过程中教师是引导者，学生是学法探究的主人，是个性学法的实践者。

笔者：这样一个思路是怎样来的呢？在平时班主任工作中又是如何开展的呢？

陈：该思路主要是着眼学生的实际情况而选择的，另外，当前自主学习理论研究比较成熟，而实践研究相对苍白。基于以上两点，选了这个课题。在平时工作中，主要包括三大方面。

笔者：能否详细谈谈，这三大方面具体是如何实施、如何开展实践研究的呢？

陈：好的。

第一，班主任筛选整合“信息”，学生内化“学法”。

当前自主学习理论研究已经硕果累累，故我们研究自主学习，则侧重于实践研究：如何将“自主学习”落到实处。

基于当今网络环境的高速发展，网络信息资源已经能够充分满足一般人的需求。对自主学习的研究成果、名师的指导建议、高考状元的经验、师兄师姐的优秀学习方法等信息资源同样已经充斥整个网络世界，让人眼花缭乱。面对这样一个充满“宝藏”的网络世界，教师首要的任务就是淘宝！即根据当前班级学生的实际情况，有针对性地选择合适有效的信息，通过主题班会课、班刊《快乐学习报》等载体，传送给学生。

通过这样一种形式，把教育界对自主学习的研究成果传递给学生，学生再通过与同学讨论和交流，进一步理解这种学习模式，为更好地指导自身学习活动奠定基础。这就完成了师生科研的第一个环节。

第二，班主任组织策划科研活动，学生反思，交流实践心得，形成个性学法。

要使学生的自主学习真正落到实处，达到“高效学习”，还要求学生具备以下四个必要条件：“能学”、“想学”、“会学”、“坚持学”。我校是一所区属重点高中，绝大部分学生都具备起码的学习能力，也即具备了“能学”和“想学”这两个条件。故我们对自主学习的研究核心就落在“会学”和“坚持学”上。“会学”，即如何有效地、科学地将自身的“自主意识”转换为踏踏实实的“自主行为”。“坚持学”，即无论学习过程中遇到多大的困难，依旧勇往直前，不畏艰难，把学习进行到底。教师在这一个环节的任务便是：策划科研活动，让学生真正行动起来，走上“会学”的道路，同时“坚持学”下去。

(1) 策划系列主题班会，学生掌握基本的学习策略。

学习策略是学生走上“会学”道路不可或缺的武器。教师通过策划系列主题班会，发挥班会课主阵地的作用，把适合本班学生实际的优秀学习策略介绍给学生。我认为学习策略可以分为两大方面。①学习生活管理。掌握管理学习生活的策略，使学生能够科学地安排学习时间，协调各个学科学习之间的矛盾，拟订学习计划，减少顾此失彼的现象。在学习过程中，能够根据自己的学习情况，自我调节和自我补救。根据班级情况，我们策划了主题班会系列Ⅰ——“如何管理时间”、“如何有效制订计划”、“协调学科矛盾：数学千万别学过火”等。临近高考，我们还开了一次以“做个善于冲刺的考生”为主题的班会，指导学生高考复习。②学科学习方法。掌握科学学习方法，可以使学生能够根据学科特点采取相应的学习方法，提高学习效率，达到事半功倍的效果。在学科学习方法上，我们针对2007年的高考模式——“3+X+基础”以及学科特点设计了主题班会系列Ⅱ——“如何学好数学”、“学好文科从早读开始”、“生物其实可以这样学”、“突破理科基础，成就07高考”等。

(2) 策划出版班刊《快乐学习报》，提供学习交流平台。

自办班刊《快乐学习报》是学生学习交流的第二大主阵地。每一期的班刊都是由学生自主编辑，老师审核出版的。每期班刊都有专栏《学法交流》。每期负责编辑的学生依据当前班级学习情况和学生的需要，在班上物色作者，为大家介绍他/她的学习方法，为全班同学提供最切合实际、最有效的学法指导。比如，负责编辑第5期《快乐学习报》的同学，根据学生学习热情不高、效率低下的实际情况，就邀请了班上学习勤奋、成绩优秀的李庆芳同学介绍她的学习心得。她给我们写了一篇精彩的文章《不经一番寒彻骨，怎得梅花扑鼻香》，不但与同学们分享了她的自主学习实践心得，最后还鼓励大家：“天下无难事，只怕有心人。不经一番寒彻骨，怎得梅花扑鼻香。同学们，让我们一起怀着梦想、握着信心、持着坚强与毅力，洒下一路的汗水，在校园里为梦想而奋斗、拼搏!”

由于《快乐学习报》具有“来源于学生，快速流通在学生中”这一特点，使得我们能够及时准确地解决学生的实际问题，在解决问题的过程中调整学习策略。《快乐学习报》也因其实用性和趣味性而深受学生们的支持和喜爱。

第三，班主任指导学生自我监督，践行自主、快乐、高效学习。

以上两个环节里面，学生在教师引导下，发挥了主动性，体现了学生的主体地位。学生学习研究总结的点点滴滴也都记录在学生科研周记《用汗水培育自己的快乐》里面。每个学生每个时期遇到的困惑和学习心得都记录在自己的科研周记中。学生详细记录了自己成长的过程，从而实现了“学习活动前自定目标、自拟计划，学习活动中自我监控、自我反馈和自我调节，学习活动后自我总结、自我评价和自我补救的目的”。教师成了学生忠实的倾听者、引导者。真诚的回复带去了对学生的理解、热心的建议，为学生指明前进的方向。有些是简简单单的几个字，有些是长篇大论。但是不管怎样，都让我们真真切切地感觉到：师生在一起研究，一起成长，一起为我们的梦想而奋斗。我们真的是在“用汗水培育着自己的快乐”。

笔者：你的这些宝贵经验很有实际意义，也有实效性，很值得班主任们学习。

陈：我把这些粗浅的认识写成了文章，并在《广东教育》2008 年第 9 期发表了，希望能给一些班主任带去帮助。

笔者：见你侃侃而谈、津津乐道的样子，可以看出研究的过程对你来说是种享受。

陈：嗯。走德育科研之路，一路上充满惊喜；德育科研，让我们年轻的班主任搭上专业化成长的快车道！同时也让我们班主任的工作不再孤独。

三、交流反思，在思维碰撞中生成教育智慧

交流反思是班主任自主发展的第三个基本功。南海九江中学班主任校本培训的重要目标，就是促使班主任加强交流，学会在实践中反思。他们的第一个做法就是以个人反思为基础，提炼教育方法和理念。为唤醒班主任的教育反思意识，进入“实践—反思—提高—再实践—再反思”这样一个螺旋式上升的良性循环，不断改善学校德育，提高教育实效，他们鼓励班主任把身边的鲜活案例用文字记录下来，或者把自己的管理方法和感悟发表在教师博客上进行交流。不到两年时间就出了 10 本班主任工作随笔，其中四位老师有了个人专集。第二个做法是：以互助学习为核心，促进班主任合作发展。在促进班主任加强学习和反思的同时，他们更注重教师之间的专业切磋、交流与合作，通过进一步细化校本教研来实现同伴互助、共同发展。学校每学期都根据专家的指导建议，确定校本培训各阶段的中心工作，举办一系列的公开课和研讨课，开展团队科研活动。第三个做法是：利用现代信息技术手段，学校成立了网络交流平台——九江中学教师博客。至今为止，全校共有一百多位老师注册了博客，发表教育日志近千篇，评论三千多条。这一交流平台的创建，既有利于班主任们交流思想，增进感情，也极大地激发了他们的专业发展积极性。

利用网络作为交流和反思的平台，新教育的创始人朱永新博士的做法可以说是最经典的。从 2004 年开始，他就向南京的校长和骨干教师“推销”一份“成功保险”：只要你每天写上一篇教育日记，10 年下来如果你还不成功，朱永新本人将以 1 赔 100 的比例进行赔偿。朱永新的“成功保险公司”是 2003 年在

“教育在线”网站创办之初开张的。所有参加教师只要声明加入，并按合同约定每天把一篇教育随笔贴在网站论坛上，就自然成为投保者。他的保险是这样写的：

“本公司宗旨：确保客户利益，激励客户成功。参保对象：不限。但尤其欢迎教育界人士，因为教育的成功是中华民族伟大复兴的基石。投保金额：不限。从数元至数千元任您自选。欢迎万元以上大客户。保期：10 年。投保条件：每日三省吾身，写千字文一篇。一天所见、所闻、所读、所思，无不可入文。十年后持 3 650 篇（计 365 万字）来本公司。理赔办法：如投保方自感 10 年后未能跻身成功者之列，本公司愿以一赔百，即现投万元者可成百万富翁（或富婆）。本公司只求客户成功，不以盈利为目的。所有利润将全部捐给希望工程。”

2008 年南海区班主任能力大赛的状元，石门中学的李俊兴也就是这样炼成的。

案例

学习—模仿—创新：李俊兴自主成长之路

成长不在乎起点

李俊兴老师的起点并不高。1999 年 8 月毕业于一所很普通的大专院校，在湘南一所僻远的农村初中当班主任，教初一的语文课。他的工作除了有年轻人的热心和认真之外，并没有多少现代教育技术含量。他说那时他每天精力充沛，昂扬向上，面带笑容，关心学生。除此之外，他跟所有班主任一样，每天在校园里面练竞走——早上赶着去看学生早操，上午赶着去看学生眼保健操，中午赶着去看学生午睡，下午赶着去看学生自习，晚上赶着去看学生晚自修、晚睡。就算这样，他还是没找到当班主任的那份运筹帷幄、那份从容自信——学生不交作业了，学生生病了，学生打架了，学生逃学了，学生私自下河洗澡了，学生失学了等都让他一筹莫展。让他终生都难忘且难受的一件事就是有位学生哭着跟他说要转班。听到这句话后，年轻气盛的李俊兴铁青着脸对学生说“有本事你叫校长来跟我说”。那个老实巴交的孩子没有找校长，而是在他面前跪了下来。最后李俊兴答应了他，但他觉得万箭穿心。

于是他变成了一个严厉的班主任。学生自习讲话，不问原因，罚抄 5 遍课文；学生迟到，不问原因，罚跑步 5 圈；学生没答出问题来，不问原因，站着上课……渐渐地，他发现孩子们的不良行为不见了，同时不见的还有他们的笑脸。不久后他选择离开了那所僻远的农村中学。

学习、模仿触摸了成功之门

2000 年 8 月，他出现在广东开平一所民办学校的校园里。工作环境的改变，让他认识了更多优秀的老师，让他开始接触最前沿的教育资讯。这一年，他学会了上网，读到了对他产生深远影响的四本书：李镇西老师的《走进心灵》、《爱心与教育》，魏书生老师的《班主任工作漫谈》，周弘的《赏识你的孩子》。一些新的教育教学理念在他心里扎根，他开始慢慢地运用一些新措施和技术激励学生，比如，开始让学生课前一齐喊“我是真的很不错”，开始让学生轮流写班级日记，开始实践着魏书生的“人人有事做，事事有人做”班级自治理念，开始模仿李镇西组织学生编写班级刊物《阳光小报》，开始每天晚自习前给学生读美文，开始搞“课前名著答辩”，开始带学生走出校园……渐渐地，他的班级成了全年级最优秀的班级，他的工作得到了领导、家长的认同。

更重要的，班上孩子们的笑脸变得越来越灿烂，学生对他的依恋越来越深。学生约他一起逛书店，约他一起喝早茶，带他参观世界文化遗产——碉楼群，给他叠千纸鹤，给他叠幸运星。他嗓子哑了，有人悄悄给他送上一盒金嗓子喉片；他没有女朋友，孩子告诉家长“你帮我们李老师介绍个女朋友啊”；他获得市优秀教师称号，有孩子给他发短信“老师，虽然我不是你最优秀的学生，但你是我最优秀的老师”。

1999 年到 2002 年的三年，是他教育之路上的第一个三年。这三年，他完成了第一次蜕变：从落后的农村初中走到发达地区的贵族学校，从初出茅庐的愣头青年成了市政府表彰的优秀教师。他对班级的管理真如他自己所说的是从盲目走向模仿。这次突变的原因在于他好学。

在模仿中创新

2002 年夏天由于学校方面的原因，他离开了开平，踏上了找工作的艰难历程。他开始上网搜索各学校的地址，然后按照网上的联系方式一个个打电话去咨询。珠海、中山、东莞、广州、佛山、惠州这些地方他都尝试过。最后只收获四个字：屡战屡败。

2002 年 8 月，经过几轮面试、笔试，从没有教过高中的他被佛山南海石门中学录用，开始了“代课教师”的生涯——两个班的语文教学，一个班的班主任工作。

在班主任工作方面，他亦步亦趋，跟着老班主任学习。让初中生上课前喊“我是真的很不错”，但他不敢让高中生喊——他怕学生说他无聊；下课后可以跟初中学生玩“撞羊角”，但他不敢跟高中生玩——他怕学生说他幼稚；跟初中生可以在教室“种”一棵许愿树，但他不敢让高中生“种”——他怕学生说他“搞形式主义”。

在新的工作单位，他又成了什么都不懂的新兵。因为“代课教师”这种身份，他对自己有了更高的要求——他一定要比正编教师做得更好才能获得“继续代课”的资格。他成了一个保姆式的班主任。他勤下宿舍，过问班级的每一件小事，累得精疲力竭，最后落得“负责任”的评价。这段时间，他感受不到学生对他的依恋，看不到学生由衷的笑脸。“学我者生，似我者死。”齐白石老人早已告诉我们。模仿永远没有办法突破。在教育教学中自己要多钻研，自己要多创造，即“学我者生”。惟其“学我者生”，教育教学才能“青出于蓝而胜于蓝”。代课的一年，是他不堪回首的一年。这一年里，他经历着人生的栉风沐雨：从一个正式老师成了代课教师，从一个小有名气的班主任成了一个随时会被解聘的孩子王。

2003年，在学生家长的鼎力帮助下，在学校领导多方努力下，他终于变成了一个正式的老师。这一年，他教高二3个班的语文，担任一个物理班的班主任工作。那个物理班，58个男生、7个女生。男生众多的班级说好听点叫“活跃”，说难听点叫“纪律差”。每次年级开会总会有领导说：“各班要注意，学生这段时间学习有所松懈，特别是物理班。”听到这里，他的腰板不自觉地就挺直了——准备替他的爱徒们接受教诲。

在高中，晚自习绝对禁止班主任在教室里发表长篇大论。自习课也少得可怜，学生每天忙着做9科的作业。自习时间想找学生谈心怕耽误他们做作业的时间，下午放学时间想找学生谈心怕耽误他们运动的时间，晚上去宿舍想跟学生聊几句又见他们忙着洗衣服洗澡……他再次陷入困顿当中。

别人带班有什么高招呢？

不是有人说“创造从模仿开始”吗？他先模仿别人的高招吧。有人说：“教室里面不能放饭盒，我要是发现，马上扔到垃圾桶去。学生以后就乖了。”那时候不知道老师和老师之间是有差别的，不知道别人能做的事情他却不能做。他傻傻地真扔了学生的饭盒。他不仅扔掉了那个饭盒，也扔掉了学生对他的好感。到现在，他还为那事情内疚。他发现自己在管理班级方面已是“黔驴技穷”。

走进教育在线，走向成功

在他无助与苦闷的时候，幸运地在教育在线读到了《“朱永新成功保险公司”开业启事》的帖子。内容如下：本公司为激励客户成功，决定开办朱永新成功保险；参保对象不限，但尤其欢迎教育界人士；保期十年；投保条件为投保者必须每日三省自身，写千字文一篇；十年后持3 650篇千字文来本公司；理赔办法，如投保者十年内未能跻身成功者之列，本公司愿以一赔百；声明，本公司只求客户成功，不以盈利为目的，所有利润全部捐赠希望工程。

这时，李俊兴老师就像一个快要放弃理想，几乎要溺水身亡的人抓到了一根救命稻草一样。读到这个帖子，他想到了鲁迅的那两句诗："心事浩茫连广宇，于无声处听惊雷。"他似乎一下子找到了奋斗的方向。在随笔论坛，他开了一个"于无声处"的随笔帖；在班主任论坛，他开了一个"文明治班，治出文明班"的专题帖。

因为这份激动与震撼，生活一下子变得有了寄托，有了方向，心灵也似乎有了皈依。在班主任论坛写着写着，就将帖子写成了精华；写着写着，就有作品在《师道》、《教师之友》、《中国教师报》、《广东教育》上发表。

这时的他觉得自己是一棵正在抽穗的稻子，甚至能听到他自己"嘎嘣嘎嘣"拔节的声音。因为写作，他学会了反思；因为反思，他得到了提升；因为提升，他赢得了学生。

结识教育在线，结识教育在线上的同路人，与他们交流让他发生了质的突变：因为反思，它由感性走向理性，由懵懂走向从容，由泛我走向自我。他不再盲目模仿名家，包括他的师傅李镇西，他在做最好的自己。

2005 年第一次任教高三，作文教学毫无章法，2006 年再次任教高三，总结出 10 万字的"人物感悟法"；2005 年初次任教高三，2006 年班上有学生夺得区语文单科第一名。从每天 1 000 字的班主任日记，到形成系列的"跟学生谈心专题"、"班级文化建设专题"、"家长教育智慧专题"。

他是在"用心做事"。从教育在线默默无闻的菜鸟，到"教育在线论坛五周年征文比赛"一等奖获得者，再到"教育在线年度优秀网友"，再到《现代教育报》的专栏撰稿人，那是"用心做事"的结果，那就是交流，是反思给他带来的回报。

2007 年 12 月 15 日，全国知名教育家李镇西正式收他为徒。他还获得了"全国心灵写诗金笔奖"。从此，每周三晚上可以跟师傅及其他徒弟"美丽相约"——天南海北的他们在 QQ 上畅谈一个个教育话题。

他很感谢教育在线。在与网友的交流中，不管网友们给予他的是激赏批评，还是鼓励劝慰，他都心怀感激。

几年来，每天反思教育，关注教育细节，记录教育的失败与成功，书写教育的迷茫与困惑，已经成了他的习惯。苏格拉底说：没有反思的生活是不值得过的生活。为了使自己的生活过得更有意义和价值，反思与写作成了他每天的必修课。迄今为止，他已经写下了 50 多万字的班主任工作日记。在反思中成长，在反思中积累做班主任的智慧，在反思中升华自己，这是他恒久的理想。

2007 年，他获得南海区十佳班主任称号；2008 年，他成为南海区班主任专业能力大赛总分状元。

是教育在线上的交流让他成长，是博客上的反思让他成熟、成名。

四、自主修炼，让班主任享受自主成长的喜悦

英国作家笛福曾说过：“一个要教育别人的人先教育好自己”。专家引领、团队科研和交流反思，是班主任校本培训的重要途径。然而，如果没有班主任坚持不懈的自我修炼、主动发展，一切外在的条件都只能是摆设。

因此，南海九江中学开展了设计“个人发展计划”活动，引导班主任结合学校近几年发展规划，自主制订个人近期和长期发展计划，分析自己的优势和劣势，明确努力的方向。同时，学校组织专家，帮助班主任完善个人发展计划，并以“描绘个人蓝图，谱写发展新篇”为主题，在全校范围内进行交流，强化教师的理想信念和个体发展愿望，对自己的人生目标进行科学定位。

为了让班主任享受教育的幸福和成功的喜悦，学校始终把班主任的发展放在重要位置，积极组织教师参加市、区级班主任培训课程，使班主任的视野不断开阔，目标更加明确，业务能力得到提高。在这方面做得最成功的恐怕是华师附中南海实验高中的陈雅洁老师，她是2007年广东省班主任能力大赛高中组一等奖获得者。

案例

思考—学习—成长：陈雅洁的自主成长之路

人们知道“陈雅洁”这个名字，似乎是从2007年她拿了广东省首届中小学班主任专业能力大赛高中组第一名开始的，而后来才知道陈雅洁还是“南海十佳班主任”，佛山、南海、桂城多项教育、教学比赛的获奖者。

陈雅洁很厉害吗？一点也不！

在2007年桂城教师节座谈会上，陈雅洁说了一番话，不是感谢，也不是炫耀的一段话，很实在，实在到令我觉得心里苦苦的，咂了很久才有那么一丝甘甜。

陈雅洁说：“很多人觉得全省第一名是一个很耀眼的光环，尤其对于一个青年班主任而言。有人问过我，是不是因为我聪明，是不是还有那么一点幸运。但是，没有人问过陈雅洁的日子是怎么过的，很少有人想象得到，我每天的睡眠时间加起来不足五个半小时，很少有人真正体会我成长路上那一深一浅的脚印，又有多少人知道我跌倒过多少回呢？如果说陈雅洁身上有一些可取的地方的话，不如说陈雅洁对事业的努力、拼搏以及对自身学习完善的热诚和坚持。”

陈雅洁是一个普通的女孩，后来成为一个普通的老师。她很喜欢教育，觉得教育是一项雕塑灵魂的事业，与民族前途密切相关。她不会讲很多大场面的

话，但是坚持要学生懂得“国家兴亡，匹夫有责”。她是一个女老师，但是要求学生的成长要刚性、大气。

陈雅洁教语文，也一直是班主任。我想专门讲讲班主任的事。刚出来工作的时候，一个很有才气和抱负的老师告诉她，当老师就要当班主任，不然你永远不懂什么是“学生”，什么是“老师”。

学生？陈雅洁觉得学生就是到学校学习的人，他们以学习为己任，生活规律而单纯。老师嘛，老师就是辛勤的园丁，帮助学生学有所成的人。这样的理解难道不对吗？

对，但是也不完全对。

陈雅洁接的第一拨学生，他们确实是来学校学习的，不过大部分觉得自己是被父母，或者说是被社会竞争激烈，一定要考上大学才有可能找到一份相对好一点的工作的观点逼来的。他们应该热爱学习，但是这种热爱似乎带着一些无奈。他们是一群珠三角活泼的孩子，视野开阔，生活时尚。当然，分心的事情多了，他们的入学成绩是令老师们有些不忍睹的。

年级实行分层教学，班与班之间的差别是很大的，这个班是最基层的，从成绩和行为习惯上讲当然比其他班逊色很多。陈雅洁每天的工作就是，带着这帮孩子学习和生活。处理科任老师的投诉，课堂不听讲，上课打瞌睡，顶撞老师，玩手机，早恋，偷东西，不愿意值日（还有学生认为先拖地板再扫地的），等等。晚上去查宿舍，发现按时睡觉的只有少数。嘿，高中的学生了，不会照顾自己，衣服积一个星期回家给老妈洗，打完球马上冲冷水澡，过会发烧了赶紧找陈雅洁给带去打吊针。每天从早上七点忙到夜里十一点，这个可怜的班主任还在处理琐琐碎碎的事情。

陈雅洁火大了，决定好好修补学生的心灵。教师的工作，尤其是班主任的工作，现在陈雅洁才明白了，很多情况下，必须先教如何做人。只有真正懂得珍惜生活，认真做人的学生，才会真正投入学习，为自己打拼，也为他人谋求幸福。

陈雅洁做着，思考着，解决着，归纳着，成长着。她发现，学习最重要。

学习什么？

第一年，陈雅洁忙着学习什么是班主任的工作内容，发现班主任工作像海一样不着边际；

第二年，她学着怎么样从深不见底、宽广无垠的海上打捞一点有用的东西，发现自身技术有限，但是工作似乎还很有意思；

第三年，她运用了多种“捕捞工具”，发现海上生活多姿多彩、乐趣无穷。这一年，她的收获很多；

第四年，陈雅洁正在筹集“资金”组建自己的打捞船，简单地说，她在形成自己的教育教学风格。

陈雅洁酷爱学习，学习一切她觉得有意思的东西。试举例说明。作为班主任，陈雅洁喜欢看一切她认为对班级管理有用的书，教育学的，心理学的，哲学、文学的，企业管理的，简单地说，她是一个杂食动物。她在班会课上讲《水煮三国》里面的例子，告诉学生三国的道理如何作用于现代市场营销和企业管理，而这些看似有趣的现代企业管理方法又可以如何转换以正面影响个人成长。陈雅洁喜欢兵法，处理问题时也使用兵法，有形的兵法透着无穷的管理智慧。学生说她奸诈，但是他们照样喜欢这位“奸诈”的班主任。因为斗智斗勇，所以其乐无穷，于老师是这样，于学生也是这样。陈雅洁也和学生讲古老儒家的浩然之气说，告诉学生要大气，有正气，有原则，有担当。她也经常使用各种各样的教育方法，针对不同特点的学生摸索合适的方法，多一些绿色批评，多一些方法引导。陈雅洁带过年级最低层次的班，但是她的学生通过竞选当上了年级唯一的一名团总支书。所谓的差班，却出了全校演讲比赛第一名的学生，也有学生获国家级作文奖项的，班级多次获得学校颁发的“精神文明班集体”称号。有学生因为家庭缘故转去其他省份读书，却还一直和老师联系着，学生一直坚持陈雅洁是点石成金的那个人。陈雅洁想，这就够了，她做了一些有用的事。其实班级不是不能出问题，关键是用什么方式解决，同时吸取教训，不要出重复性的问题。从学习中，陈雅洁懂得了班级管理中“危机也是转机”的道理。并以此告诉学生不要害怕成长中的困难，正是有了这些困难，才有了自身深刻的成长。

陈雅洁很喜欢从教育名家那里汲取营养，她看魏书生，看李镇西，看程红兵，看一切她觉得有思想、有实践、有成果的人的作品；她也喜欢接触工作中那些普通却踏踏实实为教育奉献着的人，比她年长的、比她年少的，多沟通讨论，多一些学习和思想上的碰撞。人为什么会成长，正是因为你身边有太多和你不同的人，多学习，多反思，这也是乐趣。

当然，你或许会问，陈雅洁的时间呢，她有很多时间用来学习吗？没有！但是挤时间也是一件快乐的事情，因为很有成就感。

……

陈雅洁是谁？

她就是一个老师，一个热爱生活、喜欢琢磨事情、喜欢学生、钟情教育、酷爱学习的老师。我们身边，这样的老师太多了，他们生活着，工作着，成长着，大家不都是这样一路走着吗？

我就是陈雅洁，我正在前行。我在享受着自主成长的喜悦。

第九章　走进学生的心灵世界

——个体与班级心理辅导

第一节　心理辅导是学生健康成长的“希望工程”

一、从小华“变坏”了说起——具备心理辅导能力是新时期对班主任的新要求

“新学期刚开始，读小学四年级的一直优秀的小华变了。他上课无心听讲，从不举手发言，经常与同学打架，有时还在校外吸烟，老师找他谈话时他一言不发。经过家访，老师了解到，原来小华的父母认为儿子已经大了，决定外出打工，离开前问小华的意见，小华只是沉着脸，但没有反对。父母以为儿子无所谓，于是一起到大城市打工去了。父母离开后不久，小华就出现了上述行为问题。”表面看来，小华是学坏了，表现出品行不良行为。但是，深层分析可发现，小华的问题是由于成长中遭遇重大生活事件，一时产生不适应因而心理失去平衡，再加之童年期言语表达能力不足，因而他通过行为来表达、发泄不满。其实质并非因道德不良而导致的行为不端。所以如果对小华进行道德教育难有效果。小华需要的是班主任的理解、陪伴、支持、倾听和辅导。

在新时期，学生的生存环境复杂多变，类似上述的例子多有发生。据报道，在全国两亿多中小学生当中，有相当比例的学生存在着学习、考试、人际交往、环境适应、青春期、与父母沟通等方面的心理问题。这些问题的认识和解决需要借助心理学，特别是心理辅导的帮助。所以，从新时期学校和学生实际来看，班主任需要提升心理辅导的技能技巧，以帮助学生解决心理问题，促使学生身心健康发展。

另一方面，随着社会的文明进步，时代精神强调体现以人为本，强调重视人的潜能发挥和主体作用，突出对生命的尊重，对人的关怀，尤其是对人精神生活的关怀。一位哲学学者说到：“中国现代化事业的一个重要的建设层面就是人的心性层面，现代教育不仅要传播科学知识，而且也要重建和传播人文精神，帮助人们提高心灵素质，进入真、善、美统一的人格境界。”可见，就弘扬时代

精神、顺应社会发展潮流来说，也需要班主任能通过心理辅导以优化学生和班级的心理环境，使学生身心健康的同时，还拥有丰富的人生。

二、助学生自助是学校心理辅导的宗旨

学校心理辅导是指以心理学、教育学、社会学、生理学等学科为理论基础，帮助学生积极地认识自我、改善自我、提升自我，以形成良好的人格与心理素质。就班主任老师承担的学生心理辅导而言，我们强调班主任要以发展的眼光看待学生的心理问题，要以积极的态度来换取受辅导学生积极的转变和发展。通过尊重学生的主体地位，以助学生自助成长。

学校心理辅导是一项严肃、认真的工作。它区别于说教，更重视接纳和利用学生的感受辅助学生自我体验、自我感悟；它区别于心理治疗，更多时候是针对学生成长中的问题，以预防和维持学生的心理健康、发展学生的心理潜能；它区别于聊天，需要以各科理论为依据，结合心理辅导技巧进行有目的的引导。班主任掌握学生心理辅导的知识和技巧，还能更好地了解学生成长过程中的心理需要、更有效地与学生沟通和建立和谐的师生关系。

学校心理辅导主要包括学生个体心理辅导、小组心理辅导和以班级为本的心理辅导。

本章主要讨论班主任要着重掌握的个体心理辅导技巧和班级心理辅导技巧。

三、良好氛围的构建是学校心理辅导取得成效的关键

无论是个体心理辅导还是班级心理辅导，辅导效果获得的关键在于良好师生关系的建立、和谐心理氛围的构建。

构建一个推动受辅导学生自我觉察、自我改变、自我发展的良好氛围，要求班主任遵循四方面的原则：

1. 真诚理解的原则

真诚理解的原则是体现心理辅导的最基本的专业态度。具体包括，首先，班主任要能站在学生的角度体会学生的心情——具备同情心；其次，班主任要尊重和接纳受辅导学生，即尊重学生的个人价值，接纳学生表现出来的感情和态度。有学者指出，接纳是辅导者对受辅导者表示出的尊重。通过接纳，辅导者才可在辅导过程中给受辅导者营造一个安全的环境，让他们得以自由地探讨自己的内心世界；再次，辅导中班主任要怀抱真诚之心、以真实的自我面貌出现，以此让学生敞开心扉、尽诉心中情。

2. 积极鼓励的原则

一方面，班主任辅导学生时，要坚持态度积极的原则，即要多从正面、积

极的角度看待受辅导学生的行为和问题，要坚信每一个学生都有其独特潜质可以发挥。以此可以强化受辅导学生克服困难，重建自我的愿望与信心。另一方面，班主任通过鼓励，及时肯定和支持受辅导学生，可以满足学生获得欣赏和爱的需要，从而激发自尊自爱的心理和行为。

3. 耐心的原则

心理辅导是一项十分微妙、复杂细腻又富于变化的工作，学生经常有意无意地在试探老师的耐心和接纳程度，以确定自己是否被尊重。耐心的原则要求班主任抱有积极的人生观，始终如一地坚信学生是向善、向上的。同时，能够理解学生的自我反省和变化可能因为各种内外界的影响出现反复和不一致，能够理解心理辅导的预期效果的获得不是一朝一夕之功。

4. 保密的原则

要求心理辅导老师对受辅导学生的隐私保密。这既是真诚与尊重的表现，也是心理辅导有效进行的保证。

第二节　个体心理辅导的过程和基本技巧

一、个体心理辅导的过程

对学生个体开展的心理辅导，是一个开放而复杂的非线性动态过程。一个完整的辅导过程主要包括以下四个阶段：

1. 建立关系，收集资料

建立和谐的师生关系是心理辅导过程的动力和基础。在此前提下，班主任还要全面了解辅导对象的心理状况和相关背景资料以判定问题。具体地说，班主任要以真诚接纳的心态，使受辅导的学生消除疑惧心理，愿意向班主任敞开心扉。在全面掌握情况的基础上，判定学生的主要心理问题、出现的时间、表现形式、形成过程以及问题的程度、后果等。如果需要，还得掌握学生的家庭情况、交友状况和成长历史。

2. 判断问题，制订方案

依据所掌握的资料，在系统思考、深入分析的基础上，与被辅导的学生充分沟通，达成解决问题的共识，并与被辅导学生一起制订辅导目标和辅导方案。包括制订辅导要达到的效果、所需时间及次数、所采用的主要方法等。力求所制订的目标和方案是受辅导学生自主建构的结果，不是班主任强加的教育。

3. 实施辅导，解决问题

实施辅导的过程是学生在老师帮助引导下，不断觉察自我、反思自我、调整改变自我、发展自我的过程。这一过程中老师重要的任务是以积极的态度接纳和鼓励学生，并可利用学生已有的资源如家长、同伴等，共同影响帮助被辅导的学生。还有，班主任对受辅导学生自我改变或成长过程中出现的反复变化要有足够的心理准备，并且要灵活调整辅导目标和方案。

4. 反馈跟进，强化效果

该阶段是辅导的后期。要求辅导的班主任收集反馈意见，评价辅导效果，布置后续作业，强化已发展的新行为。反馈可通过与学生交谈、请学生写辅导后日记、家访、问卷等方式进行。结束辅导后班主任还要让被辅导的学生感受到老师仍然在关心他、鼓励他，借此强化已发生的改变。

上述四阶段并不是决然分隔，也无划一的时间要求，辅导时应根据学生的需要及其问题的性质，灵活推进辅导过程。

二、个体心理辅导的基本技巧

（一）尊重的体现、同感的基石——全神贯注的技巧

让我们想象一下，如果学生走近班主任寻求心理辅导，老师看一眼后转视他处，或头也不抬地问："有什么问题请说。"学生的感受会是怎样？这是现实人际交往中经常发生的情况。如果心理辅导中发生这样的行为，便足以破坏师生的和谐关系。辅导中的全神贯注（attending）的技巧是指班主任老师用身体语言、面部表情和眼神向受辅导学生传达这样的信息：你是我现在唯一关注的目标，我会全心全意并全过程陪伴你。这一辅导的基本技巧应用是教师尊重学生的体现，是教师站在学生的角度体会学生心情（同感）的前提。

该技巧对辅导教师的具体要求如下：①细致观察学生的眼神、表情、手势、呼吸等，判断学生的情绪状态；②注意在学生说话时不要东张西望；③要让学生感觉到老师在专心地听他倾诉；④老师要通过语言和非语言的回应，来表达对学生的关注与理解。例如，看到学生神情紧张、呼吸急促、手足无措、肌肉紧绷等，老师可让学生舒服地坐好，也可以先递上一杯水，送上纸巾供学生擦汗等。

全神贯注的能力需要不断提升。老师工作中多数时候需要同时关注几十位学生，在注意的广度上可能能力较强，当一对一需要集中注意力时，或许有些难度。所以，老师日常中可有意识地训练自己的专注力。比如，在与同事、朋友、自己的孩子对话时，时时提醒自己做细致观察，走神时反省自己通常在什么情况下容易分心，并可主动征求谈话对象对自己专注力的评价意见，及时调整和改善。

（二）了解事实、把握真相——积极聆听的技巧

有心理学家将心理辅导比喻为："穿当事人的鞋，走当事人的路，用当事人的眼光看世界。"这里强调的是走进当事人心里是辅导取得效果的关键环节。而其前提条件无疑是积极聆听当事人的倾诉。

积极聆听（listening）的技巧指班主任倾听学生诉说内容，注意学生说话的语音语调，观察学生的身体语言，同时还包括让学生真切感觉到老师在认真倾听。日常的倾听可分几种层次：字面的倾听、内容的倾听、了解的倾听、理解的倾听、感同身受的倾听。心理辅导条件下的倾听要求的是积极的倾听——感同身受的倾听。

该技巧对辅导老师的要求如下：①老师先尽量驱赶自己内心的一些噪音，让自己完全平静；②适时用点头、微笑、注视、前倾和有限度的语言如"嗯"、"是的"、"我明白"等向对方表达自己正在聆听；③在学生完整表达出感受后，再进行必要的问话；④老师更多的是反映对学生感受的理解，而非叙述学生的事件资料；⑤不批评、不判断，以学生为中心。总之，老师要具备积极聆听的技巧，除了能够了解事实、把握真相外，还可以为学生营造一个安全的环境，让学生在倾诉中发现自己的问题、宣泄负面的情绪、整理出新的思路和作出新决定。所以，辅导中师生的角色，要有异于日常班级管理中的班主任与学生的角色，即老师要以更多沉默去鼓励学生更多地讲话。

（三）理清思绪、澄清问题——简洁具体的技巧

简洁具体（concreteness）的技巧是指在辅导中，如果学生叙述事情、感受时用词过于概括、虚泛或杂乱无章，老师就需运用简洁具体的语言帮助学生表述具体细节、事实和感受。例如，学生说："我最近很烦，老妈事无巨细地管我，我总是惹我妈生气……"老师可以运用简洁具体的语言提问："……你最近心里烦的是你妈妈管得太细，还是烦你自己惹妈妈生气？"话语简洁具体的目的一是澄清具体事实；二是了解学生话语中所包含的具体含义和感受。

该技巧对辅导老师的要求如下：①该技巧应该在老师与学生建立了和谐的关系以及老师准备耐心倾听的前提下运用；②老师可以用让学生举例说明的方法表明问题。如学生说："我与父母有代沟，很苦恼……"老师可回应："发生了什么事情，让你觉得你与父母有代沟？"③注意只有在学生叙述过于概括或宽泛笼统而又比较重要的问题时，才进行简洁具体的提问，而非为提问而提问；④老师的话语本身要简洁具体。

简洁具体的语言对学生心理问题的解决有着重要作用。首先，它可以使老师的话语尽量和学生的感受和经验接近；其次，它有助于老师对学生的感受准确了解，设法使学生在最短的时间内对冲突的心理进行修正；再次，简洁具体的语言可以启发学生不断地思索逐渐明了自己的思路、情绪和问题，达到自助的效果。

（四）引导启发、调整认知——挑战面质的技巧

挑战面质（confrontation）的技巧是指在辅导关系中，当辅导老师发现受辅导学生的思想观念和言行发生冲突或者认知方式和思维方法有明显缺陷，于是通过挑战和异议来引导学生澄清他们混淆的感受和态度，推动学生克服其片面或主观认知的技巧。简单地说，辅导中老师发现学生的语言或行为不一致时，或是学生对自己的体验、评价与对他人的体验、评价不一致时，向学生提出疑问，使学生反省的过程就是挑战面质。

我们先来看看一段应用该技巧的辅导案例：

……

学生：我觉得张老师总是与我过不去，挑我的毛病。我最讨厌上他的课啦。

辅导教师：噢，你说说看。

学生：每次上课，他都会盯我，故意问我最难的问题，想使我难堪，下不了台。多少次了，他看我答不上题就开心，不让我坐下。

辅导教师：你认为你总是被问到最难的问题，是吗？

学生：是啊。其实我没做错什么事，他为什么要使我难堪呢？

辅导教师：所以你感到很不公平，是吗？

学生：是啊。

辅导教师：那张老师对其他学生呢？

学生：他对他喜欢的学生就很好，对他不喜欢的学生也一样不客气。

辅导教师：比如呢？

学生：比如他对张小平，李小明，赵小强也很不客气。

辅导教师：所以张老师不止是对你一个人不留面子，对吗？

学生：对，所以我们几个人经常一起骂他。

辅导教师：在别的老师课上，你有没有同样的感受？

学生：在英文课和历史课上，也有同样感觉，但不那么强烈。

辅导老师：你觉得张老师为什么会这样对你们？

学生：还不是因为我们上课说话，可是我们听不懂数学呀，上课太闷才互相说话的。

辅导教师：你觉得这样做对吗？

学生：是不对。可张老师对我越不客气，我就越想这么做。

辅导教师：这样做能解决问题吗？

学生：解决不了。但我也要让张老师知道我不是好欺负的。

辅导教师：那又怎么样？

学生：让他以后不要来找我的麻烦。

辅导教师：你把老师上课提问当作找你的麻烦？那你如果能答对问题呢？

学生：有一次我真的答对了，我好开心。终于没让他难住，他还说了我一声好呐。

辅导教师：那你觉得张老师是在找你麻烦吗？

学生：就算是吧。

辅导教师：怎么讲？

学生：他心里肯定不希望我答对。

辅导教师：如果他不希望你答对，为什么还要表扬你？

学生：因为我答对了，他就应该表扬我。

辅导教师：那是不是每个提问答对的同学都受到表扬。

学生：不是的。

辅导教师：那张老师为什么要表扬你呢？

学生：我想……我想他是鼓励我。

辅导教师：那你能说张老师总在与你过不去吗？

学生：这……

……

（引自岳晓东著：《中小学心理辅导》）

上述对话过程，老师只是就学生叙述中难以自圆其说之处，提出疑问，引导学生找到问题真相，通过自己得出的答案解决自己的情绪问题。老师没有直接评价或否定、批评指责。

该技巧对辅导老师的要求如下：①以尊重同感为前提和基础；②准确引用学生陈述的事实来改变学生的认识偏差；③切忌让学生感到老师是在与之斗智斗勇、仗势压人；④应用该技巧之前，老师可先自问，这是出于关心对方还是出于想教训惩罚或压制对方，后者已违背辅导的原则；⑤力求问而非审，质而不压；⑥切忌用它来发泄自己的消极感受。

挑战面质的方法运用得当，学生可以领会到老师的爱心。透过老师的提问引导，学生可以自发认识到其认知与思维方法中的偏差，产生醍醐灌顶、豁然开朗的感觉。

（五）导之以行，因材施“矫”——行为矫正的技巧

行为矫正（behavioral modification）的技巧，是建立在行为主义学习理论基础上的行为疗法，指辅导教师采用强化的奖惩手段来帮助学生塑造或改变某一行为的方法。通常使用的正强化技巧包括私下或公开表扬、实物奖励如奖状、奖品、奖金等，用以使学生获得心理上的愉悦和满足，从而塑造新行为；负强化的技巧在于造成不愉快的体验以使学生放弃旧的不良行为，它包括口头批评、取消学生参与其喜爱的活动的资格等，有别于班主任老师日常班级管理中所采用的表扬、批评或小红花奖励等方法。辅导条件下的行为矫正技巧很注重辅导目标的明确和辅导计划的具体。其主要程序有：界定问题、查清背景、确定目标、实施行动等阶段。

该技巧对辅导老师的要求如下：①与学生深入交谈，共同确定所要塑造的行为或所要改变的行为，如考试中有散漫状态，戒除网瘾等；②了解被辅导学生的价值取向，选定合适的强化物或事情，如戒除网瘾后，有的学生渴望一次旅游，有的盼望看一场电影，有的希望父母每天陪伴自己两小时。辅导老师要因学生的独特需要确定与之对应的强化物或事情；③制订明确的矫正计划；④控制行为矫正的时间表；⑤鼓励更多运用正强化，慎用负强化手段；⑥不断对学生行为作出评估和给出及时反馈，让学生看到自己的进步和成绩。

以上介绍的是个别心理辅导中众多技巧的主要几种。需要说明的是，它们同样也是班级心理辅导的基本功。

第三节　班级心理辅导的过程和基本技巧

这里讨论的班级心理辅导是指基于班级团体的心理问题或发展目标为本的心理辅导，是团体心理辅导结合学校班集体实际而得以发展的心理辅导形式。由班主任老师承担这项工作，是体现新时期班级人本化管理的新措施。团体心理辅导中的辅导效率高、辅导资源丰富、感染力强、在观察中学习等优势，这些是班级心理辅导的有利条件。

一、班级心理辅导的基本过程

班主任老师了解到班集体中多数学生的共同心理需要后，可确定围绕某一班级心理辅导。视目标的大小确定辅导时间，可在一节课内进行，也可在数节课的时间内进行，可于班会课也可于课外进行。如有的班主任发现，过完暑假，同学中普遍存在学习动力不足的情况，于是开展关于激发学习动机的班级心理辅导；有的老师发现校运会后，同学们因为本班竞赛成绩落后，失去对班级的认同而表现为一盘散沙，于是开展培养团队凝聚力的心理辅导等。一般而言，班级心理辅导的过程由四个阶段构成：

1. 热身阶段

辅导老师通过与全班同学一起玩轻松小游戏，或是做一些创意体操，或是边唱歌边做动作热身等，目的在于使学生放松心情、消除紧张、集中注意力积极投入到辅导中。

2. 互动凝聚阶段

热身阶段为启动心理辅导做好了准备。接着，辅导老师说明辅导的目标和辅导的概况，并进入互动凝聚阶段。该阶段通过学生围绕辅导主题展开互动体验活动，从而逐渐形成凝聚的团体，增进相互了解和培养相互间的信任感。老师要鼓励每一位学生投入参与，并以自己的言行示范对团体的信任。

3. 深入探索阶段

在班级团体成员间已经形成坦诚和互相信赖的氛围的基础上，本阶段借助各种活动或练习，引导学生通过自我觉察或同伴反馈，深入探索个人的态度、感受、价值观和行为等，从而加深自我认识，发现需要提升的方面，作出行为改变的决定。该阶段是取得辅导效果的关键阶段，其关键点在于围绕目标使学生投入体验，获得感受和感悟。

4. 结束阶段

辅导结束期要做的事情是强化过程中获得的效果，小结回顾辅导的全过程，让学生的经验更清晰和完整。还要提醒学生将在团体中学到的东西应用到日常生活中去。由于班级辅导人数较多，难以照顾到每一位学生，所以，结束时老师要说明有需要个别辅导的同学可寻求老师的帮助。

二、班级心理辅导的基本技巧

以下是一次班级心理辅导的方案，我们围绕方案中的各项工作谈相应的基本要求和基本技巧。

班级心理辅导之“交友大家谈”

一、目的

让学生明白与他人建立良好关系的重要性及与人建立朋友关系的要素。

二、一般说明

（一）本辅导由三部分组成

（二）材料准备

1. “朋友数一数”表格一张；

2. “真情流露”表格一张；

3. “朋友大拼盘”表格一张；

4. 每人带一支笔。

（三）地点：教室

（四）时间：60 分钟

三、活动内容

（一）热身活动：找朋友游戏（5 分钟）

（二）“朋友数一数”（15 分钟）

目标：通过引发学生回忆其身边的朋友，想想哪一类朋友较为重要，从而认识在生活中知己的重要。

步骤：

1. 辅导老师给学生派发“朋友数一数”表格一张，让其在 3 分钟内填写下表。

请在下列各项中，填下你所认识的朋友的名字，看看在 3 分钟内你写出多少？

a. 仅记得名字，平时只有打招呼的：

____

b. 普通朋友，平时会相约一起玩的：

____

c. 情投意合，能倾诉心事的：

____

2. 填写完后，辅导老师让大家统计一下各人写了多少个名，并请写得较多的组员与大家分享一下他们交友的心得。

3. 辅导老师让大家再想一想各类朋友中哪一种较为重要。

讨论：辅导老师要引导大家认识到知己对我们较为重要，因为知己可以互相倾诉心事，给予支持。不过，在现实中知己比起其他类型的朋友会少得多，所以，建立知己关系是不容易的。于是引出第二个活动：

（三）“真情流露”（15 分钟）

目标：引发组员回忆其好朋友与他相处的情景，从而使他们重新体验对朋友的正面感觉，加强其对朋友的重视及感受拥有朋友的重要。

步骤：

1. 辅导员给每位组员派发“真情流露”表格一张，让其在 5 分钟内写下他们的好朋友对待他们的态度及行为。

请回想一下你的好朋友如何对待你的，并回答以下问题：

a. 我的好朋友称赞我的一次经历：

____

b. 我的好朋友安慰我的一次经历：

____

c. 我的好朋友听我倾诉的一次经历：

____

d. 我的好朋友帮我解决问题的一次经历：

____

2. 填写完毕后，辅导员带领组员就表中的经历分享各人的经验和感受，加强组员对朋友的重视。

（四）“朋友大拼盘”（20分钟）

目标：让学生了解自己对好朋友的要求是什么，各种要素的比重如何，从而得出在建立知己朋友的关系上我们要注意的地方或方面。

步骤：辅导员派发“朋友大拼盘”表格一张，并说明这一环节是探讨自己对好朋友的要求是什么。因此，他们需要按重要程度分别填上五项。例如，真诚、友善、关怀、互相帮助、讲义气……

现在我们一起制作一个“朋友大拼盘”，请将你认为所需的材料依重要程度填写下表。

我认为好朋友应该是：

a. ________________两斤

b. ________________六两

c. ________________四片

d. ________________三茶匙

e. ________________少许

讨论分享：请谈谈你认为好朋友的要素中什么最重要？为什么？请想想交朋友中你的优势与最需要提升的方面是什么？今后生活中交朋友你有什么具体想法？

（五）小结（5分钟）

（引自江耀强著：《学生辅导的理论与技术》）

（一）确定辅导目标

班级心理辅导的目标可分为两类：一类是解决班级团体心理问题，如考试前焦虑、校运会后情绪低落等；一类是某阶段班级学生有待发展的心理能力，如初一时的人际交往技巧、高一年级的创造性思维能力等。班主任在了解全班同学的实际心理情况的基础上，确定符合学生需要和心理年龄特征的辅导目标。在确定辅导目标时老师要充分考虑这些问题：为什么要进行班级心理辅导？是大多数学生的心理需要吗？完全是为了帮助学生心理成长吗？目标确定后可考虑用体现新颖性、独特性、可理解性的语言表达出来，作为班级辅导的题目。例如，“面对焦虑话松弛”、“明日领袖计划”、“偶像崇拜与自我欣赏”等。

（二）考虑辅导的各项要素

确定辅导的地点、时间长度、所需资源等。如果是在室外进行，要考虑天气因素；如果有活动游戏（如信任背摔、盲行等），要确保安全措施；如果涉及父母的话题，要了解离异或单亲家庭学生的心理状况。辅导中所选的活动或练习，辅导老师最好自己体验或练习过，以利于理解学生的反应和引导学生。

（三）设计班级辅导方案

辅导方案撰写尽可能具体 。主线由辅导过程的热身阶段—互动凝聚阶段—深入探索阶段—结束阶段构成。依据四阶段选择适当的活动为辅导载体。缺乏经验的老师可详细设计出带领学生活动和带领学生分享的引导语，活动的规则也要简明清晰表述。辅导方案是辅导的方向盘，在此基础上由老师视现场实际需要创造性地执行。

（四）辅导实施过程的主要技巧

心理辅导中个别心理辅导和团体心理辅导的所有技巧都是班级心理辅导的技巧。这里介绍一些基本的和常用于班级心理辅导的技巧。

1. 热身活动的带领技巧

辅导老师应该事先体验、练习并掌握一系列热身活动，随时用于辅导中。热身活动有多种形式，如讲故事、猜谜语、互动游戏、唱歌、小笑话等都可以成为热身活动。一种引自港台团体康乐辅导的“带动唱”、“动作歌”活动，是选择轻松活泼有趣的歌曲，伴以与歌曲内容相配合的动作，穿插老师的辅导语，适合中小学班级心理辅导的热身活动。带领热身活动需要老师率先投入，要求学生做的老师首先要示范。老师以其适当的语言、声调和动作感染学生，一起达到热身的效果。

2. 短讲和提供信息的技巧

这种技巧是指在辅导过程中，老师就某一主题做一简短讲话，以解释、说明、概括或升华某一问题。该技巧的关键是简明、新颖有趣、有针对性。通常不超过5分钟。请看下例：

辅导老师：“……我来谈谈为什么我们不敢表达感受，原因通常有几方面：一是成长中表达感受没有得到鼓励。有些同学从小就有学习压抑感，如父母看到他哭了会说：‘不许哭！’看电视大笑时，父母说：‘女孩子别笑得太放肆，斯文点行不行！’久而久之，我们习惯了将感受隐藏起来。二是我国文化传统并不鼓励情绪表达。我国文化强调有涵养、中庸、能自控，导致表达情绪不为我们所重视和鼓励 。三是有些人害怕别人知道自己太多。因为多表达自己的真正感受，容易表露真正的自我，那么一些个人弱点也容易暴露出来。四是有些同学并不认识自己的感受。由于我们惯性的压抑或隐藏，导致随年龄的增大，对自己的感受越来越麻木而不认识了，更无从表达了……感受能带给我们许多信息，适当的情绪表达是一种重要的沟通方式，可以让我们彼此增进了解和深入沟通……”

3. 鼓励和支持的技巧

班级辅导是在团体中进行的，团体会给学生在自我探索或开放自我时带来压力，所以老师以温暖的声音、愉快真实的表情和开放的姿态来传递对学生的支持和鼓励十分重要。请看下例：

辅导老师：“今天我们探讨的话题有些敏感，大家开始时感到有些紧张是很正常的，当大家知道我们为的是共同的成长目标，而且当我们彼此更深入了解后，这种紧张就会有所减轻……”

4. 自我表露的技巧

这是指辅导老师将自己过去的或现在的经验、体会、感受与同学们分享的技术。其作用在于：以示范开放的态度推动学生开放共享彼此的经验体会等，建立和发展平等的、“大家都一样”的氛围。自我表露的内容可以是老师自己当下的感受，也可以是老师过去的经历或遭遇。要注意的是，自我表露不宜过多、过度强烈，以免使学生将注意力过多集中到老师身上。请看下例：

学生：“数学学习最难，我们都讨厌害怕它。”

辅导老师：“数学学习的确难，我读书的时候也很不喜欢数学，甚至很害怕数学。后来我想，如果最难的学科我学好了，那我的学习生活不就可以很快乐了吗？于是我集中火力攻克这个强敌。后来我发现原来我越害怕它，它越欺负我；我越不怕它，它越没什么了不起……你们没想到今天我这位数学老师，当年也害怕讨厌过数学吧……”

5. 设限的技巧

这是指老师围绕辅导目的提出的各种规定和限制。如规定每位同学都要对辅导中分享的内容保密、讨论中不能打断别人的发言等。

6. 打断阻止技巧

这是指辅导老师针对辅导中出现的非建设性行为加以阻断的技巧。例如，当有的学生漫无边际地长篇大论时，当谈话远离主题时，当发生争吵时，当辅导时间受到限制时等，老师都要果断进行阻止，要注意阻止时对事不对人。请看下例：

辅导老师1：“小明，老师很欣赏你积极表达看法。关于‘拒绝’的意义我们已讨论过了，现在请你讲一个关于‘拒绝’的方法……”

辅导老师2：“小红，你的烦恼我们听到了，下面请你听听同学们给你的建议好吗？”

辅导老师3："……在这里先停一下，我看到有些小组违反游戏规则了。我们先来想想，我们的活动是为了什么？输赢很重要吗？"

7. **引导的技巧**

这是指辅导老师在辅导中诱发学生谈话、分享和推动学生深入探索的技术。老师们普遍感到辅导中既专业又有效地对学生加以引导有些困难，而引导正是辅导能否有效的关键因素。辅导中引导学生谈话分享的原因在于：集思广益才能获得团体辅导的最大效果；帮助表达有困难的学生大胆表达，可减少他们的心理压力和照顾到全体学生；通过引导可使话题围绕辅导目标进行；通过引导使辅导层层深入，获得心理探索的效果。

（1）关于沉默学生的引导技巧。学生中有一些沉默者，老师在对他们的学习方式充分尊重的基础上，可试探性地对他们进行特别关注和引导。这样做不仅是照顾团体的利益，也是对沉默学生的保护。因为团体中如果有同学总是沉默，来自自身和同伴不满的压力会渐渐增加。对沉默的学生老师要分析其原因：有的是有恐惧心理、有的属于性格安静、有的可能心不在焉、有的是小心谨慎、有的自卑退缩、有的是对同伴或老师不信任，等等。分析原因才能寻找到对策。

引导沉默学生表达与分享的方法有：①直接引发法。例如，辅导老师："小华，老师看到你很认真参与体验，而且经常在思考问题，你想与我们谈谈你的感受吗？"②间接引发法。例如，辅导老师："分享是派发给别人的最好礼物，每位同学都积极发言，我们就会拥有许多珍贵礼物……"③两人小组交谈。如老师发现有太多的人沉默时，可分两人小组交谈，让学生有机会发言。④轮流发言。如果太长时间冷场，老师可以要求："我建议从右边同学开始，每位同学轮流谈感受。"⑤书写练习后分享。学生在书写练习后，发言时较容易有素材。例如，辅导老师："我们先用十分钟时间，各自在报纸上写下两个问题的答案，问题为一次好朋友安慰你的经历、一次好朋友称赞你的经历。之后我们自愿分享大家思考出来的答案。"

（2）学生深入分享的引导技巧。班级心理辅导多为发展性心理辅导，通常引导学生经过"活动—体验—感悟—深入思考—对今后意义的联想"这一心理过程，来实现辅导效果。这一心理过程的推进需要辅导老师的专业引导，使辅导层层深入，触及学生心灵深处。具体的引导可以分三步：第一步引导——聚焦活动本身的分享的引导。如辅导老师可以这样加以引导："活动中发生了什么事情？大家看到、听到、发现什么？""你们写（画）了什么？""活动中感觉怎样？""练习中哪一部分给你们印象最深？"第二步引导——深入探索的引导。如辅导老师可以这样加以引导："活动的过程激起你们什么感受？""活动让你们领悟到什么？""你们通过分享得到什么启发？"第三步引导——学习迁移的引导。如辅导老师可以这样加以引导："从大家的分享过程各位有什么新发现?""大家发现今后自己可以提升的有哪些方面?""如何使活动中所学到的在你们的生活中帮助你们?""刚才的学习对你们在小组之外的生活有什么意义吗?"

8. 评价技巧

评价是团体辅导专业的重要环节，是对辅导的总体估计。评价分过程评价和结果评价。过程评价可调整或促进辅导进程，使班级团体保持发展动力；结果评价有助于老师了解辅导的状况和效果，为下一次辅导积累资料。评价者有三种角色：辅导老师、观察者、被辅导学生。评价的方式有：评价表、问卷、访谈与座谈等。

案例

班级心理辅导学生评价表

1. 经过这次辅导，我感到：（在与自己的感觉相符的项目前打√，可选多项）

满意	挑战	开心	愤怒	混乱
伤心	有动力	沉闷	消极	兴奋
有兴趣	害怕	很好	自豪	无聊
尴尬	骄傲	无助	失望	内疚
怀疑	有信心	安心	不肯定	积极
幸运	感动	有希望	愉快	充实

2. 辅导中我最满意的是：________________________________

____

3. 辅导中我的最大收获：________________________________

____

4. 辅导中我不明白的是：________________________________

____

5. 我认为这次辅导可以改进的地方：________________________

____

第十章　沉迷时的唤醒

——学生问题行为的干预与处理

第一节　让班主任头痛的学生问题行为

有经验的班主任在接手一个新班级之前都会先了解一下这个班级的学生目前的问题行为有哪些，集中在哪些学生身上等。尽管班主任做了充分的准备，可实际情况往往是这些学生的问题行为还是会耗费班主任大量的精力。不遵守学校规章制度、辱骂顶撞老师、不服从老师的管教、厌学、逃学、打架斗殴、考试作弊、不健康的迷恋与崇拜、早恋、沉迷网络、吸烟、酗酒、说谎、盗窃、离家出走、赌博以及社会暴力等都是班主任在日常工作中经常会遇到的青少年问题行为。

一、厌学、逃学

案例1

不愿去上学的小伟

小伟从上初三开始就染上了厌学、逃学的坏习惯。班主任向小伟家里反映，小伟的父母才知道自己的孩子在逃学。并不是父母太粗心，而是小伟平时表现得太“正常”，早晨该上学了，他就准时背起书包离开家，到下午放学时间他按时回家，平时说话处事也看不出什么变化，因此小伟的父母实在无法相信班主任所说的小伟一直在逃学的事实。小伟告诉父母，他大多数情况是早晨从家里出来后就在街上、公园等地方闲逛，等到放学的时间再回家。父母不明白的是自己的儿子为什么宁可在街上无所事事也不愿回到丰富多彩的课堂？

案例分析与点评

20世纪90年代香港喜剧演员周星驰主演的《逃学威龙》系列影片在引人们开怀一笑的同时也将人们的注意力吸引到了学校中厌学、逃学一族的身上。大多数学生都是因为处理问题或抗挫折的能力发展不完善，因此在人际交往、学业和自身发展等方面遇到困难时就会表现出种种的问题行为，厌学或逃学就是其中之一。引发学生出现厌学、逃学行为的原因较多，也较为复杂，现实生活中类似案例 1 中小伟的学生也不在少数。根据上海精神卫生中心 2007 年对 3 000 名适龄学生的抽样调查显示，大约 25.4% 的学生表示害怕或拒绝上学。

二、网络成瘾

案例2

因沉迷网络而厌学、逃学的初二学生小华

小华今年 15 岁，上初二，迷上网络游戏已经 1 年多了。小学的时候，小华的学习成绩还是不错的，能排在班里的前十名，老师们都反映小华是比较乖的那种男孩子。可是自从上了初中以后，不知道什么原因，小华突然感觉学习缺乏动力，开始厌学了。他不想读书，对班级的活动也没兴趣，只想去网吧。小华的父母意识到问题的严重性，他们试图和小华沟通，限制小华的零用钱，在劝说甚至哀求都无效之后，为了让孩子能够远离网络，小华的父母干脆把孩子反锁在家里。可只要有机会，小华还是会跑去网吧上网。没有零用钱，小华就用父母给的餐费上网，到后来餐费不足以支付上网的费用时，小华就开始偷家里和亲戚家的钱，现在大家都把小华当贼防着。

案例分析与点评

自 1995 年我国开通网络到现在，网络以惊人的速度和方式改变着人们的思维和生活方式。在为人们的生活和工作提供便利的同时，网络也滋生了新的青少年问题。越来越多的青少年沉迷在虚拟的空间里无法自拔，他们或者在网络游戏中寻找刺激，或者在聊天交友中排解空虚，尤其对网上泛滥的色情信息毫无招架之力。网络成瘾带来的损害中最容易引起老师和家长注意的就是学生学习成绩的变化。如果上网占据了学生的大部分学习和休息时间，那么他们必然没有足够的精力来完成学业，学习成绩急速倒退也是情理之中的事情。比学习成绩倒退更为严重的后果是网络成瘾会导致学生道德意识弱化，性格发生改变。网络上充斥着各种各样良莠不齐的信息，辨别力不强的青少年长期浸淫在不良信息中很容易造成思维混乱，道德意识弱化。案例 2 中的小华在小学时是老师眼中的乖孩子，网络成瘾却让他开始偷窃，现实中类似小华这样的例子还有很多。很多青少年为了筹集上网的资费不惜走上犯罪的道路。长期沉迷于虚拟的人际交往也会导致青少年在现实生活中人际互动不足，甚至脱离社会，与他人没有共同语言。此外，长期沉迷于网络还会造成青少年性格的改变，他们当中有些人会感到孤独不安、情绪低落、思维迟钝、自我评价降低等，严重的甚至会出现自杀意念或行为。

三、早恋及未成年人性行为

案例3

18岁却已堕胎两次的小仪

在广州荔湾区某大医院妇产科门诊室，打扮时髦的小仪正埋怨身旁的同伴："又说'前七后八'是安全期，不会有事，看，我又'中招'了，麻烦！"小仪是市内某职高高一学生，今年18岁，已经有一次堕胎史，聊起来毫不羞涩。下面是记者和她的对话。

记者：你还在读高中就有性生活？

小仪：很出奇吗？我有个同学在读初中的时候就已经和她男友住在一起啦！

记者：你男朋友没陪你来吗？

小仪：我又不是没来过，他有事，没空。

记者：你以前来过？

小仪：是啊，已经是第二次啦，上次来也是暑假，那时候可怕呢，听说很痛嘛。

记者：这次不怕了？

小仪：不怕了，其实不痛的，而且很快，20分钟搞定。

记者：为什么不采取预防措施呢？

小仪：已经用了，还是出事，算我倒霉，我男朋友不喜欢戴那玩意，没办法。

案例分析与点评

学业向左，爱情向右。这可能是很多班主任和家长视学生早恋为"洪水猛兽"，谈学生早恋即色变的主要原因。广东省性学会主持编辑的《2007年广东性学报告》中提出中学生在回答"你认为一个人的贞操十分重要吗?"这个问题时，60.93%的学生回答"是"，5.06%的学生回答"不重要"，而34.01%的学生认为"要看具体情况"。高三学生认为"要看具体情况"的达到41.77%。在面对"是否赞成中学生恋爱"这个问题时，有22.65%的学生持不赞成态度，持明确赞成态度的有18.98%，另外还有58.37%的学生认为"无所谓"。高三学生认为"无所谓"的达到66.88%。青少年无论是因为对成人世界的向往，还是出于对感情的渴望，又或者是迫于同伴的压力而陷入早恋的漩涡，甚至偷尝禁果，这些都将为其人生的发展添上不小的风险，这正是教师和家长想尽力避免的。现实生活中不乏类似案例3中小仪这样的青少年，纵然有其自身的原因使他们对恋爱和性抱无所谓的态度，但家庭、学校和整个社会性教育的缺失是脱不了干系的。

四、不健康的迷恋与崇拜

案例4

追星追得没了自我的小雯

小雯是一名小学六年级的学生，她是“超女”××的铁杆“粉丝”。小雯收集了偶像的大量画册、唱片和新闻报道，还会唱偶像的所有歌曲。小雯在自己的外形和举止上极力向偶像靠拢，她最喜欢听别人说她和她的偶像很相像。小雯不再关心自己的学习成绩，也不再关心自己与同伴之间的人际关系，甚至对父母也变得越来越冷淡疏远，唯一能让小雯牵肠挂肚的就是她的偶像。

案例分析与点评

追星文化是当今青少年文化中不可小觑的重要组成部分之一。几乎所有的老师和家长都熟悉这样一种情况：孩子可能记外语单词很费力气，对歌星、影星、球星的名字却记得清清楚楚；背一篇课文可能花很多时间也背不下来，但流行歌曲听个一两遍就会唱了。过度迷恋和崇拜明星偶像带来的直接负面效应就是学业的荒废，甚至还有可能导致人格扭曲、信仰失衡，在成年之后仍不能恢复正常，大有一追到底、至死方休的精神。媒体上关于青少年因迷恋某明星而痴狂，以至于耽误学业、耗尽家里的钱财、出现心理问题，甚至有极端者上演轻生的悲剧等的报道也都屡见不鲜。

五、打架斗殴等攻击性行为

案例5

爱欺负人的小刘

小刘现在读小学四年级，他其貌不扬，父母离异，学习成绩不理想，体育活动也很差劲，可以说很难在他身上发现什么过人之处。小刘唯一的嗜好就是欺负别人，上课时揪一下前面女生的辫子，起立时把旁边同学的椅子拿开，别人路过身边时把脚伸出去绊倒别人，他似乎在这些伤害他人的行为中能够获得快乐。当小刘伤害别人时，并没有什么特别的原因，别的同学也没有招惹他或对他表示不友好，他似乎是为了伤害别人而作恶，似乎是发自内心的“坏”。

案例分析与点评

近年来，青少年的攻击性行为呈上升趋势，临界犯罪攻击性行为增多，其性质越来越恶劣，对青少年品德的形成产生了严重的消极影响。一些学者认为攻击性行为是专门指那些出于品行、习惯和非理性冲动而产生的旨在伤害他人的行为。在这种界定下，攻击性行为不是为了报复，也不是为了财富，仅仅是为了满足一种不健康的心理需要。案例 5 中的小刘就符合这种情况，从中读者可以发现小刘伤害别人好像没有什么具体原因，并不是那种常见的应激状态下的打架骂人行为，小刘对别人的伤害看起来只是为了满足自己的需求。

六、吸烟

案例6

吸烟让自己看起来更有女人味的小霞

一天，上初一的小霞刚好在冲凉，妈妈突然想起女儿跟自己提过放在书包里的校服不合身，需要改一改，妈妈没有多想就打开了小霞的书包翻找校服。让妈妈意料不到的是女儿的书包里竟然有一盒香烟。接下来的日子里，妈妈越发仔细地观察小霞，可是找不到任何蛛丝马迹，这种事情没搞清楚又不好和老师讲。无奈之下妈妈就把自己的疑虑告诉了爸爸。小霞爸爸是个急脾气，等到小霞放学回家一进门，爸爸就厉声呵斥小霞，问她是否在吸烟。没有任何心理准备的小霞很惊恐，慌乱中只有和父母说实话。原来妈妈在书包里发现的那包香烟真是小霞的。当父母问小霞为什么要吸烟时，小霞说一开始自己也很排斥吸烟，可是同自己要好的几个女同学都开始吸了，而且她们还告诉小霞吸烟可以增加女人味，所以才会有更多男生喜欢她。

案例分析与点评

尽管人人知道吸烟是社会公害，对健康百害而无一利，可是吸烟大军的队伍仍在壮大，而且有年轻化和女性化的趋势。卫生部分别于1984 年、1996 年和2002 年进行的三次全国吸烟流行病学调查显示，我国青少年的吸烟率呈上升趋势，烟民趋向低龄化，与 1984 年比，2002 年初次吸烟的年龄提前 4 ~ 5 岁。2006 年我国青少年吸烟人数高达 5 000 万。青少年吸烟人数的上升，对我们民族和社会是一个潜在的危害。吸烟对青少年的健康具有极大的威胁，许多成年人疾病都与青少年时期的吸烟有关。

青少年由于辨别力、自制力和抗诱惑力都处在发展阶段，因此很容易受到同伴的压力或是社会媒体上充斥的不良信息的诱导而吸烟。案例 6 中的小霞初始吸烟就是因为受到同伴群体的诱导而开始的。

第二节　隐藏在问题行为背后的原因

总体而言，每种青少年问题行为都可以从家庭因素、自身因素、学校因素和社会文化因素中找到解释，每一种问题行为又有其独特的导致原因。下面针对不同的问题行为分别讨论其独特的导致原因。

一、厌学、逃学行为的可能成因

班主任需要相信的是厌学、逃学学生并不是一开始就厌学、逃学的。好奇心和求知欲是人类最基本的需要，没有人是一生下来就讨厌学习的，一定是有一些因素造成学生厌学甚至逃学。这些因素可能是：

（一）学校学习生活方面的原因

不适应新学校的生活是很多转学、升学以及升入新年级的学生出现厌学、逃学问题行为的常见因素。学习环境的改变需要学生调整自己原有的学习方式和学习习惯，需要学生重新建立人际关系。这些转变和调整会相应给学生带来压力，而一些适应能力较差的学生在这一压力面前可能会产生适应不良现象，进而产生厌学，甚至是逃学。此外在学校受到同学的欺侮和恐吓、受到老师的强烈呵斥，学业不振以及学习上有强烈的无力感、生活自理能力差、对学校班级的规章制度不满等都可能会导致学生出现厌学、逃学行为。

（二）家庭方面的原因

父母的期望过高、家庭生活环境的急剧变化、亲子关系紧张以及父母关系不和谐等因素都可能为学生增添心理压力，导致厌学、逃学行为的产生。此外家庭学习环境不良，使学生无法安心学习，也有可能促使学生产生厌学情绪。

（三）不良同伴的影响

经常与有厌学、逃学行为的不良同伴交往，也会影响学生对学习的态度和坚持。

（四）学生个人因素

学生个人因为缺乏学习的内在动机、自制力差、缺乏明确的学习目标，对学习的意义存在理解和认知上的障碍以及缺乏意志力和克服困难的毅力等，也会导致厌学、逃学行为。

二、沉迷网络的可能成因

（一）互联网本身的特点

网络本身仅仅是一个工具，原则上说工具是没有善恶之分的。网络本身的特点是吸引青少年喜爱网络甚至沉迷网络的一个重要原因。首先，网络的虚拟性允许青少年在其间可以毫无约束地挥洒自己的个性，无须负责，没有约束也没有压力。虚拟的网络已经成为很多青少年借以摆脱现实压力的首选方式。其次，网络的超越时空性为青少年提供了广阔的交友平台，满足学生情感发展的需求。第三，网络资源共享为学生学习、搜集资料提供了极大的便利。此外，网络上充斥的影音资料和各种游戏也是吸引学生流连忘返的重要原因。

（二）政府对青少年上网的监管力度不够

虽然政府一直在坚持打击黑网吧，而且也确实取得了一些成绩，但现实情况是仍然有大量的不良商人为了牟利而开设黑网吧，为青少年沉迷网络提供了场所和条件。毋庸置疑，黑网吧已经成为青少年沉迷网络的温床。

（三）不良同伴的影响

相当一部分有网络沉迷行为的青少年最初上网都是在同伴的怂恿之下开始的。青少年自身心理发展的特点决定了他们容易接受新鲜事物、辨别能力和自控能力不强、对成人世界以及对感情充满渴望，在不了解网络这把双刃剑的特点的情况下，极容易在不良同伴的怂恿之下而对网络沉迷。

（四）青少年个人因素

在现实生活中性格孤僻、被同伴群体拒绝、学业不振、来自家庭的压力过高（例如父母的高期望与父母关系不和以及亲子关系紧张）等因素都可能导致青少年依赖虚拟的网络来释放压力，寻求解脱。

三、早恋及未成年人性行为的可能成因

造成青少年出现早恋及未成年人性行为的因素主要包括以下三方面：

（一）青少年自身的发展

如前所述，进入青春期的学生性生理和性心理都进入飞速发展阶段。他们自然而然地会对异性产生好奇，渴望与异性接触。这些特点为一些青少年出现早恋行为奠定了心理基础。

（二）社会文化和媒体的不良影响

近些年，深受青少年欢迎的偶像剧中男女主人公的年龄逐渐呈现出低龄化的趋势。最初偶像剧中的男女主人公基本上是大学毕业刚走向社会的年龄层，到了20世纪90年代，在校大学生成为偶像剧的男女主人公，到现在更多的偶像剧反映的则是高中生甚至是初中生的生活。偶像剧的主题永远围绕的是男女主人公之间的爱情，青少年在追捧这些偶像剧的同时也获得了媒体传递给他们的信息：中学阶段是可以恋爱的，只要两人感情好，发生性关系也是自然而然的事情。在这种社会文化和媒体信息的影响下，青少年更多的是看到早恋带来的美好感觉，却对早恋为其人生发展所带来的巨大风险视而不见。

（三）性教育的失败

著名性学专家胡佩诚在广州演讲时直言："中国的家庭和课堂性教育完全失败。"这一说法有其极端之处，但也体现出现今性教育的形式确实不容乐观。

2005年由中国青少年基金会发起的一次公益论坛上，多名专家指出我国在青少年性教育上还存在不少误区。误区一：青少年的性教育已经够多了。然而根据杜蕾斯2005年全球性状况报告显示，中国青少年首次接受性教育的平均年龄是13.7岁，在被调查的41个国家中排倒数第七。误区二：性教育越早，发生性行为越早。误区三：性教育就是为了避免未婚先孕。

广东省性学会主持编辑的《2007广东性学报告》显示学生在遇到性问题时选择问老师的不足4%，有67.29%的学生"没有试过"问父母这些问题，有62.57%的学生希望父母在性教育方面能与他们坦诚交流，近40.20%的学生认为学校的性教育应该改进，增加更多教育课程。调查显示，学生性知识的来源首先来自书刊和媒体（占60%），其次是同学、朋友（占51.88%），再次是学校和老师（占23.37%），最后才是家长（占9.18%）。

当家庭和学校的性教育不能跟上学生性生理和性心理发展的需求时，教师和家长就很难保证学生是否形成了正确的性观念，是否掌握了足够的信息足以自我保护。因此个案3中小仪对性无所谓的态度很大程度上缘于其缺乏正确的性观念，这不能不说是家庭教育和学校教育的失职。

四、不健康的迷恋与崇拜

如今，想要找一个不追星的学生可能很难。媒体对明星们铺天盖地的报道以及他们帅气靓丽的外形再加上同伴们聊天的话题也总是围绕着偶像明星们，这些都让青少年们难逃追星之路。适当追星无可非议，而青少年在辨别能力和自控能力都未发展成熟的情况下很容易陷入对偶像明星的不健康迷恋与崇拜之中，无心向学，影响身心发展。青少年因为疯狂迷恋偶像而导致身心受创的例子不胜枚举。造成青少年出现不健康迷恋与崇拜行为的因素主要包括以下几个方面：

（一）媒体的影响

出于商业利益的考虑，媒体中的大部分篇幅、黄金播放时间都被娱乐新闻占据。这无疑对作为受众之一的青少年形成了一种暗示：娱乐明星们是很重要的人物，是值得模仿和崇拜的偶像。这一暗示会使反思能力不强的青少年不由自主地关注一切有关明星的信息，为青少年追星提供心理基础。

（二）个体因素

青少年处于人生发展的黄金时期，对新鲜事物的接受能力很强，而且极容易受事物外在因素的影响。明星们的良好外形是吸引青少年追捧的首要因素，而其内在个性品质却很少受到青少年的关注。

（三）同伴的影响

青少年的人际交往范围比较广，且容易受到同伴的影响，以致本来不大追星的同学为了不被同伴看作是“落伍”的人，不被视为“异端”，也会不自觉地开始追星。

五、攻击性行为的可能成因

青少年出现攻击性行为的原因包括：为了获得别人的关注、以攻击别人为乐、迁怒、模仿、报复、病态，等等。近几年来青少年的攻击性行为表现出组织性、破坏性、仿效性、预谋性和手段成人化等特点。归纳起来造成青少年出现攻击性行为的可能因素包括以下两个方面：

（一）家庭和社会因素

家庭成员品行不端、家庭暴力行为以及家庭教育方式不当等都可能导致学生出现攻击性行为。社会上宣扬暴力的影视作品、书刊以及网络游戏都会增加青少年模仿暴力行为的几率。另外，社会上的不良团伙和同伴对青少年的攻击性行为也有一定的影响。

（二）个人因素

有攻击性问题行为的学生多为性格和道德认知方面有缺欠，例如，自私、自我评价过高、容易自负、缺乏正确的是非观念、感情冲动、缺乏人际沟通能力、报复心强、好嫉妒、意志薄弱、自觉性和自制力低下，等等。

六、吸烟行为的可能成因

吸烟可能是前述问题行为中最为普遍的一种，无论是小学、初中还是高中，无论是重点学校还是一般学校，都存在这一问题行为。尽管每个烟盒上面都清楚地印刷有“吸烟有害健康”的字句，但青少年还是无视危害而选择吸烟。其中潜在的原因主要包括以下三个方面：

（一）社会和媒体不良信息的影响

在众多文学、影视作品中，英雄人物似乎总是与吸烟的形象联系在一起。青少年在接收这些媒体信息的时候也同时领悟到真正的英雄或者男子汉似乎总是吸烟的。英雄人物通常又是青少年争相模仿的对象。青少年对榜样的模仿往往是从行为举止和穿着打扮开始的，因此吸烟就成了青少年向英雄人物靠拢的一个标志。

（二）家人、同伴的影响

家人和同伴中如果有人吸烟，青少年会比其他同龄群体更容易出现吸烟行为。

（三）青少年自身的心理发展特点

处于青少年阶段的学生在身高和外貌上逐渐接近成年人，外形的成熟迫使其殷切希望自己在心理上也接近成年人。这种心理发展特点使得青少年具有强烈的成人感，喜欢以成人自居。在青少年眼中，吸烟就是人长大了的标志，是进入成人世界的一座桥梁。如果想让别人承认自己长大了，那么吸烟是个不错的选择。这种心理驱使青少年群体中吸烟的人数逐年增加，而且呈现出初始吸烟者低龄化和女性化的特点。

第三节　学生问题行为干预和处理策略

一、预防学生问题行为

案例 7

小雪变了

小雪今年 10 岁，一直以来都是个文静、听话的女孩子。可这一学期开始，班主任王老师发现小雪变了，变得沉默寡言，忧郁退缩，上课时注意力不集中，常常一个人望着窗外发呆。小雪的学习成绩也从上学期的班级十几名滑落到现在的倒数几名。

小雪的这些变化引起了王老师的注意。她找小雪谈话，小雪只是哭，什么也不说。其他同学也都不知道小雪为什么会这样。虽然小雪的行为并没有对其他同学和整个班级造成干扰，但王老师还是认为如果自己对小雪的这些变化不关心的话，小雪心理的正常发展肯定会受到影响，学业也很难顺利完成。王老师在和小雪沟通无效的情况下联系了她的家长，在和家长深入谈话之后，王老师终于找到了导致小雪变化的症结所在。原来暑假的时候，小雪的父母离婚了。父母离婚这件事本来就让小雪无所适从，又加上父母对小雪抚养权的激烈争夺，这些让小雪变得越来越孤僻、退缩、冷漠以及无心向学。现在的小雪充满了不安全感，不敢再去信任别人，犹如惊弓之鸟一样时刻提防着别人。

了解到这些信息之后，王老师认为小雪的父母还是非常爱小雪的，只是在教育方法和自身行为举止上有不当之处。因此王老师把小雪的近况告诉了她的父母，向其讲明了这种改变的危害之处。听了班主任的话而忧心忡忡的父母立刻表示愿意配合王老师帮助小雪回到正常的状态，同时也检讨了自己过去的行为。在王老师和小雪父母的共同努力下，一个学期下来，王老师觉得自己的所有努力没有白费，因为她又看到了以前那个文静、乖巧的小雪。

案例分析与点评

案例7中小雪表现出的并不是真正的问题行为，而只是一些可能诱发问题行为的征兆。班主任王老师及时地发现了这些征兆并对其严重性有足够的认识，及时果断地采取了多方面措施（家长、学生本人和同伴）进行干预，取得了较理想的转化效果。王老师成功的秘诀只有一个：在问题行为真正产生之前进行干预。

对于任何一种青少年问题行为而言，防患于未然都是最好、最有效的干预措施。对学生一些较严重的问题行为进行干预和处理通常都会耗费班主任大量的时间、精力和耐心。如果要彻底消除学生这些问题行为的话，单凭班主任一己之力是远远不够的，但班主任在这方面又往往被寄予厚望，在这种情况下班主任能够做的最有效的干预措施就是预防。如果班主任能够把工作重心放在预防上，将问题行为扼杀在萌芽状态，就会有效地降低学生问题行为发生的几率，从而可以最大限度地保护学生，也可以使自己不再疲于解决学生的问题行为。在预防学生问题行为方面，班主任可以做的事情有：

（一）构建良好的师生关系和班级氛围

构建良好的师生关系和班级氛围是一件易说不易做的事情，也是很多优秀班主任成功管理班级的法宝。虽然何为良好的师生关系和班级氛围仍然处在争论之中，但通常而言，良好的师生关系应该是一种师生处于松弛有度状态的关系。具体地说就是班主任在学生中拥有较高的威信，能够得到学生的信赖和尊敬，同时班主任又能以平等的态度对待学生，在人格上尊重学生，在可能的条件下尽量为学生提供自由发展的空间，等等。良好的班级氛围应该是一种井然有序、高凝聚力、积极活泼并能为其成员提供安全感的氛围。良好的师生关系是有问题行为的学生接受班主任对其行为进行干预处理的前提，很难想象对老师有抵触情绪的学生会听从老师的教导和劝告。信任和尊重往往是师生互动有效的基础和催化剂。积极的班级氛围能够增加班级成员对集体的依赖性，因此也能在一定程度上降低问题行为产生和发展的几率。

（二）关注学生

要管理好一个班级，关注学生是班主任必须完成的功课之一。班主任要善于观察、捕捉和揣摩学生的状况以及变化。及时发现学生的行为变化才能够强化和促进学生正确行为模式和习惯的养成，对学生消极状态的及时干预，能预防问题行为的发生。案例7中的班主任王老师就是因为观察到了学生小雪的消极变化并进行及时干预才成功地转变了小雪。

（三）注重学生日常的心理素质训练和行为训练

良好的行为习惯和心理素质能够增强学生自身对压力、挫折和不良诱惑的抵抗力，有效降低问题行为发生的几率。班主任可以利用日常教学、班会课以及集体活动等机会让学生参与和体验良好行为习惯和心理素质带来的益处，帮助学生认识自我，正确评价自我，掌握自我控制的技巧和方法。针对学生心理素质和行为习惯的训练能够帮助班主任有效地预防学生问题行为的发生。

此外，对心理学和教育学理念的掌握，对学生问题行为的深入了解都有助于班主任做好预防工作，防患于未然。

二、青少年问题行为干预与处理的一般原则

（一）判定问题行为的严重程度并了解其背后的原因

当班主任察觉到学生出现某些问题行为时，首先要根据自己掌握的专业知识判定该问题行为的严重程度，以决定自己是否有必要采取干预措施以及采取何种程度的干预措施，这种做法可以帮助班主任提高干预的效率和效果。在个案7中，王老师在发觉小雪的异样之后判定小雪的状况属于较轻微的问题行为，基本属于问题行为征兆阶段。考虑到小雪的消极状态有进一步恶化的可能，王老师决定采取干预程度较轻的措施，即在不涉及其他因素（父母、同伴等）的情况下直接与存在问题行为的小雪进行沟通。轻度干预能够处理一些较轻微的问题，而对于较为复杂的情况，则需要班主任增加干预的力度。当班主任认为学生出现的问题行为需要自己介入干预的时候，首先需要弄清楚的是学生问题行为背后的原因。只有根据具体原因对症下药才有可能使学生转化，那种无视学生的隐衷胡乱对学生进行干预的做法只能引起学生的逆反心理和对班主任的轻视与不信任。

（二）奖励应多于惩罚

在对出现问题行为的学生进行干预期间，班主任需要取得家长的配合，对学生多进行表扬和激励，少进行批评和惩罚。学生出现问题行为可能是“一瞬间”的事情，而要使其彻底转化则通常需要花费较长的时间。在此期间，学生缓慢的转化速度与家长和老师的迫切期望时常会产生矛盾，一些家长和老师会控制不住地批评、惩罚学生。有经验的班主任会发现过多的批评和惩罚不但无益于学生的转变，反而会促使学生表现出更多的问题行为。过多的指责和惩罚会在无形中强化学生的问题行为，并促使他们产生逆反心理，而大量的表扬和激励则会在无形中强化学生的规范意识，促使他们不断进步。这并不是说班主任和家长不能批评和惩罚出现问题行为的学生，事实上适当的批评和惩罚对学生的顺利转化也是有益处的，不过班主任在干预期间要慎用、少用批评和惩罚的方式，多用表扬和奖励的方式。

（三）来自各方面的干预态度要一致

班主任对学生较为严重、复杂的问题行为进行干预的时候通常需要借助来自其他方面的力量，例如其他科任老师、同伴、家长、社区，等等。此时班主任需要和所借助的力量在良好沟通的前提下采取一致的干预态度，即班主任和科任老师、其他同学、父母等要采用一致的干预态度。如果参与干预的各方在态度上不一致的话，要转变学生的问题行为就会变得异常困难。

三、针对青少年各种问题行为的干预策略

（一）针对厌学、逃学行为的干预策略

班主任要根据厌学、逃学的原因和目的区分两种不同的厌学、逃学行为：一种是较为单纯的厌学、逃学行为。这种厌学、逃学行为主要是由个人因素、家庭因素和学校因素等引发的压力过大、学习无力感、缺乏内在学习动机等造成的，厌学、逃学的目的也主要是为了逃避学习；另一种是较为复杂的厌学、逃学行为。这种厌学、逃学行为背后的成因较为复杂，行为的主要目的也不是为了逃避学习，而是为了进行其他的问题行为，例如沉迷网络等。事实上，青少年其他问题行为常常是因为伴随着逃学、厌学行为才会被老师和家长注意到。

总体而言，单纯的厌学、逃学行为属于较轻微的问题行为。班主任能否成功地干预这一类问题行为的关键在于班主任是否能够对症下药。即使是单纯的厌学、逃学行为，其背后的原因也可能较为复杂，因此和出现厌学、逃学行为的学生本人直接进行沟通往往能够准确找到原因所在。确定原因后，班主任则要采取相应的对策对学生本人和问题的源头进行干预。例如，学生厌学、逃学的原因是因为受到同学的排挤，那么班主任要对学生本人进行干预，使其明白厌学、逃学是消极的应对方式，是不可取的。同时班主任还需要对排挤该同学的相关学生进行干预，使其明白排挤同学可能带来的危害，认识到自己的错误。又如，学生厌学、逃学的原因是因为自己的学习成绩不理想，在学习上有强烈的无力感，那么班主任则需要和学生一起分析造成其学习成绩不理想的具体原因，为其提供建议，制订学习计划，给学生提供心理上和学习方法上的支持。

而对于较为复杂的厌学、逃学行为，由于其主要是作为其他问题行为的副产品出现，因此对其的干预应是通过对其他问题行为的干预来实现，此处不再赘述。

（二）针对沉迷网络行为的干预策略

如何有效地干预青少年沉迷网络的行为目前还是一个非常棘手的问题。不同于其他问题行为，沉迷网络通常带有成瘾性质，而班主任所能采用的干预手段在帮助学生摆脱心瘾方面就显得力不从心，因此在干预网络成瘾行为方面，

班主任应改把工作重点放在预防上。对于已经成瘾，且程度较重的学生，班主任应建议家长带孩子去接受专业的脱瘾治疗。而对于成瘾程度较轻的学生，班主任可以从以下几个方面入手：

1. 了解促使学生首次上网的原因，对成瘾学生本人进行直接干预

了解学生首次上网的原因有可能帮助班主任找到促使学生沉迷网络的深层因素。例如，学生最开始上网是因为学业不振，学习压力过大，那么班主任可以通过帮助学生改善学习状况来使其摆脱网瘾。如果学生初始上网是因为在现实中受到同伴的排挤，进而在网络上寻求友谊，那么班主任可以通过帮助其回归现实同伴群体来使其摆脱网瘾。如果学生最初上网是因为对网络上的各种游戏感兴趣，那么班主任可以通过给学生提供更多参与丰富多彩的集体活动的机会来转移学生的注意力。

2. 了解学生上网的目的，对成瘾学生本人进行直接干预

班主任可以通过了解学生上网的目的而对学生进行相应的干预。具体地说，如果学生上网的目的是为了网恋，那么班主任除了对学生本人进行干预之外，还需要对其网恋对象进行干预。如果学生上网的目的是为了玩游戏，例如为了玩“劲舞团”，那么班主任可以和学生家长沟通，请家长为孩子提供在现实中学习舞蹈的机会，如果孩子上网的目的是为了玩“跑跑卡丁车”等赛车游戏，那么班主任可以请家长带孩子去体验现实中真正的卡丁车竞赛。

3. 对成瘾学生的家长进行干预

一般来说，在帮助学生摆脱网瘾方面班主任是非常需要与家长配合的。大多数家长对网瘾所带来的危害都有较深刻的认识，因此班主任和家长沟通的主要目的是制订合作计划以严格监管学生。在时间上班主任通过与家长的及时沟通，可以使得学生根本没有时间上网。例如，每天早晨上学时，如果学生在规定时间内没有到达学校，班主任会及时告知家长；每天下午放学时，如果学生没有在规定时间内回到家里，家长也会及时告知班主任；午休时间也由家长或班主任中的一方负责监管。在钱财方面，班主任和家长的及时沟通也能促使一部分学生因为无钱上网而逐渐远离网络。例如，孩子每次以学校、学习用钱为借口向家长要钱时，家长都能主动及时地与班主任进行核实。如果情况属实，家长也尽可能亲自将钱送到学校。此外在满足孩子正常生活学习所需要的条件下严格限制孩子的零用钱也是常用的干预方法。

4. 对班级内没有网络成瘾行为的学生进行干预

为了防止由于同伴之间的互相模仿而使其他学生也出现沉迷网络的行为，班主任还需要经常性地对班级里的其他学生进行干预，使其加深对网络成瘾危害的认识，提高其合理使用网络，远离成瘾的自觉性。

5. **联合社区、公检法部门的力量共同打击黑网吧**

无论父母的监管力度如何，学生在家上网总会比在黑网吧上网要收敛得多。黑网吧已经成为滋生青少年网络成瘾的温床，因此对黑网吧的打击可以在很大程度上降低学生沉迷网络的几率。每位教师、每位公民都有义务参与举报和打击黑网吧的行动。

除上述策略外，也有班主任曾经为了干预沉迷网络游戏的学生而请网络专家出面从技术层面上进行干预的例子。专家们分别采用了删除学生网络游戏的账号，为其参与网络游戏制造困难；降低学生玩网络游戏时的竞争对手的整体水平，使网络游戏失去挑战性和刺激性等方法进行干预，取得了不错的干预效果。

（三）针对早恋及未成年人性行为的干预策略

总体而言，相对于其他问题行为，早恋对学生身心发展以及学习成绩的影响较小。但个别学生的早恋行为很容易引起其他同学的效仿，因此早恋一直是家长和老师高度重视的问题行为之一。考虑到早恋行为有其生理和心理发展方面的基础以及在青少年群体中具有普发性，班主任在干预学生早恋行为时可以从以下几方面着手：

1. **对班级整体进行干预**

由于早恋行为在青少年中具有普发性，因此对班级整体进行干预就显得很有必要。干预的内容包括正确认识早恋行为的危害、区分早恋与正常交往、形成正确的异性观、获得正确的性观念与性道德知识、学会自我保护等。

2. **对有早恋行为的学生双方进行干预**

与已经出现早恋行为的学生双方进行沟通，对青少年出现这一行为的原因表示理解，向学生讲明青少年之所以会出现对异性的渴望是由其自身生理和心理发展的特点所决定的。对学生提出希望，要求他们能够理智地处理感情，并和学生共同讨论能够帮助他们理智处理感情的办法和策略。根据讨论的结果和早恋学生双方达成书面或口头的协议，以督促学生不要荒废学业。

3. **对早恋学生的家长进行干预**

班主任要及时和家长沟通学生的早恋情况以及自己对学生的干预进展。要求家长能够以冷静、理智和理解的态度看待孩子的早恋问题。班主任可以建议家长与孩子就情感方面的问题多进行交流，以取得孩子的理解和信任，进而督促孩子将重心放在学习上。

除此之外，班主任还可以向学生推荐健康的影视、文学作品，为学生树立情感处理方面的榜样，引导学生形成正确的情感观和恋爱观。

（四）针对追星行为的干预策略

与早恋行为相似，追星行为在青少年群体中也具有普发性。而且由于从众心理和互相模仿的特性，追星行为在同伴群体中非常容易传播。班主任对学生中的追星行为要留心关注，但一般而言无需进行干预。有两类追星行为需要班主任干预介入，一类是个别学生过度追星，深陷在对偶像的迷恋中无法自拔，严重影响了正常的学习和生活。另一类是班级中出现群体性的对不良偶像、偶像的不良行为或不良风气进行追捧。对于第一类追星行为，班主任需要在学生本人、家长和班级整体三个层面进行干预介入。在与学生个人进行沟通时，班主任要帮助学生使其看到自己在过度追星前后的变化，认清过度追星对自己的危害。在与学生家长进行沟通时，班主任应向家长讲明过度追星给其孩子带来的影响，获得家长对干预行为的配合。家长可以在经济上限制孩子的花销，使其因在追星的路上困难重重而减弱对偶像的迷恋。家长也可以和孩子一起搜索有关孩子喜欢的偶像的信息，引导孩子不要仅仅关注偶像华丽的外表，更要关注偶像为自己的理想所付出的努力。引导孩子明白只有像偶像那样为自己的理想奋斗，拥有成功的人生才能拉近自己与偶像的距离。考虑到追星行为在同伴群体中的易传播性，对班级整体的干预就显得十分必要。班主任要引导学生形成积极的追星观念，借学生中流行的追星文化来促进学生的学习和发展。

对于第二类追星行为，班主任可以分别利用班会课和家长会的机会在班级整体和家长整体两个层面进行干预介入。在让家长了解孩子的思想动向的同时，让学生和家长共同认识到对不良行为举止和风气的迷恋及崇拜所带来的危害。

（五）针对攻击性行为的干预策略

攻击性行为是对他人影响较大的一类问题行为。因此无论学生出现的攻击性行为程度轻还是重，涉及范围大还是小，班主任都必须进行干预。根据郭友义对攻击性行为的分类，学生常见的攻击性行为包括需求不满足型、取乐型、迁怒型、模仿型、报复型、病态型六种。针对不同类型的攻击性行为，班主任需要采用不同的干预策略。对于需求不满足型攻击性行为而言，学生做出攻击性行为的唯一目的是为了获得别人对自己的关注和重视。过往的生活经验（例如娇纵的家庭环境和特殊的经历等）让这类学生形成错误的人际认知——他们认为自己天生就是焦点，而且永远都必须是焦点。他人的存在只是用来关注和重视自己的，他人毫不重要。当身边的人不再关注和重视这类学生，而他们自身又通常不具备过人的素质和技能以博得或维持他人对自己的关注的情况下，要控制他人，让他人重视自己的途径就只剩下一条——在言语和身体上攻击他人。这类学生对班级整体的发展，对其他同学的正常生活和学习都会带来很大干扰。班主任在干预和处理这类攻击性行为的时候要加大力度。这类攻击性行为的养成多数与学生的家教方式相关，因此班主任应该把干预的重点放在与学生家长的沟通上，班主任要让家长认识到学生表现出来的攻击性行为对其自身的发展存在的危害，取得家长的理解和配合，改变教育方式或在孩子面前收敛自己的暴力行为。在对问题学生进行干预层面，班主任应该帮助问题学生认识到他的行为给别人带来的不良影响，帮助其重树正确的人际观念，和学生共同探讨一些人际交往的技巧，使其体会到不凭借暴力也能获得别人的关注。同时班主任还可以根据学生的个人特点委派给他一些任务，让学生在完成任务的过程中体验到成功快乐，同时也收获同学的关注。在现实生活中，也有部分家长不愿与班主任合作，他们认为孩子打人骂人无所谓，只要自己的孩子不被别人打就行。家长的这种态度会大大削弱班主任干预的力度，致使学生的攻击性行为屡教不改。这种情况下为了保护更多同学的利益，班主任可以申请学校政教部门对学生做出严厉处分，或请社区派出所的同志协助教育这类学生。

对于取乐型和模仿型的攻击性行为而言，主要是由于学生道德发展的缺欠所导致的。因此班主任可以从个人和家庭两个层面进行介入。在对个人层面进行干预的时候，班主任要让学生认识到自己的行为是不道德的，对他人造成了伤害，帮助学生建立正确的是非观念。在家庭层面介入的时候，班主任和家长在对学生的攻击性行为取得一致理解的前提下，可以要求家长帮助培养学生的道德认知、道德情感，锻炼学生的道德意志。

学生群体中发生的迁怒型和报复型攻击性行为多数是因为学生对自身的情绪管理的能力还不强，因此在被激怒的情况下容易冲动而表现出攻击性行为。这类攻击性行为较为单纯，在及时干预的情况下复发的几率比较低，对其他同学的影响相对于其他几类攻击性行为也较小。对这类攻击性行为的干预重点在于帮助学生学会管理自己的情绪方法，教会学生在应激状态下怎样调控自己的情绪以保持清醒和理智。

班主任一旦发现学生经常性地做出攻击性行为，但其目的既不在于引起别人的关注，也不在于报复或财物，也不是单纯为了取乐或模仿，好像这些学生就是为了伤害别人而做出攻击性行为，班主任应该意识到这是一类比较危险、比较严重的一种受病态心理支持的攻击性问题行为。此时班主任应该和家长取得沟通，建议家长带孩子去接受专业的心理矫治。

（六）针对吸烟行为的干预策略

相对于青少年阶段常见的其他问题行为模式，吸烟对学生身心发展产生的影响见效比较缓慢，因此容易使学生低估吸烟可能带来的危害。这一特点使得班主任和家长无论怎样告诫学生吸烟有害健康，学生还是会照样吞云吐雾。因此班主任对学生吸烟行为的干预重点应该放在预防上面。考虑到吸烟行为在青少年群体中具有较高的普发性，班主任更适合在班级整体层面进行干预介入。除了要让学生认清吸烟给身心发展带来的隐患，还要帮助学生对“成熟”形成正确的理解，避免学生将吸烟看作是成熟的标志。班主任要在正式场合对全班同学郑重表明反对吸烟的态度，制定专门反对吸烟的详细规章纪律并坚决执行。班主任通过自己在学生中的威信实施反对吸烟的规章制度，在一定程度上可以降低学生的吸烟量。

第十一章　心理危机三级预警

——班级危机干预

联合国专家预言，从现在到本世纪中叶，没有任何一种灾难能像心理危机那样带给人们持续而深刻的痛苦。

青少年时期是作为个体的人生理和心理发生急剧变化的特殊时期，是从幼稚走向成熟，从家庭步入更广阔社会的重要转折时期。但是在这一时期，青少年的身体虽已逐步发育成熟，然而在智慧、认识、情绪调控、社会经验等方面仍不成熟，加之生理方面的加速发展，他们的行为方式与心理体验都发生了巨大的变化。理智的滞后与丰富的情感间的矛盾，是青少年时期生理和心理矛盾冲突的必然结果，这一结果也导致了青少年时期的躁动与不安，心理危机也就悄悄地走近每一个成长中的青少年。在心理危机中自我成长，是青少年时期每个个体所面临的任务。

第一节　心理危机和危机干预概述

一、心理危机和危机干预

（一）心理危机及心理危机的确定标准

心理危机是指当个体面临突然或重大生活逆遇，而又无法用通常解决问题的方法来解决时所出现的心理失衡状态。在人的一生中，经常会遇到突如其来的或重大的生活应激、挫折，如亲人死亡、婚姻破裂、交通事故、天灾人祸等，个体面对这些难以解决的问题常常会出现精神濒临崩溃的状态，表现出极度紧张、苦恼、焦虑、忧郁，甚至产生轻生的念头。

确定危机需要符合以下三项标准：①存在具有重大心理影响的事件；②引起急性情绪扰乱或认知，躯体和行为等方面的改变，但又不符合任何精神疾病的诊断；③当事人或患者用平常解决问题的手段暂不能应付或应付无效。

一般认为，心理危机不是一种疾病，而是一种情感危机的反应过程。它是一种过渡状态，人不可能长久地停留在危机状态之中，整个心理危机活动期持续的时间因人而异，短者仅 24 ~ 36 个小时，最长也不应超过 4 ~ 6 周。这个持续时间并不表示这段期限过后危机就会完全消失，它只意味着一些危机的症状会消失，但是心理上的失常仍然可能长期存在，直到危机完全解决。在发生心理危机时对当事人表示关怀、提供援助常可帮助他们摆脱困境。如果处理不当或任其发展，会出现不良反应，甚至出现自杀的严重后果。

（二）危机干预及目的

危机干预又称危机介入、危机管理或危机调解，就是帮助出现心理危机的人度过困境，重建心理平衡。危机干预是一个短期的帮助过程，是运用个人，社会和环境资源，对处于困境或遭受挫折和将要发生危险（自杀）的人给予关怀和帮助，国外有时也称为情绪急救。危机干预不仅可以防止危机的进一步发展，而且还可以帮助个体学会新的应付技巧，使心理平衡恢复，甚至超过危机前的功能水平。

危机干预的最低目标是在心理上帮助当事人解决危机，使其功能恢复到危机前水平，最高目标是提高当事人的心理平衡水平，使其高于危机前的平衡状态。

我国学者樊富珉（2003）认为，心理危机干预的目标有二：一是避免自伤或伤及他人；二是恢复心理平衡与动力。危机成功解决有三重意义：个体可从中得到对现状的把握；对经历的危机事件重新认识；学到对未来可能遇到的危机有更好的应付策略与手段。

我们认为，危机干预的目标在于帮助当事人克服危机，保持心理平衡，重新面对生活。主要包括三个层次的目标：一是帮助危机当事人减轻情感压力，降低自伤或伤人的危险性；二是使其心理平衡，恢复到危机前的功能水平，避免出现慢性适应性障碍；三是提高当事人危机应对能力，使其更加成熟。

二、学生心理危机现状及对危机事件的心理反应

（一）学生心理危机现状

当代青少年学生心理危机主要表现为以下几种类型：

1. 自杀危机

近年来，青少年学生中自杀的人数呈上升趋势。2002 年北京心理危机研究与干预中心公布了历时 7 年的大规模自杀调查结果：自杀已成为我国人口的第五位致死原因，同时是 15～34 岁人口的第一位死亡原因，其比例为这一年龄人群死亡人数的 19%。国外将青少年自杀称为“黑发人”自杀，令人忧虑的是，目前我国“黑发人”自杀比率居高不下，且呈明显的递增和低龄化趋势。而各地的心理咨询报告和心理测验结果表明，有潜在自杀危险性的青少年大有人在，青少年自杀意念阳性率很高。根据国内一项关于中学生自行报告压抑和自杀意

念比例及严重程度的调查显示：有 1/3 的中学生为严重的压抑症状所苦，16% 的中学生承认有自杀意念，9% 的中学生承认确实尝试过自杀。

2. 焦虑危机

学习压力、人际交往、亲人死亡、天灾人祸以及个性缺陷等原因，常会使青少年学生进入焦虑状态，严重的会陷入焦虑危机。处在这一年龄段的学生个性上爱较真，体验深，把任何挫折都看得十分重，因过于在意和认真，一旦发生问题则较易陷入各种焦虑危机。比如，他们总是过度担心学习问题或人际交往问题，这种过度担心，就构成学习焦虑和人际交往焦虑。

3. 失恋危机

当代青少年性意识早熟，早恋现象较为多见，特别是青少年学生在校恋爱已较为普遍。一旦他们在恋爱方面遇到挫折，尤其是被对方拒绝或抛弃，则陷入失恋危机，他们往往会产生一种强烈的失败感和羞耻感，情绪混乱，内心沮丧、愤怒、抑郁。持续消极的挫折体验将使其可能面临精神崩溃的危险，这时极易出现自杀、自残等自虐行为或伤人、杀人、毁物等攻击行为。

4. 网络成瘾诱发危机

青少年学生上网玩游戏、聊天已成为普遍现象。虚拟网络带给他们的冒险、刺激和成就感，使之对上网极易成瘾。虚拟环境中的“我”与现实格格不入，稍遇挫折情绪就会狂躁，与人交往沟通易发生障碍，这种精神状态往往导致躁狂、人格障碍和人格分裂等。成瘾状态下的青少年学生对电脑网络产生强烈的过度依赖，一旦上网的欲望受到家人、老师的阻拦，愿望遇到挫折，就会烦躁不安，摔打东西，甚至与父母或老师发生冲突，出现攻击行为；有的还会逃学、夜不归家或离家出走。网络成瘾状态会引发种种极端事件，诱发心理危机。

（二）学生对危机事件的心理反应

青少年学生面对危机时会产生一系列身心反应，这种反应一般会维持 6～8 周。危机反应主要表现在以下三方面：

1. 一般性应激综合反应

个体与环境之间在一般情况下处于一种动态平衡状态。当面临生活逆遇或应对不能解决的问题时，往往会在生理上和心理上产生各种症状，主要表现为：长期持续的疲劳、四肢乏力、腹痛、腹泻、记忆力减退、经常性感冒等。多数有这种症状的人都无明显的器质性病变，医生很难确诊。而在日常生活中，个体表现为经常失眠、极易疲倦、怕去某些地方和场合、怕见某些人物，总是心惊肉跳、烦躁不安、注意力难以集中、不必要的重复检查动作，这些都是应激反应综合症的先兆。

应激反应本来是机体在遭到外界强烈的刺激后，经大脑皮层综合分析产生的一系列非特异性应答反应，如神经兴奋、激素分泌增多、血糖升高、血压上升、心率加快、呼吸加速等。应该说，这种情况是正常的，其作用在于使机体能对刺激做出迅速而及时的回答，只要这种反应的强度、频率和持续时间适当，不但不会对人体造成损害，而且对保护机体是有益的。但是，相对于一个人的承受能力而言，如果外界的刺激过度强烈，或者这种刺激长期、反复地出现，以致超出机体能够承受的极限，将会造成病理性损害，出现诸如失眠、持续疲劳、乏力、食欲不振、烦躁不安、精神难以集中、记忆力减退等症状。应激反应严重的人，则可能出现胃溃疡等疾病，并导致内分泌、免疫功能和行为方面的负面变化。

2. 急性应激反应

急性应激反应对于无其他明显精神障碍的个体来说，常在几小时或几天内就会消退。急性应激反应的应激源通常来自那些无法抗拒的、创伤性的危机事件，如自然灾害、恶性事故、战争、受侵犯等，也可来自个体社会地位或社会关系网络发生急骤的威胁性改变，如同时丧失多位亲友、失去很多朋友等。

急性应激反应的症状对个体来说有很大的变异性。但典型的、普遍的表现是先出现“茫然”状态，表现为意识范围局限、注意狭窄、对外在的刺激难于反应、出现定向错误等。随着这种应激反应状态的产生，个体表现为在与周围交往中出现进一步的退缩性行为，有的甚至可达到分离性木僵的程度，或者出现激越性活动过多，如逃跑反应或幻觉（幻听、幻视、幻游）。在生理上，常存在由于惊恐性焦虑而引起的植物神经症状，如心动过速、出汗、面孔潮红等。以上这些症状一般在事件发生后几分钟内出现，并在随后的几小时内或者两三天内消失。通常在事后，个体对于自我发生过的症状会部分或完全的遗忘。

3. 创伤后应激反应（PTSD）

创伤后应激反应是因不同寻常的突发性、威胁性或灾难性生活事件而导致延迟出现和长期持续的精神障碍。PTSD 可以被看作危机的转移状态之一，是创伤性事件对个体造成的一种长期的心理影响。

任何人，不论其心理素质如何，在突发事件中都会产生焦虑、无助、恐惧等情绪反应，一般情况下，这种反应在一段时间之后便可以消除，因此，创伤性事件中适度的应激反应是正常且有益的。但少数的个体不能克服这种影响，并且没有及时得到较好的处理，在事件发生的几个月甚至几年之后，个体仍然会表现出各种不适症状，这就是 PTSD。

根据研究，青少年在经历灾难性事件后的一个典型反应就是“不停地玩耍”。这也是在灾难性事件后，青少年在创伤后应激障碍中的典型症状。如一个儿童反复地、强迫性地用一个玩具汽车去碰撞一个玩具娃娃。这表明在危机事件后，儿童内心存在着还没有解决的心理问题。因为这种玩耍可以使儿童感受究竟发生了什么事情。这样的行为同时也表明，儿童在看到了死亡和毁灭后，他在经历着自我无法辨认的情绪冲突。

儿童创伤性应激障碍主要症状：

(1) 在玩耍过程中，反复经历灾难性事件或者回闪这些事件。

●在玩玩具的时候会反复表现为事件发生时所看到的事情。

●会做与灾难性事件相关的噩梦。

●在遇到和灾难性事件相关的场合时，会显得十分压抑。

●在行为或感觉上好像灾难事件又要发生了。

(2) 对灾难事件的回忆或者对相关情绪都采取回避态度。

●躲避所有能引起对灾难事件回忆的各种活动。

●不能记起和灾难事件相关的细节。

●躲避与他人的交往。

●难于感受他人的积极情绪。

(3) 有些症状明显加强。

●难于入睡或睡眠不好。

●容易发火。

●难于集中注意力。

●更容易受惊吓。

●更粘人。

第二节　危机理论的发展及危机干预模式

一、危机理论的发展

危机理论最先由林德曼（1944）提出。他对1942年发生于波士顿郊外火灾幸存者的悲伤反应进行了研究，提出了对危机状态要尽快给予心理援助。他的理论观点引起了人们的重视。随后，人们对危机和危机干预的研究得到了进一步的发展，20世纪70年代以后成为WHO研究课题之一。

（一）林德曼理论

林德曼强调一个人在强烈的悲痛面前不应过度沉湎于内心的痛苦之中，而要让自己感受痛苦体验，宣泄情感，正视现实，否则容易产生不良后果。这一理论适用于突然丧失亲人的场合。

（二）泰赫斯特理论

泰赫斯特提出，一个健康的人对严重应激（移民、退休、空难事故）的反应程度取决于人格、急性应激和社会环境三者间的相互作用，应激反应是一种"过渡状态"。他将危机者的危机过程分为三个阶段：

1. 作用阶段

此时，最初应激事件对当事者的直接影响是明显的，通常表现为当事者极度恐惧、激动或悲伤。如果应激极为严重，当事人可能表现出茫然或目瞪口呆的反应。

2. 退却阶段

此时，应激事件虽已过去，但当事人仍表现出自身固有的反应，通常表现为依赖或天真幼稚的行为（即"退行"心理防御方式）。

3. 创伤后阶段

此时，当事人觉察到了自身的反应，并开始关注今后的需要和计划。这一阶段的过渡依赖于当事者与周围环境的相互作用以及有关的社会支持或资源。

退却阶段和创伤后阶段被认为是危机处理的建设性时机，主要让当事者学习新的知识，学会如何应付和处理危机。泰赫斯特提倡干预、帮助以及强调非医学性干预。这一理论适用于灾难、强奸、亲人突然死亡或得悉自己身患绝症等。

（三）卡普兰的情绪危机模型

卡普兰认为，个体与环境之间在一般情况下处于一种动态平衡的状态，当面临生活中重大应激而无法应付时，往往会产生紧张、焦虑、抑郁和悲观失望等情绪问题，导致心理失衡。个体与环境之间的平衡状态能否维持，与个体对应激事件的认识水平、环境或社会支持以及应付技巧三个方面关系密切。他提出危机的发展过程可分为四个阶段。

第一阶段：创造性应激事件使当事人情绪焦虑水平上升并影响到日常生活，此时，可采取常用的应付机制来减少或消除焦虑所致的应激和不适，以恢复原有的心理平衡。

第二阶段：应付机制不能解决目前存在的问题，创伤性应激反应持续存在，生理上的不适合焦虑加重并恶化，社会适应功能明显受损或减退。

第三阶段：当事者的焦虑、抑郁等不适反应进一步加重，促使他采用尽可能的应付或解决问题的方式，力图减轻心理危机和情绪困扰，其中也包括社会支持和危机干预等。

第四阶段：当事者处于危机状态，由于缺乏内在的力量和社会支持，个人的问题未得到解决而且紧张和焦虑上升到一种无法忍受的程度，出现了明显的人格解体、行为退缩、自杀或精神障碍。

卡普兰曾指出，必须帮助他们学会总结经验教训，避免发生危机或心理障碍，同时帮助他们学会总结经验教训，避免或者更好地应付和处理以后可能出现的类似问题。他的这一观点已得到社区心理卫生工作者的重视和认同，并付诸实践，但实质性的预防效果如何仍需要证实。

（四）危机发展理论

斯文松和卡勃综合各家理论学说和流派，提出了一个比较全面的危机发展理论，认为危机的变化有三个阶段：

1. 危机前的平衡状态

个体应用日常的应付技巧和解决问题的策略来维持自我与环境间的稳定状态。

2. 危机的产生

当面临挫折或不能解决的问题时，个体出现了情绪脆弱和危机活动状态，这一阶段一般不超过4～6周。在危机活动期，个体往往由于不能忍受极度的紧张和焦虑而发生情绪上的崩溃或寻求解脱。

3. 危机后平衡状态的变化

当事者经过危机处理后，有的人心理状态可以恢复到危机前的水平，甚至高于危机前的水平，有的可能无法恢复到危机前的水平。

二、危机干预模式

危机干预领域的研究尚未成熟，各种理论与思想如雨后春笋般纷至沓来，具有代表性的观点和思想有以下几种：

（一）哀伤辅导模式

由林德曼（1944）发展的“哀伤辅导”概念是当前危机干预理论最为重要的基础。林德曼强调，在强烈的悲痛中，人不能沉湎于内心的痛苦，要让自己感受和经历痛苦，发泄情感（哭泣或哀号），否则容易产生不良后果。哀伤辅导包括对丧亲的哀痛，体验哀痛，接受丧亲的现实，在失去亲人的情境下调整生活。目前，哀伤辅导在世界很多国家都得到蓬勃发展，其在危机干预工作中所取得的成效是显而易见的。对遭受重大打击的当事人进行相关辅导，可使其恢复信心，重新树立生活目标。

（二）平衡模式

平衡模式认为，危机状态下的当事人通常都处于一种心理情绪失衡状态，他们原有的应对机制和解决问题的方法不能满足他们当前的需要。因此危机干预的工作重点应放在稳定当事人情绪，使他们重新获得危机前的平衡状态。这种模式主要适合于危机的早期干预。在危机早期，个体处于极度茫然、混乱和自我失控状态，这一时期的干预目标应主要集中在稳定个体的心理和情绪方面，在其达到某种程度的稳定之前，不宜采取其他干预措施。

（三）认知模式

认知模式认为，危机导致心理伤害的主要原因在于，当事人对危机事件和围绕事件的境遇进行了错误思维，而不在于事件本身或与事件有关的事实。该模式要求危机干预工作者帮助当事人认识到存在于认知中的非理性和自我否定成分，重新获得思维中的理性和自我肯定成分，从而使当事人能够实现对于危机的控制。认知模式较适合那些心理危机状态基本稳定下来、逐渐接近危机前心理平衡状态的当事人。

第三节　班级危机干预的技术

一、危机干预与心理治疗的区别

一般认为，危机干预属于心理治疗众多理论和技术中的一种，不过危机干预一般针对需要立即处理的紧急情形，常常使用“快刀斩乱麻”的短期焦点解决方式，而心理治疗则偏重于个体遇到的心理障碍、心理困惑，既可短期解决，也可以进行长期咨询。两者的模式与方法既有关联，也有区别。

（一）对象不同

危机干预与心理治疗的对象不同，从当事人的功能水平来看，情感、认知和行为能力不足的，亟须危机介入；而功能水平良好，情感、认知、行为反应基本正常的，应依据其他诊断结果，决定其是否需要接受长期的心理治疗。典型的心理治疗不可能一次解决问题，每次都要与来访者回顾上次治疗以来的进步，关注他们的感受，并讨论本次治疗的内容，根据需要重新确定治疗计划，然后给来访者布置作业，确定下次会面的时间。一般的心理治疗至少要持续几周，多则持续几年，而危机干预由于时间比较紧迫，常常需要在几小时之后结束干预。危机干预与心理治疗对象比较见表11－1。

表 11－1　治疗对象比较

当事人状态	危机干预	心理治疗
情感	当事人对外界的反应受损，几乎不能了解到自己的情绪状态	来访者的情感表现完好，能表现出理解和体验自己的情绪状态
认知	当事人不能逻辑性地进行思维和推理	来访者表现出有一定的认知能力——认识到行为与后果，合理与不合理的联系
行为是否主动	当事人失去控制能力 当事人主动寻求帮助或被动接受干预	有一定的行为自控能力 来访者主动要求帮助，希望改变
所需时间	几小时到几周	几周到几年

（二）过程不同

危机干预与心理治疗的过程存在很大不同。前者主要针对当前的危机问题展开迅速干预，而心理治疗侧重于挖掘导致心理问题的潜在因素。危机干预与心理治疗过程比较见表 11－2。

表 11－2　治疗过程比较

危机干预	心理治疗
1. 由于时间、条件以及当事人表达能力所限，不能对其背景资料作全面了解，只能根据与当事人的交流迅速确定问题 2. 围绕目前的创伤应激进行 3. 保证当事人安全：避免自伤和伤人 4. 使用简便、快速的治疗手段 5. 制订治疗计划 6. 根据当事人能动性对干预指导的强弱作出调整 7. 求证和提供可供利用的支持系统：个人、组织、警察、医疗机构等 8. 验证可供选择的应付方式 9. 得到承诺：需要当事人承诺或保证在一定时间内采取一定的行动来应对危机 10. 必要时辅以药物治疗	1. 全面了解来访者的背景资料：家庭患病史、个体求助史、药物使用情况、工作、家庭情况、文化程度、社会生活等 2. 侧重基本症状，重视整体考虑，对来访者作出全面的判断 3. 多种治疗方法相结合 4. 制订治疗计划 5. 根据不同的治疗阶段，对治疗计划予以修正和补充 6. 寻求和提供可供利用的支持系统：家庭、精神科等 7. 必要时辅以药物治疗

（三）目的不同

危机干预与心理治疗的目的也有所不同。前者的目的在于摆脱危机状态，消除当前危机反应，而后者的目的是多方面的，包括对个体心理社会环境、人格和心理功能水平等的改善和提高。危机干预与心理治疗目的比较见表11－3。

表11－3　治疗目的比较

危机干预	心理治疗
1. 保证当事人安全：避免自伤和伤人 2. 使当事人在短时间内恢复自控能力，消除危机症状，保持较稳定的心理水平 3. 不强调改变人格，只重视恢复到危机前的功能水平 4. 学到应对危机的新技巧 5. 促进成长和发展	1. 改变心理问题的诱发因素：综合处理过去和目前有关的心理和环境因素 2. 帮助来访者认识到行为的动力学根源 3. 对不良人格予以矫正 4. 学到新的应对技巧 5. 改进来访者的心理功能水平，包括感知、记忆、交流、思维和自控等方面 6. 促进成长和发展

二、危机干预的基本技术

“危机干预的最低治疗目标是在心理上帮助当事人解决危机，使其功能水平至少恢复到危机前水平。最高目标是提高当事人的心理平衡能力，使其高于危机前的平衡状态”（Aguilera & Messick）。因此，围绕这一目标，危机干预过程中所使用的有关心理治疗技术，可根据当事人的不同情况和治疗师的专长，采取相应的治疗技术，其中包括短程动力学治疗、认知治疗、行为治疗等方法。例如，焦虑、紧张、自责的处理，可以考虑用放松的方法（沉思、自我训练、放松催眠和生物反馈）、镇静或抗抑郁药物、休息和娱乐（参加社交活动、发展兴趣爱好）、行为的脱敏等技术。一般来说，危机干预主要应用下述方法：

（一）沟通和建立良好关系

如果不能与危机当事人建立良好的沟通与合作关系，则干预及有关处理的策略较难执行，从而就不会起到干预的最佳效果。因此，建立和保持咨询师与当事人双方的良好沟通和相互信任，有利于当事人恢复自信和减少对生活的绝望，保持心理稳定和有条不紊的生活以及改善人际关系。危机干预工作人员必须注意与当事人建立良好的沟通和合作关系。

其注意点包括以下几项：①消除内外部的“噪音”（或干扰），以免影响双方诚恳沟通和表达的能力；②避免双重、矛盾的信息交流，如危机干预工作人员口头上对当事人表示关切和理解，但在态度和举止上并不给予专注或体贴；③避免给予过多的保证，尤其是那种“夸海口”，因为一个人的能力是有限的；

④避免应用专业性或技术性难懂的言语，多用通俗易懂的言语交谈；⑤具备必要的自信，利用可能的机会改善当事人的自我内省、自我感知。

（二）支持

主要是给予精神支持，而不是支持当事人的错误观点或行为。这类技术的应用旨在尽可能地解决目前的危机，使当事人的情绪得以稳定，可以应用暗示、保证、疏泄、环境改变等方法，如果有必要，可考虑短期的住院治疗。有关指导、解释、说服主要应集中在放弃自杀的观念上，而不是对自杀原因的反复评价和解释。同时，在干预过程中须注意不应带有教育的目的，教育虽说是干预者的任务，但应是危机解除后和康复过程中的工作重点。

（三）干预

亦称解决问题的技术，因为危机干预的主要目标之一是让当事人学会对付困难和挫折的一般性方法，这不但有助于度过当前的危机，而且也有利于以后的适应。其干预的基本策略为：①主动倾听并热情关注，给予心理上的支持；②提供疏泄机会，鼓励当事人将自己的内心情感表达出来；③解释危机的发展过程，使当事人理解目前的境遇、理解他人的情感并树立自信；④给予希望并保持乐观的态度和心境；⑤培养兴趣、鼓励积极参与有关的社交活动；⑥注意社会支持系统的运用，多与家人、亲友、同学接触和联系，减少孤独和心理隔离。

Goldfried（1995）提出，干预人员应让当事人按以下步骤进行思考：①明确存在的问题和困难；②提出各种可供选择的解决问题的方案；③罗列并表明各种方案的利弊及可行性；④选择最可取的方案；⑤确定方案的具体步骤，执行方案；⑥检查方案的执行结果。

在这里，危机干预工作人员的主要作用在于启发、引导、促进和鼓励，而不是提供现成的公式。进一步讲，危机干预工作人员的职能是：①帮助当事人正视危机；②帮助当事人正视可能应对和处理的方式；③帮助当事人获得新的信息和知识；④可能的话，在日常生活中提供必要帮助；⑤帮助当事人回避一些应激性境遇；⑥避免给予不恰当的保证；⑦督促当事人接受帮助和治疗。

（四）倾听

倾听是危机干预中必不可少的环节，倾听并非仅仅用耳朵听，更需要用心去感受。倾听技能应包括观察当事人的非言语行为，如姿势、表情、举动、语调等，理解当事人言语所传达的信息，注意叙述的前后连接并与其生活的社会环境相关联等。

作为班主任，在倾听过程中，对学生的理解和共情非常重要。班主任要通过语言和动作等方式向学生表达理解，并能够立足于学生的情感立场，用学生的眼睛看世界，并用自己的方式表达其内心体验。当不能确定是否完全领会了学生所要表达的意思时，不要不懂装懂，要向学生确认。要让学生知道，班主任正在准确地领会其所描述的事实和情绪体验。交流过程中的确认可使班主任澄清问题和理解情绪体验，也可以使双方的信任关系得到进一步的强化。

第四节　班级心理危机干预的一般途径和策略

一、一般途径

尽管危机干预没有任何程序可循，但对于基本干预步骤的掌握仍是必要的。危机干预一般应通过以下几个步骤来进行：

（一）问题评估

第一步要解决的主要问题在于：确定是何种事件使当事人陷入危机；当事人对事件的感受如何；当事人目前的功能水平如何；当事人是否具有自伤和伤人的危险性存在；当事人以往具有哪些应对策略；现有可利用的应对资源有哪些。

1. 明确事件

首先，作为班主任——危机干预工作者，要了解使学生陷入危机状态的事件。可以通过一些开放性的问题，如“告诉我，发生了什么事”、“是什么事让你感到这么慌张”等，来了解事情真相。有很多当事人面临的问题是复杂的，可能有多个问题同时存在，这要求班主任对每一个问题都进行明确界定。通常，主要问题是当事人最近经历的事件，次要问题是危机事件以前出现过的。在整个干预过程中，都应围绕所确定的事件来展开，以确保干预的主题和方向。

2. 状态界定

班主任应对当事人目前的状态作出定位。要了解当事人自身对事件的感受如何，该事件对他来说意味着什么，他是否对事件做出了正确的认知，该事件对当事人的正常生活、学习以及当事人身边的人产生了什么影响；通过一些评估工具来确定当事人目前的功能水平如何，情绪反应和能动性如何，并尽量与其危机前的功能水平进行比较。此外，对当事人的危险性进行评估时，所提问题必须是直接的和特定的，如“你正在考虑以自杀来解决这个问题吗?”“你打算什么时候来实施你的计划?”“你在过去曾经这样做过吗?”如果当事人有严重的自杀或他杀倾向，可考虑精神科会诊，必要时进行住院治疗，以保证当事人及他人安全。

3. 探讨应对策略

班主任可以向当事人询问："以前在遇到焦虑、紧张、烦躁等类似问题的时候你通常是怎么做的？"当事人可能回答会找人哭诉、会去疯狂购物，等等，班主任要重视发挥当事人自身的应对优势，帮助其慢慢回忆以前所用的有效应对方式，然后再进一步确定：在这次事件发生后采取与以往相同的应对方式了吗？所取得的效果如何？目前生活变化是否妨碍习惯性应付方法？如果以前的应对方式都不再奏效或当事人认为从没遇到过类似严重的问题，班主任就应与其探讨新的应对方式。除了寻求专业帮助，还有什么人能对当事人提供支持？对这次事件重新进行理性的分析是否可以降低焦虑水平？很多情况下，可供替代的应对方式有很多，我们的目标是帮助当事人了解更多解决问题的方式和途径，充分利用环境资源，采用各种积极应对方式，使用建设性的思维方式，并与当事人以合作的方式共同商讨，如其能动性不强，班主任可提出直接的建议或几种可供选择的方式，最终确定处理其境遇的适当选择。

（二）制订计划

这一阶段属于决策阶段，心理学家福提纳什和沃瑞特（1996）认为危机干预决策有以下几个过程：

（1）观察。看危机是偶然发生事件还是异常行为。

（2）区别。区别相关和无关资料。

（3）验证。通过对当事人观察和与之交流进行验证。

（4）组织。将获得的资料组织成有意义的材料。

（5）分类。按有益于恢复正常状态和有益于交流将材料归类。

在对引发个体危机的事件、事件的严重程度、对当事人产生的影响、当事人目前的功能水平等大致了解之后，班主任可以考虑：需要解决的首要问题是什么？然后再解决什么？什么问题最容易立即解决？妨碍干预效果的影响因素可能有哪些？什么方式可以减轻它们的影响？使用什么技术或方法能在最短时间内达到最佳的干预效果等，以此来确定治疗目标，并围绕这个目标来制订干预计划。

干预目标可以包括消除紧张情绪，重返危机前的功能水平，能够完成正常的生活、学习、社交活动，能够学习新的应对方式来解决以后遇到的问题等。针对目标的计划应包括与班主任合作直至当事人能独立应对、当事人自身的应付机制和周围环境能够提供帮助的资源。在制订计划时，要充分考虑到当事人的自控能力和自主性，与当事人共同制订行动计划以克服其情绪失衡状态。

（三）实施干预

实施干预是整个步骤中最为核心的阶段。在这个阶段，对危机的识别与时机的选择都相当重要。班主任要探查出解决问题的可供选择的方法，并将几种可尝试的方案详细地提供给当事人，与其共同商讨。这一阶段主要解决以下几个问题：

(1) 帮助当事人舒缓和疏泄情绪。部分当事人由于压抑了一些非常现实的情感（如愤怒、爱和恨等），或者对悲伤的心理否认和自责而发生危机。班主任要向当事人表示理解和关心，建立良好关系，鼓励当事人讨论目前感受，诸如否认、内疚、悲痛、生气等，必要时采取放松、疏泄等心理治疗手段及时减轻当事人的痛苦和紧张。

(2) 帮助当事人正确理解现状。改变当事人的非理性认知，让当事人认识到目前的情感活动是对危机的正常反应，帮助当事人理智地面对现实，但不鼓励当事人关注危机的所有含义。

(3) 学习应对方式。帮助当事人总结过去成功应对逆遇的技巧，学习新的应对方式，学会在危机状况下利用外界资源获得情境支持，减轻逆遇对心理平衡的影响。

(4) 获得承诺。回顾有关计划和行动方案，并从当事人那里得到诚实、直接和适当的承诺，以便当事人能够坚持实施为其制订的危机干预计划。

(四) 效果及反馈

在危机干预时，需不断评估干预措施是否产生了预期的效果，以便随时根据实际需要对计划作出调整和修改，以寻求最佳的解决方案。

经过一段时间的干预，当事人的情绪危机得到解决或一定程度的缓解，这时应及时中断治疗，以减少其对班主任的依赖。在结束阶段，应该注意强化当事人多应用刚刚学会的新应对技巧，鼓励和支持他在今后面临逆境或重大挫折时，应用新的应对方式和有关社会支持来独立解决和处理问题，避免或减少危机的发生。

另外，在每次干预过程结束之后，班主任都应举行一个小型报告会，所有参与人员都要坦诚地交流心得，评价自己的成功和过失，这样有利于缓解班主任的压力、总结得失，并为下一次干预做好准备。对从危机中康复的当事人，要举行一个告别仪式，使其真正与过去做心理上的告别，开始新的生活。

根据以上危机干预的基本途径，形成目前比较流行的一种心理危机干预过程，即心理危机干预六步法：

(1) 明确问题。从当事人角度确定心理危机问题，这一步特别需要使用倾听技术。

(2) 保证当事人安全。把当事人对自己和他人的生理和心理伤害的可能性降到最小。

(3) 给予支持。强调与当事人进行沟通与交流，积极、无条件地接纳当事人。

(4) 提出并验证应对危机的变通方式。大多数当事人会认为已经无路可走，咨询师要帮助当事人了解更多解决问题的方式和途径，充分利用环境资源，采用各种积极应对方式，使用建设性的思维方式，最终确定能现实处理其境遇的适当选择。

(5) 制订计划。在制订计划时，要充分考虑到当事人的自控能力和自主性，与当事人共同制订行动计划以克服其情绪失衡状态。

(6) 获得承诺。让当事人复述所制订的计划，并从当事人那里得到明确按照计划行事的保证。

二、策略

危机干预是一种短期的帮助过程，其目的是通过一定的方式或途径促使当事人适当地释放蓄积的情绪，改变对危机事件的认识态度，结合适当的内部应付方式、社会支持和环境资源，帮助当事人获得对生活的自主控制，预防发生更严重、更持久的心理创伤，恢复心理平衡。儿童与青少年时期是人的生理和心理发展的关键时期，在这个时期所出现的任何事件都会对孩子的身心发展产生影响。由于我国学校教育管理体制历史的和现实的原因，当学校中发生种种与学生和老师有关的重大事件时，各级教育管理部门往往注重的是从教育管理、生命安全、社会安全、社会道德和社会法律的角度去解决问题，而忽略了同时从人的心理属性角度去提供有效的支持和服务，忽略了从促进儿童和青少年心理健康发展角度所必须采取的各种措施。因此，在一定程度上建构学校心理危机干预系统不仅是全面提高学校素质教育水平的必要举措，也是降低或减少学生与教师非正常死亡发生率的重要举措之一。

(一) 建立中小学生心理危机干预预警系统

心理危机干预的预警是致力于心理危机的形成、爆发前的预测和干预，是一种超前的干预机制，它通过预警系统对预警对象的相关信息进行分析和研究，及时发现和识别潜在的或现实的危机因素，进行系统评估，采取防范措施，减少心理危机发生的可能性、突然性和意外性，将可能发生的心理危机及其影响控制在最小范围。

学校可通过培训、普及性宣传来帮助教师和学生家长深化对心理危机的认识和了解，树立危机预防意识，增强对心理危机的鉴别能力。同时，要在学生中积极开展生命教育，培养他们认识生命、尊重生命、欣赏生命、珍爱生命的意识；开设心理健康教育与辅导课程，积极参与解决学生发展中的问题，全面提高学生的心理素质，增强学生心理抗挫和保健能力；建立心理健康档案，对高危人群进行筛查；介绍心理危机干预和应对的相关知识，提高学生的危机应对技巧、危机忍耐力和危机免疫力等，预防危机的发生。

要做好中小学生心理危机的预警工作，除了以上的工作外，还应构建学生骨干、班主任、专业人员三级预警（见图11－1），这样可以做到早发现、早预防、及时疏导。

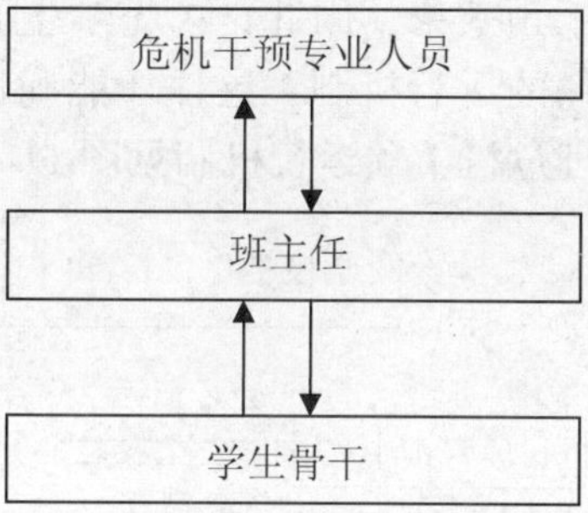

图11－1　中小学生心理危机三级预警网络

一级网络：主要为广大学生。要在学生特别是学生骨干中普及危机预防和干预的基本常识，充分发挥班级学生干部的骨干作用，一旦有异常情况发生，能够做到及早发现、及早报告，把可能出现的过激行为遏制在萌芽状态。对于接受干预的危机当事人，通过学生干部的工作，可避免事态的进一步恶化。

二级网络：主要为班主任。班主任应接受定期的心理健康及危机干预培训，熟悉危机症状，及时发现学生的异常问题，与学校进行协调，尽可能实施干预，并负责与学生家长建立联系。班主任要成为心理危机预警系统的核心队伍。班主任与学生接触密切，也比较容易得到学生的信任，如果班主任能运用心理学的有关理论知识从学生成长发展的角度看待学生中出现的各种现象，那么我们学校教育和管理的效能就能提高，很多心理危机问题就可以在萌芽状态得到解决。

三级网络：主要为学校专业危机干预人员。根据相关测量结果，危机干预专业人员筛查出高危人群信息存档备案，并向班主任发出预警信息，促使其协助进行跟踪和监控。对于有严重危机倾向的学生，应预约本人来访，帮助其疏导情绪，解除困扰，降低危机发生的可能性。若发现学生中有精神疾病患者，应及时与当地的医疗卫生机构取得联系，进行治疗。

（二）完善中小学心理危机干预的支持系统

目前，我国的中小学校还没有建立相应的心理危机干预机构，所以需要成立基本的心理危机干预中心。中小学心理危机干预中心应下设危机快速反应小组、心理咨询室等。危机快速反应小组能够在危机突发状况下做到快速反应、快速行动，使危机的危害降到最低；心理咨询室负责对中小学生进行心理状况普查，建立心理档案，密切掌握学生心理发展动向，对筛选出的高危人群进行重点监控、预防，避免心理危机的爆发。

但是中小学生心理危机干预是一项复杂的系统工程，仅仅依靠危机干预中心的力量无法取得最好的干预效果，因此，中小学生心理危机干预中心必须建立广泛的工作网和较为通畅的运行机制，这样才能确保处于危机中的个体得到最好的救助。中小学生心理危机干预运行机制见图 11－2。

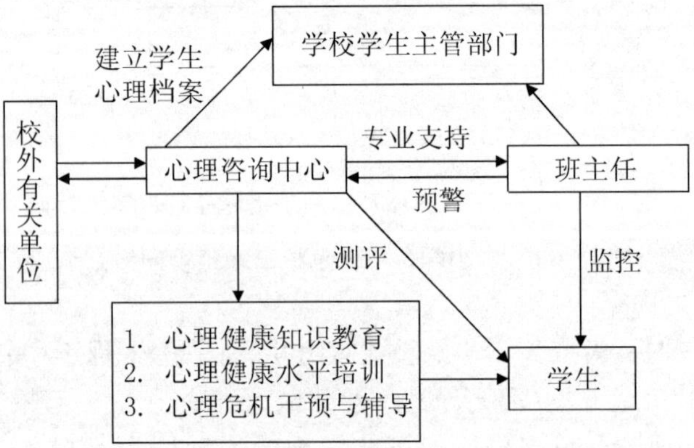

图 11－2　中小学生心理危机干预运行机制

学校心理咨询中心是网络的核心，学校学生主管及相关部门（如教导处、医务室等）、班主任、学生、校外有关单位与心理咨询中心紧密联系，各部门及个人相互协调，共同为存在危机的学生提供支持。学校定期举办网络成员的专业培训和督导活动，不断提高他们从事心理健康教育工作以及危机干预工作所必备的专业知识和技能方法；当学生遭遇重大事件或个人内在冲突，出现严重心理问题时，心理咨询中心应对学生的精神状况及时地予以评估，通过适当的介入和提供援助，协助处于危机当中的学生把握现状，重新认识危机事件，尽快恢复心理平衡以顺利渡过危机，并学会正确处理危机的策略和方法；医务室负责危机中身体受伤害的学生的抢救与治疗；教导处负责心理健康课程安排及学生危机期间教学计划的调整；班主任要定期与学生家长沟通，了解学生在家里的情绪状态及所发生的重要生活事件，针对问题的起源，改变当事人的学习和生活环境，使他们得到来自家庭、同学、朋友的关心和支持，鼓励和帮助当事人走出困境；校外有关单位配合各级学校提供一切提高学生心理健康水平的环境与条件，为学生健全人格的塑造提供学校环境之外的支持。

附“5·12”灾后心理重建团体辅导方案

一、活动目标：

1. 成员彼此交流自己经历的情形及感受；

2. 交流灾后至今自己内心及生活上的转变；

3. 展望自己的未来；

4. 接受现实，增强生活的信心。

二、对象：中小学生

三、适用范围：亲人遇难

四、工具：蜡笔、海报纸

五、活动内容：

1. 相互认识

两人一组，向对方介绍自己的基本情况，然后回到大组内由另一方介绍自己。

2. 灾难画

发给每位成员一张海报纸，可任意选择蜡笔颜色，画一幅自己想要画的有关灾难的内容。画完后，请成员向大家讲述画的内容，为什么选择此颜色等。

3. 感受大家谈

以画的内容为切入口，继续请成员谈一下当时在灾难过程中自己的所思、所想、所嗅、所听，当时自己的情绪如何等内容。

4. 心理剧表演

对部分失去亲人、过分自责的成员，进行心理剧表演，以帮助成员完成对遇难亲人的未完成事宜，使其充分地宣泄自己的情感。

5. 前景画

请成员画下几年后自己的生活。画完后，请成员向大家讲述一下自己画的内容。如果要实现画中的内容，自己目前该做些什么。鼓励成员讲述尽量具体化。

6. 支持和鼓励

成员之间互相赠送祝福，给予遭受亲人遇难的成员支持和鼓励。

7. 大圈圈

最后，大家围成一圈，手拉手，下定决心达成自己的目标，永不放弃。

第十二章　家长是教育资源

——家、校有效沟通

实录镜头：某个班主任老师把某学生的家长“请”到了学校，一个劲地把孩子在校内的不良表现统统兜了出来，痛痛快快地发泄了一通。然后像教训孩子一样，对家长一阵劈头盖脸地“教育”。这位家长被训得面红耳赤，但眼神中明显流露出对老师的不满与怨恨!

情景分析：这个镜头其实在我们的生活中不难看到。不能否认，这位班主任是有责任心的，否则，他也不会不顾情面地数落家长，而这位家长也是一位有责任心的家长，否则，他也不会丢掉脸面忍耐老师的“教育”。但是，可以看出，由于这位班主任与家长沟通时不注意技巧，使得他和家长之间的关系不和谐。试想，这样的不和谐会对这位学生的教育带来怎样的影响呢?

教育是一项系统工程。学校教育和家庭教育相辅相成，两者在教育学生成才的目标上是一致的。家长把孩子送到学校，“望子成龙”是每个家长的心愿。班主任是学校教育最直接的组织者、教育者，担负着学生思想、学习、生活的教育和引导的职责。由于教育过程的复杂性、学生个性的差异性、教育观念的时代性、教育方法和手段的多样性，班主任与家长在教育上难免产生分歧和矛盾。作为班主任，在与家长的交流中要讲究与家长沟通的艺术，协调、处理好与家长之间的关系，以优化学生的教育环境。因为，“家庭教育与学校教育的优势是互补的，即家长施教时亲情的感染性、方式的灵活性、教育的即时性等特点和班主任施教时的目的性、计划性、系统性的特点正好相互配合，优势互补。”只有班主任与家长合作，实现学校教育与家庭教育的协调一致，才能取得事半功倍的教育效果。

第一节　家、校沟通合作的意义

在学生的整个教育活动中，班级和家庭是最基本的单位。作为班集体的组织者、领导者的班主任和在班级和学校以外的教育中担负主要职责的学生家长，两者在学生教育的各个环节的沟通与合作包括合作态度、合作目标、合作形式到合作效果等诸多方面，以最大限度地形成教育的合力，成为学校、班级、学生个人之间的纽带或桥梁，对于提升教育教学质量，促进学生的全面发展有着重要的意义。

一、班主任与家长沟通合作中的问题及原因分析

目前班主任和家长之间由于传统和现实的各种原因，在沟通合作上存在着诸多问题，班主任与家长沟通意识不强、沟通技能偏低、沟通策略匮乏、沟通存在障碍等问题正变得非常突出和普遍。这些问题影响到家、校沟通合作的有效实施。这样非但不利于孩子的健康发展，也直接导致了家长与班主任关系的紧张或恶化，甚至酝酿成尖锐的冲突。学校教育需要家长的配合，班主任工作更需要家长的信任和支持。在教育过程中若能取得家长们积极配合，不但能对学生的教育起到事半功倍的作用，而且还有利于学校的发展。

1. 信息的交流通常是一种单向传输而非双向互动

从调查结果来看，家、校合作中最大的问题是班主任单向传达信息比较多，双向交流比较少。在与家长的沟通交往中，基本上是班主任在了解和反映学生情况，向家长灌输学校的教育要求，要家长配合工作，可并没有把家长当作与自己地位平等的教育者来对待，很少虚心听取家长的意见和建议。这就容易导致班主任与家长的信息交流只是一种单向传输而非双向互动。中国传统上赋予学校和老师过多的权威，致使班主任和家长合作地位不平等。家长来校只是为了解情况和学习家庭教育知识，所以家长只能处于被动地接受信息的地位，这样就难以发挥家长的主动性，而班主任方面由于得不到相应的反馈激励，也会逐渐丧失合作热情，这样，教育效果自然不会令人满意。

2. 被动地、临时性地进行沟通和合作

大部分班主任与家长合作的原因，主要是因为发现了孩子的问题，这才不得不去沟通。无论是班主任还是家长，基本都缺乏一种一贯的积极主动的沟通愿望。这一方面说明双方因为时间、生活、工作压力等原因不可能经常沟通，但另一方面也说明了双方对沟通的不够重视，班主任和家长双方的合作意愿在主动性上还有相当的距离。特别值得一提的是，双方沟通应是一种持久的积极主动的合作习惯，不应只在发现学生出现问题时，才被动地、临时性地进行沟通和合作。因为后一种合作，目的往往已从儿童的教育移向事件或问题本身，容易就事论事，结果使沟通陷于一种讨价还价式的争论。这不是为了孩子，而是为了推脱责任，更不利于后续的家、校之间的沟通与合作。

3. 家长参与合作的机会不均

随着教育改革的深入，越来越多的学校能让家长参与学校教育工作，扮演着资源提供者、咨询者、义务工作者和管理者等角色。吸收家长参与学校和班

级的管理，取决于学校愿意开放多少渠道。我们发现，家长参与合作的机会实际上不均等，家长的社会背景、经济条件往往决定了其校内参与机会的大小与多少，这就容易导致大多数家长淡化合作意识，不能充分认识到与班主任合作的必要性。

4. 家长由于对自己的责权认识不清而缺乏合作意识

有的父母一旦送孩子入学，就把教育孩子的责任全推给了学校，认为教育孩子是学校的事，把孩子送入学校就万事大吉。有的家长文化素质不高，不懂教育，不知道怎么能教育好孩子，没有现代教育观念和方法，跟不上时代，根本没有能力参与合作，这也是班主任与家长合作难以深入的一个重要因素。

5. 个别班主任专业素质偏低

目前一些班主任沟通意识不强、沟通技能低下、沟通策略或与不同类型家长打交道的经验缺乏，不善于发现学生背后的深层次家庭教育问题，也提不出改进家庭教育的具体意见，个别班主任甚至存在沟通障碍。这个非常普遍的问题不仅与教育理念发展趋势不符，而且与儿童教育的规律特征相悖。

二、班主任与家长沟通合作的意义

在影响学生成长的各种因素中，学校教育和家庭教育无疑是两个重要的因素。把学校教育与家庭乃至整个社会教育有机联系起来，是保证教育的系统性和完整性的重要举措。家、校合作，包括班主任与学生家长之间的沟通合作，可以充分利用各种教育资源。争取家庭和社会的密切配合，有利于学生整体素质的提高，可以收到更加理想的教育效果。

（一）班主任与家长合作的内涵

我国研究家校合作的专家马忠虎认为，家校合作就是指对学生最具影响的两个社会单位——家庭和学校形成合力对学生进行教育，使学校在教育学生时能得到更多来自家庭方面的支持，而家长在教育子女时也能得到更多来自学校方面的指导。故班主任与家长合作主要是指班主任与家长之间为了形成有效的教育合力而采取的一致性教育。这样就把家、校合作所涉及的范围界定在学校和家庭两个领域。

班主任与家长合作，促使家长参与学校教育，实质上就是班主任通过促进家长参与学校的各种教育活动，具体协调家长与学校的关系，统一家、校教育环境与要求。作为纽带整合和协调对学生最具影响力的两个教育环节——家庭和学校，使学校和家庭能各自发挥独有的优势，形成有效的综合力和协同力，促进学生在德智体美诸方面实现和谐发展。班主任既是学校教育的重要实践者，也是开展家、校合作的组织者，家、校合作的质量和效果在很大程度上取决于班主任在家、校合作中的积极作用。

班主任与家长合作的内涵主要应包括以下几点：①班主任与家长合作是一种双向活动，是家庭教育与学校教育的相互配合。②合作应充分考虑学校与家庭双方的需求，学生是该活动围绕的中心，促进学生的全面健康发展是该活动追求的最终目标。③班主任与家长合作过程体现着一种态度，包括家长对班主任、学校以及班主任对学生、家长合作的态度，这些都直接影响双方合作的成功与否。④在参与过程中，家长、学生、班主任之间的情感交流和信息交流非常重要，尤其是对处于成长期的中小学生来说，情感交流则更为重要。⑤班主任与家长合作是学校、家庭、社会整体教育网络中的一个重要部分，班主任与家长合作离不开社会的大背景，是广泛的社会背景意义上的合作。

（二）家、校沟通合作的必要性

家庭教育和学校教育是儿童教育不可分割的两个方面，只有学校（班主任）与家庭统一认识、协同步调、加强合作、形成合力，才能保证最佳的教育效果。因此，家长与班主任之间加强合作与交流，就显得极其必要。

从学校角度看，学校教育只有取得家庭教育的配合、支持，才能保证良好的教学绩效。现代教育科学一致认同：家庭教育与学校教育的方向是否一致，决定着教育的成败。学校教育要实现促进学生“和谐的全面的发展”，离不开“两个教育者”——学校和家庭的密切联系和协调一致的配合。“学校和家庭，不仅要一致行动，向学生提出同样的要求，而且要志同道合，抱着一致的信念，始终从同样的原则出发，无论在教育的目的上、过程上还是手段上，都不要发生分歧。”

随着社会经济的发展，网络和现代通信技术手段无限拓展了学生的社会空间，学生自由支配的机会和可能性越来越多，无论是对于家长还是对于学校，他们对学生的可控信息在其全部信息中的比重在下降，这对家庭教育和学校教育都构成了极其严峻的挑战，学校与家长协同实现有效沟通、加强合作从来没有像今天那么需要和迫切。而且如何改善沟通合作，已不仅仅是一个实践问题，同时也是一个亟须解决的理论问题。

（三）班主任与家长沟通合作的意义

中小学生正处于人生的成长期，也是身心发展最为关键的时期，这一阶段中的生活经历与环境教育对中小学生日后的成长和发展都会产生重要影响。家庭和学校作为学生教育过程中两种主要的教育力量，如果形成合力，就能相互支持和配合，强化教育作用，最终促进学生的全面健康发展。

1. 沟通合作促进中小学生的健康成长

苏霍姆林斯基十分强调家校合作，他认为只有学校教育而无家庭教育，或只有家庭教育而无学校教育，都不能完成培养人这一极其细致、复杂的任务。学校和家庭教育影响表面上看是学生身心以外的因素，但这种影响作用到他们的学习生活的各个环节，就会逐渐内化为精神和人格的一致性。

青少年德育是近年来全世界普遍关注的问题。2004 年 2 月我国颁布的《中共中央国务院要求加强未成年人思想道德建设》第五条中明确提出，家庭教育在未成年人思想道德建设中具有特别重要的作用。要高度重视和发展家庭教育，要把家庭教育与社会教育、学校教育紧密结合起来，把家庭教育纳入到中小学生教育的整个流程当中，将其视为教育活动的有机组成部分，这对学生的良好道德品质的培养具有举足轻重的作用。

2. 沟通合作可以形成教育的合力

沟通合作可以使家庭教育与学校教育协调一致，促使学校和家庭相互学习、相互教育，共同得到发展。在合作过程中，家长利用专长去教育学生，其间也从班主任身上学习有关教育学生的方法，所以家长和班主任所形成的是一种互动关系，即都是相互的教育者和相互的学习者。班主任在家、校合作过程中若能得到家长的大力支持，一方面会转变对家长参与教育工作的偏见，另一方面也会在教育中投入更多的时间和精力，积极地寻求新的途径来密切家、校关系。

3. 沟通合作可以提高学校的管理能力

家庭和学校在儿童教育过程中的合作可以沟通家、校交流的渠道，双方可就学校工作或个别学生交换意见和感受，家长可以提出不同的看法来协助。学校可由此收集家长对学校工作及教育实践的反馈意见，以改进学校工作。同时家长对学校的质询和监督，也可进一步强化学校的自我管理。

早在上世纪 80 年代，魏书生就提出，班主任是沟通学校、家庭和社会的桥梁，为达到理想的教育效果，必须探索班主任与学生家长之间的协同艺术。他们既是班级各种力量的协调者，也是班级人际关系的协调者，要努力使班级的各种教育力量成为一个“合力”系统，从而全面地对学生予以影响和教育。

第二节　促进家、校有效沟通合作的条件和途径

人们常说，父母是孩子的第一任老师。其实，在儿童的终身发展历程中，父母不仅是第一个影响源，更是孩子的终身教育者。美国著名社会学家科尔曼通过十多年的跟踪调查研究得出这样的结论，即在儿童成长发展的进程中影响儿童发展的三大要素依次是家长、儿童同伴和老师。也就是说，在儿童成长发展的道路上，父母的影响作用要大于、多于教师。因而从这种观点而言，加强

教师与家长之间的交流和合作尤为重要。班主任要想成功地教育好学生就必须得到父母们的支持与配合。

一、促进家、校有效沟通合作的基本条件

1. 充分准备，心中有数——实现有效沟通合作的基础

班主任与家长谈话常有两种情况：一是事先约定，我们称之为正式沟通；二是不期而遇式的非正式沟通。如果是前者，班主任就要对所谈话题充分考虑，与家长见面时才能有条不紊地交换意见，从而实现预订计划。如果是后者，班主任就要善于“临阵磨枪”，将孩子在校的情况简明扼要地向家长反映，并提出希望沟通的目的与计划。

班主任与家长进行沟通时应注意：①沟通前先将沟通的目的、内容及有关性质搞清楚，并将沟通内容对沟通对象的影响弄明白。②计划沟通内容时应尽量听取他人的意见，这既可获得更深入的看法，也易于获得积极的支持。③应充分考虑沟通时的社会环境与背景、沟通对象的性格及过去沟通的情况，以便做到有的放矢，增加沟通的有效性和针对性，取得良好的沟通效果。④班主任要会控制沟通的节奏，主题应明确，不要离题太远。⑤注意获得有效的资料与信息，并注意提供必要的答复。

班主任与家长的交流大多数是不期而遇的非正式沟通，因此，班主任平时对每位学生都应心中有数，同时要熟练运用各种沟通策略与技巧。

2. 营造良好沟通合作的氛围——家、校有效沟通合作的前提

班主任要树立正确的沟通观，从思想上真正重视沟通，把家长视为自己教育活动的合作者，积极主动地建立与家长经常性的联系，以便更多地了解自己的教育对象，并与家长商讨如何使孩子成长得更好的方法，做出良好的示范，创造有利于家、校沟通合作的氛围。班主任作为家、校沟通合作的主导方面，应该表现出良好的态度。班主任应态度谦和，易于沟通，举止礼貌，切不可训斥家长，不将学生在学校发生问题的责任都推给家长。要使家长愿意接受你，乐意与你沟通，易于达成共识，需互相尊重理解，提高合作意识，探讨灵活多样的合作形式，解除影响彼此顺利开展合作的各种障碍，营造健康的沟通合作氛围。

（1）营造平等感。班主任与学生家长之间的平等，是不折不扣的合作者之间的平等。通过消除各种诱发心理障碍的因素，营造一种平等的氛围，使双方在心理、感情上接近和融洽，这是沟通合作的基本前提。所谓平等，实质上是对合作伙伴的一种高度尊重。

（2）导入尊重感。在与家长沟通的过程中，班主任应做到文明礼貌，尊重

对方。班主任通常比家长更熟悉教育知识和教育手段，懂得教育规律。决不能以教训式口吻与家长谈话，特别是当其子女在学校“闯了祸”的时候，班主任仍要在谈话时给对方以尊重，不能当着学生的面训斥家长，不能使家长难堪，有损家长在孩子心目中的威信，而且家长一旦将这种羞愤之情转嫁于孩子，极易形成孩子与班主任的对立情绪。当与家长的看法有分歧时，应平心静气地讲清道理，说明利害关系，既要以礼待人，更要以理服人。

3. 构筑信任平台——班主任与家长实现良好沟通合作的关键

沟通是一种复杂的社会与心理现象，信任是合作的台阶，没有高度的信任就不可能有非常成功的沟通。信任是班主任实现与学生家长良好沟通、开展合作的心理基础，能使交谈气氛和谐一致，提高双方的心理相容度。信任是沟通的重要前提，且沟通本身是促进家长对班主任信任程度提高的手段和途径。

(1) 构筑信任，班主任应表明负责任的态度。要让家长知道你对他的孩子特别关心、重视，让他感觉到你工作细致、认真负责，这样从情感上容易迅速沟通，有助于达到效果。千万要避免只“告状”，除了将孩子的问题告诉家长，对孩子的进步也要实事求是地谈。让家长觉得你是在真心实意地爱护他们的孩子，从而接受你的意见并积极合作。

(2) 构筑信任，班主任应发挥“爱”的教育功能。“教育植根于爱”，爱是班主任工作的根本。“爱”主要体现在关心学生、爱护学生、帮助学生解决学习和生活中的困难、消除学习心理障碍、为学生创造一个舒适的学习环境。班主任在与学生家长沟通中，若能流露出对学生的爱，往往会迅速、有效地缩短家长与班主任的心理距离，“亲其师而信其道”，大大增强家长的信任感和责任感。

(3) 构筑信任，班主任应提出务实的教育建议。在解答家长的疑惑，给家长建议时，一定要有针对性，实用有效。没有把握的不说，记不准确的不说，要实事求是，不能故作高深。如果班主任的建议不科学、不合理，在家长心中的威信就会大打折扣。

二、实现有效家、校沟通合作的途径

学校教育与家庭教育在整个教育系统工程中相互依赖、相互作用，分别发挥着不可替代的作用。班主任和家长在教育活动中建立起互相信任、协调一致的合作关系，使家庭教育与学校教育结合，形成家、校合作互动的教育格局，为学生的发展提供良好的环境，促进家庭、学校和社会和谐合作氛围的形成。实现有效家、校沟通合作活动包括：家访、电访、家长访校、家长学校、家长会、成立家校合作委员会等。

1. 家访

家访是班主任与学生家长建立联系的一种重要方式，适时、适度地进行家访，有利于班主任与家长之间信息的交流与沟通，融洽感情，在教育学生问题上达成共识，使双方都对学生有更全面、准确的了解，从而相互结合起来对学生进行切实有效的教育。根据目的不同，家庭访问可分为三种类型。

（1）了解信息型。这是一般性家访，适用于新生或新接班学生家庭。主要内容是了解学生生活与学习的周围环境。

（2）具体目标型家访。这是在了解性家访基础上对少数学生的特殊问题有针对性的家访，适用于有特殊表现的学生。内容主要是向家长报告其子女的特殊表现或突出问题，共同商讨协同解决的方式与方法。

（3）正式沟通型家访。这是旨在与家长交换信息、沟通情感，以实现良好配合的家访。适用于因学校、家庭彼此不了解，产生误解或分歧，造成配合欠佳的情况。内容是提出问题，如实介绍情况，耐心听取家长意见，通过心平气和地交换意见，沟通心理，争取实现协同教育。

2. 电话访谈

随着现代电信技术的发展，人们之间的交流越来越多地依赖电话。电话沟通，一方面是现代社会信息技术发达，为双方沟通提供了更为便捷的途径；另一方面也因为班主任和家长因生活、工作等压力大，时间紧张，电话则成为更现实的沟通方式。由于电话沟通方便、快捷、灵活，可与家长经常性地保持联系，家长可以在第一时间最快了解到情况或信息。班主任可不定期花一些时间与家长电话联系，交谈内容包括学生的进步和成绩、向家长了解情况或通报学校或班级的一些活动等。

3. 家长访校

家长访校可以使他们熟悉孩子的学校教育环境以及老师和同学们，是班主任和家长们交流的常用方式。传统的做法是邀请家长前来学校参加活动，如举办教学开放日和家长接待日活动。可每月确定一天为教学开放日，邀请家长轮流来校听课，学校对家长的热忱欢迎会鼓励他们积极参与课堂活动。通过开放日活动，使家长一方面感受到班主任工作的辛苦，另一方面，也可了解孩子在课堂中存在的问题，为家长正确引导、施教奠定基础。家长接待日以每月一个半天为宜。在家长接待日，家长可与班主任、任课教师座谈，交流学生在校表现等。实行家长接待日，可提高工作效率，与家长建立彼此信任的关系，从而双方成为合作的伙伴。

4. 班级家长会

家长会是班主任与家长进行沟通的桥梁，是学校与家庭连接的纽带。召开家长会的主要目的是促使家长与班主任等其他教师直接面对面地沟通，交流意见或建议，相互理解和支持，为促进学生的健康成长而协调一致。班主任应该探索多种新形式的家长会，建立以家长为主角的新模式家长会，如家长联谊会、家长恳谈会等，由家长座谈会现身说法，充分交流经验，让家长参与研讨和相互启发，使之成为家、校的合力作用点。

5. 家长委员会

为了推进家、校合作尽快向更高层次发展，学校、年级、班级可形成三级家长委员会制度，合理利用家长资源，如家长工作志愿者、“家长代言人”等。家长委员会要规范运作机制、明确职责，凡涉及学生权益的主要工作要充分听取家长委员会的意见和建议。家长委员会是家长们以富有意义和建设性的姿态参与学校决策的方式，是高层次的家、校合作形式，它的工作成效取决于家、校之间是否已经拥有一个良好的合作基础。

6. 家长沙龙

这是以家长为主体，以学生成长为中心，以教师及专家学者为咨询指导，提高家长教育素养、转变传统教育观念、提升教育理念，实现以家庭教育为突破口，最终形成教育合力的一种形式。

7. 家长学校

定期给学生家长开讲座、印发教育常识小册子、传授家庭教育知识和教育理念，使他们能了解和掌握一些孩子成长过程中的生理和心理知识，为培养孩子的良好品行打下基础。可在学校和家庭之间架起一条相互沟通的桥梁，使学校和家长更全面地掌握孩子的思想动态，及时矫正他们不良的行为习惯；充分利用家长资源，以家长本人成功的成长经历及教育孩子方面的成功经验现身说法，发挥部分家长在教育学生方面的示范作用，在解决学生问题方面出谋划策。

8. 校讯通

班主任可以将孩子在学校的表现情况、考勤情况、测验考试成绩、学校的动态、孩子的心理状况等通过邮件、手机短信发送给家长，让家长在百忙之中也可以轻松掌握孩子的基本情况；同时，家长也可以通过该系统向学校和班主任发表自己的看法和建议。利用电子信息的技术手段，以最容易的方式把家庭和学校双方融入现代教育中，实现家、校合作和教育信息化，让家庭与学校的结合不受时空的限制，为教书育人创造一个全新的空间。

9. 班级网页

教育网络化是当今教育改革的一个世界性的趋势，是推进学习型家庭建设的合作互动策略。随着社会的进步，现代通讯技术的发展，网络技术的普及，班级网页成为家、校沟通的新载体。特别是在社会竞争日趋激烈的新形势下，家长忙于工作，难以实现每天都与老师进行交谈沟通，了解班级情况和孩子学习情况，网络可以其独特优势弥补这些缺憾。班级网页不仅给学生搭建了展示的平台，也为家、校沟通搭建了互动的新桥梁，使家、校之间充分、准确、及时、详尽地交流，真正实现“家校互动、同步教育、无限沟通”。

10. QQ 群

QQ 作为一种网络即时通讯手段，已经风靡互联网多年。近几年，QQ 开发群聊功能（简称 QQ 群），更是让 QQ 从纯娱乐休闲软件转变为具有一定工作实用意义的网络平台。班主任可以和家长、学生们在这个虚拟的环境中真诚地交流。通过 QQ 这种非面对面的交流，突破了真实情境中面对面语言表达上的情感障碍，使家长和学生的内心中激起的一些情感共鸣和情绪得以及时的真实流露。作为班主任，如果能及时把握好时机，利用 QQ 群可以进行有效的师生沟通与家、校沟通，从而增强班级管理的实效性。

第三节　实现有效家、校沟通合作的策略与技巧

一位父亲发现孩子被同伴打出鼻血后十分气愤，要求班主任给一个说法。这位班主任首先表示深深的歉意，并教育打人者向受伤者赔礼道歉、承认自己的错误。班主任接着全面介绍孩子的情况，使家长感到他的孩子是受老师和同学们关爱的，发生这次事件纯属偶然。最后，这位班主任表示接受家长的建议，希望家长今后对自己的工作多提意见。这位父亲面对态度诚恳的教师，很快化解了心中的怨气，原谅了打人者。从这个例子可以看出，班主任认真分析家长的意见，理解家长正当发泄其不满情绪，接纳家长的合理化建议，就会转变家长的态度，得到家长的理解和支持。

与家长沟通，是班主任和家长的双边活动，是语言、情感的双向交流。家长的为人、阅历、性格特征、心理因素等直接影响着沟通效果。法无定则，沟通要因人而异，因时而异，因情而异，需要有不同的技巧策略。

班主任应以取得良好的沟通合作效果作为目标，灵活选择沟通方式和沟通技巧，引导沟通活动的顺利进行，提高沟通合作的效能，而不只是一味强调自己良好的动机和教育内容的正确。没有效果的沟通，即使动机良好，内容正确，也毫无意义。因此班主任应当在沟通活动中培育家长的沟通意识，在消除沟通心理障碍方面发挥更多的主动性、主导性，创造沟通机会、开拓沟通渠道、建立密切稳定的家、校关系系统。

实现有效家庭沟通合作的策略与技巧有很多，但班主任需要掌握的有以下

几种基本功：

一、在细节中把握沟通合作的技巧

1. 班主任在与家长沟通交流时应注意的细节

班主任在与家长沟通交流时应注意的细节有：①选择或者创造使家长和班主任处于平等地位的环境；②关心孩子，询问有关他或者她的情况；③倾听与理解；④当提及孩子的学校生活时，使用描述性的而不是判断性的语言，避免使用教育术语；⑤不要谈论别的父母或者他们的孩子，尊重所有家庭的隐私。

2. 技术沟通法

班主任常用的技术沟通法主要有：①利用家长会，向家长宣传自己的教育理念和一些新的教育方法；②利用家长接送孩子的机会主动交流孩子每天的学习活动情况，有哪些突出表现；③与家长一起为孩子制定学习目标；④向家长了解孩子的在家表现、个性倾向；⑤召开“家长建议会”、举办“家长沙龙”等，充分听取家长的意见；⑥通过“校讯通”及时与家长交换教育孩子的意见，以多媒体网络平台为老师和家长提供更多便捷的联络方法，灵活使用相互沟通和交流的工具，使老师和家长能及时了解孩子的情况，充分体现老师与家长互不干扰的个性化沟通；⑦开展“亲子活动”，创造家长参与学校教育的机会等。

3. 感情疏通法

与家长直接沟通情感，这有利于教师与家长互相信任，彼此说出心里话，使知情统一，顺利达成认识上的一致、情感上的相容。在与家长直接沟通时，要特别注意：

（1）称呼得体。得体的称呼会使家长感到亲切，可先问“您怎么称呼”，然后根据家长年龄、身份、职务等具体情况确定一个合适的称呼；记住家长的名字。

（2）语气委婉。尽量避免用命令、警告、责备、提意见、训话的口吻与家长对话，这样会使家长产生防御心理。教师应用热情、关心、委婉的语气和家长平等对话；如果能加上风趣幽默的语言，更能使气氛融洽、和谐、轻松。

（3）正确运用非语言技巧。非语言技巧包括面部表情、身体动作、手势、空间位置、穿着打扮等方式。

（4）间接沟通情感。这主要是针对处理学生问题时与家长难以达成共识，易造成家长不理解、引起误会的情况。如通过对学生的真诚关心与爱护解决情感冲突，或通过其他人表达自己的情感，以求家长理解，达成共识，解决问题。

二、把握与家长沟通时的特殊心理，掌握沟通艺术

目前，家、校合作出现“流于形式多、单向灌输多、一味要求多”等一系列问题，归根结底，都是缺乏沟通策略和沟通技巧。许多家长把孩子在学业或行为方面出现问题时把责任推卸给老师，这严重影响了班主任的工作效率和教育质量，非但不利于孩子的健康发展，也给班主任造成了极大的心理压力。因此，班主任应把握与家长沟通时的特殊心理，讲究沟通的艺术，与家长架起一座沟通的桥梁，赢得家长的尊重、理解和合作。

1. 评论学生要客观

班主任要树立正确的“学生观”，客观、全面、公正地评价每个学生，使学生家长听后，觉得这是教师的肺腑之言，感到学校教育的目的和任务是与学生家长的愿望相一致的，从而做到心理相容，共同做好教育。班主任在对家长介绍学生情况时，不可以漫不经心或是毫无根据地对其子女的能力和行为进行评价。班主任对学生任何不尊重、不客观的评价，都不会被家长疏漏或遗忘，这样只会伤害家长的感情，使他们为此而感到伤心。因为家长都有一个“望子成龙，望女成凤”的思想，假如教师对家长过多列举其孩子不好的方面，会严重挫伤家长的自尊心，造成一种“无药可救”的印象。这不仅无助于问题的解决，也是一种极不合理、极不负责任的做法，最差的学生也有他的闪光之处。

2. 把握好问题呈现的时机

与家长沟通时可先说说其孩子的优点和进步，等家长有了愉快的情绪，再逐渐提一些建议，家长会更乐于接受。可以采取“避逆取顺”的策略，避免触动对方的逆反心理而迎合其顺情心理的策略；也可以采用变换语言或变换角度的手法来叙述，因为同一件事，往往可以从多个角度来描述它，为了使人们乐意接受，我们就可尽量从人们的心理易于接受的那一个角度去叙述，尽量避免那种容易引起人们反感的角度，减少一些产生逆反心理的可能。

3. 提供解决问题的可行性建议

提出问题的同时要提供可行性的建议，尽量避免“登门告状”、“漫发牢骚”的现象。班主任应善于找到向家长提出要求的适当形式，语言尽可能委婉，最好用建设性口吻。如“你看，我们是否可以这样做……”，“你能否试一下这种方式”等。对于家长不符合教育要求的行为、观点应予以劝说，向他们解释这样做对孩子教育所带来的危害。切忌将教师应当承担的责任推卸到家长身上，这不仅证明班主任的无能，而且证明班主任的不负责任。

4. 善于运用“期望效应”

“赞扬孩子、赞扬家长是与家长交流的法宝。”著名的教育学“罗森塔尔效

应”实质就是“爱”的效应或者说是“期望效应”。班主任在与家长沟通时，最需要把自己对学生的期望和肯定通过家长传输到学生那里，这样会产生意想不到的激励绩效。这一点在班主任与“后进生”家长沟通时尤其需要注意。只有家长对自己孩子的教育有信心，他们才会更主动地与班主任交流，积极配合老师的工作。

5. 用心倾听、询问和引导

一位优秀的班主任，必然会耐心倾听他人的意见、感受并善于询问。班主任千万不要只顾自己滔滔不绝，剥夺家长讲话的机会，要积极地、饶有兴趣地倾听，要多用开放式提问，尽量少用封闭式提问等。

三、因人而异，选择多元化的方法策略

由于家长间存在身份、文化程度、自尊心等方面的差异，班主任应该清楚，差异是沟通的基础，但沟通不是为了排斥差异、消除差异，而是为了更好地理解差异，求同存异。差异的根源在于沟通主体、沟通客体、沟通内容、沟通情境是多样化的。

（一）考虑家长的个性多元化

对性格粗暴、刚愎自用、甚至蛮不讲理的家长，要以冷对“热”，以静制动，以柔克刚。越是难以理喻就越要坚持晓之以理，而对于性格随和、通情达理的家长，要在友好交谈中用心听取他们对学校工作的意见，不能因他们“好说话”而冷落了他们。那些快人快语、胸无城府的家长，他们性格外露，不喜隐瞒，喜欢直率地表达自己的意见，且心口一致。班主任与他们谈话时也要干脆利落，让家长看到你的直率，感到你可以信赖。对胆小怕事，说话绕弯的家长，则要集中精力听出他们所要表达的中心意思，对未听清的，则要通过提问了解清楚，对意思含混的，还要细心琢磨，领会其主旨。除了性格因素之外，家长的情绪心境也是沟通中不得不认真考虑的一个因素。谈话时，班主任处于谈话的主导地位，要察言观色，根据家长的情绪运用不同的谈话方式。对学校和老师有意见而处于气头上的家长，因其有强烈的排斥心理，这时班主任不能火上浇油，而应努力使他们克制情绪，恢复常态后再相机而动，对症下药。

（二）考虑问题性质的轻与重

采取何种沟通方法与沟通形式，完全取决于沟通时需要加以解决的重点问题的性质。对于一般性质的问题，只需诉诸常规沟通形式，如电话交流、家校联系交流等；当学生有严重的行为问题并亟须家长配合矫治、干预时，才诉诸正式的、个别的危机性沟通，如约见、家访等。

（三）考虑学生家庭教育方法的差异性

1. 变粗暴放任型为情理诱导型

有一位学生，在校常常惹是生非，每当发生这样的情况，班主任就向家长投诉，话语中充满怨恨和厌恶，而每次家长了解到情况后，就对该生一顿毒打，有时打得浑身又青又紫。长期在这样的教育方式之下，这位学生的性格也变得古怪起来，有时会莫名其妙地发脾气，在班级里经常动手打人。有一次，他竟然毫无理由地把一位同学的书包扔进学校的垃圾桶里，他的举动让大家都惊愕了！

细细分析这位学生产生这种情绪的原因，与他长期受简单粗暴的教育方式有着密切的关系。在部分家长心目中，孩子不懂事，要他懂事就得打，不打不成才。有些孩子在家中经常挨打挨骂，结果养成胆大包天、爱说谎话、欺小凌弱的坏毛病，给班级管理带来许多问题。由于有些家长或因自身素质不高，或是忙于工作或娱乐活动，平时对孩子缺乏管教，一旦班主任向这些家长投诉他的孩子学习成绩不尽如人意或是在校内犯了错误时，就教训甚至打骂孩子。班主任肩负着重大的职责，也许会因为自己的疏忽而毁了学生的一生。因此，我们在教育学生的过程中，需要得到家长的大力支持和配合，而这一过程中，一方面，我们要克制自己的情绪，另一方面，也要制止家长采取粗暴的态度，更不能煽动家长采取暴力，要做好深入细致的工作，多与家长沟通，要多诱导，给予他们正确的教育方法，和家长一起与学生交流思想，了解学生的心理状态和产生问题的原因，对症下药，悉心诱导，这样的家、校沟通合作才能真正地促进学生朝着健康的方向发展。

2. 变放任自流型为宽严有度型

有些学生家长，由于工作忙或事务缠身，无暇顾及孩子，对孩子的学习与成长持放任自流的态度。他们认为，孩子该学的自然就学了，学不会就是天生脑瓜笨，“不是那块料”。然而，孩子的自我控制能力毕竟有限，任其自然发展，往往形成任性、暴躁、打架等不良习惯，一旦养成习惯，纠正起来很困难。特别是单亲家庭，由于各方面因素的影响，在教育孩子时，往往缺乏必要的管教，让其放任自流。作为班主任，要不辞辛劳地多找家长沟通，真诚与家长谈心，交换对其子女的看法，协商教育其子女的妙方良策，这是班主任与家长情感的接触，心灵的碰撞，将一颗为学生健康成长的赤诚之心捧在家长面前，从而获得家长的信任，取得家长对学校教育的真正理解、支持和配合。

3. 变溺爱娇养型为理性关爱型

有些学生家庭比较富裕，父母对孩子的学习特别关心，以至关心过火。他们认为，为了孩子的学习，应不惜代价，孩子需要什么给什么。这种“要星星不给月亮”式的家教，时间长了就会陷入溺爱的泥潭，孩子容易形成自我中心意识。这种学生往往比较自私、怕吃苦、耐挫能力差。对于溺爱型家庭，班主任与家长交谈时可以先肯定学生的长处，对学生的良好表现予以真挚的赞赏和表扬，然后再适时指出学生的不足。要充分尊重学生家长的感情，肯定家长爱护子女的正确性，使对方在心理上能接纳你的意见。同时，也要用恳切的语言指出溺爱对孩子成长的危害，耐心、热情地帮助家长采取正确的方式教育子女，启发家长实事求是地反映学生的情况，不袒护自己的子女、隐瞒子女的过失，这样才有利于孩子的健康成长。

4. 变对立冲突型为密切配合型

一位很特殊的孩子，性格怪僻，惹是生非，还经常不做作业。以前他的家长就常为这事被班主任“训斥”。A老师接班后，多次想与家长取得联系，可他们始终回避。有一次家访，这位班主任先表扬孩子在校表现好的方面，如聪明、思维活跃、敢于发言等，然后，又婉转地提出其不足之处，并告诉家长自己会尽全力教育好孩子，希望得到家长的配合与支持，还指导家长在家庭中怎样有效教育孩子。家长听了，欣然接受，还作了自我批评，说自己忙于工作疏忽了对孩子的教育。

班主任和学生家长既然在教育目标上是一致的，两者就不存在领导者与被领导者、教育者与被教育者的关系。每个班主任都会遇到一些“恨铁不成钢”的学生，这些学生经常会给自己的工作带来麻烦。学生一出毛病，有的班主任就把家长请到学校，发顿怨气，批评一通，甚至训斥、嘲笑，把责任都推到家长身上。家长有口难言，被极大地挫伤了自尊心，有的甚至忍耐不住，在学校里打骂自己的孩子，这样的家、校联系非但达不到预期的目的，反而极大地挫伤孩子的自尊心，也不利于班主任今后与家长的沟通与合作。班主任在工作中会遇到各种学生，遇到问题时，头脑要冷静，要意识到每位家长都希望有个引以为荣的子女。绝不能“越位”训斥家长，“居高临下”地说：“我要你怎么做，你就应该怎么做。”同时更不能把学生的过错强加在家长身上，把对学生的气撒在家长的身上。作为班主任，应心平气和地用商量、征询的口气，向家长解释，主动协调，共同探寻解决问题的途径，这才是解决问题的方法。

让家长走进班级、年级、学校，最大限度地发挥家、校合作的作用，这是现代教育发展的必然趋势。家庭教育不仅是基础教育，而且很多方面起着主导性作用，是任何学校教育和社会教育代替不了的。在家、校合作中，班主任必须用平等的姿态，尊重、理解家长，提高服务意识，使家庭教育与学校教育结合，形成家、校合作互动的教育局面，为学生的发展提供良好的环境，促进家庭、学校和社会的和谐合作氛围的形成。

第十三章　人生的导师

——学生生涯规划指导

第一节　什么是生涯规划

据北京市教科院一项面向全国高校的调查显示，42.1%的学生对所学专业不满意，65.5%的学生表示如有机会将重新选择。而一项对北京、上海和广州三地大学生调研的报告也指出，三地大学生中超过六成觉得所学的专业跟自己的兴趣和能力不适应，而占总数45%的大学生则不知道自己将来适合从事什么职业，一些大学生因此陷入困惑之中不知该如何应对。2007年的一项调查表明有近三成即将大学毕业的学生后悔自己读了大学。

这些曾经让人羡慕的天之骄子怎么会这样？其根源在于基础教育中生涯规划的缺失。由于我国职业生涯规划教育的落后，中小学几乎不存在职业生涯规划教育的理念，很多同学升大学时选择专业受到老师和家长的影响，有些甚至是家长直接包办，而有些同学虽然选择了自认为比较“好”的专业，但事实上很多同学并不清楚自己所选择的专业是否适合自己，是否是自己感兴趣的，是否是自己所擅长的以及未来的职业前景如何，因此所有的后果在进入大学后或者在即将毕业时就出现了。

平庸的人害怕明天，
聪明的人期待明天，
天才规划明天。

“人最宝贵的是生命，生命属于人只有一次，一个人的生命是应当这样度过的：当他回首往事的时候，不因虚度年华而悔恨，也不因碌碌无为而羞耻。这样在他临终的时候，他就能够说我整个的生命和全部的精力都贡献给世界上最壮丽的事业——为人类的解放而斗争。”这是一段大家都非常熟悉的话，其实这段话是小说《钢铁是怎样炼成的》作者奥斯特洛夫斯基借小说中的主人公保尔——一个革命者的嘴说出了他作为革命战士对自己一生所作的生涯规划。

当然，在今天每个人都可以有自己的选择，都可以按照自己的想法来进行生涯规划，但值得注意的是，在上述的话中，有这么几句是我们需要思考的：人最宝贵的生命我们到底应该如何度过？怎样才不算虚度年华？怎样才能做到不碌碌无为？这就是上述的一段话给我们的启示。

一、生涯规划的含义

（一）生涯规划的含义

职业是人们为谋生和发展所从事的相对稳定的、有经济收入的、由社会需要决定的分门别类的劳动。

职业是社会分工和产业分化的结果。

我国于 1999 年 5 月正式颁布了《中华人民共和国职业分类大典》。《大典》按照工作性质同一性原则，对我国社会职业进行了科学划分和归类，将社会职业分为 8 个大类，66 个中类，413 个小类，共 1 838 种职业。这是我国第一次公布职业分类，后来按照社会发展及分工，劳动和社会保障部又公布过几次我国新增职业。在一千多种职业中，哪些职业是我们喜欢的？哪些职业更适合我们从事？俗话说“男怕入错行”，在今天这个发展飞速的时代，我们更需要认真思考这个问题。

职业生涯是指一个人一生的职业经历。职业生涯规划（或者称为职业生涯设计）是根据社会经济发展需要、就业环境和自己的特点，制定未来职业生涯发展规划，寻找能够充分发挥自己能力和体现自我价值的位置，是自己对个人职业前途的瞻望。

所以，从生涯规划的角度来说，有这么一句著名的话：“这个世界没有庸才，所谓的庸才只不过是放错了位置的人才。”因此，生涯规划就是要让每个人人尽其才，才尽其用。当然要真正做到这一点，就需要每个人对自己的人生进行生涯规划，人的职业生涯是需要精心设计和用心去经营的，立业是一门学问！

（二）生涯规划产生的背景

生涯规划的前身为职业指导，它起源于 20 世纪初的美国。在传统的社会中，生活节奏缓慢，变化不多，下一代继承前辈的职业是一种生存的必须，也是美德。但是在西方的工业革命之后，这种情形有了深刻的改变，随着时代的变迁，手工业和家庭作坊式的手工业逐渐瓦解，特别是今天进入信息社会后，许多旧的职业消亡，代之而起的是新兴的前所未有的职业，同时社会的职业越来越专门化，如果青年人在就业前没有受过专门的训练，就很难适应这一新的就业形势，同时许多新兴职业的就业门槛、相应要求、待遇、发展前景等因为它的专业性强，如果不了解其中的特点，也很难作出正确的就业选择。因此，在1908年，美国波士顿大学教授帕森斯发现由于大学生们没有机遇，在大学毕业后失业，于是创办了世界上第一个职业指导机构——波士顿职业指导局，专门从事大学毕业生就业的指导工作，这就是早期职业指导活动的兴起。到了20世纪50年代，随着生涯发展理论的提出，生涯规划替代了职业指导，特别是随着20世纪70年代生涯教育运动在美国的提出与实施，为生涯规划在学校内的运用起到了推波助澜的作用。职业生涯教育是从人的全面发展的角度入手，培养学生劳动观、职业观的教育。具体地说，是指将传授知识与学生将来的工作和生存方式相结合，帮助学生正确认识自我、认识职业发展与需求，使学生具有劳动观、职业观及相应的职业知识和技能的同时，培养学生了解自己，积极主动地选择人生道路的能力和态度。它主张通过社会、学校的共同努力，帮助学生建立切合实际的自我观念，并借助职业生涯选择、职业生涯规划以及职业生涯目标的追寻，实现与个人才能相适应的职业生涯教育目标。如今，在发达国家，职业生涯教育从中小学就开始了，几乎每个学生在校期间，都有专业的职业规划师队伍为学生们进行职业生涯辅导和教育，帮助学生进行职业生涯规划，根据学生的兴趣、特长、能力和爱好帮助学生选择擅长从事的职业。为了做好这些工作，西方许多心理学家对此专门进行了相关研究，最著名的是美国心理学家舒伯，他将人一生的生涯发展划分为五个阶段并为每一个阶段规定了相应的发展任务：生长期，0～14岁，主要是熟悉和适应生存环境，获得生存所必需的知识和经验，培育健康的身体和心理素质，形成基本的生活和学习能力；探索期，15～24岁，建立个人生活方式，确立人生理想目标，学会与人交往与竞争，选择适合自己生存发展的职业，并创造实现自身价值的条件；建立期，25～44岁，完成个人职业角色和家庭生活的建设目标，履行自己在生活中应当承担的责任和义务，获得理想生存的各种保障条件，创造实现自身价值的有效途径；维持期，45～64岁，在自己的职业岗位上愉快地工作，注意家庭生活方式的不断创新和生活习惯的科学化，不断获得新的知识和新的朋友，热爱运动，懂得自我心理调节，为晚年生活创造必要的储备；衰退期，65岁以后，注意终身学习和发挥余热，把自己的知识和经验作一些总结留给后人，为家庭和孩子做力所能及的事，注意营养和休息，幸福欢度晚年。

（三）生涯规划进入基础教育的现实意义

当代社会，我国政治民主文明、科技突飞猛进，知识经济初现，意识形态呈现多元化的趋势，在这样的时代背景下，许多旧的传统观念被打破或重组，相对完善的教育体系尚未得以建立，使得青少年在人生观、世界观、价值观的建立时期，处于多元价值的影响之下，派生出形形色色的成长期缺损问题。针对新的形势要求，需要我们开辟学校德育工作的新方法和新途径，使学校工作的针对性、主动性和实效性真正得到落实。参考国外的先进经验，孩子们从幼儿园开始就有了职业意识的开发，职业生涯发展指导贯穿幼儿园、小学、中学和大学。从幼儿园开始孩子就要了解身边各种不同的职业及其功能，小学开始就在为自己长大后要从事的职业做知识、技能、综合素质上的准备，并为提高综合素质而参加各种各样的志愿者活动、职业体验、兼职工作。虽然与国外成熟的职业生涯规划经验相比，国内的生涯规划教育明显滞后，但我国一些学校也做了非常有益的探索和实践。青少年成长有两个重要时期：生长期和探索期。这两个时期同时也是学校教育所承担义务的时期，这时学生心理逐渐成熟，对未来生活充满幻想，对未来职业生活已有向往。因此在这个时期，依据学生心理发展特征将青少年生涯规划引入基础教育，通过在中小学开展生涯规划活动，把思想引导、学习指导、心理疏导、生活辅导、成才指导有机地融合在一起，使学生形成对职业的正确理解，形成正确的世界观、价值观和人生观，树立正确的职业理想，科学合理地进行人生规划，为学生未来职业的健康发展指明方向。这样建立起一种全新的青少年德育工作新模式，其实也是新时期德育工作的一种行之有效的做法。对此，大家一致认为，职业启蒙和职业规划意识应融入整个的人生历程，如果缺少必要的职业生涯教育，学生在就业或升学时，会由于缺乏对职业的基本认识，而对将来的发展埋下隐患。我们必须对基础教育阶段所应开展职业生涯教育的重要性和紧迫性有充分的认识，为学生进一步接受高等教育以及面对社会就业打下良好的基础，因此，生涯规划介入当前基础教育已成为时代的呼唤和社会的要求。

1. 职业生涯规划是实现人生目标的重要途径

职业生涯规划可以发掘自我潜能，增强个人实力。一份行之有效的职业生涯规划将有助于我们正确地认识自身的个性特质、现有与潜在的资源优势，有助于重新对自己的价值进行定位并使其持续增值。引导个人对自己的综合优势与劣势进行对比分析，评估个人目标与现实之间的差距，并树立明确的职业发展目标与职业理想。其还可以引导人们前瞻与实际相结合的职业定位，发现新的或有潜力的职业机会，学会运用科学的方法采取可行的步骤与措施，不断增强自己的职业竞争力，实现自己的人生目标。

2. 职业生涯规划可以增强发展的目的性与计划性

如果我们每天工作 8 小时，一周就是 40 小时，再以一年的工作日来计算，约为 2 000 个小时，如果人的职业生涯有 35 年，那么人一生中投入的工作时间超过 7 万小时。这是人生的巨大时间投资，从这个计算中也可以体会到工作是人生非常重要的组成部分。如此重要的时间付出需要有目的和计划，生涯发展也要有计划、有目的，不可盲目地“撞大运”，很多时候我们的职业生涯受挫就是由于生涯规划没有做好。好的计划是成功的开始，古语讲，凡事“预则立，不预则废”就是这个道理，因此人生需要通过生涯规划来提升成功的机会。

二、生涯规划的意义

（一）人生需要生涯规划

人人都需要有一份工作，从事某种职业，不同的职业实际上就是在不同的行业中就业，而从事各种不同的职业，也就有着各种不同的发展空间与机遇，甚至影响一个人未来的发展方向、水平及其成就。所以，从某种意义上说，选择了一种职业也就选择了一种人生，人与人之间的差异，其中一个原因也许就是因为选择了不同的职业，不同的职业也就意味着各种精彩纷呈的人生道路。但是，我们受限于生命的短暂，无法在人生有限的时间里去尝试所有的职业，只能在某些行业中寻求成功。而人的一生能否成功，关键在于选择时自己事先有无理解某个行业对人生的意义，了解自己在某个行业中能否胜任某个职务，在某个行业中能否有所发展。

所以，任何一种职业都无所谓好坏，关键是要适合自己，适合的职业就是最理想的职业，因为只有适合，才能做到最好。有人说，所谓的庸才，就是放错了位置的人才，这说明找到适合自己的职业是非常重要的。而要想谋求一个理想的职业，就需要寻找生活、理想与社会的最佳结合点，这样才能谋求到一个理想的职业。而要做到这一点，靠自己盲目地去尝试是浪费时间，必须进行生涯规划，以了解工作对我们的意义及我们应该为工作做些什么准备，并采取哪些求职的计划，才能如愿以偿找到自己理想的职业。

（二）中小学生需要生涯规划

今天，中国的市场经济已经进入与世界市场接轨的新阶段，人才的需求发生了结构性的变化，社会对人才的类型、层次以及知识、能力也有了新的要求，尤其强调个性、自主和创新。同时我国人力资源配置方式也发生了深刻的变化，市场机制逐步成为配置人力资源的主要机制，国家赋予劳动者充分自主选择专业和职业的权力，这就要求学校应该帮助学生学会正确行使自己的选择权，使学生具有规划生涯、选择职业发展方向的意识和能力，这也是学生步入社会之前所应具备的不可缺少的素质。在这种新的形势下，建立以生涯规划为主要特征的人才培养模式就成为教育对经济社会发展的积极回应和必然选择。对北京人大附中近 1 000 名学生调查显示，中小学生以及家长对职业规划的需求非常强烈，96% 的学生已经有明确的职业倾向，这说明今天的学生已经开始关注自己的人生发展问题。

而且近年来世界各国教育政策的制定日益受到全球共同认可的价值观的影

响，更为关注人类的共同未来，更为关注人类的生存发展质量，因此学校的教育改革必须突破传统意义上以知识传授为核心，必须注重让受教育者了解世界发展的多样性和复杂性，帮助受教育者充分享受自由愉快的生存空间，更好地体现自身的价值，“生涯规划要趁早，职业设计在童年”。因此，职业生涯规划在基础教育中不是仅面对部分升学无望学生的特定教育，更不是毕业班临近填报高考志愿时的应急性指导活动，它是全程、全体、全面的教育过程，是学校教育的一个有机组成部分。这项教育关系到学生对职业、专业的广泛了解，包括为适应职业社会的选择而完善自我，增强就业竞争实力的其他教育。接受九年制义务教育的学生将面对人生发展的第一次重大选择，他们需要选择升入普通高中还是中等职业学校及合适的专业，或者是做就业的准备，而职业学校的学生也面临选择就业或升入高职，普通高中学生则将选择报考高校的适当专业以及就业做准备。

在我国，随着高考制度的恢复，学校教育便一步步走进了象牙塔，青少年社会化的内容被局限在文化知识的传授以及社会行为规范的养成中，在落实普通学校教育的任务时很少关注职业生涯教育问题，中小学学科教材内容中直接涉及职业生涯的知识很少，忽视职业生涯意识、规划等方面的教育要求，虽然在普通中小学开设劳动与技术教育课程，但还不能有效发挥使学生形成职业倾向和专业选择的功能，很少真正顾及火热的经济生活和职业世界，这样的教育造成学校教育与学生的实际生活、工作就业、人生发展及价值体现相分离，也造成幼儿园、小学、初高中和大学难以有效衔接。根据《中国教育统计年鉴》显示，2001 年中国初中毕业生升学率仅为 53.2%，中学阶段结束后就要面临择业的人占据一半。2004 年，中学生毕业人数达到 1 900 万。如此庞大的中学生结束了正规的学校教育，他们的就业成了社会老大难问题，他们面对升学无望、就业无门的现状，不知自己的路在何方而内心迷茫，因此，提高青少年社会适应能力，让他们在了解社会产业现状与发展前景的基础上，进行生涯准备与规划，形成新的职业价值观和职业理想，实施生涯规划。让学生树立学习的目的不仅是为了考大学，而是为了今后有一个自己喜欢、能够充分发挥自己能力、体现自身价值的职业。而要实现自己的职业理想，就需要让孩子在中小学期间就对自己的兴趣、爱好、个性、能力有所了解，并开始思考自己的职业兴趣与未来理想职业的关系，了解相关职业所需要的知识、技能和综合素质，强化相关职业知识和技能的学习，并积极参与相应的社会实践活动，提高相应职业所需要的从业能力，这样他们在选择专业和职业的时候就不会盲目，在职业生涯发展道路上就会少走很多弯路，而不是等大学毕业后还不知道自己究竟要做什么。所以生涯规划不仅是解决学生出路的权宜之计，而且应当成为教育适应经济社会发展需要的长远任务，也应当成为基础教育领域中一项重要而紧迫的任务。

（三）中小学教师应该了解和掌握生涯规划

我国的教育目标是培养有社会主义觉悟的有文化的劳动者，中学的任务规定是“为国家培养合格的劳动后备力量和为高一级学校培养合格新生”。目前我国普通高中的培养目标中，对学生职业生涯方面的要求更加明确：“初步具有独立生活的能力、职业意识、创业精神和人生规划能力。”而在新课程中有一项国家指定的学习领域——劳动与技术教育，它以学生获得积极劳动体验、形成良好技术素养为主要目标，与信息技术教育、研究性学习、社区服务与社会实践共同构成“综合实践活动”，自小学三年级起开设。新课程确立了劳动、家教、技术、职业准备等方面的教育内容。同时，根据小学和初中的性质、特点，在职业准备方面进行了教材内容的学段定位，小学确定为“职业了解”，初中为“职业引导”。因此，把职业生涯教育作为一种理念渗透于学校教育活动中，渗透于各学科课程中，体现在教育教学任务中，并以教材内容为载体，落实在课堂教学中，对于贯彻落实党的教育方针，推进素质教育，增强学生的职业与创业意识、职业生涯规划、创新精神和实践能力等具有重要意义。

目前的状况是：在中学阶段，学生不知道今天的学习是为了什么，与未来的职业和自我的发展有什么关系，只是为了考上大学，缺乏明确的学习目的和积极的学习动力；到了大学阶段，学生不确定高分换来的职业通途通往哪里，缺乏清晰的职业导向，甚至大学毕业等于失业。这些欠缺或遗憾，都源自基础教育阶段职业生涯规划的薄弱。这种缺乏、滞后、甚至空白，对于学生的成长发展，尤其是职业理想的构建和以后的实施、实践都已经产生严重的消极影响。因此，为了有效改变这一现状，中小学教师应该了解和掌握生涯规划，为学生打造一个光明的未来。我们必须要求基础教育把职业发展、生涯规划引入课堂，使未来的就业人员更有信心面对长期的变化的职业供需错位现象，以便及时进行调整和应对。一个人如果不能学会发展自己，学会开发和利用自己的优势，那么他必将被新经济社会所淘汰。

具体在学校中，任何年级、任何课程的每一个教师，都应该尽可能地强调其所讲授的课程具体内容的实际含义和职业价值，因为每一门学科本身就具备职业训练的功能，教师如果强调基础学科知识对于学生今后能够从事的各种职业有直接或间接的关系，可以使学生意识到现在的学习与未来的就业之间的密切关系，从而使学生增强学习的主动性和积极性，同时也可以使学校教育成为社会生活中的一个重要组成部分，让学生们获得有社会意义的经验和切身体验，增强学生的亲身感受。

我国已有这方面的尝试，潍坊市教育局下发了《关于在初中学校开展人生规划与职业指导教育的通知》，从 2007 年开始，明确要求初中生尤其是初三学生必修人生规划与职业指导课，总课程不得少于 10 个学时，各初中学校对开设职业指导课表示欢迎，不少老师认为学校有义务通过开设就业指导课，引导家长和学生转变“上高中是唯一出路”的观念，接受职业教育。

第二节　生涯规划的内容

生涯规划是基于人类对生命质量追求的有关人生的探索与实践活动。因此，在教育过程的设计与安排上，首先要强调经验的整合，可精心选择成功者的案例，研究他们如何把家庭、学校、社会所获得的各种知识、技能、态度、习惯等整合起来为走向成功服务。其次要强调创造有目标的人生，人生目标就是人活着的精神支柱，是生命的原动力，它必须通过一定的社会角色和生活角色来实现，必须最大限度地发挥个人潜能和不断学习新知识，它通过一定的方式来正确树立青少年的世界观、人生观和价值观，更好地培养学生形成良好的行为习惯、心理素质和个人气质。

一、生涯规划的五要素

（一）知己

知己就是了解自己。职业规划实际是要经营自己的长处，所以说“先找自己，再找对象”。连自己是个什么样的人都不知道，怎么会明白自己需要什么，自己的短处何在，又如何根据自己的优势去扬长避短、充分设计自己发展的道路呢？所以一定要先了解自己，才能根据自己的优势扬长避短，充分实现自我价值。

（二）知彼

一个人不可能离开社会走自己的人生之路，因为人不可避免地受到社会的规范和指导，知彼就是要了解和探索社会，仅仅知道自己是什么人还不够，还要研究社会需要什么样的人才，所以必须了解各行各业的特性、从事各种行业所需的能力、工作的内容、工作发展前景、薪水待遇等相关的内容，努力缩小自己与社会需求之间的差距，使自己成为社会需要的人，同时还要看到他人的长处，这样才能知己知彼，百战不殆。

（三）抉择

青少年学生都有自己的理想，它是我们渴望通过自身的追求和努力来实现心中最美好的东西。在这个世界上，或许除了自己就再没有一个人会彻底地了解自己，并按照自己的理想用心栽培自己，最终使自己成为内心所期待的人，所以这种内在的动力是宝贵的，但理想要变为现实，就需要确定一个目标，目标的确定是建立在抉择的基础之上的，抉择最重要的是“适合自己”。

适合自己的职业就是：自己喜欢的、适合做的和能够胜任的。

（四）目标

清晰的目标非常重要，因为它决定了你努力的方向。随着社会的发展，各种职业发生了实质性的变化，新旧职业更迭加速，职业的要求也日益复杂化，甚至连职业的专业界限也日益模糊，未来职业成功与否取决于个人面临变化莫测的职业世界时的自我决策能力，即在充满“鱼与熊掌，二者均我所欲也”的矛盾之中该如何去确定自己的目标。社会上现有一千多种职业，什么类别的职业是自己喜欢的？这就要求中学生以自己的学习成绩、个人特长、家长的期望及社会需要为基础，建立起职业期望，并客观科学地对自己的职业期望作出分析，分清哪些期望是合理的，通过自身的努力可以实现，对于那些不合理或无法实现的期望，就应理智地放弃。这样权衡之后才能确定自己的行动目标。

（五）行动

行动指的是去真正实现自己的目标。要将理想变为现实，只有行动。在生涯规划中，通过知己、知彼、抉择、目标和行动这几个步骤，真正了解自己，并详细地估计环境的优势与限制，真正找到适合自己的合理可行的职业生涯发展方向，合理制定职业发展阶段中的具体目标和任务，预测可能出现的各种问题及其解决办法，并定期检查各阶段目标的实施情况，根据客观现实及时作出调整，最终实现自己的目标。

二、中小学生生涯规划的步骤

（一）自我认知——全面了解和认识自己

自我认知是指个人对自己的了解和认识，其中包括认识自己的长处与缺点，调整自己的情绪、意向、动机、个性和欲望，并对自己的行为进行反省等。它包含以下几方面的问题：

（1）职业价值观——你最想从工作中获得什么？

（2）职业兴趣——你最喜欢干什么？

（3）个性——你适合干什么？

（4）能力（潜能）——你能干什么，即你的能耐是什么？

（5）身体状况——你的优势和劣势是什么？

（6）你现在的学习成绩及每门科目的学习成绩如何？

(7) 你在学校的具体表现、各种经历及获奖情况。

(8) 父母对你的期望。

(二) 了解社会——全面了解和认识社会需求

了解社会即了解你自己所处的社会环境，包括充分了解社会现实的需求及未来的发展趋势。成功的职业生涯规划必须符合社会经济发展需要，这是个人职业理想实现的前提。因为人不能凭空想象出自己的目标，必须按照社会经济发展需要来确定目标以及调整自己的职业理想。了解社会不但有利于个人职业理想的实现，也能促使学生融入社会、适应社会。它包含以下几方面的问题：

(1) 社会政治、经济发展趋势。

(2) 社会热点职业门类分布与需求状况。

(3) 自己所选择职业在当前与未来社会中的地位及今后的发展。

(4) 区域条件，即你所处的城市或区域有哪些优势？有哪些不足之处？

(5) 你所处地区的升学及就业的相关政策。

(6) 世界发展趋势。注意全球正在发展的行业或者是自己想要从事的行业在其他发达国家的发展趋势。

(三) 找到适合自己的位置——正确定位自己

职业定位就是要为职业目标和自己的潜能以及主客观条件谋求最佳匹配。要讲求务实、恰当评估、不苛求完美、保持弹性。

目标设定要经营自己的长处。英国哲学家罗素说：选择职业就是选择将来的你。人生的最大乐趣就在于它的无限可能性。一个人终其一生能达成的目标并不多，所以根据自己的兴趣和特长制定自己的目标就显得非常重要。

职业定位的过程，实际上是自我与现实不断碰撞、调节，最终尽可能使自我与职业达到匹配状态的过程，因而其前提是对于自我的分析及现实职业状况的了解。特别是对于自我的了解，除了学业成绩、获奖状况等显性的自我，内隐的自我职业心理因素恰恰是使人达到适业状态，获得职业满足的重要因素。因此在学校里，人的职业心理可以通过心理测试来加以全面了解和科学分析，更加系统地评估自己。

第三节　如何指导学生进行生涯规划

一、通过心理测试，了解学生特点

现在我国已经开发出专门应用于中学生的职业生涯测评体系，通过这个平台可以全面探索个人的性格、个人所擅长的能力、个人的职业兴趣、职业价值观以及个人的职业倾向等。根据职业测评，还可以同时生成职业测评报告，获得自我特征与职业的直接对应，可以用自己的个人职业资料来规划自己的未来，学会科学的决策方法，初步制订出可行的行动计划和目标，做好知识、能力、经验和行动方面的准备，完成自己的职业承诺。同时，在实施自己的职业生涯规划中，随时根据主客观情况的变化，对职业生涯规划进行评估、调整与修订。有了这样的详尽分析，中小学教师可以实现对学生的全方位了解，以获得科学生涯的决策依据，将指导学生的生涯规划化为具体行动。所以在必要时要对学生的职业规划提出指导意见，根据学生的不同情况，提出符合学生发展实际的指导性措施。

二、了解社会需求，关注社会发展趋势

学生初中毕业后，至少有三种选择，即升读普通高中、选读职业类学校和就业，所以初中毕业面临着一个分流的过程，这时需要老师对这些很少了解社会的学生进行指导，从而让他们根据自己的实际情况作出抉择。到了高中阶段，普通高中学生在目前的招生形势下，在高二时需要选择文科或者理科，高三时则面临高考志愿填报、选择高校和专业。职业学校的学生又面临着就业和升读高职院校的选择。这些都应该在老师的指导下完成，但在现实中，初高中阶段，相当数量的学生对自己将来要做什么、适合做什么缺少思考和必要的了解，导致他们在面临文理分科和大学志愿填报时很茫然，同时，面对多达数百种的大学专业分类及其世俗风潮的影响，往往让高考志愿的选择变得被动和盲目。信息严重的不对称导致家长、教师及考生普遍缺乏对各高校所设置专业的了解，所以填报高考志愿的取舍一直让学生和家长颇费脑筋。于是在报考时，学生一般由家长、学校老师等对自己有影响和决定权的人代替自己做决定，他们往往只从学生的考试成绩、身体条件以及社会上热门的专业来考虑，根本不懂得、也不知道根据学生的兴趣、能力来选择高校及专业。由于高考志愿填报的这种盲目性，大学生进校后就发现自己的期望与现实存在着巨大的差距，认为自己考入的高校或所学专业不理想，从而产生严重的思想冲突。为了有效杜绝这种现象的产生，中小学教师除了教书之外，还应该更多地了解社会，具体了解职业、工种和岗位的关系、当代职业的发展趋势、职业素质就业准入制度和职业资格证书制度、学历证书与职业资格证书的关系以及获得职业资格证书的途径和方法；还需要了解当前的就业形势、就业政策、就业制度的改革以及劳动力市场体制的变化、劳动合同的签订，向学生宣传就业的新理念和弘扬创业精神，培养健康人格，并在实践中使学生形成良好的创业心理品质，积极提高创业能

力。而高中教师则应该研究影响填报志愿的因素以及填报志愿的心理状态，了解填报志愿的步骤，并探究填报志愿的技巧和方法，引导高中学生走好人生的关键一步。

三、通过课堂讲授、主题班会、参观、讲座、各种实践活动、心理咨询、家长会等途径，引导学生作出决策

职业生涯教育的课程设计，其核心理念是以人为本，出发点和终极目的是促进学生个性的全面和谐发展。职业生涯教育应根据素质教育和基础教育课程改革的要求，借鉴国际、国内职业生涯教育的经验和实验成果，以推进素质教育为本质追求，以促进学生发展为核心理念，全面贯彻我国的教育方针。职业是每一个学生都将面对的事情，对学生的一生有重要影响。对学生进行职业生涯教育指导，使其关注职业领域，关心职业角色，了解职业分工，了解职业与生活、职业与社会、职业与人生及职业与创业之间的关系，逐渐形成职业意识、职业素质与创业精神，具有初步的职业生涯设计与人生规划能力，为其愉快、健康、负责任、有创造地工作做准备，这正是以学生为本的表现。

教材内容应以学生的视角观察、体验职业，展现职业的特征和魅力，激发学生的好奇心、进取心以及他们对未来美好生活的向往，使学生在对职业的初步认识、探讨和实践的过程中，发现自我的兴趣与爱好，激发职业理想，从而规划职业、规划人生。

职业生涯教育的课程设计，不仅仅着眼于学校、课堂，更要关注社会实践活动。个人的职业意识和职业素质，必然在社会实践中得到体验、形成与发展。职业生涯教育的课程设计，将教育、学习、职业与社会紧紧地联系在一起，让学生个人潜能的发展与未来的职业定向极早建立联系，这不仅有利于学生从学校到社会的顺利过渡，也保持了个人潜能开发的连贯性，有利于个人特长的充分发挥。这种职业生涯教育与社会实践的有机结合，必将架起学校与社会联系的桥梁，打开学校教育面向社会市场的大门，为学生的终身发展奠定职业素养。

1. 小学课程目标应以培养学生初步的职业意识和职业精神为核心

在小学阶段以职业与生活为主线进行职业生涯教育，应以培养学生初步的职业意识和职业精神为核心，以培养学生的探索能力和创新意识为本质追求，为培养学生的职业意识、职业精神、职业理想以及就业与创业心理奠定良好的基础。

2. 初中课程目标应着重培养学生的职业心理品质和职业生涯规划意识

在初中阶段以职业与社会为主线进行职业生涯教育，着重培养学生的职业心理品质和职业生涯规划意识，将培养学生勤奋学习、热爱生活和追求事业的情感作为个性心理品质发展的起点，注重对学生诸如独立性、坚韧性、适应性、

合作性、缜密性等心理品质的塑造。让学生具有初步收集职业信息的意识与能力，学会了解职业的有关基本方法，认识个人决策的重要性，明确决策过程的基本要素，理解学习与劳动的意义，认识常见的职业形态，了解就业与从业过程中所必需的职业道德，初步具备分析、理解职业信息的能力，具有初步的职业意识和职业生涯规划能力。

3. 高中课程目标应使学生形成基本的职业素质、创业素养和职业生涯与人生规划能力

在高中阶段以职业与人生为主线进行职业生涯教育，职业生涯教育要以综合性知识为主要内容，让学生学会发现问题和解决问题的思路与程序，帮助其树立主动学习和终生学习的观念；给予学生实际锻炼的机会，提高灵活运用知识、解决实际问题的能力；充分认识与了解自我，处理好升学与就业的关系，形成就业与创业意识以及作出初步选择，具有基本的职业生涯规划能力和初步的人生设计与规划的能力，确定人生发展方向。

除了课堂讲授，职业生涯教育更重要的是通过主题班会、参观、讲座、各种实践活动、心理咨询、家长会等途径来让学生在参与和感受中得到教育，学会规划自己的人生。现将一些好的做法总结如下：

初中阶段

（1）加大职教招生宣传力度。各初中学校通过发放招生宣传手册、致家长一封信、拜访家长等多种渠道，加大对国家有关职业教育政策的宣传力度，广泛向家长、学生宣传社会对职教毕业生的需求状况，宣传职教中心的办学条件、就业状况和优秀毕业生成长经历，以及就读职业学校投入少、周期短、见效快，能迅速帮助家庭脱贫致富的好前景，让家长及学生在知情的情况下作出明智选择。

（2）积极引导，合理分流。要求各初中学校对毕业生积极开展升学指导和职业生涯设计教育，本着对学生负责的精神，全面分析学生个性特点、学习状况、家庭状况的基础上，指导、帮助学生作出适合自身发展的选择。组织初中毕业生及家长到职教中心参观，引导初中毕业生报考中职学校。

高中阶段

（1）生涯发展指导现状调查。将学校学生、教师、家长的生涯发展指导现状作深入分析，并与其他中学作比较，撰写调查报告。

（2）职业兴趣调查。对高一学生进行职业兴趣调查，帮助他们了解自己，便于他们进行高二年级的三加 X 的选修。

（3）开展分层生涯发展指导主题活动。精心策划生涯发展指导系列分层主题活动，将生涯发展指导融入艺术节及学校、年级、班级的主题教育活动中。收集各年度学校、年级和班级生涯发展指导主题教育活动资料，精选活动案例、方案，汇编成册。

(4) 开展学生高中生涯规划指导。修订、完善学生的三年学业规划，引导学生积极反思，从实际出发调整学业、生活、职业生涯目标与措施，真正促进学生的发展。聘请校内外教师、专家，开展相关方面系列指导讲座。

(5) 开展学生生涯发展心理指导活动。在高一年级心理健康拓展课上进一步开展生涯心理辅导，并结合不同年级学生心理，开展生涯发展团体心理主题活动，提高学生生涯发展意识。积累学生生涯发展心理指导个案，汇编成册。

(6) 开展学生生涯发展指导与社会实践体验活动。结合年级学军、学工、学农活动及社区社会实践活动，开展生涯发展指导与社会实践体验活动。进一步利用暑假时间，开展职业见习日活动以及学生的生涯发展自主探究活动。

(7) 积极促进学生生涯发展指导的学科教学。各教研组组织教师，挖掘教学内容，指导学生的生涯发展，撰写有关课例，并以备课组为单位，撰写指导论文与案例。收集课例、案例与论文，汇编成册。

(8) 开设高中生生涯发展指导选修课。编写《我的人生我做主》校本拓展课程教材，并尝试让高一、高二年级学生选修。

(9) 开展以班主任为骨干的学生生涯发展指导研修活动。

(10) 开展有家长参与的学生生涯发展指导活动。定期开展有家长参与的关于学生生涯发展指导活动，积累活动案例与个案，不断完善讲义。

案例

关注学生未来发展，共同打造美丽人生

——浙江宁波镇海中学高中生职业生涯规划系列活动之“我的未来，我做主”

为帮助学生走向社会、为今后可持续发展做好准备，特制订本方案，镇海中学在全校范围内开展职业生涯规划教育系列活动。

(一) 观看视频《职业规划，经营人生》

镇海中学在校生首先通过《职业规划，经营人生》的节目认识到职业规划的重要意义，并了解了诸如“确立目标”、“达到目标的各类条件”、“认清自己”等职业规划要点，从而提起对职业规划这一主题的高度关注。在宣传橱窗内，学生还可以通过阅读相关资料对职业规划有更为清晰透彻的理解，帮助他们对自己未来作出更为科学的规划。

(二) 职业素质测评

由心理辅导室提供《职业兴趣测验》、《职业能力测验》、《职业价值观测验》、《气质测验》等一系列与职业相关的测验，帮助学生明晰自己在选择专业和职业时的关注点，以选择好合适的专业或职业。

（三）职业故事会

通过影视片段、纪录片等形式帮助学生了解个别典型职业，并了解与职业有关的伦理、道德、规则、礼仪等。计划播放：

《无冕之王》——记者的故事

推荐对象：有志于从事媒体传播、播音工作的人。

《妙手仁心》——医生的故事（华益尉、钟南山、吴孟超等）

推荐对象：有志于从事医学研究及临床实践工作的人。

《发现者》——科学家的故事（欧阳自远、袁隆平、叶笃正等）

推荐对象：有志于从事科学研究的人。

《创富者》——企业家的故事（马云、张瑞敏、霍英东等）

推荐对象：有志于自主创业的人。

（四）我的未来，我设计——个人职业生涯规划书（将来存入学生成长档案）

心理老师专门为高二的学生制作了《高中生个人职业生涯规划书》，引导高中生有意识地规划自己的未来，以使目前的学习更有目标和意义感，帮助学生树立"为自己的未来而学习"的信念，减少学习的无目的性，从而有效地增强学习动机。在本次活动期间，心理老师在征询学生同意的基础上挑选了40余份生涯规划书进行展示，以此激励更多的同学来关心此类问题。

（五）宣传海报（包含职业生涯规划指导，学生研究性学习结果展示，名人职业生涯设计及推荐读书等内容）

（六）周末影视：《十月的天空》和《舞出我天地》。

如果你充满理想，却对未知的挑战却步不前，那么，《十月的天空》有你想要的答案。

《舞出我天地》电影简介

《舞出我天地》讲述的是一个11岁小男孩Billy Elliot破除重重阻碍追求梦想的芭蕾之路，是一部非常好的影片，一部追求梦想的寓言电影，感人至深。

此外，学校还充分发掘校友资源，引导同学们更好地发展。每年寒假期间，都会有已经毕业了的大学校友回到母校为师弟师妹们提供诸如讲座、联谊等活动，向师弟师妹们传授高效的学习技巧，帮助他们规划高中的学习生活，为高三的学生提供复习指导及专业选择建议等。每年毕业生报志愿时，也都有大学校友在校园论坛发布自己所在大学及所学专业的相关信息。而海外留学的校友则在校园论坛里经常发布他们的留学见闻，留学资讯及体验日记等。

（来自"心海扬帆"网站）

职业类学校

职业学校开展职业生涯规划教育应根据职业学校及职校生的实际，以职业生涯定向辅导、自我职业潜能分析能力培养、职业生涯设计意识与能力培养、职业生涯规划过程辅导以及与职业生涯规划向现实转化的相关核心素质的培养等为主要内容。

职校职业生涯规划教育应根据职业学校和职校生的具体情况，灵活地选用课程介入、专题辅导、教学渗透、自我反思等途径，通过个别指点、团体咨询、范例引导、同伴互助、实践体验、模拟演练等方法实施。

案例

北京劲松职业高级中学的做法

（一）职业指导课。以实用性、针对性、阶段性、系统性为原则，以就业为目标，以求职知识和技巧为手段，以调整就业心态为主线，使学生充分认识当前的就业形势，转变落后的就业观念，处理好个人与社会、理想与现实、主动与被动等关系，掌握求职就业的一些基本知识和技巧、自谋职业的方法和途径，在摸清就业市场的情况下，根据自己的实际情况作出职业决策，尽快地适应社会，转变角色，找到自己的职业位置。

（二）职业指导讲座。包括职业道德、安全教育、行业现状、面试技巧、实习纪律、毕业生成长经历等方面的内容。

（三）“职业生涯规划设计”活动。活动以“全面发动、立体操作、人人参加、班班比赛、学校展示”的形式推进。通过这一操作性很强的活动，实现了职业指导工作的全员化、全程化，不仅赋予德育工作浓重的职教特色，而且提高了德育工作的针对性和实效性。

（四）社会实践活动。为了缩短课堂教学与岗位操作的距离，提高学生的岗位适应能力，学校与多家企业签订了建立实习、实践基地的协议，开展了丰富多彩的社会实践活动。这些活动提高了学生实践能力、职业技能，又培养了学生的全局意识、服从意识、合作意识，使之更贴近职业要求。学生从职业岗位的角度了解社会、了解自己，懂得自己应承担的社会责任和义务，从而调整自我，主动适应职业对从业者的要求，脚踏实地的设计和调整自己的职业生涯规划。

（五）课程改革。借鉴国外的职教经验，开创了模拟仿真教学新模式。这套教学模式在实践中细化为“菜单式”、“岗位分工式”、“双语式”、“课业手册评价式”的教学方法和评价手段，逼真地模拟了饭店厨房岗位情景，充分发挥了学生的主体作用和主观能动性，对专业教学起到了很好的促进作用。

第十四章　从单枪匹马到八方支持

——班主任工作中的社会教育资源开发

许多班主任都在感慨，对孩子的教育我们拥有的条件太有限了，特别是现在许多学校都不准带学生出去参加各种各样的社会活动，窝在学校里，又能做些什么？又能动用什么样的社会教育资源去培养学生相关的社会素质呢？有些边远地区的乡村教师更是觉得所处的地方要什么没什么，除了学校和学校那些仅有的教材设备，不知该去哪里寻求社会教育资源。

面对学校教育面临的问题，我们真的无能为力吗？我们是不是只能看到校内的教育资源，而不能活用社会教育资源呢？不是的，每一个教师，都有充分运用与开发社会教育资源的能力与机会，只是我们必须对什么是真正的社会教育资源有一个正确的认识、积极的态度，并具备相关社会交往与协调的能力。

要寻找社会教育资源，并将之开发与应用，首先我们要解决如下的一些问题：

其一，确立正确的教育资源观，理解什么是资源，明确我们拥有哪些资源，怎么样才能找到我们需要的资源？怎么样才能用活身边的资源？

其二，要具备发现和运用资源的能力，人的综合素质是基础，视野也很重要，创新能力更是关键。

其三，明确教育目标，了解教育对象，掌握教育规律才能真正地发现和发挥所有的教育资源。

第一节　从物质化走向信息化——转变教育资源观

这是两个来自不同地区的两位教师关于城乡教育的一段对话。

乡村教师很悲哀地感叹道："我很想引导学生们了解生活和社会，很希望他们有开阔的社会视野，我想让他们明白人可以有许多精彩的活法。可是我能做些什么呢？除了山就是水，连旁边的乡村里都只有老人和孩子，村镇的几条街道能给学生什么样的见识呢？"

城市教师充满羡慕地说："哎呀！这才好呀！住在乡村生活确实不方便，但对于教育学生来说这确实是最好不过的了，可以大大减少歪风邪气对他们的影响。城市里什么都有，社会问题很多，学生每天都接触着这些乌烟瘴气的社会问题，能不学坏吗?”

且不说两位教师说的对不对，通过他们的对话，我们可以发现许多教师对社会教育资源的认识存在着一定误区。

误区一：只有物质性的资源才是资源。误区二：社会性资源对于学校教育来说负面影响大于正面影响。误区三：关于社会教育资源的问题，教育者只能处于被动的状态。

在急速发展变化的社会里，特别是科学技术对我们生活的影响日益加大，我们必须重新认识教育资源，才能变被动为主动，才能开启我们的教育智慧，发掘我们的教育能力，成为一个真正的专业工作者。

一、什么是教育资源

（一）从“资源”说起

人们对“资源”的理解主要有两大解释：一是指自然资源。我们可以联合国环境规划署对资源的定义为例，所谓资源，特别是自然资源，是指在一定时期、地点能够产生经济价值，以提高人类当前和将来福利的自然因素和条件。二是指一切可被人类开发和利用的物质、能量和信息的总称，它广泛地存在于自然界和人类社会中，是一种自然存在物或能够给人类带来财富的财富。

早期人们对“资源”的理解主要集中在经济领域，但随着社会发展，资源已经成为所有人类活动都要考虑的因素。

人们对“资源”的理解随社会经济发展阶段的不同而演变着。从资源学上看，可分为三个阶段：劳力经济阶段、自然经济阶段、知识经济阶段。劳力经济阶段，人们更多关注劳动力在资源中的作用；在自然经济阶段（主要指工业经济），人们更多地关注自然资源在社会发展中的作用；在知识经济阶段，人们开始关注以科学技术为核心的社会所有资源的综合运用。

资源被指为一切可被人类开发和利用的客观存在，意味着新的资源观必然出现。资源定义的变化至少可以给我们几方面的启示：其一，人类活动的方向性决定了人类拥有资源的程度；其二，资源是促进人类社会良性发展的因素；其三，资源是“无限”的，问题是我们怎么看待。

（二）教育资源观的演变

人们对教育资源的认识也如对“资源”的认识一样，经历了社会发展的过程，基本上也遵循着社会经济发展阶段对资源的认识规律。

在第一阶段，人们往往认为教育资源主要指学校内部所掌握的一些基本要素，如教育的基本设施、设备、教材、师资，主要强调学校教育活动在当前情景下的教育物质要素和人力要素。第一阶段的教育资源观属于传统的教育资源观，体现了比较传统的教育观念，这种观念更多体现在教育经济学的视角中。

在第二阶段，人们在教育活动和对教育的研究中发现，教育资源不仅仅指当前教育情景下的要素，还应该包括以往教育经验的积淀、制度性的要素（如规范、习俗等）和意识形态类的要素（如教育理念、教育人格等）。比较有代表性的表达如“教育资源包括自有教育活动和教育历史以来，在长期的文明进化和教育实践中所创造积累的教育知识、教育经验、教育技能、教育资产、教育费用、教育制度、教育品牌、教育人格、教育理念、教育设施以及教育领域内外人际关系的总和”。这一阶段的教育资源观与前一阶段的教育资源观相比，对教育资源的理解更为深刻，涵盖面更加宽广，但仍然把关注点停留在学校教育范围之内。这与封闭的教育观是一脉相承的。

在第三阶段，随着社会的日益开放，科学技术的迅猛发展，人们对社会的认识日益深入，对社会的把握与管理日臻成熟，对社会资源的理解相比以前有了很大的改变，学校教育也在不断吸收社会观念的过程中对教育自身有了许多新的认识，特别是人类社会进入信息化时代以来，信息已逐渐成为人们生活中的重要内容，并全面地影响人们生活的各个方面，人们不得不重新审视信息对教育的影响。学校教育于是逐渐走出自我封闭的状态，开始自觉反思什么才是真正的教育资源，教育资源在教育中到底担任什么样的角色，学校教育应该如何利用丰富的信息资源为教育服务？人们对教育资源的认识更加深入，因此对教育资源的观念也发生了质的转变。第三阶段的教育资源观表达了现代教育资源观的主要理念。

第三阶段的教育资源观认为：教育资源既包括第二阶段的因素，同时也包括各学科教材课本、新闻媒体及耳闻目睹的社会现象、自然环境与学生学习的方法、态度、能力，以及所有有利于学生健康成长的因素。正如巴班斯基所指出的那样：教学是一个系统，教学过程既有社会方面的成分（如目的、内容），又有心理方面的成分（如动机、意志、情绪、思维等），更有控制方面的成分（如计划、组织、调整、控制等）。这意味着教育过程牵涉众多的社会因素，甚至包括一定的自然因素，所以教育既要关注学校内部的问题，也要关注社会各种因素的可能影响，甚至还要考虑和利用各种自然环境的综合影响。

新课程改革强调教育生活化，开设了许多走向社会的课程，如综合实践活动、通用技术等，实际上就是把社会因素纳入到教育资源中去。

第三阶段的教育资源观，把所有影响学生发展的因素都纳入到教育资源中，这是建立在非常开阔的教育观上的。这种资源观让一直被困在旧有学校教育资源观的教师们扩大了原有的资源视野，重新找到了新的教育资源，同时也让教师必须重新面对、全面把握和组织教育资源的问题，这对教师把握教育资源的能力是一个新的考验。

（三）现代资源观的主要观点以及对教育的启示

现代教育资源观是建立在社会新资源观的基础上的，现代资源观是一种开放式的资源观，并对学校教育资源的运用产生深刻的影响，它具有如下一些特点：

1. 资源的系统性与教育资源的系统视角

资源具有系统性是资源观中最核心的观点。新资源观认为，人类只有把各种资源都看成人与自然这个大系统中的一个子系统，并正确处理这个资源子系统与其他子系统之间的关系，人类才能高效利用这种资源。

同理，教育资源也是自然系统的一个子系统，教育资源也是社会资源的一部分，用活教育资源就必须取得大系统支持，将各部分资源统筹考虑。

2. 资源的辩证性与教育资源的辩证运用

资源的存在与使用具有一定的辩证性，例如，资源的有限性与无限性问题，资源可能是有限的，也可能是无限的，这要看人们从什么角度和怎么看资源。又如，资源的有用性与有害性问题，资源可能同时存在着有用性和有害性的问题，这主要看我们怎么用，要达到什么样的目的。

3. 资源的多样和开放与教育资源的开发

随着人们对资源认识的深入，资源可分为材料—能源—信息三种层次和类型，人类从学会利用材料资源到能量资源再到信息资源，推动了人类社会从农业时代向工业时代再向信息时代的不断迈进，材料—能源—信息“三位一体”成为现代社会不可或缺的宝贵资源，只有全面地开发和综合利用三大资源，才能不断地推动社会进步和发展。

教育资源观也经历了类似的资源认识过程，这意味着人们对教育资源的认识是随着社会的发展而不断发展的，我们要充分利用不同的教育资源为教育服务，特别是要紧跟时代的特点与发展需要，开放丰富的教育资源，实现有效的教育目标。

二、现代教育资源观下的社会教育资源

社会教育资源是指社会各种影响教育发展的因素，包含社会各种物质因素、精神因素、制度因素、各种人际关系和信息要素。当这些因素对教育产生正面影响时，就是教育的社会资源。

根据资源性质与对教育影响力不同，可将之区分为：社会文化资源、社区资源、网络资源。

社会文化资源主要指体现人类文明的社会精神力量与承载人类文明的公共设施体系。这既包括各种各样的社会思潮、舆论、风俗以及相关的历史故事、传说、文本，也包括承载与体现人类文明的各种公共设施，如博物馆、美术馆、公园、广场、图书馆、娱乐设施等。不同的社会状态，其拥有的社会文化资源是不同的。社会文化资源体现着强烈的文化价值，它既有意识形态的一面，又落实到具体的物质层面。

社区资源主要指学校附近的生态环境、物理环境、社会结构环境、人际环境和事件，这些环境对学生带来相关的影响，是教育学生的重要社会资源。

网络资源是指利用计算机系统，通过通信设备传播和网络软件管理的信息资源，即通过网络可以利用的资源，具体地说是指所有以电子数据形式把文字、图像、声音、动画等多种形式的信息存储在光、磁等非纸介质的载体中，并通过网络通信、计算机或终端等方式再现出来的资源。

社会教育资源具有如下的几个特点：其一，社会教育资源总是随着社会生活的丰富和社会物质水平的提高而不断丰富；其二，人们对社会教育资源的发现和运用与其认识水平、智力状态、社会视野和生活态度有着密切的关系；其三，社会教育资源具有教育影响的两重性，既可能促进教育发展也可能影响教育发展。

三、利用社会教育资源进行教育的理论依据

利用社会教育资源教育和引导学生认识社会、了解生活，促进学生的社会适应力，这是人们的共识，这既是教育实践探索的结果，更是建立在一定理论基础之上的。

（一）建构主义学习理论

建构主义认为，知识不是通过教师传授得到，而是学习者在一定的情境即社会文化背景下，借助其他人（包括教师和学习伙伴）的帮助，利用必要的学习资料，通过意义建构的方式获得。由于学习是在一定的情境即社会文化背景下，借助其他人的帮助即通过人际间的协作活动而实现的意义建构过程，因此建构主义学习理论认为“情境”、“协作”、“会话”和“意义建构”是学习环境中的四大要素或四大属性。教师的主要任务在于塑造适当的环境，畅导和促进学生建构知识。社会事件有利于建构学习，因为学生是从已有知识、经验开始建构自己的知识体系。

（二）杜威的经验教育理论

杜威从社会角度观察教育，认为人是社会性动物，社会的组成是因为人们具有互通的信仰、目的、意识和情感，是由于人们之间的联系和交际，而教育

正是实现有效联系和交际的渠道。教育的职能就是延续社会生命，即教育能传递人类世代积累的经验，丰富人类经验的内容，能够提高指导生活和适应社会的能力，从而维系和发展社会生活，促进人类社会的发展。不管正规教育还是非正规教育，实际上都在进行经验的改造。由于改造经验必须与生活密切结合，因此杜威简明扼要地提出“教育即生活”、“教育即生长”。杜威认为生活和经验是教育的灵魂，离开了生活和经验就没有生长，也就没有教育。

杜威指出爱好活动是儿童的天性，儿童具有强大的潜在动力，教育必须尊重和利用这种动力。儿童是教育的出发点，社会是教育的归宿点，学校教育就是在这两点之间形成教育过程。因此他提出从儿童的现实生活中进行教育，激发儿童的学习需要和兴趣，调动他们的学习自觉性和积极性。教育应以“儿童为中心”。

为了把自己的教育理论付诸实践，杜威提出了“学校即社会”的方案。旧学校采取直接传授知识的方式，学生被动地接受与其生活经验无关的书本知识和一些抽象的、枯燥的符号。杜威视教育为生活、生长和经验改造的学校，把参加现实生活作为媒介，把教师传授知识的课堂改造为儿童活动的园地和生活的乐园，引导儿童积极投入活动，在活动中学习，不知不觉地养成良好品德、获得知识。

“学校即社会”，但学校决不是成人社会的翻版。杜威指出学校是一种特殊的社会环境，即学校是一种简化了的社会，不像成人社会那样复杂；学校是经过精选的社会，是经过滤清和优选的，不像成人社会那样良莠不齐；学校是经过组织和条理化了的社会，不像成人社会那样庞杂；学校在多种影响中求取平衡，不像成人社会那样充满冲突。所以理想的学校是对成人社会进行了删繁就简、去粗取精的社会。杜威的芝加哥实验学校便是它的范例。

杜威认为，从广义上说德育就是教育。在实施德育方面，杜威首先主张通过活动来培养学生的道德品质，反对用抽象的说教进行德育，主张把学校布置成现实的社会环境，让学生生活于其中，学习与人相处之道，形成良好的习惯和态度，从生活经验中掌握有关善恶的知识，从而知善而行善。

（三）加德纳的多元智力理论

多元智能理论认为，每个人都拥有密切联系但又相对独立的八种智能，它们是语言智能、逻辑—数学智能、空间智能、音乐智能、身体运动智能、人际智能、自我认识智能及自然观察智能。它们在每个人身上以不同方式和不同程度进行组合，从而使每个人的智力各具特色。

加德纳认为智力是“在一种文化环境中个体处理信息的生理和心理潜能，这种潜能可以被文化环境激活以解决实际问题和创造文化所珍视的产品”。与传统智能理论不同的是，加德纳强调社会文化在人的智能发展中的重要性。认为智能一直都是一定文化背景中学习机会和生理特征相互作用的产物。

总之，多元智能理论把智力的本质看作是实践能力和创造能力，把这种实践能力和创造能力置于一定的文化环境中看待，把智力的结构看成是多维的和开放的，把每一个个体的智力看作是独特的和具有差异性的，把智力看作是有待于环境和教育激活和培养的潜能。

（四）综合实践活动课程实践与理论

综合实践活动课程的倡导者们认为，现代社会发展客观地要求每个社会成员具有健全的价值观和负责的生活态度；具有创造意识和能力，善于发现和探究；具有参与社会实践的能力，善于和他人共同生活、工作；具有社会责任感和生态伦理意识，能够与周围环境和谐相处。综合而言，即具有“学会认知、学会做事、学会与他人共同生活、学会生存”四种基本素养。

因此，学校必须更新课程内容，加强学科知识与学生的经验、当代社会发展的内在联系；强调课程的综合性，恰当处理综合课程与分科课程的关系；强调以学习者的经验、社会需要和问题为核心进行课程的整合，有效地培养学生解决问题的能力和综合实践能力，软化学科界限，强调学科融合；转变学生的学习方式，由被动接受性学习转向积极探究与发现，强调利用信息技术等手段主动解决问题，加强中小学生的综合活动学习。

综合实践活动作为一种开放的实践性课程，本身需要每一位课程实施者结合学生的经验和社区背景，创造性地开发与实施综合实践活动课程，通过对课程的自主设计，创造一种生动的课程，从而重建一种学校文化和课程文化。

（五）以事件为本的课程结构

在课程内容的编写上，现代课程提出打破以学科为中心的教材编写模式，强调以事件为中心作为编排课的基本单元，以点带面，促进学生从多角度掌握知识，发展能力，最终形成与社会主流文化相一致的价值观与态度。

这种教材编写模式从具体经验出发，较易引起共鸣，激发学习兴趣，有利于培育正面的价值观和态度；可以从事件中灵活引申出不同的范畴、观点、角度；事件具有独特性，这种教材编写有利于不同的观点和角度的比较、对比和互补，有助于澄清及选择价值和态度；同时这种模式的学习有利于进行探究式的“专题研习”，有利于发展“共通能力”。

第二节　谁给我一双慧眼——心在资源在

社会教育资源对于青少年教育来说，真的有用吗？教育不是为了使学生具有知识、技能、智力与体力吗？这一切在学校中都可以得到培养，与社会教育资源何干？

社会教育资源是教育资源的一个重要组成部分，它对学生的健康成长，实现教育的社会目标有着重要的意义。真正活用教育社会资源必须先了解社会教育资源的教育价值。

一、充分认识社会教育资源的教育价值

要开发教育资源，首先要深刻地理解社会教育资源在学校教育中的价值。只有了解社会教育资源在学校教育中的重要作用，教育者才能时时刻刻关注生活中的点点滴滴，并将之思考、内化为自己的信念和行为，形成个性，才能真正做到充分灵活运用教育资源。

社会教育资源在青少年成长中起着重要的作用，它主要基于这样的理念：

1. 社会教育资源有利于实现学校教育目的

教育的目的就是要培养适应和促进社会的未来社会成员，而这样的未来社会成员只能在社会生活或者类似社会生活的环境中培养。如果说学校教育是以传授学科知识为主的话，那么学校的教育环境还不足以培养未来社会成员及社会性素质，因此，一定的社会教育资源能够弥补学校教育的不足。

2. 社会教育资源有利于学生知识的掌握与运用

学生掌握知识的目的在于能够将之运用于社会，促进社会的发展，因此，知识的学习应该以应用于社会为基础和目标。社会教育资源能够有利于学生对知识的理解、运用，使学生形成适应社会的相关能力。

3. 社会教育资源有利于培养学生适应社会的能力

儿童接触社会，获取社会经验、提升社会适应力主要通过两个方面：一是学校；二是直接参与社会生活。

学校教育实际上是儿童走向社会的过渡平台，儿童通过学校学习与社会有关的知识，锻炼与社会生活有关的能力，使之成年后能够顺利地走向社会，在为社会创造财富的同时也使自己获得良好的生存环境。学校具有社会的一些特点，从某个角度上讲是一个小型的社会，有着各种各样的人际关系，有着许多社会性的活动，需要儿童学习处理，这是儿童初步认识社会的最佳场所，但学校又有别于真正的社会，学校的人际关系是基于共同的学校目标与育人原则之上的，人际关系相对比较简单，没有明显的利益冲突，学校的活动更多的是理想化的、非利益性的社会性活动，还不能说直接参与现实社会生活。如果一个人只接触学校生活，他会获得许多理想化的社会交往经验而非真实的社会生活经验，当他真正走向社会的时候就会缺乏真实的社会经验和适应能力，就不能

很好地融入社会。

儿童直接参与社会生活也是儿童走向成熟的重要途径。但由于儿童社会经验少，心智还没有完全成熟，一般难以应对复杂的人际关系和各种充满利益冲突的社会活动。

如果在学校学习期间，学校一方面提供类似社会的人际交往场所，另一方面又在教师引领下，尝试着参与一些社会性的非冲突的社会活动，就会有助于儿童对真实社会有一定的了解，能够逐渐培养出对社会的适应力。

二、专业素质

所谓专业素质，是指从事某项工作所需要的有别于其他行业的能力综合体现。专业素质（professional）是职业生命的灵魂和基础，是超越自我，真正给你职场自信的武器。教师的专业素质是指从事教育工作所需要的相关知识、职业态度、职业技能的素质要求。

从开发社会教育资源的角度看，教师的专业素质主要指如下一些内容：

（一）教育理念与教育态度

在同一环境下，为什么有的人看到丰富的教育资源，为什么有的人却视而不见呢？许多时候，这主要取决于班主任的教育态度。所谓心在资源就在，指的就是教育理念和态度决定我们的行为、素质结构、视野与能力，从而决定我们是否真正地开发和运用了丰富的社会教育资源。

教育理念决定教育的态度。教育理念是指人们基于对教育规律的认识所形成的教育理想及其相应的教育观念，科学的教育理念是一种远见卓识，它能正确地反映教育的本质和时代的特征，指明教育前进的方向。教师的教育理念决定着教师的教学行为表现和职业素质，也折射出时代和社会对教师的要求。重构教师的教育理念，即教师的学生观、教学观、知识观、学习观和研究观，是时代的要求，也是推进素质教育的前提和保证。

不同的教育态度就会形成不同的素质结构，表现出不同的教育行为。

在现实中我们发现，当教师认为学生应该有比较丰富的社会视野，应该知道多一点社会的人和事才能促进他们成长时，他（她）就会注意在教育工作中做一些相关的措施：如每次外出回来都会拿照片给学生欣赏，介绍自己去过的地方以及此行的感受；或者要求学生定期收集社会新闻，并让大家一起来评述相关新闻；或者常常介绍一些名著给同学们看，并谈自己对这些名著的看法和感受，他（她）的教育内容就不会限于学习或当下的一些小事，社会的教育资源就会被充分自如地利用。

（二）综合素质

充分开发教育资源，还需要教师具有将理念实施于实践的综合素质。人的实践—认识—再实践的过程，也是知识（信息）接收、储备、分类处理到应用的过程，而这个过程必然是人的多种素质综合互动的结果。

综合素质是指人具有的学识、才气、能力及专业技术特长等综合条件，也称综合表现力。教师综合素质，主要包括以下几个方面：一是科学文化素质，包括扎实的基础知识、精深的专业知识、广博的教育科学理论知识和相关学科的知识；二是智能素质，包括敏锐的观察力、思维力、良好的记忆力等；三是能力素质，包括教育预见能力、获取信息的能力、教育指导能力、教育应变能力、教育科研能力、控制教育环境的能力以及勤于教育教学的反思能力，等等；四是教师的道德素质，包括合作精神、平等民主的师生观、高度的责任感和严谨的科学态度等；五是健康的心理素质，如良好的心理调节和情绪调节、理智和宽容、恒心和耐心、爱心和热情等。

教师的综合素质在开发与整合社会教育资源方面具有如下作用：有助于综合处理来自不同的信息源的信息，有助于将信息转化为行动，有助于整合各种信息资源并将之衍生为各种教育活动。

从某个角度看，人在接受教育以及在后来的社会实践中，都应该自然生成这些综合的素质，但由于我国教育的一些缺陷，使受教育者不能生成全面而完善的素质，特别是从理论走向实践所需的素质，心理素质如知识、情感、意志与行动之间缺乏和谐发展。过分注重知识教育的结果，也使许多教师埋头于知识教学或者形式化的教学行为之中，失去了职业过程中职业素质均衡发展的机会与平台。因此，重视教师综合素质的发展，重新建构教师的综合素质显得尤为重要。

缺乏综合素质，将对丰富的教育资源视而不见，手中掌握教育资源而不知道怎么运用，运用时可能达不到原有的教育目的，甚至可能弄巧成拙。

（三）开阔的社会视野

一个教师只拥有专业知识和教育知识是不够的，因为你要培养的是具有社会性的未来社会成员，要培养学生的社会性素质，教师本身就必须具有一定的社会视野，这包括社会意识、社会知识与社会交流的能力等。具有开阔的社会视野，教师就具备了深刻的社会思考力和理解力、现实的社会实践力的基础，也就能够有效地将社会生活与书本（学科）知识结合起来教育学生。

只有开阔的社会视野，班主任才能拾掇社会的资源，并将之糅合到各种教育活动之中。社会时时处处都在发生各种各样的事，出现各种各样的物，有些事或物可能直接与教育工作产生直接联系，每个人都能用感官感受到这些事物与教育的联系，我们可以轻而易举将之纳入学校教育的内容中。例如，在“5·12”大地震中，许多灾区教师舍身保护学生，许多受灾的同学互相支持鼓励，互救自救，这些是我们一眼可以看到的教育内容，我们可以以此教育我们的学生如何向这些灾区的师生学习，养成像他们一样高尚的人格。

但是，世间还有许多事或物，表面看上去与学校教育工作没有什么必然联系，但它本质深处仍然存在一定的社会教育信息（关系）。例如，某处房屋倒塌、世界某处发生的民族冲突等，这些看起来跟我们当下的学校教育工作或生活没有什么必然联系，但是，这些事件本身都反映了个人与社会的关系，体现了社会对人的品质需求，如社会责任感、良性的人际交往互动等。如果一个教师有开阔的社会视野，就会于细微处，或看似不相连处寻找到各种各样的社会资源，并从中看到其教育的价值，使教育的内容和形式都变得多样化。

这是一位老师的一段经历：新生入学的第一天，老师在班里为同学们分发校服，同学们秩序井然地在座位上等着接收老师派发的校服，这是一个很平常的教育场景，没有什么异样，但这位老师还是从中发现了教育的契机并迅速利用了这一契机教育学生。原来老师发现整个分发过程中，学生们没有一个主动地帮助老师分发衣服，接到衣服以后，全班50多名学生只有两名同学向老师说声“谢谢”。老师巧妙地对同学进行了引导：“同学们，你们能不能用数学的方法知道在刚才分发衣服的时间里老师做了多少个动作？”同学们经过讨论认为只要知道老师给一位同学分发校服需要多少个动作再乘以全班人数就可以知道老师总共做了多少个动作，经计算，老师至少做了200个动作。同学们震惊了，原来在短短的两小时里，老师是很累的。这时，老师很遗憾地告诉大家，只有两个同学对老师的辛劳表示了感谢，而其他人却什么表示都没有，而老师一直希望自已教出来的学生应该具有良好的文明礼貌素养，能够被社会所称颂，而不是被社会所鄙弃。所有同学因此感到非常羞愧。

可见，只有开阔的社会视野，才能把不起眼的生活事件转变成教育资源，将学校的知识与社会生活、社会实践产生相联系。

许多教师谈到在新课程改革中，由于实施综合实践活动课程，社会视野改变了，自觉手中拥有的教育资源丰富了，教育学生时能够顺手拈来许多生动的社会事例，教育学生的过程变得生动有效。我们常常看到受学生欢迎的班主任往往是些具有丰富的社会知识、经验和具备开阔视野的人，他们还特别善于与学生一起分享对社会的感受。

（四）创新能力

班主任工作给人感觉好像是服务型的工作，看上去与创新无关。事实上，任何工作都需要思维上的创新，这样才可能适应不断变化的社会和工作要求。

在社会不断革新变化的今天，每一项工作都面临着新的变化和要求，如果没有创新能力，就很难跟上社会的步伐。教育工作具有保守与创新的两重性，从传授知识的角度看，教育的确存在着保守的一面，当社会要求你一字不差地把知识传递给下一代时，你只能恪守原有的知识要素及其规律，但你面对的学生具有不同的成长背景和特点，这就需要你在传授的过程因人而异，根据学生的需要与特点创造性地传授，这就是教育工作创新性的一面。

创新能力更是班主任的基本素质要求。班主任的工作对象是青少年，他们具有强烈的好奇心和求知欲，喜欢接触新鲜事物，思维活跃求变而又缺少经验。青少年的这些特点都使得班主任在工作中要有一定的创新性。

创新能力有助于班主任打破原有的工作思维惯性，开拓新的工作增长点，从而为找到丰富的社会教育资源提供条件。

创新能力有助于班主任克服工作盲点。在工作中班主任很容易形成固定的工作模式和思维惯性，这在一定程度上有助于班主任面对日复一日的青少年工作时，及时处理各种突发事件，但是，这种工作模式和思维惯性也可能使班主任工作机械化，固化了自己的思维，往往只从一个角度看不同状态下的学生，这样就容易形成工作盲点，就不能找到教育的最佳时机和最佳方法。但是，如果这位教师具备创新精神和能力，他就会多角度看问题，就容易找到最佳的教育时机与方法。缺乏创新能力的人，容易固守原有的资源和教育环境，会进一步局限工作思路。

三、深入了解你的工作和你的学生

充分开发社会教育资源还在于我们能否深入了解教育工作的特点和教育对象——学生。

教育工作具有如下的特点：教育工作首先是育人，必须以学生健康成长作为工作的目的，任何教育工作都不能脱离这一点，否则教育就没有意义；教育工作还是社会性活动，教师必须以引导学生了解社会、适应社会生活为己任，这也是教师的社会责任，传授知识仅仅是教育工作的一部分；教育工作还是面对未成年人的工作，所以要遵循青少年身心发展规律，需要更多的教育技巧和耐心。教育工作立足一点，承接过去与未来，面对青少年却涉及社会方方面面。

教育对象是年轻的、充满朝气的、独立的个体，有着较强的主体意识；教育对象是具有不同成长背景的个体，各自具有不同的独立个性；教育对象是正在成长中的个体，既具有独立性又具有一定的依赖性；教育对象是正在迈向社会但又不完全了解社会规范、熟悉社会生活的未来社会成员。

第三节　我就是阿里巴巴——用智慧打开教育宝藏之门

当我们具备了以上的素质，了解了教育工作的特点和教育对象，我们就会发现，社会教育资源就在我们的身边。

根据教育者与受教育者接触面远近以及控制状态的不同进行区分，可将不同的社会教育资源区分为社会文化资源、社区资源和网络资源。

一、社会文化资源的开发与应用

社会文化资源可体现为社会性事件、社会思潮（舆论）、各种社会文化活动和社会典型人物。

（一）社会性事件

社会性事件是指社会生活中发生的事。社会每天都会发生这样或那样的事情，这些事情的背后都与社会中各种人际关系状态、社会价值观、社会行为方式、社会制度等联系在一起。透过对社会性事件的了解，我们可以帮助学生了解社会、认识社会，提高学生对社会的适应能力。

1．社会性事件特质

从范畴上看，社会性事件可能是本地事件，如某地社会公益性的百万行活动；也可能是全国性事件，如全体中国人民在汶川地震中的行动，神舟七号载人宇宙飞船升空，周正龙虎照事件等；也有可能是世界性的事件，如国际性的一些争端，金融海啸中各国政府的反映，各国民众的心态等。

从性质上看，社会性事件总是会以某个领域为核心出现，有可能以政治为核心，表现为政治事件，也有可能是经济事件、文化事件、科技事件、教育事件，也有可能是社会公益性事件。但许多时候，大型的社会性事件都属于综合性事件，例如，三鹿奶粉事件，表面上看是一个经济事件，但与政治、文化、科技、民生、社会心理也都有着千丝万缕的关系。

2．把社会性事件作为教育内容的特点

将社会性事件作为教育内容，与学校性的教育内容是有所不同的，学校性的教育内容更强调学科性的内在逻辑关系，许多问题是虚拟的，规范是抽象的，感受是单一的，教师的引导更为重要。而利用社会性事件进行教育时，一定要强调受教育者的亲身体验，让学生们全方位感受，一般情况下是从具体生活事件出发引出价值观与态度，而不是灌输，更强调受教育者的主体性。

（二）社会思潮（社会舆论）

1. 社会思潮的特质及其教育特点

社会思潮是指反映特定环境中人们的某种利益或要求并对社会生活有广泛影响的思想趋势或倾向。社会思潮有时表现为一定理论形态的思想主导，有时又表现为特定环境中人们的社会心理，是社会意识的综合表现形式。社会思潮就其广泛的群众性而言，同习惯力量有相似之处，但它不像习惯力量那样牢固和持久，它变动不居，具有易逝的特点。在社会大变动时期，往往一种思潮涌来便会迅速传播开去，接着又会很快被另一种思潮所取代。以是否促进社会发展进程为标准，社会思潮有正确和错误之分。

社会思潮不是单纯地对社会生活、社会矛盾的被动反映，而是一种能动的、起着巨大冲击作用的精神力量。它一旦影响了广大的社会成员，便会转化为影响社会发展并给人们以直接冲击的物质力量。青少年具有敏感的特质和时代触觉，比较容易受社会思潮影响，如果受到有利于社会发展的社会思潮影响，教育就会起到事半功倍的作用，相反，则会进一步阻碍教育的开展。

2. 社会舆论特质及其教育特点

一般认为，社会舆论是社会多数人的意见，所反映的思想观念和行为方式较之其他意见具有压倒性效力。它常常有形无形地构成公众看待问题的“正常的”价值规范和行为规范，并可能形成相应的社会风气。它对公众心理的影响主要表现在压力作用和强化作用两个方面。社会舆论往往会对公众个体形成强大压力，导致公众形成心理趋同倾向。

从本质上看，社会舆论属于社会意识形态，是社会群体或组织机构对社会生活所表达的具有一定影响力和约束力的言论，是影响人们思想行为的基本要素，是社会变革的重要力量，也是了解社会主流价值的主要途径，本身具有强大的教育作用。一个学生可能会不理会老师的教诲，但如果他感受到这不仅是老师的要求，更是其他人的共同要求时，他往往就会愿意接受这一要求了。

无论是社会思潮还是社会舆论，以此引导学生接受影响时，教师必须进行有效的引导，既要做好判断与选择，又要进行适当的合理分析，特别要避免喊口号式的讲授。此类教育一般宜以某些活动或社会调查为载体。例如，为使学生能够感受现代社会助人为乐的精神，教师可以组织学生参加志愿者协会举办的活动，或者参加社会性的公益活动。

（三）各种社会文化活动

社会文化活动是指社会生活中各种各样的文化活动，如电视、艺术演出、文化展览、艺术节、博览会、社会性文化讲座、运动会，等等。社会文化活动一般体现社会主流价值，大多数由主流性的社会组织组成，形式上活泼、生动、多样，效果上具有强烈的感染性。社会文化活动是现代社会的一个重要特征。

社会文化活动具有较强的教育功能，从内容上看，不仅培养学生的艺术（体育）文化和气质，有效形成社会的主流价值观念，而且从中也可以进一步认识社会的群体性特点，提高学生参与群体性活动的意识、兴趣和能力，是培养学生现代社会生活意识和能力的最佳途径之一。由于这些活动活泼、生动、多样，往往也是学生最乐于参加的社会性活动。

各类社会文化活动总是以一定的物质空间为载体的，例如，看电影是在电影院，艺术演出是在剧院，艺术展览是在艺术馆或博物馆，等等，这些场所往往有社会不同阶层的人，发生着各种各样的社会活动，产生不同的社会交往，这些都是青少年了解社会、形成良好社会行为的最好教育资源。许多人都有这样的感觉，城市的孩子跟乡村的孩子在气质上总是有所不同，城市的孩子显得更灵动一些，比较容易适应社会活动，这跟城市孩子有更多机会与人群接触，更多参与社会活动有着密切的联系，因为在这些充满艺术气氛的场所里孩子们会有自己乐意的方式接受这些艺术影响，然后过滤化为自己的价值、态度和行为。

（四）社会典型人物

社会典型人物主要指在社会生活中能够代表一定的社会价值观、社会生活方式以及社会行为的人物。社会典型人物可能是体现社会主流文化的，也可能是代表社会非主流文化的，可能是亲社会行为的，也可能是反社会行为的。例如，远者如雷锋，近者如宇航员翟志刚、运动员姚明，都属于体现社会主流价值的典型人物；马加爵则属于反社会行为的典型人物。从某个角度看，所谓的明星其实也是社会典型人物。

由于社会典型人物在社会生活中能够代表一定的社会价值观、社会生活方式以及社会行为，因此，在社会生活中具有独特的范例作用，也是青少年崇拜和喜欢模仿的对象。青少年喜欢以某位娱乐明星作为偶像，就是因为明星在社会价值观、社会生活方式以及社会行为等方面能够为青少年将来的生活提供某种范式，并被青少年所认同和追求。

利用社会典型人物引导学生学习正确的社会价值观，建立良好的社会生活方式，使之具备符合社会规范的社会行为，这不仅要比刻板的教条式的讲授与叮嘱有效得多，而且容易被青少年所接受。事实上，许多事业成功的人士回顾成长的经历时都谈到了同一时代社会典型人物对自己的影响，因为目标明确，形象与行为具体，这种影响往往是强烈的、激励性的。

二、社区资源的开发与应用

我们把学生生活的周围环境称之为社区，社区所拥有的教育资源就是社区资源，主要包括学生的家庭教育资源、社区内相关的社会组织与团体（青年团、妇委会、街道、科委、关工委）、社区物质环境、社区各种文化活动、社区的文化传统与习俗，等等。

社区资源是学生最为熟悉和亲切的环境，相对其他两种资源来说，可控制性相对较强。由于每天都生活其中，环境具有一定的亲和性，学生也容易接受其影响。

社会性资源与社区资源的差异在于影响面不同，社会性资源往往首先是社区资源，但社会资源对社会的影响面更广泛、影响力度更深刻、影响时间更持久。而社区资源的影响性往往要小一些，可控性相对强一些。

如果说，面对社会性资源，由于其可控性较低，教育工作者往往只能用“借”来实现教育目的的话，那么面对社区资源，教育工作者则可半“借”半“营造”，而学校内的教育资源就应该用“营造”来实现教育目标。

（一）学生的家庭教育资源

学生家庭具有丰富的教育因素，家长的生活经历、职业生涯、家长的个性、文化水平，家庭的文化氛围、情感状态，家庭的生活环境，以及家族其他成员的生活经历、职业生涯、个性、文化水平以及情感状态等都是学生成长中不可或缺的教育资源。

许多教师反映，对于一些学习成绩欠佳、品行欠佳的学生来说，家庭往往不是起正面的教育作用，反而起负面作用，甚至成为学生成长的主要障碍。其实，这恰好说明两方面问题：一是家庭教育资源是把双刃剑，既可能给予学生正面的影响也可能给学生成长带来负面影响；二是说明学校教育如果没有利用好家庭教育资源，就有可能产生事倍功半的后果。

对于家庭教育环境不甚理想的家庭，教师有必要作一定的指导，这种指导最好是既面对家长同时也面对学生，但有时候也可以只对家长，或只对学生。要做好家庭教育资源的开发应注意如下几方面：

其一，情感因素是家庭教育资源中最重要的资源，许多成功的或失败的案例都与情感因素有关。

其二，注意利用家庭或家族内的积极因素促进学生自信心的提高，向积极的因素靠拢。

其三，家庭中的消极因素也是重要的教育资源，教师通过适当的引导、比较与分析，家庭的消极因素完全可以成为孩子成长的参照物，起到警示的作用。

其四，沟通是利用家庭教育资源的基本途径，也是获得家庭教育资源的重要手段。

（二）社区内相关社会组织与团体

在中国，社区内都存在着一定的群众性组织与团体，如青年团、妇委会、街道、科委、关工委，这些组织与团体任务不一，但都以青少年为主要的工作对象。这些组织不但有一定的财力、人力，还有一定社会物质资源控制力和社会关系资源的控制力。这些是除学校以外最值得学校教育工作者利用的教育力量。

对于这些组织与团体，许多学校和教师相对比较被动，总是等别人上门，这实际上是等于放弃了这部分的资源。作为一个现代教师应该积极主动地利用这部分资源为学校教育服务。要活用这部分资源一定要注意如下几方面：

其一，要清楚各个组织的特点和主要工作方向，这样才能有针对性地将本身的教育内容与社区组织、团体的工作内容结合在一起。

其二，在与这些团体联系时，最好能够有比较详细的工作方案，列明本次活动的目标、意义、内容、主要途径和主要组织形式，需要社区组织与团队哪些帮助，等等。这会使这些组织（团体）感受到你的诚意与认真，他们也可以根据你的工作方案向上级汇报和讨论，这样才容易增加合作。

其三，在平常的日子里，校长或教师应该多与这些组织（团体）联系，或请他们参观学校，或送上自己的成绩、汇报，等等。

其四，街道办事处在社区发展中具有全方位的影响作用，能为学校提供各种重要的教育资源，尽可能得到街道办事处帮助，这会使学校教育工作如虎添翼。

（三）社区物质环境

无论是一般社会成员还是以教育为职业的教育工作者都日益重视生活社区的物质环境，良好的、优美的社区环境本身就是最自然的教育力量。

许多教师可能会这样想：社区物质环境不是学校或教师可以改变的，如果学校或学生所处的社区物质环境不理想，那么社区物质环境还可能是教育资源吗？

根据现代资源论，良性的事物是教育资源，不良的事物也可能是教育资源，关键在于你怎么活用？如果我们面对的是一个不良的社区环境，我们可以带领学生参观优良的社区环境，然后与学生共同商议为什么我们不能有一个良好的社区环境，改变社区环境我们究竟可以做些什么，还可以鼓励学生思考以自己的力量如何为社区环境作贡献，等等。

深圳南山区有一所小学，学校门前就是一个垃圾站，既影响了周边的卫生也影响了学校的出入，社区居民与学校曾经提了许多意见，但一直都没有得到解决。后来，学校进行综合实践活动，有一个教师以这个垃圾站作为综合实践活动的研究课题，让学生们发起调查，在调查基础上找到了一个更合适作垃圾站的地方，然后进行科学论证，写成有理有据的调查报告，并把这个报告递到环卫局和报社，在社会舆论的敦促下，环卫局终于采纳了学生们的意见，把垃圾站搬迁了，这件事深深地教育了学生，使他们认识到作为社会的一份子应该积极参与社会建设和活动，任何小人物只要努力、坚持，其合理的行为都会被社会肯定的道理。深圳南山区小学的做法就是化社区消极因素为积极因素的典型。

（四）社区各种文化活动

在现代社会里，社区是否有足够的文化活动是衡量社区是否达到现代化的重要标准之一，因此，越是现代化的社区，就越会举办各种各样的文化活动以形成和谐的社区文化，促进社会和谐发展。

社区文化活动是社会文化的一部分，是在大文化观念指导下进行工作的，超越了社会各组织间的隶属关系，突破了以条条为主、封闭式的传统文化工作格局，以文化馆、图书馆、影视厅、体育活动室等群众为一体的开放型社会文化活动，是社区居民的精神支柱和社区吸引力、凝聚力与活力之源。基本特点表现为管理方式的开放性、组织上的网络性、服务类型的多元化及本质特征上鲜活的乡土性。

社区文化活动是群众性的活动，既能反映社区群众的人文精神、艺术气质，又能促进社区良好的人际关系，增强社区群众间的沟通与往来，其本身就是最好的、最贴近生活的教育资源。学生参与其中，通过耳濡目染自然形成相应的品质与行为。

（五）社区的文化传统与习俗

社区是一定地域范围内的人们所组成的社会生活共同体。从这个定义出发，社区既是人的聚居空间，更是人的交往空间，不仅是物理意义上的固定空间，更是心理意义上的交往空间。随着城市化进程的加快，社区作为城市的基础、社会的细胞，将越来越成为人们生存与发展的主要空间。

任何社区都会在历史过程中或者在重大的社会事件中逐步形成自己独特的文化传统与习俗。

社区的真正本质是社区精神，社区建设的核心点和难点是社区精神的培育。社区精神通常是指社区居民在一定历史阶段集中表现出来的主导性总体风貌，包括居民的思维、观念、心态、道德、风尚等。社区精神是社区人所高度认同的共同价值观，是潜移默化影响、统摄社区人思想和行为准则的一种集体意识。

社区文化要把引导、培育社区人的社区精神作为追求的最高境界，社区精神不但可以培养居民“向上、向善、向美”的情操，还可以培育居民的现代公民意识。

（六）社区内典型的人物或事件

与社会性的典型人物或事件相比，社区内典型人物或事件，对于青少年来说，具有更大的真实性、亲和性、可感受性和可模仿性。

教师可利用社区内的典型人物或事件引导学生思考其中存在着的社会价值观、行为方式、社会态度和情感，从而形成与社会要求相适应的社会价值观、行为方式、社会态度和情感。运用此类资源时要注意如下方面：

其一，选择的人物或事件必须符合教育的目标。教育过程中一定要抓住目标而开展，不要被其他的枝节所左右。由于社区的人物往往是立体的、全息的，每个人物都可能存在着一定的优点和缺点，而且都容易被社区的人们从不同的角度感受到，而教师是无法在短时间内对一个人进行全方位的解剖，所以教育时必须进行理性分析并突出重点。例如，社区某个大婶经常为社区做好事，老师以此教育学生要乐于做人，但有个学生可能会接着说，她有一次讲粗话，另一个会说她还经常讲别人是非，这样，原来你想树立的大婶形象就可能因此而走样，事实上，这些都是这位大婶的真实个性，但我们讨论的不是大婶的个性而是学习她某方面的道德品行，所以，教育时要注意抓住做好事这一点来进行讨论，而个性的问题可以略讲或压后再讨论。

其二，一定要作客观的、理性的分析，切忌夸大其优缺点。因为社区内的人物或事件是大家有目共睹的，如果进行教育时有所夸大，就可能因此失去学生的共鸣感和价值认同，因此，教师一定要既肯定其优点，也要恰当指出其缺点，并作一定的分析，那么学生才会知道什么才是应该学习的，学习某一点不等于学习所有。

其三，对于社区内典型的人物或事件，可以随时随地进行，这样，学生会有最深刻的感受，也容易感同身受。

其四，无论是人或事，教育的目的都不是针对某个人，都不是以评价某个人好坏为目的，关键在于如何通过这些人或事，从中学习一些社会经验，了解社会规范，使之能够获得成长。

经常利用生活中常有的人或事教育学生，让学生从中了解真实的社会生活、社会价值，感受社会情感，学生就会于潜移默化中形成良好的生活价值观和社会行为。

三、网络资源的开发与应用

网络资源是指利用计算机系统，通过通信设备传播和网络软件管理的信息资源，也就是通过网络可以利用的资源，具体地说是指所有以电子数据形式把文字、图像、声音、动画等多种形式的信息存储在光、磁等非纸介质的载体中，并通过网络通信、计算机或终端等方式再现出来的资源。例如，网站提供的可供用户下载的资料或文件。

（一）各类信息交流平台

在我国，民众一般采用 MSN、QQ、BBS 这些软件进行信息交流。其中 QQ 是中小学生最喜欢使用的交流平台。

MSN（Messenger）是微软公司推出的即时消息软件，凭借该软件自身优秀的性能，目前在国内已经拥有了大量的用户群。使用 MSN 可以与他人进行文字聊天、语音对话、视频会议等即时交流，还可以通过此软件来查看联系人是否联机。MSN 界面简洁，易于使用，是与亲人、朋友、工作伙伴保持紧密联系的绝佳选择。新的 MSN 将带有面对家庭用户的各种各样的个性化选择。

1999 年 2 月，腾讯自主开发了基于 Internet 的即时通信网络工具——腾讯即时通信（Tencent Instant Messenger，简称 TIM 或腾讯 QQ）。我们可以使用 QQ 和好友进行交流，即时发送、接收信息和语音视频面对面聊天，功能非常全面。此外 QQ 还具有与手机聊天、BP 机网上寻呼、聊天室、点对点断点续传文件、共享文件、QQ 邮箱、备忘录、网络收藏夹、发送贺卡等功能。QQ 不仅仅是简单的即时通信软件，它与全国多家寻呼台、移动通信公司合作，实现传统的无线寻呼网、GSM 移动电话的短消息互联，是国内最为流行、功能最强的即时通信软件。

BBS 的英文全称是 Bulletin Board System，翻译为中文就是“电子公告板”。通过 BBS 系统可随时取得国际最新的软件及信息，也可以通过 BBS 系统来和别人讨论计算机软件、硬件、因特网、多媒体、程序设计以及医学等各种有趣的话题，更可以利用 BBS 系统来刊登一些“征友”、“廉价转让”及“公司产品”等启事，而且这个园地就在我们的身旁。

这类的信息交流平台对于传统的学校教育来说，是一个新的挑战。最大的挑战在于，打破了教师控制所有信息资源的状态，从而也削弱了教师对信息的知情权。以前，教师拥有学生成长过程中最大的信息资源控制权，无论是社会上发生的事，还是学校班级发生的事，都先由教师裁判后再以教师的角度重新演绎给学生，在网络时代，教师往往成为许多信息的最后得知者，因此也没法以先知的角色自居，教育工作容易被动。

当然，信息交流平台的出现也为学校教育工作提供了新契机，为教师与学生沟通提供了多样化的途径。许多不适合当面语言表达的教育内容，可以通过文字或图案表达，并且不受时间和场所的制约；教师可以通过信息交流平台，如通过 QQ 群了解学生的真实思想、校外作息状态等；信息交流平台还可以是学生情绪的渲泻场，学生在学校中的一些负面情绪和问题可以通过平台得以渲泻和解决。当然要发挥信息交流平台的教育功能，教师首先必须熟练运用这些信息软件，还要有教育意识和用心教育。

（二）资料性网络资源

互联网时代使各类信息迅速传播，使人们以最快的速度掌握最多的信息资源，这为学校教育提供了极为丰富的教育资源。以往教师总是通过黑板、纸张、表情与语言来反映现实世界，这使丰富多彩的世界变得单调乏味，教育的影响力相对较差，教育活动也因此受到制约。但在 IT 时代，这一切都发生了极大的改变，教师可以通过图片、音乐、文字、图案、视频等极富表现力的符号，演绎不同时间、不同空间、不同角度的现实世界，教育的表现力丰富了许多，教师可以利用各种资料来表达自己的见解、情感和行为。哪怕是山沟沟的地方，也可以感受到世界的多彩与多变。

中山纪念中学王家文老师就是利用互联网的资料编辑成一个个主题资料集，根据学生不同的心理状况、班级存在问题，将之制作成配有音乐的班会课课件，由于课件生动、贴近生活、体现时代精神，学生们看后都因此深受教育，这就从根本上改变了过去班会课沉闷枯燥的情况。

（三）情感营造园地：博客、播客、网页（站）、共同邮箱

IT 时代，人们还可以通过博客、播客、网页（站）、共同邮箱等公开表达自己的情感、生活状态以及个人见解，使人与人之间得到更多的交流，获得更丰富的生活体验。从这一角度看，博客、播客、网页（站）、共同邮箱建设都是重要的教育资源，教师通过博客可以把自己的思想和对教育行为的反思表达出来，以得到学生们的理解与共鸣，增强教育的合力；教师还可以发动同学们制作本班的网站（页），借助现代信息技术营造班级文化，增强班级的凝聚力；教师还可以将同学们关注的问题放到网上让大家进行共同讨论，这种网上讨论与课堂上的讨论又有一定的差异，也会带来不同的教育效果，等等。

总之，面对网络时代的来临，每个教师都应该主动迎接，利用现代科学技术提高教育工作的实效性。在一个资源丰富的时代，最适合教师寻求突破，实现创新，体现教育个性。

第四节　不当丢西瓜的猴子——活用资源最重要

可以看到，在网络时代，在一个开放的社会里，教育资源日益丰富，问题是我们有没有这样的勇气和智慧开发与应用这些丰富的社会教育资源，真正发挥其教育效能，促进学生的健康成长。

面对丰富的社会教育资源，许多教师也会充满活力地迎接，却发现世界太精彩，有时会有不知从何下手的感觉，运用时还会不得要领，似是而非，如同面对各种诱惑的猴子一般。运用社会教育资源，特别是要达到活用这一境界，可能还需要遵循一些基本原则。

相对学校教育资源来说，社会教育资源的可控性较弱、易变，教育的积极因素与消极因素并存，有时就是一把双刃剑。

一、教育目的性原则

社会教育资源是丰富的，也是多变的，面对这些，有些教师会因此不知如何选择；有些教师会在选择后因社会教育资源的多变性、立体性而迷失了教育的初始意图。因此，教师在选择社会教育资源时，一定要明确真正的教育目的是什么，并将这一教育目的贯彻始终，不能背弃。

二、系统性影响原则

相对于学校教育资源来说，社会教育资源的可控性相对比较差，但对人的影响却是立体的、甚至是全息的。因此，利用社会教育资源时，一定要注意其系统性影响。

从不同的角度看，任何的社会教育资源都可能是积极的教育因素，也可能是消极的教育因素，例如，以网络资源为例，从有效收集教育资料、开阔学生社会视野的角度看，网络资源是积极的因素，但从学生沉迷于游戏的角度看，网络资源又是消极的教育因素。因此，教育工作者应该注意如下几点：

（1）正确、客观地理解并掌握社会教育资源的两重性。

（2）注意利用其积极因素的影响而尽力避免消极因素的影响。

（3）学会化消极因素为积极因素，并善于发现积极因素。

三、时机性原则

社会教育资源往往是多变的，随着时间的推移，社会形势的改变，社会教育资源的属性、功能都在发生变化，因此教育工作者要善于捕捉教育资源的特性，把握最好的时机，这样才能把资源运用到最佳的状态。例如，在开奥运会之前或奥运会期间，民众对奥运会都十分期待，这时候向学生们讲爱国主义在日常行为中的表现就比较容易让学生理解和接受，奥运会前后许多社会事例与生活事例都可以让学生对此有深刻的认识。又如，汶川地震中举国上下众志成城、抗震救灾是让学生共同感受爱国主义精神、社会责任感的最好时期。

四、活动性原则

光有好的社会教育资源，没有良好的教育方式、方法也是没有用的，要用活社会教育资源，特别需要以活动为依托。大部分的社会教育资源都存在于社会生活中，与学校生活有一定的距离，教育工作者关起门来，是没办法让学生直接接触到的，更别谈切身感受。真正用活社会教育资源，教师就应该组织相关的活动，带领学生们走出去，深入社会第一线，或做调查，或亲身参与，以获取最真实的感受。

第十五章　做个有智慧的班主任

——班主任专业能力评价

2007年，广东省举行首届中小学优秀班主任专业能力大赛，从“教育故事叙述”、“班会课和班集体活动设计”、“情景答辩”、“才艺展示”四个方面考查和评价班主任的专业能力素养。

2008年，广东省举办第二届中小学优秀班主任专业能力大赛（减少“才艺展示”环节）。大赛由广东省教育厅和广东省工会主办，广东省中小学德育研究与指导中心具体组织和承办。“教育故事叙述”、“班会课和班集体活动设计”、“情景答辩”三个环节的具体要求如下：

决赛项目	时间	内容要求	权重	备注
教育故事叙述	5分钟	参赛选手就班主任工作中亲身经历的印象深刻的教育案例以故事形式进行叙述，故事真实感人，体现班主任工作的教育理念、原则、方法和技巧，对班主任工作有启发意义。	30%	
班会课和班集体活动设计	5分钟	参赛选手所设计的班会课、班集体活动主题正确、内容丰富、形式新颖，学生自主参与度高，实践性、针对性强，有创意、感染力，符合学生身心发展特点，体现以学生为主体、教师为主导的师生互动。	35%	
情景答辩	6分钟	参赛选手运用现代教育理论和教育原则，对班主任工作的难点和热点问题进行分析和处理，分析全面而辩证，解决对策得当，效果较好，思路创新，具有可操作性，体现班主任的教育智慧和班主任娴熟的工作技能技巧。	35%	必答题1道，回答时间2分钟；情景题1道，回答时间4分钟。

注：见“关于举办广东省优秀班主任专业能力大赛的通知（粤教思〔2008〕39号）”。

第一节　班主任叙事——讲述你的教育故事

一、什么是班主任叙事

班主任教育故事叙述，顾名思义，首先，它是教育的故事，因此，主题和内容要有教育性，要有思想性，要体现教育理念。其次，它是班主任亲身经历和有所感所悟的故事，必须具有真实性，同时作为故事本身，必须具有故事的特点，特别是情节性。再次，它由故事的经历者和主角之一的班主任，以第一人称的方式讲述“我与学生”、“我与班级”的教育事件或事情以及他（她）的所感所悟，因而要有鲜明的叙述性，同时它是通过班主任亲口叙述来再现事件，并把听众带进故事情景之中以产生感同身受的效果，因而要有艺术感染力。因此，班主任叙事是班主任通过叙说故事的形式，讲述“我与学生”、“我与班级”的教育事件及由此产生的所感所悟的过程和一种教育方式。

教育故事是教育行动的演绎，是教育过程的反思，是教育智慧的体现，是教育理念的实践。

班主任叙事环节，主要考查班主任在班级管理与教育、与学生沟通和共同成长过程中的师德精神、教育理念、师德修养、班级管理、教育智慧、教育叙述与反思的能力，尤其是班主任工作的专业意识、能力、水平和素养。

二、班主任叙事的特点

一般来说，班主任叙事具有几个鲜明的特点：

（一）思想性与教育性

班主任叙事的思想性与教育性是指叙述的故事主题和内容体现着某一或某些教育理念，具有教育意义，如教育公平、以学生发展为本、以学生为主体、保护学生安全，等等。班主任应有的教育理念和意识包括：教育公平、以学生发展为本、以学生为主体、多元智能、为学而教、全面发展、教育民主、保护安全、教育法规、尊重心灵、年龄特征、平等沟通、互动参与、因材施教、共同成长，等等。

案例

一个也不能少

体操比赛就要开始了，却不见了昌鸿同学！我非常着急，可找遍了校园都不见踪影！这孩子，居然连这么重要的比赛都忘了！眼看就要轮到我们班了，我只好赶紧去组织同学们参加比赛，请另一位老师继续找他。

说老实话，当时，除了担心，其实我还感到有点庆幸。因为昌鸿同学平时就不喜欢做操，不但动作不规范，还老跟不上节奏。现在他没来参加比赛，我们班不是能取得更好的成绩了吗？果然不出我所料，孩子们在比赛中，动作规范整齐，征服了所有评委，最后获得了第一名。

比赛一结束，昌鸿同学不知从哪冒了出来。一问之下，我气极了！原来他是故意躲在教室的桌底下不去参加比赛的。这也太没有集体观念了！在我耐心的诱导下，他终于说出了自己的心里话。他说："老师，大家老说我胖，动作难看，会拖班集体的后腿，我就不敢参加了，其实我心里也……也挺难过呀！"听了之后，我不禁愣住了：是呀！难道不参与比赛就是不爱集体吗？我陷入了沉思……

就在比赛的前一天晚上，为了买比赛穿的白鞋，他和妈妈可是跑遍了整个阳江城区呀！明明很想参加却不敢参加，这不证明昌鸿同学的自尊心、自信心受到伤害了吗？是的，一定是这样的！同学们因他动作笨拙而嘲笑他，训练时，我们也在不经意中伤害过他，而我竟然还为他没有参加比赛而感到庆幸！要是让他知道了我当时的想法，对他的打击会有多大呀！哦，就为了所谓的班级荣誉，我竟然忽视了一个孩子的心灵和自尊，我为自己当时的想法感到羞愧！

不可否认，集体比赛取得好成绩，有利于创建优秀班集体，从而促进班里每一位学生的健康成长。但是，以伤害学生宝贵的自尊心为代价来换取班级的荣誉就显得本末倒置了。

我记得，教育家韩凤珍说过："所有难教育的孩子，都是失去自尊心的孩子；所有好教育的孩子，都是具有强烈自尊心的孩子。教育就是要千方百计地去保护孩子最宝贵的东西——自尊心。"

我不由想起了那本《窗边的小豆豆》，书里面的校长小林宗作先生总是想方设法为每一个特别的孩子设计一些特别的比赛项目，让孩子们体验成功，找回自尊和自信。

我终于明白了，现在我这个班主任最需要做的就是帮助昌鸿同学恢复自信，帮助他丢弃自卑心理。根据他力气大的特点，我在班里搞了一次可以随意组队的拔河比赛，结果，凡是有他参加的小组都赢了，大家都争着邀请他加入到自己的小组里；班里举行联欢会，我总是让他第一个为我们唱歌，他那独具特色的表演总是会赢得全班同学的称赞……渐渐地，他自信起来了，不再像以前一样散漫了，不再害怕集体活动了，更令人欣喜的是，他居然主动跟我说下次体操比赛一定要去参加。看着他那张热情洋溢的笑脸，我也放心地笑了……

我想，作为一名班主任，我们真的应该在工作中不断地审视自己，看看自己到底有没有让每一个孩子都得到和谐的发展！是的，是每一个孩子，一个也不能少！

(2007 班主任大赛小学组教育故事一等奖，阳江职业技术学院附属实验学校吴海霞)

(二) 真实性与情节性

班主任叙事的真实性与情节性是指它叙述的是一个真实的经历（故事），而不是经验和说理，要求是真人、真事、真问题。真实的故事一定会有情节，真实和有情节才会感动人、打动人。叙述者要以叙事方式对故事中的细节作描述。故事要有完整的情节，有事件的过程、结果，有一定的矛盾冲突，有人物的心理活动。

案例

我给孩子讲故事——“世上最美味的泡面”

3 月 16 日上午，李季教授给我们上了一堂课“感触—感动—感悟：走进学生心灵的智慧”，一个半小时时间里，跟随着李季教授平和、舒缓的语音，我们走进了一个又一个故事。

随着故事的展开，情节的发展，故事中主角的喜怒哀乐总让我心中升腾起一股温暖的情愫，一次又一次撞击着心灵中最柔软的部分，就是在这样的撞击中，我一次又一次真切地体验到心灵的涤净，人性中善的彰显，幸福的感觉油然而生。也正是在这个过程中，我渐渐体会到李季教授“故事德育”的魅力。

课堂里，每每被李季教授的故事打动时，我都会在心里默默地对自己说：一定要把这些故事讲给我的学生听。

昨天，3 月 19 日，我给三（1）班的孩子讲了故事“世上最美味的泡面”。

他是个单亲爸爸，独自抚养一个七岁的小男孩。每当孩子和朋友玩耍受伤回来，他对过世妻子留下的遗憾感受尤深，心底不免传来阵阵悲凉。这是他留下孩子出差当天发生的事。

因为要赶火车，他没时间陪孩子吃早餐，便匆匆离开了家门。一路上担心着孩子有没有吃饭，会不会哭，心老是放不下，抵达了出差地点，也不时打电话回家。可孩子总是很懂事地要他不要担心。然而因为心里牵挂不安，便草草处理完事情，踏上归途。回到家时孩子已经熟睡了，他这才松了一口气。旅途上的疲惫，让他全身无力，正准备就寝时，突然大吃一惊：棉被下面，竟然有一碗打翻了的泡面！“这孩子！”他在盛怒之下，朝熟睡中的儿子的屁股一阵狠打。

“为什么这么不乖，惹爸爸生气？你这样调皮，把棉被弄脏，谁给你洗？”

这是妻子过世之后，他第一次体罚孩子。

“我没有……”孩子抽抽咽咽地辩解着：“我没有调皮，这……这是给爸爸吃的晚餐。”

当我讲到这里，喉头紧得实在是说不出一个字了，眼眶被泪水溢满，我一次次紧咬牙关，试图强忍住那股酸涩，情况却变得更糟。我无助地抬起头，仰望着教室的天花板，泪水还是那么不听话地顺着脸颊往下淌。长时间的停顿，孩子们察觉到异常，却静默着。我好不容易缓过劲来，坚持着把故事讲完。

原来孩子为了配合爸爸回家的时间，特地泡了两碗泡面，一碗自己吃，另一碗给爸爸。可是因为怕爸爸那碗面凉掉，所以放进了棉被底下保温。爸爸听了，不发一语地紧紧抱住孩子。看着碗里剩下那一半已经泡涨的泡面：“孩子，这是世上最……最美味的泡面!”

讲完了故事，我什么话都不想说，也没有什么必须要说的话。我站在孩子们面前，沉默许久，跟随着直觉，那是一种让思绪飘忽的状态，让心灵悸动的瞬间，在我们心中停留，带着我们察觉、领悟那份存在于我们内心深处的柔情。我让孩子们闭上眼睛，趴在座位上，静静冥想自己身边那些爱我们的人，请他们在心里呼唤这些人的名字。孩子们是那么的配合，乖乖地趴在座位上，除了偶尔传出的抽泣声，教室里安静极了。

五六分钟过去了，一个孩子抬头问我：“老师，我可不可以把我想到的人的名字写下来?”“当然，这真是个好主意!”教室里骚动起来，孩子们从书包里拿出笔和纸，埋头写起来。

多数的孩子能写出八九个名字，有些孩子写了十多个名字，最多的孩子写了二十一个名字。

爸爸、妈妈、爷爷、奶奶、外公、外婆是孩子们名单中最常出现的。我随意抽问了几个孩子：“你写了某某，这个名字让你想起了什么事?”孩子们总能讲出一段故事或描画绘一幅生活场景。

“上学期，我的腿摔伤了，不能走路，每天都是舅舅把我背进教室上课，又从教室里把我背回家。”

“有一天早上，下着小雨，爷爷送我上学，我们打着一把雨伞，快到校门口，爷爷把雨伞给了我，让我进校门，他却站在雨中淋雨。”

……

孩子们的故事同样感动着教室里的人。

下课了，几个孩子跑过来一定要抱抱我，我想孩子的心中一定充满了爱意，需要表达，我何尝不是如此呢？我们紧紧地相互抱着，品尝着幸福。

（梅红：心理咨询师教育博客 http://blog. sina. com. cn/meihong 3 ~20 ）

（三）叙述性和艺术性

叙述是叙说而不是演说或演讲。演主要是一种行为艺术，而叙主要是一种语言艺术。叙述娓娓道来、真情诉说而不矫揉造作。

透过班主任的叙述，把听众带进你所营造的情景之中，产生情感触动，体现“叙事教育”的作用，这是叙述的艺术。更重要的是，故事展现班主任的真情实感，尤其是教育、引导学生的灵魂，这是引领生命成长的艺术。

三、班主任叙事的要求

班主任叙事环节 5 分钟，要求参赛选手就班主任工作中亲身经历的印象深刻的教育案例以故事形式进行叙述，故事要真实感人，体现班主任工作的教育理念、原则、方法和技巧，对班主任工作有启发意义。对“班主任叙事”的评分，以体现“思想性与教育性、真实性与情节性、叙述性和艺术性”的特点作为基本标准。

以真实性为例，教育故事着重的是故事本身，而不是华丽的词语修饰和精彩的表演。真实的故事是班主任亲身经历并有所感所悟的事情和事件，因而它是平实的。越平实，就越亲切、越真实。故事之所以动人，首先是故事本身和经历过程动人。

班主任叙事要求的总则是：真诚地叙说，“以真实故事感人，以真情演绎动人”。其具体要求是：

（1）故事源于教师自身的教育实践，即真实的教育生活。

（2）故事叙述做到平实清晰地表情达意。

（3）叙说要富于情境性、艺术性和审美意义。

（4）在平实的叙述中体现教育的理念与意义。

（5）充分体现“思想性与教育性，真实性与情节性，叙述性和艺术性”的统一标准，要求班主任叙事做到“以理服人、以真示人、以事动人、以叙导人、以情感人、以美悦人”。

“以理服人、以真示人、以事动人、以叙导人、以情感人、以美悦人”是一种素养，是一种境界。不一定每一个选手都做得到，但它却是班主任叙事的一种专业取向。

案例

“以真实故事感人　以真情演绎动人”

——中职班主任教育叙事点评

整体印象

在本次比赛的班主任叙事环节，选手们的故事叙述和教育故事给我们评委留下了深刻的印象：

（一）选手讲述的教育故事真实感很强，大部分都是亲身经历的事并由此产生真情实感。

（二）故事叙述性较强，没有夸张性的演讲、演说痕迹。

（三）选手准备充分且态度认真，叙述真诚；故事中体现出强烈的敬业与奉献精神，特别是那种对每一个学生，包括问题生、后进生、单亲生的责无旁贷的责任感和无微不至的关爱精神。尤其是不少年龄已经进入中年，且很难有年轻人“麻辣魅力”的班主任的敬业爱生精神，以及班主任工作很苦但仍然以积极乐观态度去无怨无悔付出和奉献的精神境界，令我们倍受感动和敬佩。他们“痛苦”（我们开玩笑地简称为“痛苦”）并快乐地工作着。因此，在这里，让我们对每一个参赛选手表示我们由衷的感谢和真诚的敬意。

（四）“爱与智慧”是这次教育叙事体现的最鲜明的主题。这一主题给我们最强烈的感觉是中职班主任的高度教育责任感、潜心育人的敬业奉献精神和爱生如子精神。40篇教育故事中，用爱心和责任做好班主任工作的故事占了三分之二。“一颗生鸡蛋”的故事，借助具有生命力但很脆弱的生鸡蛋的故事，巧妙地展现了班主任如何用爱生如子的责任感和育人育心的教育智慧帮助和引导一个写了“绝望”周记的女生走出心灵绝境的过程。

不足之处

本次比赛也暴露了一些不足之处，主要是专业基本功不足的问题，具体表现为：

（一）主题的“故事性、教育性”不强。教育故事的情节、反思、感悟、教育意义等要素不够完整。不少选手把教育故事讲成了经验介绍或工作汇报。有些选手的文章写得很不错，且有一定新意，如“班主任的魔法书”，但作为一篇教育故事，其故事性不足，说理过多。如第一章“新生报到，将军出征”、第二章“创建班委，制定班规”、第三章“班级如家，严父慈母”、第四章“慧眼识珠，常当伯乐”、第五章“学生才是主角”的写法，不是教育故事的结构。

（二）对故事主题的提炼不足。有的故事主题提炼很好，如C5选手讲述的故事是一个班的同学在面对班主任突然不幸生病离世、沉浸于极度悲痛之时，她在班级中的出现并与同学相处的过程。故事讲述了学生如何从抗拒她到喜欢她，最后一致请求她担任这个班的班主任。故事题目是“让我陪你走出伤痛”，情真意切，感人之余，道出了班级重大突发事件发生时，新班主任如何对同学进行危机干预的班级心理辅导技术。

但很遗憾，大部分选手讲述的故事比较琐碎，平铺直叙，对主题缺乏提炼或提炼明显不足，甚至连具体的主题都没有，只有“师爱”、“我的教育故事”之类的笼统题目。

主题是故事的灵魂。一个好的故事如果有一个画龙点睛的题目对故事进行教育理念的总结归纳，会让人对故事的内容和意义有心领神会或“心有灵犀一点通”的感受。例如，一位个子较小但年龄已经不小，而且对打篮球一窍不通的女班主任，为了转变班级中一批顽皮而喜欢篮球运动的小团体，克服众多困难，融入他们当中，最后改变了他们。选手的故事体现了学生成长和发展心理学中的“重要他人”的原理。如果选手对此加以点题，会增加故事的教育性。

主题要求准确。给人清晰、鲜明的感觉。例如，“倾听，有时候比教育更重要”的题目，只需改动一个词，即把“教育”改为“说教”就会给人一种更加明确的感受。因为，我们可以不把说教看作真正的教育，但不能否认倾听本身就是一种教育。

“宽容和等待”的故事，如果“用宽容等待成长”，更能点题和具有故事性，体现心理学上的“期望效应”。

（三）故事中的教育反思、体验不多以及所揭示的教育理念不够明确，缺乏新鲜感和新颖性。大部分主题和故事得出的都是“爱心与关怀”、“宽容与理解”、“严慈相济”等一类老生常谈的话题。不容置疑，爱心和责任是班主任工作的基础，但对于信息和价值观念多元化的新时代，仅仅凭借爱心和责任来做好班主任工作是远远不够的，教育学、心理学、行为学、班级管理学等的理论知识、教育的智慧和机智、班级管理基本功都十分重要。

（四）选手对仪表、仪态、仪容重视不够。要知道，在审美化时代，外在美已经成为学生喜爱班主任的一个重要理由。作为新时代的班主任，我们又怎能拒绝这个让人赏心悦目的理由呢?

存在问题和不足是正常的。正是因为有了问题和不足，才有不断提高的动力和前进的方向。期望在全省大赛上看到中职班主任代表更加出彩的表现。

（广东省中小学德育研究与指导中心专家李季教授，2008 年 9 月，顺德）

案例

真情言说

——班主任叙事点评

一、整体感觉与评价

在本次比赛的班主任叙事环节，选手们的故事叙述有以下几个鲜明特点：

（一）选手们讲述的教育故事真实感很强，故事叙述性较强，大部分都是其亲身经历以及由此产生的真情实感，没有太多演讲、演说的夸张性痕迹。

（二）故事题目、内容很丰富。以小学为例，“说一声对不起”——老师主动向学生认错、“他不再是我的痛”——后进生转变、“春风化雨育童心”——

优等生教育、“用爱点亮心灵的灯”——问题生教育、“折爱”——用99只写着老师爱心的纸鹤感动和启发学生从家庭的不幸中走出来、“做一回糊涂老师”——蹲下身子装糊涂的教育智慧、“丑小鸭的蜕变”——流动生教育、“新手遇到新生”——老师痛与乐、“感恩孩子”——与学生互动成长、“孩子，抬起头来”——以特别的爱献给特别的孩子、“三年媳妇熬成婆”——有爱还不够，还需智慧和坚持。

(三) 选手叙述真诚，故事中体现出强烈的敬业与奉献精神和教育智慧，尤其是那种对每一个学生，包括优等生、后进生、单亲生的责无旁贷的教育责任感和无微不至的关爱精神。初中组9号选手的“给学生一件有价值的睡袍”，叙述了老师用叙事引导一个学生的成长过程，巧妙地引出对“狄德罗效应”的感悟：平等、尊重、理解、信任、宽容和坚持。这是引领学生健康成长的有价值的“睡袍”。

(四) 故事体现出班主任的专业意识、教育智慧和专业能力，这是现代班主任的基本功。这些故事性的主题体现的是教育的理念和艺术。例如，高中组4号选手的“火候不到不揭锅”，讲述一个学生买彩票，老师陪伴和引导他如何把注意力转移到学习中来的小故事。故事中体现班主任如何把握最佳教育时机以取得最好教育效果的艺术；高中组9号选手的“座位风波”，讲述一个男生一定要与女生坐在一起引发的事件以及班主任借助心理辅导帮助学生摆脱心理困扰的故事，并由此获得教育感悟：问题学生背后的心理问题需要心灵和心理上的引导；初中组4号选手的“玫瑰去刺香愈浓”，讲述老师从学生的抵触中，感悟到学生抵触的不是批评而是批评的方式，进而讲述如何用甜美的批评唤醒一个学生沉睡心灵的故事。我把这种方式称之为“绿色的批评”。

二、存在问题和不足之处

(一) 主题的“故事性、教育性”不强。教育故事的结构如故事情节、反思、感悟、教育意义等要素不够完整。不少选手把教育故事讲成了经验介绍、工作汇报或教育随笔。有些选手的文章写得很美，如高中组2号选手“最难忘，风景中那些孩子的笑”、初中组5号选手的“蜗牛牵我去散步”等都不失为充满诗意的教育随笔或教育散文，听后给人一种意犹未尽的感觉。在受到启发之余，我突然萌发出一种冲动，要不要组织教育随笔或教育散文比赛，或将这些优美的文章编成书出版，让更多的人分享和感动。但作为教育故事，其故事性略显不足。

(二) 对故事主题的提炼不足，造成主题不明确。主题是故事的灵魂。一个好的故事如果有一个画龙点睛的题目对故事进行教育理念的总结归纳，会让人对故事的内容和意义有心领神会或“心有灵犀一点通”的感受。因此，故事主题要求蕴涵清晰、准确、鲜明。

不少故事主题提炼不足。一是主题与故事之间缺乏内在联系。如中职2号选手的“走出迷茫”，若用“走出冬日恋歌的迷茫”会更点题，因为故事叙述的是学生异性交往过密的指导问题。中职6号选手的“攻心为上”，讲的是引导聋哑女孩走出自卑的心理阴影，变得自信和充满阳光，最后读了大学的故事。故事很完整，而且充分体现了班主任的教育智慧，但没有充分揭示主题与故事之间的内在联系。10号选手讲的是第一次家访，一男生借时髦“母亲”作“家长”应付老师以维护虚荣心，第二次老师看到他衣着破烂的真正母亲时产生的受骗感，以及由此进行感恩教育的故事。故事完整而感人。虽然以家访为线索，但主题应该是学生的自尊心保护和虚荣心问题。

二是主题不准确。有些教育故事，内容很好，但题目没有起好，有点“会养孩子不会起名字”的感觉。高中组3号选手的“宽容”，讲述的是用宽容等待和引导一个偷拿了同学1 300元为母亲凑足手术费的学生迷途知返的故事，最后，故事用苏霍姆林斯基的“有时宽容引起的道德震撼比处罚更强烈”作点题之句。显然，以“宽容的道德震撼”或“宽容的教育力量”为题更富有教育故事的意义。

（三）故事叙述中还存在经验介绍成分过多而教育的故事性不足，或演讲、背稿过于明显，反思、体验以及所揭示的教育理念不够明确，或“爱心与关怀”、“宽容与理解”、“严慈相济”等一类老生常谈的话题较多，而新鲜感、新颖性缺乏等问题。有的故事是自己的，但写法是别人的。不容置疑，爱心和责任是班主任工作的基础。但对于在信息化和价值观念多元化的新时代成长起来的中小学生来说，仅仅凭借爱心和责任来做班主任工作是远远不够的，教育学、心理学、行为学、班级管理学等的理论知识、教育的智慧和机智以及班级管理基本功都十分重要。

（广东省中小学德育研究与指导中心专家李季教授，2008年10月15日）

第二节 班会课说课——展示你的教育基本功

一、什么是班会课（班集体活动）设计

班会课或班集体活动设计环节，是让选手根据背景材料及要求，设计并讲述一个主题班会课或班集体活动的方案。

设计的“方案”要主题鲜明，富有创意，目的明确，内容丰富，形式新

颖，结构完整，程序规范，注重实效，操作性强。讲述时，思路清晰，层次分明，语言简练。

“方案”主题内容和实施过程要体现班会课或班集体活动的思想性、针对性、教育性、主体性、参与性、互动性原则。

“方案”可以设计为“主题班会课”或“班集体活动”。两种形式的目的要求和内容结构大致相同，只是前者主要以“课”的形式体现，而后者侧重于“活动”形式。一般说来，“课”偏重于说理性教与学，而“活动”偏重于参与性体验。

二、班会课（班集体活动）设计的目的

班会课（班集体活动）是班级管理和班集体教育的基本形式，是班主任工作理念、智慧和基本技能展现的平台。班主任能力大赛设班会课、班集体活动设计环节，主要目的是通过考查参赛选手的班会课（班集体活动）设计的基本功，了解其班级管理和班集体教育理念、智慧和基本技能。它包括：①运用先进教育理念和班级管理理念理解、判断、分析当前背景材料的能力；②富有创意和应用教育理念确立班会或活动主题及构思整体方案的能力；③根据学生年龄特征、品德形成规律以及整合教育资源有效组织主题班会或班集体活动的能力；④清晰、准确演绎班会课或班集体活动设计的基本技能。

三、班会课（班集体活动）设计的要求

“班会课、班集体活动设计”环节5分钟，分值35%。参赛选手抽题（背景材料及要求）后，有10分钟准备时间，设计主题班会课或活动方案设计。设计的方案可以带进比赛场，然后用5分钟时间介绍“方案”——班会课（班集体活动）说课。

广东省中小学优秀班主任专业能力大赛关于班会课、班集体活动设计环节总的要求是，“参赛选手所设计的班会课、班集体活动主题正确、内容丰富、形式新颖，学生自主参与度高，实践性、针对性强，有创意、有感染力，符合学生身心发展特点和品德形成过程规律，体现学生为主体、教师为主导的师生互动的原则”。据此，参赛选手所要做到是：①破题。分析背景材料，把握问题关键及本质所在，进而设计理念和基本思路。②立题。确定和提出一个鲜明、富有创意和体现一定教育理念的主题，并说明理由。③形成方案。按照教学（活动）主题、教学（活动）目的、教学（活动）内容、教学（活动）形式、教学（活动）过程、教学（活动）准备等主题班会课或班集体活动方案的基本格式提出设计方案内容。④说课。按照一定的逻辑结构顺序，通过“说课”形式清

晰、准确地演绎主题班会课或班集体活动的设计思路、内容结构和实施过程。

案例

背景材料：上网已经成为中小学生一项经常性的活动。班上有同学在尝试网恋，在玩“网婚”游戏，有同学则沉迷于网聊，影响了学习、生活和身心健康。但对于上网利与弊的问题，学生与家长及老师有不同的见解，学生不太赞成“上网弊大于利”的说法。请你针对这些现象设计主题班会课或班集体活动。

《绿色网络行——走进E时代》方案

介绍主题班会课活动方案的基本思路，包括活动主题、活动目的、活动内容、活动准备等，然后介绍活动程序安排：

第一步 活动导入

向学生出示幻灯片《如梦令·网吧》：常住网络深处，糊涂不知归路，误睡课堂上，呼噜！呼噜！惊起同学无数。这个幽默的词唤起学生对中学生上网的思考，也营造了一种宽松自由的课堂氛围。

第二步 活动过程

(1) 认识网络的作用，老师在课上公开调查最近有多少同学上网了以及上网的时间。通过调查，老师一方面掌握学生上网的情况，另一方面也让学生了解其他同学的情况。这个调查不要占用太多时间。然后老师引导学生简单分享一下网络带来的快乐和帮助，同时网络也带来了困惑和烦恼。通过这个活动使学生认识到网络对我们的学习生活有许多帮助和促进作用，同时又存在危害。

(2) 老师组织讨论会对应该如何对待网络进行探讨。同学们围绕“网络世界很精彩，我们应亲近网络”和“网络世界很无奈，我们应远离网络”两个话题进行讨论。讨论会可以充分调动学生的积极性，对上网的利弊说的比较全面，通过这个活动澄清学生对网络的模糊认识，使其能够客观、辩证地认识网络。

第三步 活动结束

通过以上活动使学生认识到对于网络既不能拿来主义，全盘照收，也不能因噎废食置之门外，应学会辩证看待网络。老师引导学生把网络中不利于中学生发展的东西放到“网络垃圾站”并删除，把有利于生活学习的东西放到“网络文档”并永久保存。这个活动使学生掌握对待网络的具体方法。

第四步 课后拓展训练

认真阅读有关《全国青少年网络文明公约》的内容，“要善于网上学习，不浏览不良信息；要诚实友好交流，不侮辱欺诈他人；要增强自护意识，不随意约会网友；要维护网络安全，不破坏网络秩序；要有益身心健康，不沉溺虚拟时空”。引导学生相互交流各自的看法，然后举行一个签约仪式，同学们在《公约》上郑重签上自己的名字，在生活中履行自己的诺言。有条件的班级，还可以开展 QQ 或博客 PK。

案例

将班会课进行到底

——班会课（班集体活动）设计点评

一、班会课（班集体活动）设计的目的

班会课或班集体活动设计环节是让选手根据背景材料主题内涵及要求，设计并讲述一个主题班会课或班集体活动的方案。

班会课（班集体活动）是班级管理和班集体教育的基本形式，是班主任工作理念、智慧和基本技能展现的平台。班主任能力大赛设班会课（班集体活动）设计环节，主要目的是通过考查参赛选手的班会课（班集体活动）设计的基本功，了解其班级管理和班集体教育理念、智慧和基本技能。它包括：①运用先进教育理念和班级管理理念判断、分析当前背景材料的能力；②应用教育理念和富有创意地确立班会或活动主题及构思整体方案的能力；③根据学生年龄特征和品德形成规律，整合教育资源，有效组织主题班会或班集体活动的能力；④清晰、准确演绎班会课或班集体活动设计的基本技能。

二、班会课（班集体活动）设计的要求

班会课、班集体活动设计总的要求是：主题正确，富有创意，目的明确，内容丰富，形式新颖，结构完整，程序规范，注重实效，操作性强。讲述时，思路清晰，层次分明，语言简练。

对选手一般有四个环节的具体要求：①破题。分析背景材料，把握问题关键及本质所在，进而提出设计理念和基本思路。②立题。确定和提出一个鲜明、富有创意和体现一定教育理念的主题，并说明理由。③形成方案。按照主题班会课或班集体活动方案的基本格式：主题，目的，内容，准备形式，过程。④说课。按照一定的逻辑结构顺序，通过“说课”形式清晰、准确地演绎主题班会课或班集体活动的设计思路、内容结构和实施过程。

三、班会课（班集体活动）设计的关键

对选手来说，班会课（班集体活动）设计的关键在哪里？我认为，关键在于弄清背景材料所蕴涵的主题元素与问题要求。然后，根据班会课（班集体活动）的思想性（具有先进理念的主题）、教育性、主体性、互动性和参与性特征进行设计。

（1）班会是有正确、鲜明主题的教育活动，不是空泛之谈。有不少方案的主题准确、鲜明和充满智慧。如，中职组B3号选手抽到关于“爱心和孝心”背景题。选手以“为了父母的微笑”为主题设计班会课，主题准确、鲜活、生动而富有创意。又如，A7号选手抽到关于“学生应该远离毒品”的背景题，选手亮出“远离毒品，从拒绝第一口开始”的主题，准确而鲜明。中学组A6号选手抽到关于“友谊与爱情”的背景题目，选手提出“爱，要不要说出来”的思考题作为主题，富有启迪意义。有些方案设计主题缺乏创意，雷同比较多。如“让青春在拼搏中闪光”，职中、中学组就有四人相同。

(2) 班会是以学生为主体的活动，不是笼统、抽象的说教。从选手提出的班会主题，就可以对设计的方案窥斑见豹。如，职中组C7选手关于“早恋”话题设计的主题是“爱，你准备好了吗”，如果定位为“爱，我们准备好了吗”，则体现的班会主体性原则会更加鲜明。同样，C5号选手关于“择业观”的主题“我的未来不是梦”，如果改为“我的未来我做主”，则更能准确体现学生的自主参与性。

(3) 班会是师生、生生、组织者与参与者心灵互动的平台，不是教师版的独角戏。缺乏老师指导的放羊式“学生版班会”不是理想的班会，如只有唱独角戏的完全“教师版班会”，则更不是理想的班会。理想的班会是组织者与参与者思想、情感、行为互动的平台。把任何一种情景转化为一种教育机会，是班主任教育智慧和艺术的体现，更是师生、生生、组织者与参与者心灵互动的结果。如上述的“远离毒品，从拒绝第一口开始”的主题班会，选手在过程设计中，充分体现了“心灵互动原则”。首先，班主任选用具有视觉冲击力的图片，引起学生心灵震撼——运用了视觉心理学原理。然后，请出三位关键性人物与学生进行心灵沟通与交流，以促进学生认知上的感悟和情感上的震动。第一个人物是吸毒者，他讲述了因为贪玩而吸食了第一口毒品后，形成摆不脱的心魔，因此陷入痛苦不堪和追悔莫及之中的经历——运用实际案例现身说法产生心灵震撼效应；第二个人物是女学生，表达女生对吸烟及吸毒行为的厌恶和反感——运用群体心理学技术和利用异性同辈舆论压力，达到引起男同学重视的作用；第三个人物是警察，指出青少年最容易染上毒品的场所和场合——用权威效应提醒同学警惕“中招”毒品。这样的效果显然要比单纯的说教好得多。

(4) 班会是学生主动参与的过程，不是被动无奈听课。职中组B3选手的“为了父母的微笑”的班会设计方案，就充分体现了学生主动参与过程。

设计思路：以亲情感动贯穿整个班会课过程，体现选手用源于生活的感性方式演绎理性教育目标的智慧。

课前准备：学生分三组搜集关于父母之爱、父母爱自己和回报父母之爱的图片、案例。

活动内容：①感受父母之爱（苹果树，地震中母亲的爱）；②诉说父母之爱（学生讲述亲子照背后的故事）；③回报父母之爱（感动中国人物献肾救母的故事，引导学生为父母献爱心活动）。

活动结束：班主任总结、点评，师生合唱《感恩的心》，达到情感高潮。

活动拓展：由学生举办“感知父母恩”班级摄影展，开展“算算亲情账”和“给父母洗一次脚”活动，促使学生形成感恩意识。

班会课和班集体活动是班主任演绎精彩人生和教育智慧的重要舞台。尊敬的班主任朋友，让我们用激情、爱心和专业智慧，将班会课进行到底。

（广东省中小学德育研究与指导中心专家李季教授，2008 年 11 月 9 日）

第三节　情景答辩——演绎你的教育智慧

一、什么是情景答辩

情景答辩是通过情景案例和有关问题来考查班主任的班级管理理念、专业能力和教育机智等综合素养的环节。情景答辩的问题包括两个方面，一是“必答题”，是班主任工作的常识性问题，是作为一个班主任“应知应会”的问题，它常以知识性问题、个案或叙事性情景分析形式出现；二是情景性问题，需要进行判断、分析和提出对策，然后还要回答评委提出的相关问题。

二、情景答辩的目的

班主任能力大赛设置情景答辩环节的主要目的是考查参赛选手对情景资料中教育主题的把握和判断是否准确，对问题的理解和分析是否明确和中肯，所提出的教育对策是否具有教育理论依据、创新性和可行性等，从中了解选手的理论素养，专业知识与能力水平。

这一个环节最大的特点是情景性、即时性，限定时间要求选手作出敏捷思考和准确回应。回答得好不仅要有班级管理经验和全面的专业性知识（因为题目几乎涉及班级管理的方方面面），还要有理论修养和教育机智，难度相对较大。可以说，它是大赛中最能体现选手的教育理念、专业素养、班级管理技能、技巧的最具挑战性的一个环节。

三、情景答辩的操作

（1）参赛选手抽取情景资料，包括案例和必答题、情景性问题。

（2）选手作10分钟准备。

（3）选手用6分钟回答问题。其中必答题1道，回答2分钟。情景题1道，回答4分钟。

（4）必答题要求简答即可，分数占20%～30%。情景题要根据“情景”从问题判断、情景分析和应对策略三个方面作出正确的判断、深刻的分析，提出合理而有效的教育对策，或按要求回答评委即时提出的问题。

案例

展现专业素养　演绎教育智慧

——“情景答辩”点评

整体情况看，各地市选派的选手都表现出很强的实力，无论是问题判断、情景分析，还是应对策略，都不是只靠责任、爱心和经验来解决问题，而大都能运用教育学、心理学和班级管理学的理论观点，富有针对性地进行合情合理和具有教育智慧的判断、分析和应对。尤其值得肯定的是，选手们答辩时表现出很强的心理分析和一切为了促进学生素质发展的专业素养、教育机智和现代班级管理意识。例如，小学组案例18：“学生小马迟到了，班主任朱老师批评她几句，她觉得委屈，回家后哭着告诉妈妈说班主任对她不公平，故意针对她。小马的妈妈跑到学校找校长告状。问题：作为班主任如何面对学生或家长投诉？”选手指出这是一个师生、家校沟通的问题，然后结合新修订的《未成年人保护法》提出了“敢于面对，积极处理”的应对策略：向校长与家长说明情况，反思自己的批评教育方式；主动找学生谈话，在顾及个性和自尊心的情况下重申纪律；积极进行家校沟通，共同帮助学生做到上课不迟到。教师自始至终采取的是诚恳、主动、积极的态度和有效解决问题的步骤与办法，而不是以回避和对抗的方法去处理问题。其中，反映出班主任工作以有效管理和教育学生为原则的教育智慧和意识。

整个情景答辩比赛给我们的感觉是，我们的班主任队伍正在走向专业化。从“爱心型”班主任向“爱心+智慧型”班主任转变，从“经验型”班主任向“经验+专家型”班主任转变，是班主任队伍的成长之路。从中，我们真实地看到了基础教育课程改革教师专业成长的成果，也见证了从2006年2月开始实施的“广东省中小学班主任能力建设计划”和同步实施的心理健康教育与德育整合策略已初见成效。

从情景答辩环节小学、初中、高中各组一等奖获奖人数情况看，中山3名、惠州3名、佛山2名、广州2名，江门、珠海、河源、汕头、湛江市及华师附中各1名。总体上看，虽然珠三角地区的选手仍占一定优势，但东西部的河源、汕头、湛江的选手也显示出实力。遗憾的是，一些教育发展比较发达的地区如深圳、东莞，并没有出现人们预期的成绩。其中原因除了选手个人以及学校的实力外，与教育部门对这次大赛以及班主任专业成长和“名班主任”培养工作的重视和落实程度也有关系。据了解，中山、佛山、惠州等地教育部门近年来十分注重智慧型、能力型、专家型班主任培养，在这方面花了大力气和开展了卓有成效的工作。本环节比赛存在的另一个问题是，不少地区选手仍然存在专业基础理论素养缺乏的问题，如“德育教育”、“差生”等概念仍有出现，对情景问题的判断仅凭经验而缺乏理论依据，对《未成年人保护法》条文不太熟悉，等等。各地经验表明，班主任专业成长是一项长效工作，需要及早规划和长期培训才能取得良好效果。

值得一提的是，在情景答辩环节比赛中，各地来观摩比赛的老师积极参与的热情，不仅仅表现在对选手精彩回答和点评专家中肯点评的热烈掌声中，还体现在中间10分钟休息时，不少观摩比赛的老师或围着点评老师讨论，或建议能不能多些点评意见，或提出自己对某一情景问题的见解。如，小学案例20中，针对学生乱扔纸屑被老师发现后相互推卸责任的情景，一位观摩老师建议，能否采取身教和榜样示范做法，即老师不做声地把纸屑捡起来放进垃圾箱里，重复多次，直到学生被感动为止。观摩老师的参与热情，令人感动。

班主任工作是一种责任与奉献的事业，是一种热爱与智慧的事业，是一种探索与创新的事业。她的未来，需要每一个班主任不懈的努力，热情参与，积极探索和开拓创新！班主任能力大赛没有结束，仅仅是开始，是展现现代班主任能力与风采这出大戏的开场锣鼓！

（广东省中小学德育研究与指导中心专家李季教授，2007年7月）

班主任专业能力大赛“情景答辩”和“班会课或班集体活动设计”题目和答案（见附录）。

附 录

广东省班主任专业能力大赛“情景答辩”和“班会课或班集体活动设计”题目

根据班主任专业能力评价的具体要求，广东省中小学德育研究与指导中心组织有关专家分别编写了职中、中学（初中和高中）以及小学“情景答辩”（必答题和情景题）和“班会课或班集体活动设计”的背景材料与题目。

一、职中“情景答辩”必答题题目

1. 《教育部关于进一步加强中小学班主任工作的意见》中关于班主任的角色定位是什么？

2. 广东省中小学班主任能力建设计划对名班主任培养的要求是什么？

3. 教育部、中国教科文卫体工会全国委员会2008年新修订的《中小学教师职业道德规范（2008年修订）》的具体要求是什么？

4. 胡锦涛总书记在全国优秀教师表彰大会上提出的对教师的四点希望是什么？

5. 教育部2006年8月31日发布的《全国中小学班主任培训计划》对中小学班主任提出的培训内容是什么？

6. 中小学班主任必须了解的相关教育政策法规有哪些？

7. 班主任常规工作有哪些？

8. 什么是班集体？班集体发展一般需经历哪三个阶段？

9. 班主任在班集体发展的三个阶段中分别起什么样的作用？

10. 班集体建设的基本任务是什么？

11. 班级心理辅导的主要内容是什么？

12. 班主任的专业素养主要包括哪些？

13. 中职学生有哪些年龄特点？

14. 什么是班风？班风有哪些功能？

15. 中学生守则有哪些内容？

16. 什么是班级文化？班级文化包括哪些内容？

17. 《中小学教师职业道德规范（2008年修订）》新增了哪些具体内容？

18. 《中小学教师职业道德规范（2008年修订）》关于“爱国守法”的具

体要求有哪些？

19.《中小学教师职业道德规范（2008年修订）》关于“爱岗敬业”的具体要求有哪些？

20.《中小学教师职业道德规范（2008年修订）》关于“关爱学生”的具体要求有哪些？

21.《中小学教师职业道德规范（2008年修订）》关于“教书育人”的具体要求有哪些？

22.《中小学教师职业道德规范（2008年修订）》关于“为人师表”的具体要求有哪些？

23.《中小学教师职业道德规范（2008年修订）》关于“终身学习”的具体要求有哪些？

24. 中学生日常行为规范有哪几项内容？

25. 中学生日常行为规范关于遵规守纪、勤奋学习的具体内容是什么？

26. 怎样理解心理学家荣格著名的成功公式：I（个别我）+We（团体我）=Fully I（完整的我）在班级管理中的应用？

27. 主题班会活动方案的一般格式包括哪些内容？

28. 班级活动的含义及其意义是什么？

29. 班集体有哪些基本特征？

30. 班主任作班级心理辅导应遵循哪些原则？

31. 班主任对学生个体开展的心理辅导包括哪几个阶段？

32. 班主任进行个体心理辅导应掌握哪些基本技巧？

33. 职中学生常见的问题行为有哪些？

34. “期望效应”及其原理是什么？

35. 什么是“EQ”？中职班主任培养学生EQ的意义。

36. 有效家校沟通有哪些途径及特点？

37. 什么是职业指导？职中班主任开展职业指导的基本内容是什么？

38. 职中班主任如何指导学生进行生涯规划？

39. 职中班主任工作的基本技巧有哪些？

40. 职中班主任如何对学生进行有效的网络安全教育？

41. 职中班主任了解和研究学生有哪些具体方法？

42. 职中班主任如何做好校外实习安全教育与管理？

（题目撰写：李季）

二、职中“情景答辩”抽选题目

1. “范跑跑事件”引起全国教育者的议论。学校老师最近也在讨论这个问题。有的老师说“范跑跑”的行为违背了教师最基本的职业道德，有人却说“范跑跑”的行为无可指责。

问题：如何评价“范跑跑事件”？当学生的人身安全受到威胁或危险时，作为班主任应怎样做呢？

2. 在学校门外小卖部，课间经常看到本班同学三五成群、吞云吐雾地在抽烟，其中还有女同学。吸烟危害青少年健康，同时违反学校纪律。

问题：作为班主任，你如何教育职业中学学生不抽烟？

3.《中学生日常行为规范》要求“学生穿戴整洁、朴素大方，不烫发，不染发，不化妆，不佩戴首饰，男生不留长发，女生不穿高跟鞋”。但班上有几个同学在头发、服装、首饰上喜欢离奇古怪、标新立异，他们有的留长头发，有的染发。

问题：作为班主任，你如何说服班上的男生不留长发、男女生不染发？

4. 学生小张经常违反课堂纪律，班主任多次批评也不见改，向家长反映情况，希望家长配合教育学生。小张爸爸不耐烦地说，我很忙！孩子在学校，学校就要负责教育，学生不守纪律是你班主任的责任！

问题：当你遇到这样的家长时，你会如何对待？

5. 学校文艺节快到了，学校要求每个班级出节目参加学校文艺节演出，但学生干部不积极，不少同学更是反对出节目。

问题：作为班主任，你如何解决这一问题？

6. 一天上午，班长急匆匆跑过来说，班上的小王同学和科任张老师在课堂上吵起来了。张老师说小王上课看课外书，违反纪律。小王说张老师不尊重人，没收了他的图书。

问题：作为班主任，你如何处理这类问题？

7. 一天中午，班上两位学生躲在教室门口角落亲吻，作为班主任的你路过时看见了。两学生不知是因为达到忘我境界没有看到你，还是故意装着视而不见，他们继续着。

问题：这时，你会怎么办？

8. 小周一向争强好胜，初中一直担任班长。进入职中后，他的学习明显落后了。有一次他批评一同学不交作业，那位同学说：“你先管好自己吧，你的成绩还不如我呢。”他听后闷闷不乐好几天。临近期中考试时，他得知老师出好的试题在电脑上，于是在老师离开办公室后，悄悄进去偷看了试题，并对那位同学说：我这次考试分数一定要比你高！

问题：如果你是小周的班主任，你得知后将如何教育和帮助他？

9. 同学小黄，自幼与父亲不和，经常离家出走。有一次伙同社会青年盗窃，当场被公安抓获。

问题：如果你是班主任，你如何帮助小黄？

10. 16 岁的小万沉湎于网络游戏，经常旷课去外面上网。为了上网，他竟改动学校作息时间欺骗父母，被发现后他竟然冲着父母大喊："卖血也要上网。"

问题：如果你是班主任，你如何帮助小万？

11. 一位同学在学校卫生检查团来检查时把纸团丢在墙角，结果卫生评比被扣了分，班主任很生气，批评这一同学说："你要是想丢也要等检查组检查完后才丢呀！"

问题：请对班主任的言行进行评价，你认为班主任应该怎么做才合适？

12. 目前，在不少学生中存在这样的观念，以有异性朋友为荣，没有异性朋友为耻。甚至个别同学为了在同学面前显示自己的能耐，以与异性交往来提高自己在同学中的地位。有些同学还炫耀自己有众多追求者，认为有越多的异性朋友就越显示自己的魅力。

问题：作为班主任，你如何看待这些观念并引导学生进行正确的异性交往？

13. 班上有位同学学习成绩比较差，经常破坏纪律，对班主任不礼貌，经常不服管教。一次，班主任控制不住自己的情绪说："你真是咱们班的害群之马，我怎么会遇上你这样的学生！你是烂泥永远也涂不上墙，你要是能学好，太阳就会从西边出来！"自此，这位同学处处与这位班主任作对。

问题：你如何分析这位同学和班主任的行为？请你给这位班主任一些建议。

14. 一次考试后，本来年级成绩一直最好的班的平均分滑落到年级第三，同学们都很郁闷。一位同学打听到别班的老师在考试之前泄题，于是在班上传开了。同学们愤愤不平，并在校园网上发帖子议论此事，发泄情绪，并扬言要讨回公道。班长向班主任报告了此事。

问题：如果你是班主任，你会怎么看和怎么做？

15. 小姗是个活泼开朗的女孩，在她的生活中好像没有忧愁和烦恼，一切都自然而然地发生着，顺利地进行着：上学、读书、交朋友……她被很多人认为是"像小溪一样透明"。但是，自从上了职中后，她思考的问题多起来了，她有时感觉自己很渺小，有时感觉自己很伟大，现在变得越来越迷惑了。

问题：小姗为什么会出现这种现象？如何帮助她像从前一样生活、学习？

16. 一天，班主任林老师上课时，发现讲台上有一张折起来的小纸条，上面有几个字：林老师收。林老师打开纸条，看到这样一段话：

林老师，你以为当老师的就可以压服学生吗？你高昂着头，铁青着脸，像个活阎王，但是，你以为我们会怕你吗？

你最讨厌的、等待你处罚的学生

问题：如果你是林老师，你该如何处理这封匿名信？

17. 女生阿雪喜欢上班里一位男生，可这位男生却对另一位女生更好。阿雪既失望又嫉妒。一次在网上遇到一位男网友，她感到他的一些特点很像她暗恋的男生，于是天天上网与他聊天，并认为男网友对她有爱意，就这样她在虚拟空间里补偿在现实生活中得不到的情感。后来，小雪得知男网友已经有女朋友了，她一时无法面对现实，情绪极度低落并不愿上学。

问题：作为班主任，你如何帮助小雪？

18. 新任班主任李老师接手管理一个班。一天自习课时，几个同学在吵闹。他努力维持纪律，渐渐地大部分同学安静了下来。只有同学 B 在大声喧哗，李老师走过去叫他安静，同学 B 不但不听还大声顶撞李老师。李老师气愤地伸手要将 B 同学按回座位，这时，他转念一想，迅速把伸出去的手收了回来。但这一刻已被一位同学用手机拍了下来，并给 B 同学的家长看，家长扬言要向电视台投诉老师打学生。

问题：你认为李老师该如何对待和处理这一事件？

19. 小雅读职中的愿望是将来做一名出色的服装设计师，爸爸妈妈都很支持她，她也对自己未来的生活满怀憧憬，希望自己将来成为像夏耐尔那样的国际著名时装设计师。然而，好玩、喜欢结交朋友的小雅，在一个舞会上经受不了朋友的诱惑，试食了摇头丸，自此不能自拔。

问题：试分析小雅出现这种情况的原因，作为班主任，你如何帮助她？

20. 学生小苏初中学习成绩不错，进入职中后，放松了对自己的要求，经常与几个网友一起上网，疏于学习。在多次被父母责备并与父母顶撞后，他与同学在外租房住，整天沉溺于上网而不能自拔，学习成绩因此一落千丈。进入三年级时成绩已从全年级 560 名学生的前 29 名下降至倒数第 29 名。

问题：作为班主任，你如何帮助这位学生？

21. 许多学生都在追求穿名牌、赶时髦、用高档用品，并且相互攀比。不少同学说，现在生活水平提高了，这是理所当然的事，算不上奢侈。

问题：作为班主任，如何看待这种现象？应作何引导？

22. 一个很帅气的男生，平时学习成绩不错，对班里的事很关心，性格开朗，同学们很喜欢他。班上的一个女生连续给他写了两封表达爱慕之情的信。第一封主要说她的感情，该男生虽诧异，但并没在意，心想只要自己置之不理，她就会知难而退。第二封信她约他周末在某处见面。该男生不知所措，他不想在中学阶段考虑感情问题，但又不知怎样做才好。

问题：作为班主任，你打算如何对待此事？

23. 有个同学初中时学习成绩很不错，因为中考一时失误，没考上普通高中。进入职中后，情绪一直比较低落，学习不太努力，成绩也不理想。

问题：作为班主任，你准备如何帮助这个同学？

24. 29 岁的孙老师 5 年前大学毕业后到一所职中任教，工作认真负责，受到领导和同事的赞扬。去年 9 月，他担任班主任，以高度责任感全身心投入工作，平时从早上的早读课开始他就到班检查，中午还经常跟班上学生坐在一起吃饭、聊天，晚上也要等学生全部回家后自己才回家，遇到事情总要对学生千叮咛万嘱咐。但前几天下课时，他刚从办公室出来，走到走廊与教室门口的拐角处时，听见两个班上的学生正在聊天："孙老师也太啰嗦了，就扫地的小事跟我讲了 3 遍，活像个老年人！""你还不知道啊，我们都叫他'孙爷爷'。"

问题：如果你是孙老师，你如何看待这些学生的议论？

25. 早上六时，你看见班上的 3 名男同学正从外翻墙回来。显然，是寄宿班的同学违反学校的规定，偷偷跑出校外上网或玩耍。

问题：这时，你会怎么做？为什么？

26. 小张同学入学不到两个月，就多次和同学动手打架，但原因往往是一两句不投机的话，或同学间无意的碰撞。每次打完架之后，老师找他谈话他都表示十分后悔，要彻底改正。可过不了一两天，又会出现老毛病再犯现象。

问题：小张同学的行为是什么问题？你是班主任的话，如何帮助他？

27. 李辉同学是装潢设计专业的学生，平时总是沉默寡言，也不违反纪律，而且每节课都上，从来没有旷课，但是他就是不做作业，尤其素描课作业。一学期素描课共布置了 18 次作业。他一次也没有做，科任老师问他为什么没有做，他的回答是不想做。

问题：假如你是李辉同学的班主任，你该如何帮助他？

28. 球场上，A 班男生正在打篮球，B 班男生走了过来，要和他们一起打，A 班男生不愿意，继续打球。B 班男生强行进入同一个场上打球，于是发生冲突，打起架来。自从这件事以后，两班男生一见面就吵架，还经常打架。有一次，双方都打伤了对方几位同学。

问题：如果你是班主任，你如何看待和处理这件事？

29. 主题班会上，班主任正在谈中学生不宜谈恋爱的话题。班主任说，中学阶段的学生主要任务是学习，通过学习走向成熟，这时期谈恋爱会影响学习，妨碍成长。这时一位同学站起来说："老师，我不同意你的观点。我看到有的同学谈恋爱并没有影响学习，成绩反而上升。"这时有部分同学也鼓掌支持这位发言的同学。

问题：作为班主任，应该如何回答学生的问题？如何引导学生正确看待恋爱问题？

30. 小陈突然夜不归宿，父母在网吧找到儿子时，他正在网络游戏“魔兽世界”中疯狂拼杀。无论怎么劝，小陈都无动于衷，后来请网管断掉网线才迫使他回家。回家后，父母仍好言规劝，小陈表示改过。但半夜又溜出去上网。此后，小陈三天两头往网吧跑。随着技艺升级带来的自豪和虚荣，小陈越来越着迷恋网络游戏。因零花钱被冻结，小陈竟将妈妈的首饰拿去变卖，甚至不吃不喝，也要玩游戏。

问题：作为班主任，你如何帮助小陈？

31. 班主任古老师正在给学生上青春期教育课，但由于照本宣科，同学们似乎并不感兴趣。她发现有两个学生低着头兴致勃勃地在玩什么东西，便走了过去把他们正玩的东西拿了过来。一看，是安全套。周围的同学笑了起来。

问题：如果你是古老师，你如何妥善处理青春期教育课上的这个问题？

32. 一位班主任，在课堂上看见学生又在上课时睡觉了，而且走到这位同学身边他也没发觉，于是就对着他大声说道：“下课了！”结果引起了全班同学的哄堂大笑。但这位学生居然满不在乎地又趴在桌子上，班主任生气地说：“你就像猪一样，只知道睡！”让大家意想不到的是，这位学生大声地吼道：“我像猪，但你是猪！”结果，师生陷入敌对状态。

问题：请你给这位班主任建议，怎样才能化解他们之间的敌对状态？

33. 一位男生喜欢上班里的一位女生，每天送女生回家，然后再回自己的家。几次后女生不愿意其护送，但男生坚持当“护花使者”。女生找来另一男孩帮忙支开护送的男生，于是男生与男孩发生了冲突——吵架和打架。

问题：作为班主任，你如何看待和处理这一事件？

34. 女生小芳，个性内向，平时沉默寡言。父母离异，生活在单亲家庭的她，变得更加郁郁寡欢，渐渐疏于与人交往甚至不愿见人。后来发展到不愿意回学校上学，常常把自己反锁在家里，不上学，不说话，逃避别人。

问题：请分析此个案并提出帮助小芳的措施。

35. 学生小刘的行为很令老师头疼：撒谎不用说，违纪更是家常便饭，一天不犯错误罕见，天天犯错误平常。不少老师说到他时都说：“就他能出息？除非太阳从西边出来！”老师的评价经常传到小刘耳里。在小刘和家长的强烈请求下，他转到王老师的班来，并表现出一定的积极性，还主动竞选班干部。

问题：如果你是王老师，你如何看待这件事？

（题目撰写：李季、施铁如、王松花、曾洁珍、管延华等）

三、小学“情景答辩”题目

案例01

新学期刚开始，四年级的小新变了。他上课无心听讲，从不举手发言，经常与同学打架，有时还在校外吸烟，老师找他谈话时他一言不发。经过家访，老师了解到，原来小新的父母认为儿子已经大了，决定外出打工，离开前问小新的意见，小新只是沉着脸，没有反对。父母以为儿子无所谓，于是一起到大城市打工去了。父母离开后不久，小新就出现上述行为问题。

问题：作为班主任，你如何看待小新的变化，应该怎样帮助他？

案例02

小立一至三年级都是好学生，成绩优秀。四年级时因病在家疗养了半个多月，返校后，她发现上数学课最难受，因为听不懂老师所讲的内容。有一次老师提问，她回答不了，其他同学争着替她回答，有的同学还笑话她这么简单的问题都不会，她感到很丢人。自此以后，她时而说肚子疼不能上学，时而在校外闲逛，等放学时间到了才回家。她妈妈看到她的书桌上写着：要是没有学校该多好！

问题：请你分析小立变化的原因并提出帮助她的措施。

案例03

在五年级的一次主题班会课上，老师讲了一个《蝈蝈与蚂蚁》的故事：蝈蝈玩了一整个夏天，蚂蚁却始终在搬运粮食。冬天到了，蚂蚁有了过冬的食物，蝈蝈却饿肚子。无奈之下蝈蝈向蚂蚁求助，蚂蚁说不劳动者不得食，说它们的粮食只够自己过冬。于是蝈蝈饿死了。老师要同学们学蚂蚁的勤奋负责，不学蝈蝈的贪玩懒惰。这时有一同学说：“我不学蚂蚁，蚂蚁不分食物给蝈蝈，不会帮助人。”另一同学说：“我要学蝈蝈，蝈蝈死了好，死了不用读书。”课堂顿时热闹起来。老师一时不知如何引导。

问题：如果你是班主任，该如何处理这个突发的问题？

案例04

周欢一向争强好胜，小学一直担任班长。升六年级以后，她的数学成绩明显落后了。有一次她批评某同学不交作业，那位同学说：“你先管好自己吧，你的数学成绩还不如我。”她听后闷闷不乐好几天。临近期中考试时，她得知数学老师出好的试题在电脑上，于是在老师离开办公室后，她悄悄进去偷看了试题，并对那位同学说：“我这次考试分数一定要比你高！”

问题：如果你是周欢的班主任，你将如何教育和帮助她？

案例05

四年级班主任李老师已有六年班级管理的经验，但对于学生互相“告状”（“打小报告”）问题，她仍然觉得是一件棘手的事情。每一个“打小报告”的同学都希望得到老师的赏识，都认为自己是出于正义，都是告别人的状。然而，“打小报告”必然引来同学不团结和关系紧张。

问题：作为班主任，应该怎样认识和对待小学生喜欢“告状”的现象？

案例06

三年级（1）班有一个大个子同学经常欺负一个小个子同学。小个子同学总想寻找机会报复大个子同学，无奈打、骂都不是对方的对手。一次，他看见大个子同学拿一支派克钢笔，对同学炫耀说是美国姨妈送的礼物。他乘大个子不注意之机，拿走了钢笔，并把它砸烂后埋在沙池里。大个子和他的父母强烈要求班主任和学校，以偷窃名义在全校公开批评小个子同学。两个同学情绪一直处于对立之中。

问题：作为班主任，你如何看待这一问题？准备如何处理这个事件？

案例07

一天下午，读六年级的小丽回家晚了，一进门就与妈妈发生冲突。“到哪里去了，这么晚才回来！”小丽回答说：“到同学家做作业了。”“做了什么作业，拿出来给我看！”小丽也没好气地说：“给你看？你又不懂，吵什么！”这时小丽接到表姐的电话聊了起来。妈妈说：“话还没交代清楚，接什么电话！”小丽摔下电话，说要与表姐去看表演，妈妈不许：“放学不回家，作业不完成，看什么表演！”小丽这时大叫道：“我在家里什么自由都没有，我不想待下去了！”说完离家出走。

问题：作为班主任，你如何帮助小丽与她妈妈？

案例08

一年级的陈浩新很聪明，但比较调皮，加上刚刚从以游戏活动为主的幼儿园生活一下子进入以书本学习为主的小学生活，一时还不是很习惯，因而课堂上常常违反纪律。一次，班主任为了维护班集体纪律而狠狠地批评了陈浩新，并告诉他，课堂要守纪律、在家一样要守纪律，不然，老师的眼睛什么时候都能够看到你。陈浩新在家三个晚上睡不着觉，总觉得老师的眼睛在盯着他。此后很长一段时间，他都不愿上学。

问题：你如何看待这位班主任的行为？打算如何帮助陈浩新同学？

案例09

小静在小学低年级时学习成绩一直不错，而且学得很轻松。可是，到了高年级以后，成绩变得平平。小静不甘心自己如此平庸，于是下定决心要刻苦学习提高成绩。可是，尽管她几乎把所有的时间都投入到学习上，却没有取得明显的进步。渐渐地，小静对自己失去了信心，感到学习压力越来越大，并且出现胸闷、心慌、两手冰凉、手心出汗、气喘不过来的现象。

问题：请你分析该现象原因并提出相应对策。

案例10

三年级第一学期期末考试时，小丽患了重感冒。为了不耽误考试，她仍来应试，由于身体不适、精神不振，再加上心情紧张，语文没考好，只得了63分。这给一贯成绩优秀的小丽当头一棒，并且其他科的考试成绩也不好。沉重的打击使小丽从此变得沉默寡言、悲观失望、精神萎靡，逐渐怕见老师和同学，后来干脆不去上学了。

问题：分析小丽变化的心理原因，并提出相应教育措施。

案例11

杨麟，聪明、好动、傲慢和散漫，学习较差，平时做事缺乏自觉性和条理，课堂上常常精神不集中，极少举手回答问题。

问题：如果你是班主任，你如何帮助他？

案例12

小范，小学五年级学生，生活自理能力差，每天在学校吃饭的饭盒总是脏兮兮的，书桌里永远是乱糟糟的。中午午睡的被子也很脏，而且不会叠被子，学校出去活动需要住一晚，他怎么都不肯去，原因是在外面睡觉，睡不习惯。

问题：如果你是班主任，你如何帮助小范？

案例13

六年级同学小黄，自幼与父亲不和，经常离家出走。有一次伙同社会青年盗窃，当场被公安抓获。

问题：如果你是班主任，你如何帮助小黄？

案例14

读小学三年级的浩浩自尊心很强，凡事都要比过小伙伴，没想到这次同学们比起了压岁钱，而浩浩却被比了下来。回家后，浩浩将心中的怨气告诉家长。家长陈女士也因此伤透了脑筋。陈女士说，每年春节，长辈们都给孩子100块钱压岁钱，而今年孩子却对100块撅起小嘴，为了哄孩子高兴，长辈们都加倍掏了腰包。

问题：请分析这种现象产生的原因，如果你是班主任，如何处理？

案例15

12岁的小占沉溺于网络游戏。为了上网，他竟改动学校作息时间欺骗父母，被发现后他竟然冲着父母大喊：“卖血也要上网”。

问题：如果你是班主任，你如何帮助小占？

案例16

在一次期中测验以后，班主任孙老师根据学生成绩的优劣、个子的高矮及半学期来各方面的表现，对部分学生的座位进行调换。原来坐第五排中间的男生王志，上课经常讲话或做小动作，影响他人学习，孙老师便打算把他调到前排，四周特意安排了一些女生，目的是在环境上对他实行“孤立”，使他的捣乱没有“市场”。

在宣布座位调换后，别的同学都立即行动，唯独王志纹丝不动。孙老师连喊几次，他竟然毫不理睬。班里几个顽皮生竟然也有点“幸灾乐祸”的味道，面对这尴尬局面，孙老师一怒之下，将王志连人带椅子拖出座位，命令他立即坐到新座位上去。可是当孙老师刚走回讲台，王志又气哼哼地在原座位上坐了下来。

问题：请你对王志的行为和孙老师的做法提出自己的见解和建议。

案例17

王老师正在上课，突然听到第三组的后面传来了游戏机的音乐声。王老师快步走到后面，低头发现是陆同学的游戏机发出的声音。王老师伸出手将陆同学的游戏机收了起来，一看还是一个插卡的高级游戏机。回到讲台后，王老师说：“老师收了就不还给你了，除非让你父母来拿。”陆同学回嘴说：“为什么收我的，其他人也有玩的，我只是不小心按了一下。”王老师听了这话就更生气了：“老师就收你的，算你运气不好，你回嘴，老师就把机子给砸了。”陆同学一听来气了，冲到讲台上把机子给抢回去，于是王老师硬把他手里的机子给抢回来。陆同学气得在座位上大吵大嚷起来，最后，王老师将陆同学罚站。

问题：请对王老师的行为进行评价并提出你的建议。

案例18

学生小马迟到了，班主任朱老师批评她几句，她觉得委屈，回家后哭着告诉妈妈说班主任对她不公平，故意针对她。小马的妈妈跑到学校找校长去告状。

问题：作为班主任，如何面对学生或家长投诉？

案例19

一位年轻班主任在工作总结时说：“我一直是个很认真的班主任。可是在一年的班主任工作中，我常被一些事情弄得气恼。好几次班里眼看就拿到流动红旗，却因为某个孩子的疏忽或恶意作乱，痛失机会。眼看全班一周的努力白费了，我忍不住就严厉批评，有时还会大声呵斥几句，希望通过这样的态度既教育这个孩子，也警告其他孩子，可效果往往达不到我的意愿。”

问题：这位班主任的问题出在哪里？遇到这种情况，你认为该如何处理？

案例20

两分钟预备铃刚响过，班主任周老师走进二年级（1）班教室上课，无意中发现地上有些纸屑。周老师边走边随口问了一句："是谁不注意，影响了教室里的环境？"话音刚落，不少小朋友就把目光集中到顽皮的小钟身上。

学生A："老师，纸片是小钟撕了丢的。"

小钟："瞎说，这些纸不是我丢的。"

学生B："我也看见了，就是小钟丢的。"

小钟："不是我丢的，就不是我丢的。"

这时教室里可热闹了，大家你一言，我一语，拉锯似地争论开了。

问题：如果你是班主任周老师，你怎么处理这种情形？

案例21

一同学在学校卫生检查团来检查时把纸团丢在墙角，结果卫生评比被扣了分，班主任很生气，批评这一同学说："你要是想丢也要等检查组检查完后才丢呀！"

问题：请对班主任的言行进行评价，你认为班主任应该怎么做才合适？

四、初中"情景答辩"题目

案例01

小林成绩平平，时常为此感到自卑，抬不起头做人。学习跳街舞后，发现自己有舞蹈天赋。他跳街舞时常常引来重重围观，并招来阵阵喝彩。他也代表学校参加有关比赛，并获得一等奖。小林因此找回了自信。但小林的父母却十分反对小林跳街舞，认为这是没有出息的表现，怕影响他学习。小林为此陷入新的烦恼之中。

问题：如果你是班主任，你如何关心和帮助小林摆脱烦恼？

案例02

目前，在不少中学生中存在这样的观念，以有异性朋友为荣，没有异性朋友为耻。甚至，个别同学为了在同学面前显示自己的能耐，以与异性交往来提高自己在同学中的地位。他们认为，能够与帅哥或靓女同学交往是件十分荣耀的事情，并以此来维护自己的"尊严"；有些同学还炫耀自己有众多追求者，认为有越多的异性朋友就越显示自己的魅力。

问题：作为班主任，你如何看待这些观念？如何引导学生进行正确的异性交往？

案例03

陈老师是个新任教师，第一次当班主任，初一时觉得全班同学学习挺用功，同学关系也很好，整体表现很不错。但升初二以后，同学们的情况发生了很大的变化，学业成绩优秀的同学变得更加自觉，而原来学习成绩不太理想和学习不太用功的同学变得越来越不努力学习。男女同学之间的关系变得也不如以前那么和谐了。陈老师花同样的时间但没有取得以前的效果，他感到困惑和不解。

问题：你认为陈老师的班级变化原因何在？在班级管理上你给他什么建议？

案例04

班上有个同学学习成绩比较差，经常破坏纪律，对班主任不礼貌，经常不服管教。一次，班主任控制不住自己的情绪说："你真是咱们班的害群之马，我怎么会遇上你这样的学生！你是烂泥永远也涂不上墙，你要是能学好，太阳就会从西边出来！"自此，这位同学处处与这位班主任作对。

问题：你如何分析这位同学和班主任的行为，请你给这位班主任一些建议。

案例05

王老师在初二（1）班上题为"助人为快乐之本"的主题班会，动员大家为希望工程捐款或捐物，以资助失学学生。这时一位同学站起来说："为什么要帮他们？凭什么帮他们？这是不劳而获。他们没钱，自己赚去！"这时，老师听到其他同学中有的叫好，有的大声说"非常同意"，有的在笑。显然，这一观点还有不少支持者。

问题：如果你是王老师，对此你有何看法和准备怎么做？

案例06

球场上，初三班男生正在打篮球。一帮高中男生走了过来，要和他们一起打，初中男生不愿意，继续打球。高中男生强行进入同一个场上打球，于是发生冲突，打起架来。自从这件事以后，两帮男生一见面就吵架，还经常打架。有一次，双方都打伤了对方几位同学。

问题：如果你是初三班主任，你如何看待和处理这件事？

案例07

一次考试后，本来年级成绩一直最好的班的平均分滑落到年级第三，同学们都很郁闷。一位同学打听到别班的老师在考试之前泄题，于是在班上传开了。同学们愤愤不平，并在校园网上发帖子议论此事，发泄情绪，并扬言要讨回公道。班长向班主任报告了此事。

问题：如果你是班主任，你会怎么看和怎么做？

案例08

临近中考，考试成为初三学生常交谈的话题：测查、考试这么频繁，老师每次都要求达到目标；家长也对考试极为关注，订出成绩目标；学生每天复习超过12小时，疲惫不堪，又怕复习不全面达不到目标，每天都处于焦虑之中，精神快崩溃了。

问题：作为班主任应如何帮助学生调适心态？

案例09

小学阶段，小王在一所普通学校上学，成绩很好，是老师和同学心目中的好学生。升入一所重点初中后，学习科目增加和学习任务加重，持续、高强度的学习压力，使他产生了严重的学习不适应感和厌学情绪。他变得厌倦学习，不愿看书和上课。他在日记中写道：“我每天学习、背书、做习题，要应付无穷无尽的考试卷子，每天过着刻板无聊的学习生活，活像一台机器，真还不如有一天让汽车撞死算了。”

问题：作为班主任，你准备采取什么措施来帮助小王？

案例10

姗姗是个活泼开朗的女孩，在她的生活中好像没有忧愁和烦恼，一切都自然而然地发生着，顺利地进行着：上学、读书、交朋友……她被很多人认为是“像小溪一样透明”。但是，自从上了中学，她思考的问题多起来了，她有时感觉自己很渺小，有时感觉自己很伟大，现在变得越来越迷惑了。

问题：姗姗为什么会出现这种现象？如何帮助她像从前一样生活、学习？

案例11

主题班会上，班主任正在谈中学生不宜谈恋爱的话题。班主任说，中学阶段的学生主要任务是学习，通过学习走向成熟，这时期谈恋爱会影响学习，妨碍成长。这时一位同学站起来说：“老师，我不同意你的观点。我看到有的同学谈恋爱并没有影响学习，成绩反而上升。”这时有部分同学也鼓掌支持这位发言的同学。

问题：如果你是该班主任，如何回答学生的问题，引导学生正确看待中学生恋爱问题？

案例12

初三学生小王的妈妈陈述说：女儿在生日前一天要求我答应帮忙一件事。她神神秘秘的做法让我觉得奇怪，没想到，她开口向我借三百元，说是明天生日，要到卡拉OK厅庆贺一下，大家都这样庆贺生日，她不回请同学就显得小气。还说，这是她第一次自己开生日会，第一次向我借钱，希望我不要让她失望。我的家庭并不富裕，孩子的要求让我有些为难。

问题：作为班主任，你如何回应小王妈妈？对这件事你打算怎么做？

案例13

扬扬突然夜不归宿，父母在网吧找到儿子时，他正在网络游戏“魔兽世界”中疯狂拼杀。无论怎么劝，扬扬都无动于衷，后来请网管断掉网线才迫使他回家。回家后，父母仍好言规劝，扬扬表示改过。但半夜又溜出去上网。此后，扬扬三天两头往网吧跑。随着技艺升级带来的自豪和虚荣，扬扬越来越着迷变网络游戏。因零花钱被冻结，扬扬竟将妈妈的首饰拿去变卖，甚至不吃不喝，也要玩游戏。

问题：作为班主任，你如何帮助扬扬？

案例 14

一位初三男生向班主任倾诉：每天学习很紧张，上完课回到家我想把绷了一天的神经放松一下，看看电视、听听音乐或上网玩玩游戏。可爸爸妈妈老在身边没完没了地念叨："不许听歌，""马上就要中考了，你还不抓紧时间复习，考不上重点高中看你以后怎么办？快复习功课。"若有同学来玩，父母更不高兴，说是太浪费时间了。要是有女同学来找我，他们的脸色就更难看。总之我的一举一动，只要是与学习无关的，都要受到他们的干涉。没有一点自由，做人真没有意思。

问题：作为班主任，你如何帮助这位男生？你会给其家长什么建议？

案例 15

家长向老师诉苦：一天早上，她向读初二的女儿说："不要总是单独与陈杰（同班男生）上学和回家，要与更多的同学交往，已经有人有看法了。我很担心影响到你的学习。"没想到话音未落，女儿顶撞说："是你有看法吧！平时老是竖起耳朵偷听我与同学谈话。我喜欢与谁交往就与谁交往，这又不违法。"于是，发生了很不愉快的冲突。

问题：作为班主任，你如何帮助这位家长解决母女冲突的问题。

案例 16

班主任李老师正在给学生上青春期教育课，但由于照本宣科，同学们似乎并不感兴趣。她发现有两个学生低着头兴致勃勃地在玩什么东西，便走了过去把他们正玩的东西拿了过来。一看，是安全套。周围的同学笑了起来。

问题：如果你是李老师，你如何妥善处理青春期教育课上的这个问题？

案例 17

初二学生小王，学习成绩中等，性格倔强，自尊心特强，是一个很典型的青春期叛逆型的学生。他经常和老师发生冲突、顶撞，对老师的批评有很强的抵触情绪。你越是反对的事情，他就越和你对着干；你越是批评他，他越是不服气甚至顶撞你。

问题：面对小王这样的学生，作为班主任，应该如何去帮助他呢？

案例 18

初三学生小赵本是个热爱集体活动的孩子，但学习成绩一般。父母担心影响孩子中考，强令他不要再参加学校组织的社会实践活动。班主任李老师打电话告诉小赵家长，希望小赵能参加社会实践活动时，家长以孩子身体欠佳为借口拒绝了。小赵因此渐渐对集体活动失去了兴趣，学习上依然没有进步。从此，李老师不再与家长联系。一次，小赵家长打电话抱怨说学校对孩子关心不够，学习没有进步。李老师冷冷地说，小赵出现的问题都是由于家长造成的。现小赵家长与李老师处于矛盾之中。

问题：请你分析李老师和小赵家长矛盾的原因，并给李老师适当的建议。

案例19

一位班主任，在课堂上看见学生又在上课时睡着了，而且走到这位同学身边他也没发觉，于是就对着他大声说道："下课了！"结果引起了全班同学的哄堂大笑。但这位学生居然满不在乎地又趴在桌子上，班主任生气地说："你就像猪一样，只知道睡！"让大家意想不到的是，这位学生大声地吼道："我像猪，但你是猪！"师生陷入敌对状态。

问题：你给这位班主任什么建议以化解他们之间的敌对状态？

案例20

一天，班主任苏老师上课时，发现讲台上有一张折起来的小纸条，上面有几个字：苏老师收。苏老师打开纸条，看到这样一段话：

苏老师，你以为当老师的就可以压服学生吗？你高昂着头，铁青着脸，像个活阎王，但是，你以为我们会怕你吗？

你最讨厌的、等待你处罚的学生

问题：如果你是苏老师，你该如何处理这封匿名信？

案例21

班主任发现，本来性格活泼的小宾进入初三后变得沉默起来，请假次数也明显增多。与小宾谈话后了解到，原来小宾发现自己进入初三后声音变得低沉沙哑了，脸上也长满青春痘。他觉得自己变丑了，感到很窘迫。因而很少说话，很少与人交往，甚至也不愿意回学校上学。

问题：小宾到底出了什么问题？作为班主任，你如何帮助他？

五、高中"情景答辩"题目

案例01

高考复习期间，不少同学感到压力很大，尤其是"一模"后，由于整体成绩不太理想，同学们压力更大了，以致不少同学复习效果下降、失眠、内分泌失调，等等。有的同学开玩笑说："老师，压力太大了，能不能用谈恋爱的方式减轻压力？"

问题：作为班主任，你如何回答同学的问题和为同学减压？

案例02

一男生喜欢上班里一女生，每天送女生回家，然后再回自己的家。几次后女生不愿意其护送，但男生坚持当“护花使者”。女生找来另一低年级的男孩帮忙支开护送的男生，于是男生与男孩发生了冲突——吵架和打架。

问题：作为班主任，你如何看待和处理这一事件？

案例03

高三女生小雪喜欢上班里一位男生，可这位男生却对另一位女生更好。阿雪既失望又嫉妒。一次在网上遇到一位男网友，她感到他的一些特点很像她暗恋的男生，于是天天上网与他聊天，并认为男网友对她有爱意，就这样她在虚拟空间里补偿在现实生活中得不到的情感。后来，小雪得知男网友已经有女朋友了，她一时无法面对现实，情绪极度低落并不愿上学。

问题：作为班主任，你如何帮助小雪？

案例04

一次考试后，本来年级成绩一直最好的班的平均分滑落到年级第三，同学们都很郁闷。一位同学打听到别班的老师在考试之前泄题，于是在班上传开此事。同学们愤愤不平，在校园网上发帖子议论此事，发泄情绪，并扬言要讨回公道。班长向班主任报告了此事。

问题：作为班主任，你怎么看待和引导这件事？

案例05

新任班主任李老师接手管理一个班。一天上自习课，几个同学在吵闹。他努力维持纪律，渐渐地大部分同学安静了下来，只有同学B在大声喧哗，李老师走过去叫他安静，同学B不但不听还大声顶撞老师。李老师气愤地伸手要将B同学按回座位，这时，他转念一想，迅速把伸出去的手收了回来。但这一刻已被一位同学用手机拍了下来，并给B同学的家长看。家长扬言要向电视台投诉老师打学生。

问题：你认为李老师该如何对待和处理这一事件？

案例06

小崔同学从小天资聪慧，连续跳了几级，13岁便念高一，被老师同学视为“小神童”。高一上学期期末考试前，她患重感冒，连续发了几天高烧。高烧一退，她就带着药片上了考场。成绩排名从全班第1名下降至第18名。这次打击对她来说太沉重了。整个寒假，她都郁郁寡欢，食欲不振，体重一下子减轻了12斤。又开学了，她无心听课，不是喊头痛，就是嚷恶心，一星期要请两三天假。父母带她去医院做全身检查，却未发现任何异常。

问题：请分析小崔同学为什么会出现这样的问题？如何帮助她？

案例07

高中二年级女生小杜，个性内向，平时沉默寡言。父母离异后生活在单亲家庭的她，变得更加郁郁寡欢，渐渐疏于与人交往和不愿见人。后来发展到不愿意回学校上学，常常把自己反锁在家里，不上学，不说话，逃避别人。

问题：请分析此个案并提出帮助小杜的措施。

案例08

"我总是莫名地烦恼。现在上高一，学习压力大。虽然我成绩不错，今年顺利地考进了好学校，但是现在，我对未来真的很迷茫。上课时总是走神，每天的心情都很差，学不进去。而且，平时只要有一点不顺心的事我就会格外计较，很烦。每天都处于焦虑之中，我真是快崩溃了。"

问题：试分析这个学生烦恼的原因，并提出相应的教育措施。

案例09

小雅以优异成绩考入高中，她的愿望是将来做一名出色的服装设计师，爸爸妈妈都很支持她，她也对自己未来的生活满怀憧憬，希望自己将来成为像夏耐尔那样的国际著名时装设计师。然而，好玩、喜欢结交朋友的小雅，一次在一个舞会上，经受不了朋友的诱惑，试食了摇头丸，自此不能自拔。

问题：试分析小雅出现这种情况的原因，作为老师，如何帮助她？

案例10

学生小苏初中学习成绩不错，考上高中后，放松了对自己的要求，经常与几个网友一起上网，疏于学习。在多次被父母责备、与父母顶撞后，他与同学在外租房住，整天沉溺于上网而不能自拔，学习成绩因此一落千丈。进入高三时成绩已从全年级560名学生的前29名下降至倒数第29名。

问题：作为班主任，你如何帮助这位学生？

案例11

一位学生自我陈述说：我是高一的学生，我们快要分科了，我的同学都认为学理科最有前途，学文科没出息，我不知道这是不是一种偏见。我的理科成绩不太好，我不知道该怎么办！我很矛盾，担心这会影响我以后的人生道路！

问题：请你分析该生的心理矛盾并帮助他化解这种矛盾。

案例12

记者走访了市区的几所名牌中学，发现许多学生都在追求穿名牌、赶时髦、用高档用品，并且相互攀比。不少同学说，现在生活水平提高了，这是理所当然的事，算不上奢侈。

问题：作为班主任，如何看待这种现象和应作何引导？

案例 13

一个很帅气的男生，平时学习成绩不错，对班里的事很关心，性格开朗，同学们很喜欢他。班上的一个女生连续给他写了两封表达爱慕之情的信。第一封主要说她的感情，该男生虽诧异，但并没在意，心想只要自己置之不理，她就会知难而退。第二封信她约他周末在某处见面。该男生不知所措，他不想在求学阶段考虑感情问题，但又不知怎样做才好。

问题：作为班主任，你打算如何对待此事？

案例 14

高一年级班主任，平时作风比较民主，在担任这个班级的语文教学时，很注意采用启发式，重视培养学生发散性思维和好问精神。这个班学生在课堂上思维较活跃。但政治课老师却反映这个班的学生上课纪律差、乱说乱动、不遵守课堂纪律。学生对这种指责接受不了，师生间产生了强烈的对立情绪。

问题：如果你是这个班的班主任，你将如何化解政治课科任老师和学生的情绪对立问题？

案例 15

有个同学初中时学习成绩很不错，因为中考一时失误，没考上理想的高中。来到现在的学校后，情绪一直比较低落，学习不太努力，成绩也不太理想。

问题：作为班主任，你准备如何帮助这个同学？

案例 16

××中学升学率在 45% 左右。高二分班后，杨老师接的班是一个中级水平以下的班。同学们大都感到升学无望，前途渺茫，因而学习不起劲，得过且过。

问题：作为班主任，你如何激发学生的学习积极性？

案例 17

29 岁的孙老师 5 年前大学毕业后到一所中学任语文教师，工作认真负责，受到领导和同事的赞扬。去年 9 月，他担任高一年级一个班的班主任，以高度责任感全身心投入工作，平时从早上的早读课开始他就到班检查，中午还经常跟班上学生坐在一起吃饭、聊天，晚上也要等学生全部回家后自己才回家，遇到事情总要对学生千叮咛万嘱咐。但前几天下课时，他刚从办公室出来，走到走廊与教室门口的拐角处时，听见两个班上的学生正在聊天：“孙老师也太啰嗦了，就扫地的小事跟我讲了 3 遍，活像个老年人!”“你还不知道啊，我们都叫他‘孙爷爷’。”

问题：如果你是孙老师，你如何对待这些学生的议论？

案例 18

学生刘宾的行为很令老师头疼：撒谎不用说，违纪更是家常便饭，一天不犯错误罕见，天天犯错误平常。不少老师说到他时都说：“就他能出息？除非太阳从西边出来！”老师的评价经常传到刘宾耳里。在刘宾和家长的强烈请求下，他转到王老师的班来，并表现出一定的积极性，还主动竞选班干部。

问题：如果你是王老师，你如何看待这件事？

案例19

球场上，初中男生正在打篮球。一帮高中男生走了过来，要和他们一起打，初中男生不愿意，继续打球。高中男生强行进入同一个场上打球，于是发生冲突，打起架来。自从这件事以后，两帮男生一见面就吵起来，经常打架，有一次还打伤了几位同学。

问题：如果你是高中班主任，你如何看待和处理这件事？

案例20

一位高三女生向班主任倾诉：高三的课程很紧，每天上完课回到家，我想把绷了一天的神经放松放松，看看电视、听听音乐或上上网、打打游戏。可爸爸妈妈老在我身边没完没了地念叨：“还有时间听歌？”“你不抓紧时间学习，考不上大学看你以后怎么办？”“快复习功课！”若有同学来玩，父母也不高兴，说是太浪费时间了。要是有男同学来找我，他们的脸色更难看。总之我的一举一动，只要是与学习无关的，都要受到他们的干涉。我感到很烦，没有一点自由。

问题：如果你是班主任，你将采取什么措施处理这一个案？

案例21

主题班会上，班主任正在谈中学生不宜谈恋爱的话题。班主任说，中学阶段的人生主题是通过学习走向成熟，这时期谈恋爱会影响学习，妨碍成长。这时一位同学站起来说：“老师，我不同意你的观点。我看到有的同学谈恋爱并没有影响学习，成绩反而上升。”这时有部分同学也鼓掌支持这位发言的同学。

问题：作为班主任，你如何回应、引导这位同学和部分支持的同学？

案例22

班主任李老师正在给学生上青春期教育课，但由于照本宣科，同学们似乎并不感兴趣。她发现有两个学生低着头兴致勃勃地在玩什么东西，便走了过去把他们正玩的东西拿了过来。一看，是安全套。周围的同学笑了起来。

问题：如果你是李老师，你如何妥善处理青春期教育课上的这个问题？

六、班会课或班集体活动设计背景材料

（一）高中

1. 在信息开放与多元化的社会，因主流文化和非主流文化并存而更加丰富多彩，中学生也因此接触到各种各样不同的社会文化和思想观点。一方面，这

使他们知识面更广、思维更活跃；另一方面，由于社会阅历和是非判断能力所限，他们很容易受鱼龙混杂的非主流文化的负面影响。据调查，当前中学生对"个人主义"、"自我中心"、"金钱至上"、"人人为自己，上帝为大家"、"及时行乐"等西方价值观较为认同，因此也出现了一些行为偏差现象。请针对此现象设计主题班会或班集体活动，引导学生正确看待非主流文化和学会价值选择。

2. 小王在家经常高谈阔论，对社会现象发表自己的独到见解，但常常因与爸爸的见解不一致而争论不休。高中生已经形成了自己的独立个性与主见，但由于受经验所限，思考和看待问题往往容易偏激。请针对这种现象设计主题班会课或班集体活动，以帮助高中生养成倾听和尊重别人的意见、独立而全面地思考问题的态度和习惯。

3. 经常听到中学生说"真烦"、"真闷"。追求幸福是人的天性，然而什么是幸福？幸福又在哪里？请根据中学生既憧憬幸福，又为学习、生活琐事而烦恼的情况，设计主题班会课或班集体活动，以帮助和引导同学们逐渐形成正确的幸福观。

4. 高考复习期间，不少同学因面临考试而焦虑加剧。有的同学因测试成绩不理想而泄气，或因担心和紧张而失眠，内分泌失调，学习分心，或因情绪焦虑动不动就对家人、同学发脾气；有的同学为求平安过关而求神拜佛，甚至有的同学半认真半开玩笑地说"老师，能不能用谈恋爱方式减轻压力"，等等。可见，考试焦虑不仅影响复习、考试效果，同时也影响了身心健康和同学关系。请针对高三学生应试心理特点，设计主题班会课或班集体活动，以帮助学生调适考试心理和应考状态。

5. 青少年有崇拜偶像的心理，不同时代有不同时代的偶像。06"超女"，07"快男"，成为风靡大江南北数以百万计中学生的新偶像。据调查，学习成绩优秀的学生崇拜偶像比例远高于成绩一般学生。中国青少年崇拜电脑王子比尔·盖茨，美国青少年迷恋流行歌星布兰妮。偶像令人神往而产生积极向上精神，偶像也让人狂热而导致失去理性。请就当前中学生崇拜偶像的现象和心理特点，设计主题班会课或班集体活动，以引导他们形成健康向上的偶像心理。

6. 情人节，班上有几个女同学收到了象征爱情的玫瑰花。是友谊的使者还是爱情的表达？内心泛起一阵激动的涟漪之后，她们陷入深深的遐想与困扰之中。友谊和爱情，多么令人向往却又敏感的字眼，常常让青春期的男孩女孩有一种"剪不断理还乱"的感觉，分不清友谊、友情和爱情的界限，导致许多认知、情绪与人际交往上的困扰。请据此设计主题班会课或班集体活动，以引导青少年学生形成正确的友谊观，走出情感的困扰和交往的误区。

7. 班里考试作弊问题屡禁不止，开始是学习后进的同学，后来学习好的同学也作弊。这些同学说，学习努力不作弊得到的成绩，不如不学习而作弊的同学得到的分数高；人人作弊我不作弊很吃亏，不作弊得不到好成绩，没面子，回家会被责骂。考试作弊是纪律问题？诚信问题？自尊心问题？请针对中学生考试作弊现象设计主题班会课或班集体活动。

8. 中学生恋爱现象越来越普遍以及由此导致的种种问题，如学习滑坡、未婚妈妈等，令老师和家长十分忧虑。调查显示，未婚青年的性行为急剧增多，并呈低龄化趋势，在人工流产的总人数中，青少年约占四分之一。专家认为，性知识缺乏是引发少女早孕现象的重要原因。传统的性教育主要强调中学生的主要任务是学习，早恋影响学习。但简单的说理效果甚微。“女生比男生主动”、“专一异性朋友不等于早恋”、“恋爱是自己的事情，成年人不应该过分干涉”，当前中学生恋爱现象中出现了许多新情况、新问题。请针对上述情况设计主题班会课或班集体活动。

9. 上网已经成为中学生一种经常性的课余生活内容。上网可以使学生获得更多的信息和更丰富的知识，但也会使人沉溺于虚拟世界而荒废学业、危害身心健康等。最近，班上就有几个同学在网恋或玩网婚游戏，更多的同学则沉迷于网聊，影响了学习、生活和身心健康。暑假期间，中学生沉迷网络问题更为突出。但对于上网利与弊问题，学生与家长及老师有不同的见解，学生不太赞成成人的弊大于利的说法。请针对这些现象设计主题班会课或班集体活动，以引导中学生正确认识网络，合理使用网络。

10. 新加坡前领导人李光耀说过，中国要在21世纪有所成就，取决于三个条件：下一代有没有信念，有没有责任感，能不能实现廉正。以前90%的学生为振兴中华而读书，现在90%的学生为自己和回报父母而读书，学习的社会性理想和责任感明显下降。不少中学生甚至“两耳不闻窗外事，一心只读教科书”，缺乏应有的社会责任感和理想抱负，缺乏人生规划的自主意识和能力，一切听从长辈的安排。请针对此现象设计主题班会课或班集体活动。

11. 中学生喜欢参加同辈群体性娱乐活动。一次，小林与一班同龄朋友参加同学的生日迪士高舞会，休息时，有一同学把一颗小丸子递给他，说试一试保证你跳得更 high，在好奇心和认为试一试不要紧的心态驱使下，小林一试成瘾。有数据显示，在校中学生吸食软性毒品成瘾者呈上升趋势，拒绝毒品教育成为当务之急。请针对此种现象设计主题班会课或班集体活动。

12. 建设学习型社会，呼唤学习型家庭、学习型班集体创建活动。班级是学校教育和学生集体学习和生活的基本单位，班级的本义是学习型班集体。学习型班集体建设有带动学习型家庭建设和促进亲子互动交流的意义。请就学习型班集体形成发展问题设计主题班会课或班集体活动，激励同学们积极营造一个奋发向上的学习型班集体。

13. 高三“一模”考试，部分学生成绩不理想，其中两名原来成绩排位前一、二名的同学，因不能承受成绩下滑到十名以外的打击而离家出走。不少学生在面对学习、生活、交往等挫折时常采取放弃、逃避、消沉，甚至自杀的态度和行为方式，这不利于身心健康和个人发展。请以如何面对挫折和提升逆境智商为主要内容设计主题班会课或班集体活动。

14. 近年来，校园暴力、团伙斗殴、人际纠纷、攻击性行为等事件常有发生，成为和谐环境与安全校园中的不和谐与不安定因素。除了暴力文化影响和社会帮派势力渗透等因素以外，很大程度上与学生非正式群体和人际矛盾处理能力有关。平时，有些同学也经常因为一点小事吵架或者打架，班里其他同学之间也经常有这样或那样的矛盾。请针对此问题设计主题班会课或班集体活动，帮助和引导学生学会妥善处理人际矛盾和化解人际纠纷。

15. 正义感是一种社会公德，是促进社会公平的社会心理基础。对于中学生来说，自觉维护正义与公平更是一种社会道德良知和作为一个社会公民的做人责任。遗憾的是，由于明哲保身等社会风气和家庭教育的影响，当前青少年的正义感有退化和失落的趋向。不少学生面对一些需要有人敢于站出来伸张或维护正义的场合，不是懦弱回避，就是袖手旁观，表现出不应该有的社会冷漠。社会和谐与公平呼唤正义感的回归，中学生正义感的形成需要激发和教育。请以中学生正义感问题设计主题班会课或班集体活动。

16. 资料显示，在我国青少年死亡的各种原因中，排在第一位的就是自杀。中小学生不堪各种压力而轻生的新闻屡见不鲜。珍惜生命、尊重生命、爱护生命，把握生命中的每一天，充分发挥生命的价值是现代青少年教育的一个重要内容。设计生命教育的主题班会课或班集体活动，引导中学生爱惜生命，握好人生画笔，描绘绚丽人生。

17. 据调查，在十字路口能自觉遵守交通红绿灯法规的比例，高中生低于初中生，初中生低于小学生。违反红绿灯交通规则、群体斗殴、破坏公物，等等，对于大部分高中学生来说，主要不是没有法律常识，而是缺乏法律意识和没有养成相应的遵纪守法行为习惯。请根据中学生的年龄特点，设计主题班会课或班集体活动，引导和帮助中学生养成学法、懂法、用法的意识和行为习惯。

18. 关怀同情弱者，关爱和帮助处于困境甚至危难中的生命。这是一种基本人性，更是一种博爱美德。在世界每一个角落，在我们每一个人身边，到处都有需要帮助的人和事。与人为善、助人为乐、奉献爱心、相互支持，是建设和谐社会的需要，世界也会因此而美好。然而，在许多场合，面对需要帮助的情景而无动于衷的现象到处可见。人们在感叹雷锋精神失落的同时，心底下在强烈地呼唤它的回归。请以此设计主题班会课或班集体活动。

19. 当我们问一些学生“你将来想做什么？”时，很多学生都流露出茫然的表情：“我也不清楚要做什么，甚至我将要走一条什么样的路都不清楚，反正父母会给我安排。”不清楚自己的人生目标是什么，更不知道如何规划自己的未来，只是被动地等待父母或命运安排自己的未来，这是不少中学生的现状。请据此设计主题班会课或班集体活动。

20. 爱国是每一个公民最大的社会道德责任。中学生生长在和平年代和国际化背景之中，没有体验，很难理解中华民族曾受过的被侵略的苦难，也很难体会国家不统一的感受。在新的社会环境条件下，如何帮助中学生树立爱国主义精神，激发爱国、爱家乡情怀，为振兴中华而奋发学习，是思想道德教育的重要课题。请在“九·一八”事变纪念日设计相关主题班会课或班集体活动，对学生进行富有体验性的爱国主义情感教育。

21. 随着观念的开放和电子信息工具的普及，当代中学生的交友范围正在逐步扩大，从同学、同龄人、熟悉的人扩展到社会青年、长辈、笔（网）友，甚至陌生人等。中学生交友范围扩大化，一方面有利于促进他们的社会化进程，另一方面也存在值得注意的问题，诸如结交损友、误入不良团伙等。如何正确交友成为影响中学生身心健康发展的重要内容。请根据这一现实情况设计主题班会课或班集体活动。

22. 由于生活的富裕化，当前不少中学生在家不知节俭，浪费现象严重，而且不断要求家长买最好的物品。同学之间不同程度地存在比衣着，尤其是名牌运动鞋，比高级用品等超前高消费攀比现象，甚至一些低收入的离岗、下岗家庭的学生也不例外。对这些不顾家庭负担，到了高中甚至大学以后，仍然只知道向父母伸手要求买品牌消费品的孩子，人们戏称之为“啃老族”。请针对上述现象设计主题班会课或班集体活动，引导学生形成合理消费观念和养成勤劳节俭的良好行为品德。

（二）初中

1. 人生不如意事十之八九。当代青少年大多在被关注、呵护的顺境中长大，外表开心快乐，自认为无所不能，事实上心理很脆弱，耐挫力甚差。特别是听惯了“真棒！”“真能干！”之类的赞扬声，很少经历挫折和磨难，听不得批评、受不了委屈，一旦面对考试失利、老师批评、朋友误会、愿望没有实现等逆境，他们心理上就无法承受。人们戏称为“鸡蛋壳心理”或“草莓族”。请针对上述现象设计主题班会课或班集体活动，以提升学生的逆境智能，促进心理健康发展。

2. 亲子交流情况不仅影响亲子关系，还影响学生心理健康。许多家长反映，孩子上了初中之后，亲子沟通出现了障碍，跟父母说话越来越少，与父母顶撞或对着干的情形越来越多，心里话不愿意跟父母讲。家长因为不知道孩子想什么、需要什么和如何与孩子沟通，显得十分担心和忧虑。请你根据这一现象设计主题班会课或班集体活动，促进亲子交流和沟通。

3. 近年来，校园暴力、团伙斗殴、人际纠纷、攻击性行为等事件常有发生，一些学生缺乏辨别能力，羡慕甚至仿效警匪片里的黑老大生活，拉帮结派，打架勒索，甚至走上违法犯罪的道路。这成为和谐环境与安全校园中的不和谐与不安定因素。除了暴力文化影响和社会帮派势力渗透等因素以外，很大程度上与学生非正式群体和人际矛盾处理能力有关。平时，有些同学也经常因为一点小事吵架或者打架，班里其他同学之间也经常有这样或那样的矛盾。请针对此问题设计主题班会课或班集体活动，帮助和引导学生妥善处理人际矛盾和化解人际纠纷。

4. 由于生活的富裕化，当前不少中学生在家不知节俭，浪费现象严重，而且不断要求家长买最好的物品。同学之间形成攀比之风，比着穿名牌尤其是名牌运动鞋、比着过生日谁办得阔气等，甚至一些低收入的离岗、下岗家庭的学生也不例外。请针对上述现象设计主题班会课或班集体活动，引导学生形成合理消费观念和养成勤劳节俭的良好行为品德。

5. 当前，在追求时尚的青少年中掀起了一股不小的星座旋风。星座运程、星座算命、星座情缘，这是幼稚的迷信现象？从众心理？时尚行为？还是一种信仰危机？据调查，青少年信仰宗教、上帝的比例远高于信仰马克思主义和共产主义。现实中，不少青少年遇到困扰或挫折首先想到的是求神拜佛或求上帝保佑。请你针对这种现象设计主题班会课或班集体活动。

6. 关怀同情弱者，关爱和帮助处于困境甚至危难中的人，是一种基本人性，更是一种博爱美德。在世界每一个角落，在我们每一个人身边，到处都有需要帮助的人和事。与人为善、助人为乐、奉献爱心、相互支持，是建设和谐社会的需要，世界也会因此而美好。然而，在许多场合，面对需要帮助的情景无动于衷的现象到处可见。人们在感叹雷锋精神失落的同时，心底下在强烈地呼唤它的回归。请以此设计主题班会课或班集体活动。

7. 20世纪90年代以前，中学生喜欢阅读言情武打小说；90年代以来，中学生喜欢卡通动漫故事和时尚流行杂志；认真阅读名著的比例很低，不足10%；学生玩电子游戏、上网聊天、看电视、听音乐的时间均比阅读多。青少年阅读退化现象十分明显。阅读是学习的基本方式，是中国人聪明与智慧的根源，阅读退化是民族基础文化素质沙化的危机信号。请针对青少年阅读退化现象设计主题班会课或班集体活动。

8. 中学生恋爱现象越来越普遍以及由此导致的种种问题，如学习滑坡、未婚妈妈等，令老师和家长十分忧虑。调查显示，未婚青年的性行为急剧增多，并呈低龄化趋势，在人工流产的总人数中，青少年约占四分之一。专家认为，性知识缺乏是引发少女早孕现象的重要原因。传统的性教育主要强调中学生的主要任务是学习，早恋影响学习。但简单的说理效果甚微。“女生比男生主动”、“专一异性朋友不等于早恋”、“恋爱是自己的事情，成年人不应该过分干涉”，当前中学生恋爱现象中出现了许多新情况、新问题。请针对上述情况设计主题班会课或班集体活动。

9. 当前，有部分学生只知道接受父母的爱，认为父母对自己的给予是理所当然的事，却不知道为人子女也应该关心父母、理解父母、体谅父母和回报亲情。在家庭生活中，不少学生存在对父母不尊重、不礼貌的言行，并习以为常地形成了个性习惯。这不仅是一种亲情与家庭道德问题，也是情绪智能方面的问题，影响今后的家庭生活和社会生活。在“母亲节”到来之际，请针对此种现象设计主题班会课或班集体活动。

10. 时间，对于一些人来说总感觉不够用，所以总是争分夺秒，但对于另一些人来说却是感觉很充裕，所以总是虚度时光或是对时间进行无计划地分配。这是目前在学生群体中普遍出现的现象。学习效果与时间管理观念和能力有关。不少初中生仍然缺乏这方面的意识和能力。请根据这一现象设计主题班会课或班集体活动，以培养学生对自己时间的管理。

11. 中考复习期间，不少同学因面临考试而焦虑加剧。惧怕考试或怯场在学生中是一种较普遍现象。怯场是考试的大敌，它严重地妨碍正常表达知识、发挥水平，不仅影响复习、考试效果，同时也影响了身心健康，甚至，不少学生因此形成恶性循环。请针对初中考试心理特点，设计主题班会课或班集体活动，以帮助学生调适考试心理状态。

12. 学生中不文明、不礼貌现象屡见不鲜：公众场所大声喧哗，男女同学搂抱亲热；随口说脏话，动不动就骂人；当面无理顶撞父母，背后辱骂老师或给老师起“花名”，等等。这不仅影响了班级良好风气的形成，对学生良好品质的形成也产生了不良影响。针对这些现象设计主题班会课或班集体活动，引导学生自觉养成文明习惯。

13. 资料显示，在我国青少年死亡的各种原因中，排在第一位的就是自杀。中小学生不堪各种压力而轻生的新闻屡见不鲜。珍惜生命、尊重生命、爱护生命，把握生命中的每一天，充分发挥生命的价值是现代青少年教育的一个重要内容。设计生命教育的主题班会课或班集体活动，让学生认识生命的价值，引导中学生爱惜生命。

14. 爱国、爱家乡是每一个人社会道德责任。中学生生长在和平年代和国际化背景之中，没有体验，很难理解中华民族曾受过的被侵略的苦难，也很难体会国家不统一的感受，对家乡，尤其是不太富裕的家乡缺乏感情。在新的社会环境条件下，如何帮助中学生树立爱国主义精神，激发爱国、爱家乡情怀，为振兴中华而奋发学习，是思想道德教育的重要课题。请据此设计主题班会课或班集体活动，对学生进行富有体验性的爱国、爱家乡情感教育。

15. 上网已经成为中学生一种经常性的课余生活内容。班上有几个同学在网恋或玩网婚游戏，更多的同学则沉迷于网聊，影响了学习、生活和身心健康。但对于上网利与弊问题，学生与家长及老师有不同的见解，学生不太赞同成人的弊大于利的说法。请针对这些现象设计主题班会课或班集体活动。

16. 当代中学生的交友范围正在逐步扩大，从同学、同龄人、熟悉的人扩展到社会青年、长辈、笔（网）友，甚至陌生人等。中学生交友范围扩大化，一方面有利于促进他们的社会化进程，另一方面也存在值得注意的问题，诸如结交损友、误入不良团伙等。如何正确交友成为影响中学生身心健康发展的重要内容。请根据这一现实情况设计主题班会课或班集体活动。

17. 初中学生，自我意识伴随着身体发育和成人感增强不断发展，自我认识、自我态度、自我评价等方面的品质逐步提高。但是，由于心理发展成熟程度相对滞后，自我意识发展也存在不少问题：以自我为中心，与父母、老师、同学关系紧张，遇事易偏激，不能坦然接受别人的批评和承认自身的不足。请据此设计主题班会或集体活动，引导学生的自我意识向积极方向发展，帮助学生认识自我、发展自我，超越自我。

18. 青少年有崇拜偶像的心理，不同时代有不同时代的偶像。06“超女”，07“快男”，成为风靡大江南北数以百万计中学生的新偶像。中国青少年崇拜电脑王子比尔·盖茨，美国青少年迷恋流行歌星布兰妮。偶像令人神往而产生积极向上精神，偶像也让人狂热而导致失去理性。一些学生甚至除了“超女”、“快男”类选秀节目外，对什么都不感兴趣。请就当前中学生崇拜偶像的现象和心理特点，设计主题班会课或班集体活动，以引导他们形成健康向上的偶像心理。

19. 中学生喜欢参加同辈群体性娱乐活动。一次，小林与一班同龄朋友参加同学的生日迪士高舞会，休息时，有一同学把一颗小丸子递给他，说试一试保证你跳得更 high，在好奇心和认为试一试不要紧心态的驱使下，小林一试成瘾。毒品对人的危害很大，教育和引导学生远离毒品，提高拒毒防毒意识，塑造美好人生是教育者的责任。有数据显示，在校中学生吸食软性毒品成瘾者呈上升趋势，拒绝毒品教育成为当务之急。请针对此种现象设计主题班会课或班集体活动。

（三）小学

1. 如果要问孩子：你们什么时候感到最快乐？孩子们大都会说生日时得到礼物最快乐。得到希望的东西，如得到别人的关心和帮助时最快乐，往往缺乏关心他人、服务他人的意识和习惯，容易养成以自我为中心、自私自利的毛病。请针对这种现象设计主题班会课或班集体活动。

2. 近年来，小学生被绑架、被勒索事件时有发生。由于年龄小，遇到这类事情时小学生往往不知道如何面对。因此，学会在危急情况下冷静应对危机和掌握一些自救自助的方式方法十分必要。请你针对这种现象设计主题班会课或班集体活动。

3. 时下，不少小学生喜欢通过上网与同学朋友进行 QQ 交流或玩 QQ 游戏等。面对日益兴起的 QQ 文化现象及其影响，不少小学生家长对孩子上 QQ 聊天持担心或不赞成态度，担心影响孩子学习或孩子结交上不好的朋友。请你针对这种现象设计主题班会课或班集体活动。

4. 一些同学还没有形成主动做作业的习惯，父母在家问到作业时，有些同学还骗家长说在学校做完了，老师要求交，他们又说作业搁在家里了。请你针对这种现象设计主题班会课或班集体活动。

5. 许多同学都把影星、歌星、体育明星，甚至“超女”、“快男”当作自己的偶像，经常收集有关偶像的材料，模仿偶像的打扮，还互相比较哪个偶像更好。请你针对这种现象设计主题班会课或班集体活动。

6. 许多同学经常在一起吹嘘自己的亲人多么有本事，谁的父母做的官有多大，谁的父母有钱，等等。请你针对这种现象设计主题班会课或班集体活动。

7. 实行小红花奖励后，老师发现有同学用各种手段争取得到红花。令老师担忧的有：从家里带来钱交给老师，说是拣到的；偷听其他小组的讨论结果，作为自己小组的讨论答案等。请针对该现象设计一主题班会课或班集体活动。

8. 班里有几位同学年龄较小，又不善言语，有一些同学看不起他们，不与他们交往，有几位“小头目”还经常取笑甚至打骂他们。请你针对这种现象设计主题班会课或班集体活动。

9. 班上有不少同学喜欢看卡通漫画故事、玩电子游戏，尤其是暴力、刺激、恐怖的游戏，有的同学还沉湎其中，影响正常学习和健康。请针对该现象设计主题班会课或班集体活动。

10. 近来经常出现有同学丢东西的问题，老师还发现，丢了文具的同学又不分青红皂白拿别的同学的文具为己用，一时间告状东西被偷的事件频频发生。请针对该现象设计主题班会课或班集体活动。

11. 老师经常听到家长的投诉：孩子在家里挑食、偏食，遇到口味不合的饭菜就不高兴，甚至不吃。请你针对这种现象设计主题班会课或班集体活动。

12. 老师经常听到家长的投诉：孩子在家里很懒惰，倒垃圾、洗菜、收拾自己的东西等能做的家务都不肯做。请你针对这种现象设计主题班会课或班集体活动。

13. 老师经常听到家长的投诉：孩子一放学回家，马上打开电视，一看几个小时，该做的作业总是拖延，到睡觉前才匆忙应付完成。请你针对这种现象设计主题班会课或班集体活动。

14. 班上有几位同学，沉溺于网络游戏，而且每天回校就炫耀自己的成绩，有越来越多的同学受到他们的影响也跃跃欲试，并很崇拜他们。请你针对这种现象设计主题班会课或班集体活动。

15. 同学们说，要是天天生日就好了，生日想要什么父母都会答应。当老师问是否知道父母的生日、是否知道父母做什么工作或是否知道父母穿多大号码的鞋时，多数学生回答不知道。请你针对这种现象设计主题班会课或班集体活动。

16. 如何科学度假，怎样合理地安排暑假生活是学生及家长应该引起重视的问题。专家指出，老师、家长要帮助孩子安排好暑期生活，谨防出现假期综合征。请围绕如何过好暑假请设计主题班会课或班集体活动。

17. 有不少家长反映，孩子在学校一个样，在家里另一个样。只听老师说的话，家长的话不仅不听，还经常顶撞家长。请你针对这种现象设计主题班会课或班集体活动。

18. 马路如虎口。小学生好动、好追逐打闹，生命安全意识比较薄弱。每天上学、放学过马路的安全问题是学校和家长十分担心的问题。因此，增加学生交通安全意识与提高学生生命安全自我保护意识非常必要。请针对小学生安全教育要求设计主题班会课或班集体活动。

19. 小张的父母都上班，平常饮食起居和接送上学、放学全是爷爷奶奶负责。但是，小张却不太懂得尊重爷爷奶奶，经常对他们呼喝，把爷爷奶奶当佣人使唤。这种现象在小学生中很常见。尊老敬老是我们国家的传统美德，我国把重阳节称为“敬老节”或“老人节”，成为老人们享受幸福的节日。在重阳节到来之际，请设计班会课或班集体活动对学生进行敬老爱老教育。

20. 现在的小学生大多是独生子女，家长总是千方百计地为孩子成长创造优越的生活条件，唯恐孩子受苦，因此，在小学生中具有任性、自私、以自我为中心等不良品格的人不在少数。请针对此现象设计主题班会课或班集体活动。

21. 不少学生家长只重视孩子的学习成绩，除了学习什么家务都不要孩子做，结果学生的依赖性越来越强，自理能力却越来越弱。请针对此现象设计主题班会课或班集体活动。

（题目撰写：王松花、曾洁珍、管延华、李季等；统稿：施铁如、王颖、郭树斌；审改：李季）

参考文献

[1] 熊焰．校本培训：教师专业发展．广州：广东高等教育出版社，2006
[2] 魏书生．班主任工作漫谈．桂林：漓江出版社，1995
[3] 李镇西．做最好的老师．桂林：漓江出版社，2006
[4] 龚春燕等．魏书生教育教学艺术．桂林：漓江出版社，2005
[5] ［苏联］苏霍姆林斯基．帕夫雷什中学．北京：教育科学出版社，1983
[6] 田良臣．试论教师倾听的类型与技巧．现代中小学教育，2000（5）
[7] 李兆德．魏书生教育方法一百例．沈阳：辽宁教育出版社，1985
[8] 田祥珍．乐我所乐——班级文化系列活动．班主任之友．2005（4）
[9] 林冬桂．班级教育管理学．广州：广东高等教育出版社，1999
[10] 郑杭生．社会学概论新修．北京：中国人民大学出版社，1994
[11] 师生沟通的心理学分析．广东教育学院学报，2002（3）
[12] 王战平，柯青，李斌．沟通中的信息学．科技进步与对策，2004（6）
[13] 周晓红．现代社会心理学．上海：上海人民出版社，1997
[14] 谢康．微观信息经济学．广州：中山大学出版社，1995
[15] 贺远亮．班主任与家长谈话的原则和技巧．教学与管理，2002（3）
[16] 闫玉科，邵华．实现有效沟通的策略和技巧．经济论坛，2004（5）
[17] 李季，马杰颖．智慧：内在财富．广州：广东人民出版社，1999
[18] 韩东方，王颖，李季．班主任叙事．广州：暨南大学出版社，2008

后　记

《班主任基本功——班级管理的基本技能》一书，是广东省中小学德育专家委员会审定并推荐的中小学班主任专业能力培训教材，是班主任能力大赛的指定参考书。

提升班主任专业能力是促进班主任专业成长、提高班级管理效能的关键。因此，广东省教育厅把班主任专业能力建设作为加强和改进中小学校德育工作、提高德育实效性的重要举措。《班主任基本功——班级管理的基本技能》一书的编写目的，在于通过培训和提升班主任的基本功来提高班主任的专业能力和促进班主任的专业发展。

本书由广东省中小学德育研究与指导中心组织有关专家撰写。全书共十五章，内容涵括班主任工作的基本技能。第一章、第三章和第十五章由李季教授撰写；第二章、第六章由林冬桂副教授撰写；第四章、第十一章由管延华讲师撰写；第五章由王小棉教授撰写；第七章由曾洁珍副教授撰写；第八章由高级教师梁刚慧撰写；第九章由王松花副教授撰写；第十章由韩迎春副教授撰写；第十二章由高级教师李娟撰写；第十三章由陈平副教授撰写；第十四章由王蕙副教授撰写。

李季教授提出本书整体构思和内容结构，并对全书进行了终审和统稿。广东省中小学德育研究与指导中心主任，广东教育学院党委副书记、副院长韩东才教授对本书的编写提出了指导意见。王颖副教授和梁银妹老师参与了本书的组织和编辑工作。

感谢广东省教育厅李小鲁副厅长和思想政治教育处刘秋明副处长，他们对班主任队伍专业能力建设的高度重视和积极支持，促成了本书的顺利出版。在此，我们一并表示感谢！

广东省中小学德育研究与指导中心

2008 年 12 月